高职高专财经专业系列教材
编写委员会名单

高职高专财经专业系列教材

（第三版）

管理学教程

GUANLIXUE JIAOCHENG

陈世艳　徐银富 ⊙ 主　编
崔译文　邹剑峰 ⊙ 副主编

暨南大学出版社
JINAN UNIVERSITY PRESS
中国·广州

图书在版编目（CIP）数据

管理学教程 / 陈世艳，徐银富主编；崔译文，邹剑峰副主编．—3 版．—广州：暨南大学出版社，2015.5（2021.1 重印）
（高职高专财经专业系列教材）
ISBN 978－7－5668－1413－5

Ⅰ.①管…　Ⅱ.①陈…②徐…③崔…④邹…　Ⅲ.①企业管理—高等职业教育—教材　Ⅳ.①F270

中国版本图书馆 CIP 数据核字（2015）第 089948 号

管理学教程（第三版）
GUANLIXUE JIAOCHENG（DISANBAN）
主　编：陈世艳　徐银富　副主编：崔译文　邹剑峰

……………………………………………………………………………………

出 版 人： 张晋升
责任编辑： 潘雅琴
责任校对： 周海燕
责任印制： 汤慧君　周一丹

出版发行： 暨南大学出版社（510630）
电　　话： 总编室（8620）85221601
营销部（8620）85225284　85228291　85228292　85226712
传　　真：（8620）85221583（办公室）　85223774（营销部）
网　　址： http://www.jnupress.com
排　　版： 广州良弓广告有限公司
印　　刷： 广东广州日报传媒股份有限公司印务分公司
开　　本： 787mm×1092mm　1/16
印　　张： 17.25
字　　数： 435 千
版　　次： 2005 年 8 月第 1 版　2015 年 5 月第 3 版
印　　次： 2021 年 1 月第 7 次
印　　数： 21001—22000 册
定　　价： 39.80 元

总　序

呈现在读者面前的这一套高职高专财经专业系列教材，是在总结了2005年8月暨南大学出版社出版的高职高专商学系列教材和2006年8月暨南大学出版社出版的高职高专商学系列教材——实训教程的基础之上，重新进行科学整合，使其更具综合性、实用性和创新性的特点。

众所周知，教育的功能在于培养人才。在经济社会里，科学技术是第一生产力，教育具有基本生产力的功能。正如马克思所指出的："凡是工人有这种支出（指在教育上的支出——编者注）的时候，这种支出都是生产的，因为教育会生产劳动能力。"多年来，我国倡导科教兴国、教育先行，近30年来教育事业得到前所未有的快速发展。高等教育经过多年的扩招，已从精英教育阶段向大众教育阶段转变，适龄人的毛入学率从20多年前的百分之几一路攀升到现在的百分之二十几、三十几，有的地区甚至更高。高等教育的前景非常喜人。作为高等教育重要组成部分的高职高专教育也有了长足的发展。但是，事物的发展总是具有两面性，与高职高专教育快速发展不相匹配的是缺少具有高职高专特色的教材。教材是教师授业、学生吸取知识最基本的元素。教材的货不对板，是造成教师"不好教"和学生"难学懂"的重要原因。显然，教学改革，教学内容改革呼唤着适应时代的创新教材的出现。

"高职高专教育应该有和人才培养目标相一致的教材"，这是我们高职高专财经专业系列教材编著者的理念和目标。本系列教材的突出特色如下：

第一，本系列教材是为高职高专财经专业学生量身定做的教材。大家知道，教材在教学过程中的重要性毋庸置疑，一本与人才培养目标相一致的教材是教师授业的基础，也是学生学习知识最基本的工具。高职高专的人才培养目标是"生产、建设、服务和管理第一线的高技能应用型人才"。当前国内高职高专明显缺乏与人才培养目标相吻合且具备一定质量的教材。本系列教材力图在"理论适用、能用、够用、突出实践技能训练"的思想指导下，坚持以人为本，励志图新。编著者根据我国经济社会实践的需要，结合教与学的特点，对每一门课程内容的讲授范围、深度、理论与实训的比例、实训项目与案例的选择、教材形式与体例等诸方面都作了探索性的创新尝试。这不能不给人耳目一新的感觉。

第二，教材内容务实、新颖。财经理论归属社会科学，教材内容在传承中必须要随着时代的变化而发展、创新，并要作出与时俱进的解释，况且我国经济发展日新月异，实践中有诸多经济现象需要重新认识、再实践、再认识，将这些新内容充实到教材中来有利于理论的与时俱进。因此，本系列教材在保证其科学性的同时，突出了理论知识的适用性、本土性和应用性：一是在传承前人研究、实践成果的同时，注入了自身的认识和体验心得；二是在"洋为中用"思想的指导下，借鉴国外相关学者的学术著作和有关资料的同时，注重结合我国国情，在"为我所用"上下功夫，努力使其本土化，并在应用上加强指导；三是在内容的精选、提炼和行文的安排上，无不体现编著者"使读者记得住、用得上、会操作"的一片苦心。这些都使本系列教材充满活力。

第三，注重教材类型、结构和体例的创新。本系列教材在类型、结构和体例上都作了大胆改革，凸显和人才培养目标一致、与相关课程协调、时代感强等特点：其一，宗旨鲜明，服务对象主要是高职高专财经专业学生，它涵盖了高职高专财经大类的基础理论课和部分专业核心课程，共计15种。它注重在理论知识的阐述中加强案例、职业技能训练的内容，便于在教学过程中的每一章，甚至每一节中对应使用，力图满足教与学一站式的双向需求。其二，结构、体例新。每门课程的理论知识结构完整，并注意增加新知识、新经验和热点内容的比例。在教材体例上栏目多、设计新颖，每章内容设置两大板块内容：一是理论知识板块，介绍主要的理论知识，指导实训；二是实训板块，因课程的理论性、应用性的差异而分别设置实操训练的不同内容，如案例分析、热点问题讨论、情境管理、项目设计、项目管理、管理角色游戏、营销策划、广告策划、产品开发、模拟法庭、经济社会调查、访问、参观企业、兼职（顶岗）劳动及请企业家讲学等栏目。目的在于使理论与实践对接，加强对所学专业的技能训练，为知识经济条件下职业选择、变更或自主创业做好理论知识、技能和思想的准备。很明显，教材的设计力图把学生理论知识学习的视野从课堂引向企业，融入经济社会，并且可以体验理论指导实践，学了就能用、会用的乐趣，切实使教与学贴近社会、贴近实践、贴近学生，提高教学质量。

经济社会中的财经商务活动是一个极其复杂的动态领域活动，它处于不断发展变化之中，本系列教材的编著者们不敢懈怠，殚精竭虑，共同努力完成了这套教材，但难免管中窥豹，望同行及读者不吝赐教。

参加编著本系列教材的作者集中了广东高校教师资源的优势，有暨南大学、华南师范大学、广东工业大学、广州大学、广东技术师范学院、私立华联学院、广东白云学院、广东潮汕学院、广东金桥干部学院、广州航海高等专科学校等高等院校的资深教授、副教授和一大批双师型的企业人士。对于他们的热情支持与艰辛的创造性劳动，编委会表示衷心的感谢！

最后，还要衷心地感谢暨南大学出版社领导和潘雅琴副编审等同志的鼎力支持和精心指导！

陈己寰

2008年5月于广州暨南园

前　言

本书作为普通高等教育（高职高专）及机关单位、企业管理的培训课本，是最新的管理学基础适用教材之一。本教材是以编者主编的《管理学教程》及《管理实训教程》为基础进行的第三次修订。全书集理论与实践于一体，突出实训，反映出管理学前沿的最新成果，以帮助读者构建管理学基础平台。

本书所述管理学理论简明精练，适用性强。第三版的教材立足于学科内容结构的系统性和完整性，由于教材的篇幅有限，编者适度取舍，重点介绍和说明基本知识，不作理论展开。尽可能体现管理理论的系统性，又努力展示学科发展的最新收获。全书的章节构架、篇幅容量切合高职高专对本课程教学的课时与要求，并为读者拓展相关知识与技能留下余地，教材适用面宽。本书所揭示的管理活动的基本规律、原理与方法，适用于各种社会组织的管理。本书坚持管理学的普遍性原则，突出一般组织的管理共性，即使在阐述某些理论时也以工商企业管理活动为分析对象，其重点仍然围绕一般管理原理的系统知识，并不涉及其具体业务管理和专业管理，避免了与其他后续学科课程和专业管理科目的重复。

本书具有一定的创新性和指导性。现代高职高专管理学的教育必须注重实践，强化技能培养。因此，本书在内容上走出了旧的教材模式，基本上克服了管理学教材集中在理论的传授与讲解的不足，纠正了仅以要领理解和原理分析为目的的案例教学，把管理教育的重心转移到培养、提高读者的管理技能上来。教材在完善基本理论的基础上，采用案例分析与思考、模拟设计、游戏、参观走访、辩论、讨论题等现代管理实训内容与方法，融教育、娱乐、知识讲授、技能培养于一体，力求做到理论深入浅出，实训操作可行，帮助读者从中掌握管理的奥妙。可以说本教材的问世，为管理教育课程改革提供了一个新的范例。

本书具有较强的实践性。本教材是作者结合多年的管理实践积累和丰富的教学实践经验来编写的，借鉴国内外先进教学方法，依据基本理论设计实训内容，集中体现学、听、读、写、访、做、辩、评为一体的互动教学内容，帮助读者提高学习兴趣和改进学习方法，牢固掌握理论联系实际的学习法宝，从而跳出只“讲”不“练”的框架，让读者身临其境地得到锻炼，提高管理实践能力。由于本教材实践内容广泛，实践可操作性强，在使用过程中应力求把握实践的指导思想与实训要领，并预先合理安排实训时间、地点和内容，注重对效果的验收、考核，避免因实践的方式方法匮乏而产生浮于形式、走过场的问题。

本书由陈世艳拟定编写大纲，撰写第 1 章、第 2 章、第 3 章、第 11 章；徐银富撰写第 7 章、第 9 章、第 10 章、第 12 章，并负责全书的统稿和定稿；崔译文撰写第 5 章、第 6 章；邹剑峰撰写第 4 章、第 8 章。

本书坚持以提高读者的实践技能为主要编写目的，按照管理学基础的相关内容划分，统一规范编写格式。在撰写教材过程中，参考了许多专家和学者的著作，并尽可能对参考、引用的内容及观点作出解释。他们的著作和成果给了作者很大的启迪和帮助，尤其是苏照新教授主编的《管理学教程》对本书的编写具有一定的理论示范作用，在此表示由衷的感谢。

本书是对管理理论与实践相结合的一种创新尝试，由于作者水平有限，撰写时间仓促，书中难免存在纰漏和错误，敬请专家、学者和同仁不吝指正。

编　者

2015 年 1 月于广州

目　录

第3章　管理的基础

第4章　计　划

第5章　决　策

第6章 组 织

第7章 组织变革

第8章 领 导

第9章 激 励

第10章 沟 通

第11章 控 制

第 1 章　管理与管理学

◉学习要点

1. 管理
2. 管理者
3. 管理学

◉学习目标

1. 掌握管理的含义，深刻理解管理的职能、作用及性质
2. 掌握管理者的角色类型及技能要求
3. 了解管理学的研究对象及特点，明确学习管理学的意义与方法

◉关 键 词

管理　管理职能　管理者　技术技能　人际技能　概念技能　管理学

案例

海尔的腾飞

创立于 1984 年，崛起于改革开放大潮之中的海尔集团，经过 20 年的艰苦奋斗和卓越创新，从一个濒临倒闭的集体小厂发展壮大成为在国内外享有盛誉的跨国企业。2012 年，海尔航天冰箱搭载“神九”飞天圆满地完成保存医学试剂的任务，演绎了一场永垂史册的冰箱“飞天”传奇。2014 年，海尔集团全球营业额实现 2 007 亿元，同比增长 11%；实现利润 150 亿元，同比增长 39%，利润增幅是收入增幅的 3 倍。其中，线上交易额实现 548 亿元，同比增长 2 391%。品牌价值也已突破千亿元大关，并连续 5 年蝉联全球白色家电第一品牌。

海尔 20 年来的高速发展，最主要的就是靠战略创新。

1. 名牌战略阶段。在 1984 年至 1991 年名牌战略期间，别的企业忙于扩大产量，而海尔却集中精力抓质量，7 年时间只做一个冰箱产品，以高质量确立了中国家电第一名牌的地位，使“海尔中国造”享誉全球，并磨出了一把海尔管理之剑——“OEC 管理法”，为未来的发展奠定了坚实的管理基础。

2. 多元化战略阶段。在 1992 年至 1998 年的多元化战略期间，别的企业搞“独生子”，海尔却走低成本扩张之路，吃“休克鱼”，建海尔园，“东方亮了再亮西方”，以无形资产盘活有形资产，成功地实现了规模的扩张。

3. 国际化战略阶段。在 1998 年至今的国际化战略阶段，别的企业认为海尔走出去是“不在国内吃肉，偏要到国外喝汤”，而海尔却坚持“先难后易”、“出口创牌”的战略，搭建起了一个国际化企业的框架。

4. 全球化品牌战略阶段。在 2005 年到 2012 年的全球品牌战略期间，公司全面实施人单合一发展模式，每一个企业追求的最高境界是人性化、自主化管理模式。

5. 互联网战略阶段。在2012年至今的互联网战略期间，海尔发展理念从以产品竞争为主轴转向以满足用户个性化需求为核心，企业也由传统的制造商转型升级为具有互联网思维的平台型组织。

美国《家电》杂志统计显示，海尔是全球增长最快的家电企业，并对美国企业发出了“海尔击败通用电气”这样的警告。在英国《金融时报》评选“亚太地区声望最佳企业”时，海尔名列第七。美国科尔尼管理顾问公司也将海尔评为“全球最佳运营企业”。2003年8月，美国《财富》杂志选出“美国以外全球最具影响力的25名商界领袖”，海尔集团首席执行官张瑞敏排在第19位。近年来，海尔已经有十几个成功的案例进入哈佛大学、洛桑国际管理学院、欧洲工商管理学院、日本神户大学等著名高等学府的案例库存，成为全球商学院的通用教材，这在中国企业界是唯一的。张瑞敏本人也成为第一个登上世界商学院的最高讲台——哈佛商学院讲学的中国人。

海尔员工人手一本巴掌大的小册子《海尔企业文化手册》，总共30页，十分精致。这就是海尔文化的“经典著作”。全书共三部分11章节，内容有海尔理念、海尔战略、海尔经营目标体系、管理制度、道德规范等。全书不足5 000字，却是一座采之不竭、取之不尽的“富矿”。他们巧妙地把“斜坡球体论”运用于企业管理：创业如同一只球上坡，想往坡上爬，必须不断克服阻力才能上升到新高度。为此，必须实行“OEC管理”，即全面地对每个人、每一天、每件事进行控制和清理，每位员工都按“日事日毕、日清日高”的标准检查自己的工作，使每项工作每天都有新的提高，整个企业有条不紊地向上“爬坡”。企业不可能每天都有惊天动地的事情发生，但海尔人正脚踏实地迈向新的目标：“进入世界500强，振兴民族工业！”

（资料来源：海尔网站，http//www. haier. com）

【分析与思考】

（1）管理对海尔的腾飞起了哪些作用？

（2）海尔的成功对我国企业有何启示？

管理活动是由人们的协作劳动形式而产生的，在漫长而重复的管理活动中，逐渐形成了管理思想和管理理论。管理学中的管理理论及管理方法是对管理实践工作的概括和总结，并在运用理论指导管理的活动中不断得到修正和完善。本章是管理学原理的导论，主要介绍管理、管理者及管理学的基础知识，以使我们对管理学的基本架构有一个整体认识。

1.1 管理

1.1.1 管理的概念

管理活动自古有之，但管理作为一门科学只有近一百年的历史，而不同时代对管理的概念有着不同的理解。“管理”一词有“管辖”、“处理”、“管人”、“理事”等意思，是指人们对一定范围内的人员及事务进行安排和处理，以期达到预定目标的活动。现代管理是一种高度科学化、组织化的活动。因此，现代管理是指一定组织中的管理者，通过计划、组织、领导、控制等职能来协调他人的活动，对组织所拥有的资源进行合理配置和有效利用，以实现组织预定目标的过程。

管理是社会组织为了实现预期的目标，以人为中心进行的协调活动。管理这一定义表现为以下四个基本特征：

（1）管理适用于任何一个社会组织。管理的第一要素是组织，因为只有集体活动才需要协调，单个人的活动不能算是管理。

（2）管理的基本对象是人。组织活动的主体是人，管理是一种人际关系，存在着管理者和被管理者。

（3）管理是一种协调活动。协调就是使个人的努力与集体的预期目标相一致。管理的本质是协调，每一次管理决策都需要进行协调，每一项管理职能都是为了协调。

（4）管理是一种有目的的活动。管理的目的是为了实现预期的目标。就是说要创造一种环境，以最少的投入完成组织的目标，或者说使用现有的资源，完成更多的预期目标。

1.1.2 管理的重要性

在现实社会中，人们都生活在各种不同的组织之中，如工厂、学校、医院、军队、公司等。管理是组织中协调各部门共同实现组织目标的活动，组织的作用依赖于管理。概括起来说，管理的重要性主要表现在以下三个方面：

1. 管理是协作劳动客观的、内在的、本质的要求

管理可以说是自古有之，源远流长。早在远古时期，人们就结成原始人群以对付恶劣的自然环境，获得生存与发展。共同劳动中的分工与协作是管理的来源与基础。当人们发现依靠集体的力量能够完成个人单独无法完成的目标和能够满足个人更多的需求时，便会通力合作。共同的协作劳动，客观上要求有协调一致的行动，这就必然需要管理。虽然管理本身不能直接生产出物质或其他产品，但却能通过分工协作起到使劳动过程中的总效率增大的作用，且增大的倍数与管理职能的发挥成正比关系。这就是管理的“效率倍增原理”。

在资本主义社会以前的社会形态里，也有过大规模的协作劳动，但是这种协作劳动还不是社会劳动的基本形式。所以，管理也就没有成为一种普遍的社会现象。机器大工业出现以后，工厂制度成为社会劳动的基本形式，管理才发展成为一种普遍的社会现象，并逐渐受到人们的重视。随着生产社会化的发展，管理已经成为现代社会存在与发展的重要支柱。因此，共同劳动的规模越大，劳动分工和协作越精细、越复杂，管理工作也就越重要。

2. 管理可以保证组织发挥正常功能

管理是一切组织正常发挥作用的前提。任何一个有组织的集体活动，不论其性质如何，都只有在管理者对它加以管理的条件下，才能按照所要求的方向进行。管理是保证组织有效运行必不可少的手段，通过管理可以协调各部门为共同实现组织目标而进行活动，并使组织与环境相适应。正如一个乐队没有指挥，就没有和谐的演奏效果一样，一个组织如果没有管理，就无法有效地协作和达到既定的目标，其集体活动发挥作用的效果取决于组织的管理水平。

组织对管理的要求和对管理的依赖性与组织的规模是密切相关的。当组织规模还比较小的时候，管理活动还比较简单，显现不出管理的特别重要性。如小企业凭借经验，也可以维持自身的发展。随着组织的发展，管理所起的作用越来越大。一般来说，协作劳动的规模越大，越是需要强化对协作劳动的管理；协作劳动的复杂程度越高，越是需要深化对协作劳动的管理；协作劳动持续的时间越长，越是需要优化对协作劳动的管理。所以，生产社会化程度越高，劳动分工和协作越细，组织系统越庞大，管理问题也就越复杂，就越要有严密的、科学的管理，否则组织就无法正常运转。

3. 管理可以保证组织目标的实现

管理的任务就是获取、开发和充分利用各种资源来确保组织目标的实现。通过有效的管理，可以使组织系统的整体功能大于组织要素各自功能的简单相加之和，起到放大组织系统的整体功能的作用。在现实生活中常有这种情况：有些企业尽管拥有较为先进的设备和技术，却没有发挥其应有的作用；而有些企业尽管物质技术条件较差，却能够凭借科学的管理，充分发挥其潜力，更胜一筹，从而在激烈的社会竞争中取得优势。在相同的物质条件和技术条件下，由于管理水平的不同而产生的效益、效率或速度的差别，就是管理所产生的作用。

在组织活动中，有多种要素，如人员、物资、资金、环境等，它们都是组织活动不可缺少的要素。有效的管理就在于寻求各种组织要素的最佳组合，使得人尽其才，物尽其用。例如，每个人都具有一定的能力，但其能力却有很大的弹性。如能采取有效的管理措施，积极开发人力资源，使每个人的聪明才智都得到充分的发挥，就会产生一种巨大的力量，从而有助于实现组织的目标。可见，管理的有效性集中体现在它善于将资源转化为组织优势，使组织以最少的资源投入，取得最大的、合乎需要的成果产出。

1.1.3 管理的基本职能

管理职能是管理者实施管理的功能或程序。它包括管理者的基本职责及其履行这些职责的程序或过程。尽管管理学家对管理职能的划分有所不同，但就其实质而言，管理的基本职能可以归纳为计划、组织、领导和控制四种。这四种职能贯穿于组织活动的各个方面，是统管全局的综合性的职能。

1. 计划职能

计划是对未来活动如何进行的预先筹划。人们在从事一项活动之前，首先要制订计划，这是进行管理的前提。计划职能的主要任务是在对组织外部环境和内部条件分析、研究和预测的基础上，对组织未来某个时期内的业务活动进行决策，确定组织方向和目标，制定实现目标的总体规划和具体行动方案，从而为管理活动提供基本依据。计划工作的实质，是将决策目标在时间上和空间上分解到组织的各个部门和环节，是对每个单位、每个成员工作的具体安排和要求。

企业的新产品开发计划、行政机关的工作计划、军队的训练计划等都是计划的例子。计划职能是管理的首要职能，这个职能发挥的好坏直接关系到管理活动的成效，影响组织的生存和发展。

2. 组织职能

组织职能就是根据已制定好的计划，把组织活动的各个要素、各个环节的各个方面，合理地组织起来，形成一个有机整体，使组织中的人、财、物、信息等资源得到最合理的配置和利用。它有两层含义：一是进行组织结构的设计、建造和调整；二是为完成计划目标所进行的必要的组织过程，如进行人员、资金、技术、物资等的调配，并组织实施等。例如，某大学增设了新的院系，就需要组织学校里的各类资源来实现增设院系的新目标。

组织职能的实质就是设计和维持一整套职位系统，使人们在从事集体活动中实现合理分工和劳动协作，以达到共同目标。具体内容包括：组织设计、人员配备、组织运行和组织变革，即建立合理的组织机构，明确各个管理层次的职责范围和权力限度，配备适合工作岗位要求的人员，建立严格的考核制度，保证并维持组织机构的有效运转，研究并实施组织机构的调整与变革。

3. 领导职能

领导职能是指组织的各级管理者利用各自的职位权力和个人影响力来影响下属，为实现组织目标而努力的过程。为了有效地实现业务活动的目标，不仅要设计合理的组织，把每个成员都安排在适当的岗位上，还要努力促使每个成员以高昂的士气、饱满的热情投身到组织活动中去，这便是领导工作的任务。

领导是一种影响并感召个人和组织去追求某些目标的行为，领导职能的内容就是指挥、指导和激励。有效的领导要求管理者在合理的制度环境下，利用自身较高的素质，采用最适当的方式，针对成员的需求和行为特点，采取有效措施来提高和维持组织成员的工作积极性。虽然管理者的任务不仅仅是领导，但有效的领导是管理成功的关键。

4. 控制职能

控制职能就是根据组织内部和外部的反馈信息，按照既定的目标、计划和标准，对组织活动各方面的实际情况及其成果进行监督和检查，以便发现偏差，寻找和分析原因，并及时采取纠正措施，使工作能按原计划进行。控制职能所起的作用就是确保组织目标的实现。例如，产品的质量控制，就是按照质量标准检查产品的质量是否合格，若发现问题，就及时分析原因并予以纠正，以保证产品的质量。

上述四项管理职能是相互关联、相互制约的一个整体。通过计划职能，明确组织的目标和方向；通过组织职能，建立实现目标的手段；通过领导职能，把个人工作与所要达到的组织目标协调一致；通过控制职能，检查计划的实施情况，保证计划的实现。管理是一个各职能活动紧密配合的过程。由于管理工作的复杂性，在不同的组织中，各个职能的作用程度会有所不同；在同一个组织中，在各个管理层次上，管理职能的重点也有所不同。因此，在组织的管理工作中，要根据实际情况，综合地利用这些职能，才能收到良好的管理效果。

1.1.4 管理的性质

1. 管理的二重性

管理的二重性是指管理的自然属性和社会属性。

一方面，管理是由许多人进行协作劳动而产生的，是有效组织共同劳动所必需的，具有同生产力和社会化大生产相联系的自然属性。这种自然属性是指管理要处理人与自然的关系，要合理组织生产力，故也称作管理的生产力属性。正如一个乐队需要一个指挥那样，一切共同劳动或社会协作过程都需要指挥，才能协调好许多人的共同活动，管理是使其顺利进行的必要条件，而且共同活动的规模越大，管理就显得越重要。管理的这种自然属性是由生产力发展水平和人类活动的社会化程度决定的，是一种与生产方式、社会制度无关的客观存在。

另一方面，人们总是生活在一定的生产关系和社会文化之中，管理活动涉及人与人的关系，必然反映相关生产关系和文化要求，体现着生产资料所有者指挥劳动、监督劳动的意志，具有同生产关系和社会制度相联系的社会属性。这种社会属性是指管理要处理人与人之间的关系，要受一定生产关系、政治制度和意识形态的影响和制约，通常也称作管理的生产关系属性。不同的生产关系和社会文化使管理思想、管理目标和管理方式呈现出不同的特色，使管理带有特殊的个性。例如管理权属于谁、管理的目的是什么等。这些问题归根到底要反映社会制度的性质。从这个意义上说，管理是一定社会生产关系的反映。国家的管理，企业的管理，各种社会组织的管理概莫能外。

在当今的市场经济体制下，正确理解管理的二重性，在理论上和实际上都有重要意义。第一，可以全面认识管理的任务和作用。管理要求既要合理组织生产力，又要努力改善生产关系，两者不可偏废。第二，可以全面认识对管理人员的素质要求。管理的基本任务决定了管理人员既应具备组织生产力的技术知识和能力，又应具备处理人际关系及各种社会关系的知识和能力。第三，可以全面地认识国外的管理理论和经验。在社会实践中，我们既要学习和借鉴国外在组织生产力方面和处理人际关系及各种社会关系方面的先进理论和经验，又要批判地对其加以吸收，不能盲目照搬。

2. 管理的科学性

管理的科学性，是指在管理活动中存在着一系列基本规律，有其固有的基本理论和科学方法。它首先表现在：无论什么性质的管理都必须遵循各种客观规律。管理是人类重要的社会活动，存在着客观规律性。如果不承认管理的科学性，不按规律办事，违反管理的客观要求与原则，随心所欲地进行管理，必然会受到规律的惩罚，导致管理的失败。例如，进行设备管理时，必须依据设备运转规律，本来某台设备一天只能运转 8 个小时，如果硬是让它运转 16 个小时，肯定会出故障并影响其使用寿命。

其次，管理作为一门科学，是指人们发现、探索、总结和遵循客观规律，在逻辑的基础上，建立系统化的理论体系，并在管理实践中应用管理原理与原则，使管理成为在理论指导下的、规范化的理性行为。科学是关于自然、社会和思维的知识体系，是经过整理的条理化的知识。在长期的管理实践中，人们经过无数次的失败和成功，通过对丰富的管理实践的归纳、总结、提炼，从中抽象总结出一系列反映管理活动过程中客观规律的管理理论和一般方法，并逐渐形成自身明确的概念、知识和理论体系，使管理成为一门科学。管理科学发展到今天，已经不再是一种单纯凭借经验的管理，管理活动有一系列的科学理论和方法作为指导，有一套分析问题、解决问题的科学的方法论。管理科学现已形成的比较系统的理论体系，揭示了一系列具有普遍应用价值的管理规律，总结出许多科学的管理原则。这是对人类管理活动的高度概括，是理论与实践结合的产物，是不会因地域、文化、社会制度的差异而改变的。这就是管理科学性的主要体现。

3. 管理的艺术性

管理有鲜明的科学性，同时管理也有鲜明的艺术性。说管理是一门艺术，是指管理需要思维、智慧、谋略、技巧、情感，而且由于不同的管理者所处环境各不相同，他们所采取的管理方式、方法、手段等有差异，取得的管理成果也有差异。管理艺术是指管理者在认识客观规律的基础上灵活处理问题的一种创新能力和技巧。管理工作是一项创造性工作，主要依赖管理者的艺术和创造。管理艺术就是富有创造性的管理方法的体现。管理工作要求管理者具备灵活运用各种管理方法的能力和技巧，创造性地开展工作，来实现组织的目标。

管理的艺术性源于管理的实践性。没有管理实践，也就没有管理艺术。尽管管理有其自身的原理、方法和理论体系，但你不能指望单纯依靠学习管理学就可以成为优秀的管理者。要想成为一名优秀的管理者，除了要掌握管理科学的基本知识外，更重要的是在管理实践中的长期锻炼，这是一个经验积累的过程。因此，管理人员必须在管理实践中发挥积极性、主动性和创造性，因地制宜和因时制宜地将管理知识与其具体管理活动结合，针对不同的管理对象及对象的不同特点实施符合实际情况的管理。从管理的发展进程来看，尽管管理学在20世纪初正式成为了一门科学，但管理学并没有也不可能解决管理中的一切问题，管理的实践性与艺术性便越发明显地表现出来。现代管理者的工作效率和效果在很大程度上取决于管理者的管理艺术。管理的艺术性正是管理的魅力之所在。

管理同时具备科学性和艺术性这两项属性。尽管掌握科学的管理知识与其灵活运用并不是同一回事，但科学和艺术不是相互排斥的，而是相辅相成的。管理的科学性是艺术性的基础，它能使管理者把握管理的本质，从而具有源源不断的创造力；而管理的艺术性则进一步体现出管理的科学性，它使管理科学完成了由理论到实践、由抽象到具体的转变，在各种场合都得到灵活运用，充满生机和活力。例如，在组织秩序较为稳定和正常的条件下，管理科学发挥的作用最大；而在组织系统较复杂而又混乱的情况下，就更多依靠管理艺术的灵活性，才能使管理发挥应有的效能。因此，管理是科学性和艺术性的有机统一。

4. 管理的技术性

所谓管理的技术性是指，管理本身具有一系列技术工具和技术方法，可以解决实践中的技术问题。现代意义上的管理，一开始是作为一种技术手段、技术现象出现的。当组织面临着处理人与资源的关系、人与工具的关系、配置劳动力、缩减工作时间或提高组织效率、降低成本等一系列复杂问题时，管理科学中的技术工具、技术方法，如决策中的决策树法、计划制订中的滚动计划法、环境分析中的SWOT分析法等，常常就可以解决这些问题。管理的技术性要求管理人员必须掌握管理的技术工具和方法，这样才能科学有效地发挥管理的作用。

管理的技术性在某种程度上来说是针对“管理的艺术性”而言的。管理的艺术性强调了人们的主动思考精神，管理的技术性则强调管理工作的规范化和标准化。由于科学方法的运用与计算机等技术的使用，使得管理这门学问脱离了以经验、直觉为基础的时代，而进入了“管理科学”时代。管理是一门技术，并非天资聪颖的人就可不学自会，也不可能任由人们的思维自由地去创造。只有遵循管理的技术性规律与特性的要求，才能真正地使管理的有效性得以发挥。管理的规律告诉人们，那些“天资聪颖”而未经受任何管理科学的专门训练或管理正反两方面经验有限的人，不能低估管理的技术性难度；同时，只要人们能够像学习其他任何学科一样，潜心钻研、把握规律，就能够驾驭规律使之为人类服务。

5. 管理的系统性

管理的系统性是针对这样两个方面而言的：一是管理活动本身就是一个连续不断的过程，这既体现了一个过程中各个环节的连带关系，又说明了过程与过程之间的有机联系；二是管理工作所要处理和涉及的因素是众多的，这些因素之间存在着一种客观的、必然的、固有的联系，管理工作也必须在充分认识这些联系的基础上展开。人为地割裂这些关系和联系，就不能客观准确地掌握因素之间、过程之间相互影响的规律，也就不能正确有效地使管理产生出应有的效果。正确认识管理的系统性，对做好管理工作有重要意义：一是有利于更好地适应组织生存发展的环境。因为任何组织都不是独立存在的，一个组织就是一个与其具体环境相互作用、相互依存的系统，这是系统方法对管理的客观要求。例如，为了适应《环境保护法》的有关要求，汽车公司管理层不得不决定耗费巨额资金来减少汽车尾气的排放量，并研制开发能使用替代燃料的汽车，这就是组织外部环境对管理行为所起的制约作用；二是有利于更好地整合组织的各类资源，发挥管理的放大效应。从管理的系统性要求看，管理系统的功能不是各个管理要素功能的简单相加，而是追求通过有效的管理，充分发挥管理的整体效应，实现“整体大于部分之和”。因此，通过组织管理系统的功能作用，统筹使用资源，扬长避短，优化组合，能够使组织中每个人的劳动成果产生乘数效应，即管理放大效应。

6. 管理的创新性

管理的创新性是指把新的管理办法、管理手段和管理模式等应用于管理实践的创新活动中。管理活动具有创新性，首先，因为在实际工作中，面对千差万别的管理对象和错综复杂的组织环境，没有永恒不变的管理方法可以提供给管理者，从而使其一劳永逸。管理者在处理管理问题时，只能针对每一个具体问题，因人、因事、因时、因地制宜，灵活多变地、创造性地运用管理技术与方法解决实际问题，寻找最佳的解决方法。而这些具体的解决方法，是不能在教科书中全部记载下来供管理者查阅的。其次，由于科学技术迅猛发展，社会经济活动空前活跃，市场需求瞬息万变，社会关系日益复杂，管理所处的环境因素也是多种多样的，并且是在不断发展变化的。每位管理者每天都会遇到新情况、新问题。这就要求管理者必须创新，必须不断地开动脑筋，创造性地思考问题和解决问题，而且还必须未雨绸缪，具有远见卓识，这样才能发现和把握组织的发展机遇，带领组织不断前进。如果因循守旧、墨守成规，就无法应对新形势的挑战，也就无法完成肩负的任务。

1.2 管理者

案例

王华是某新华书店邮购部经理。该邮购部每天要处理众多的邮购业务，在一般情况下，登记订单、按单备货、发送货物等都是由部门中的业务人员承担的。但在前一段时间里，接连发生了多起小李要的书发给了小陈，小陈要的书却发给了小李之类的事，引起了顾客极大的不满。今天又有一大批书要发，王华不想让此类事情再次发生。

【分析与思考】

他应该亲自核对这批书，还是仍由业务员来处理？为什么？

1.2.1 管理者的含义

在现代社会中，存在着形形色色的组织。企业、社会团体、学校、医院、政府等都是组织。所谓组织，是指由两个或两个以上的个人为了实现共同目标组合而成的、具有一定边界的有机整体。

组织是人的集合。根据人在组织中地位和作用的不同，组织成员可以简单地划分成两类：操作者和管理者。操作者是指在组织中直接从事具体业务，且对他人工作不承担监督职责的人。如工厂的工人、学校的教师、医院的医生、商店的售货员等。他们的任务就是做好组织所分派的具体的操作性事务。管理者是指在组织中指挥他人完成具体任务的人。如公司的经理，学校的校长，政府机关中的处长、科长等，有时也包括组织中各职能部门内的具有一定管理权的一般管理人员。管理者虽然有时也做一些具体的事务性工作，但其主要职责是指挥下属工作，其区别于操作者的一个显著特点就是管理者有下属向其汇报工作。

管理的主体是管理者。管理者的责任是管理一个组织，对管理效用承担着重大的责任。管理是让别人与自己一道去实现既定的目标，是通过他人把工作做好。因此，管理者需要不断完善自我，不仅要善于对组织所拥有的资源进行合理配置和有效利用，更要懂得激励组织成员的工作热情，充分发挥人的积极性和创造性，实现组织预定的目标。

1.2.2 管理者的分类

在一个组织中，有各种各样的管理者，一般可以用两种不同的方法进行分类。一种方法是根据管理者在组织中的层次地位分类，另一种方法是根据管理者所负责的组织活动的范围分类。前者是根据等级制度进行的垂直划分，后者是根据职责范围进行的水平划分。

（1）按照管理者在组织中的层次，可以把管理者划分为基层管理者、中层管理者和高层管理者三种类型。

高层管理者是指对整个组织的管理负有全面责任的人，如董事长、总经理、校长等。他们的主要职责是：规划组织未来的发展方向，制定组织的总目标、总战略，掌握组织的大政方针并评价整个组织的绩效。高层管理者是组织内最高层次的人员，通常人数不多，但对一个组织的成败至关重要。因此，高层管理者很少从事具体的事务性工作，而把主要精力和时间放在组织全局性或战略性问题的考虑上。高层管理者主要考虑组织的发展战略，侧重制定组织的总体行动计划，负责资源的统筹安排，沟通组织与外界的交往联系等。

中层管理者通常是指处于高层管理者和基层管理者之间的一个或若干个中间层次的管理人员。他们一般有分厂厂长、地区经理、系主任、处长等。其主要职责是：贯彻执行高层管理人员所制定的重大决策，指挥和协调基层管理人员的工作。与高层管理人员相比，中层管理人员更注重日常的管理事务。例如，根据上级的计划，把具体任务分配给各个基层单位，了解基层管理者的要求，解决困难，协调行动，检查工作。通过基层管理者的努力去带动第一线的操作者完成各项任务。

基层管理者是组织中最下层的管理者，是第一线的管理人员。在企业中，基层管理者可能被称为主管、领班，在运动队伍中可能由被称为教练的人担任，在政府机关中是指科长、股长。他们主要关心的是具体任务的完成。其主要职责是：直接指挥和监督现场作业人员，保证完成上级下达的各项计划和指令。他们给下属作业人员分派具体工作任务，直接指挥操作者完成具体工作业务，保证各项任务的有效完成。

上述三个不同层次的管理人员，其工作内容和性质存在着很大的差别。基层管理人员主要关心的是具体工作的完成，他们直接和作业人员打交道，负责具体的战术性工作，在处理问题时，往往凭借的是丰富的工作经验和熟练的技术技能。在管理的四项职能中，基层管理人员领导职能的发挥较高层及中层管理人员更为重要。而高层管理人员则对组织总的长远目标和战略计划感兴趣，他们负责抽象的战略性工作，他们所关心的是如何制定战略计划，确定市场竞争地位，控制组织的发展态势，在处理问题时，往往依靠的是其丰富的战略思维和敏锐的洞察力。对于高层管理者而言，计划和控制职能的发挥显得更为重要。不过，高层、中层、基层管理者的划分是相对而言的，组织范围不同、规模不同，管理者所处的地位就不同，职责也不同。

（2）按照管理者所从事的工作领域，可以把管理者划分为一般管理者和职能管理者两种类型。

一般管理者是指负责管理整个组织全部活动的人，如公司的总经理、医院的院长等。他们负责组织全面经营活动。事业部经理与项目经理也具有和一般管理者相同的责任。前者负责事业部内部各项职能活动的协调，后者则需要协调来自几个职能部门人员的活动。

职能管理者的管理活动仅仅涉及组织中的某一类职能。例如，生产经理仅对组织的生产活动负责，营销、人事、财务等其他职能活动则由其他职能管理者负责。职能管理者的下属人员从事相同性质的各种业务活动。如会计主管的下属人员分工处理记账，支票、工资、成本核算，审计等各种会计活动。

1.2.3 管理者的角色

在管理过程中，根据管理者担任某一职位的系列行为来分析，可以把管理者的工作描述为扮演三方面十种不同的但高度相关的角色，它们分别是：

1. 人际关系方面

人际关系角色主要是指管理者与各种人发生各种联系时所担当的角色。这类角色以人为中心，以交往、领导、联络为手段，大致可以分为三个不同的角色：挂名首脑、领导者和联络者。

（1）挂名首脑。挂名首脑的角色是经理所担任的最基本和最简单的角色。由于拥有正式权威，管理者成为一个组织的象征，因而必须履行一些礼仪性的职责，如出面接待前来观光的贵宾，邀请重要客商共进午餐等。这些涉及人际关系的活动，有些只是例行公事，与重大决策无关。但它使组织顺利运营，发挥作用，因而是管理者不可忽视的。

（2）领导者。领导者的角色是指经理人员作为组织的行政长官，对其下属进行工作方面的指导、激励与控制。也包括确定组织的大政方针、发展方向和经营思路等。从某种意义上来说，领导者的角色是为了把组织的目标与成员的个人目标结合起来，以促进有效的作业，其作用发挥的好坏直接关系到组织目标能否实现。领导者角色的发挥取决于管理者的正式权威与领导才能。

（3）联络者。管理者除了与下属联系之外，还要与其上级和外界联系，充当联络者的角色。联络者的角色是指经理人员通过各种渠道建立和维持与组织以外的个人和团体之间的广泛联系，如参加外部的各种会议、社会活动和公共事务，同政府和其他机构的人员进行正式的、非正式的交往等。建立联系的目的是为了获得信息、交流信息及正确地作出决策。在现代管理中，这一角色是管理者职务中一个重要的角色。

2. 信息联系方面

信息角色主要是指管理者在获取、处理和传递各种信息资源时所起的作用。这类角色以信息沟通为中心，以信息的收集、加工和传播为手段，大致可分为三个不同的角色：信息接受者、信息传播者和发言人的角色。

（1）信息接受者。管理者担负着获取各种与组织发展有关的信息的使命。作为信息接受者的经理通常接受来自两个方面的信息：通过联络者的角色获取外部信息，通过领导者的角色获取来自下属的内部信息。这些信息大致有五大类：内部业务的信息，外部事件的信息，分析报告，各种意见和倾向、压力。管理者在收集信息时可以利用一切可以利用的渠道和手段，包括个人的社会关系和联系网络。

（2）信息传播者。信息传播者是指经理把收集到的信息经过必要的处理和筛选传递给组织内部的有关人员或部门。管理者传播的信息可分为两种：一种是有关事实的信息；另一种是有关价值标准的信息。管理者向下属传递信息的目的是使下属了解情况，引导他们制定决策和处理日常工作；同时也是为了继续从下属那里得到更新的、自己急需的各类信息。

（3）发言人。管理者的信息传播者角色所面向的是组织内部，而其发言人角色则面向组织外部。作为发言人的经理，主要职责是把本组织的信息向组织周围的环境传播。他通常把信息传递给两个集团：一是对组织有着重要影响的人；二是组织之外的公众。管理者必须向这两种人传递有关组织的计划、政策和成果的信息，并使他们感到满意。

3. 决策方面

决策角色是指管理者在管理过程中对一系列重大的或突发的问题作出决定并付诸实施时所起的作用。管理者在管理中的决定性作用，体现在出色完成决策的角色上。在这一方面，经理人员的角色以决策为中心，以推动变革、排除故障、分配资源和谈判为手段，大致可分为以下四个角色：

（1）企业家。这个角色指的是管理者在其职权范围内充当本组织许多变革的发起者和设计者。作为企业家，管理者总是力图改善组织或单位的现状，使之适应不断变化的环境。当管理者认为有必要采取行动来改进组织目前的状况时，就开始了决策的设计阶段。管理者或亲自挂帅，制定一个发展规划，或授权给下属进行设计选择，使组织的发展有明确的方向和目标。

（2）资源分配者。管理者的资源分配者角色有三个组成部分：第一，安排自己的时间，管理者的时间安排也是对组织各项活动的重要性的一种暗示。第二，安排工作，即决定要做什么事、谁去做、通过什么机构去做等。这是一种重要的资源分配形式。第三，对重大决定的实施进行事先审批，并在资源有限的情况下选用最好的方案。

（3）故障排除者。故障排除者角色是指管理者需要及时处理意外事件，排除不可避免的各种故障。例如，下属之间或组织之间的冲突、资源损失的危险、供应商不能履行合同等。这些意外事件的发生，并不是因为管理者低能，而是因为有些事情无法预料。所以管理者通常需要花大量的时间去应付面临的故障，以使组织能正常运转。

（4）谈判者。谈判者角色是指由管理者带队，同其他组织或个人进行重大的、非程序化的谈判。管理者要花相当多的时间从事谈判活动，可以说谈判是管理者生活的重要部分。这一角色是建立在挂名首脑、发言人、资源分配者三种角色之上的。因为管理者是挂名首脑，他的参加能增加谈判的可信性。更重要的是，只有管理者才有权调配组织的资源，而且只有他才掌握谈判所必需的信息。

上述十种角色实际上是管理者在管理中所起的十种作用，是管理者在进行管理活动时的十种身份和特征。每个管理角色都需要占用管理者一定的时间和注意力。不过，在不同规模的组织中，管理者所扮演角色的重要性是不同的。此外，管理者个人的价值观、个性和风格等因素，也会影响其对不同角色、任务的承担。认识这十种角色，管理者就可以根据其个人的价值观、个性和风格，根据他在组织中的地位和担任的职务，根据他所在组织的类型和所处的环境，合理确定各种角色在自己管理工作中所占的时间比例，从而使管理工作卓有成效。

1.2.4 管理者的技能

管理者要在不同的环境中扮演好自己的角色，必须具备一定的管理技能。一个管理人员能否在其管理岗位上发挥重要的作用或者说能否开展行之有效的管理工作，在很大程度上取决于他是否真正具备了管理所必需的相应管理技能。一般而言，管理者应当具备三种基本技能，即技术技能、人际技能和概念技能。

1. 技术技能

技术技能是指使用技术完成组织任务的能力，即从事自己管理范围内的工作所需的技术和方法，也称专业技术能力。管理者虽然不一定是技术的专家，但也需要了解相关的基本技能，否则难以进行有效的沟通和指导。例如，工厂的厂长不能对生产工艺毫无了解，军事首长更不能对军事指挥一无所知。管理者只有充分了解相关的基本技能，才能正确行使自己的职责。当然，不同层次的管理者，对于技术技能要求的程度是不相同的，相对而言，基层管理人员需要技术技能的程度较高，而高层管理人员则只需要对相关的技术领域有基本的认识即可。

2. 人际技能

人际技能是指与人共事、激励或指导组织中的各类员工或群体的能力。它主要包括表达能力、协调能力和激励能力。从某种意义上说，管理者的活动是围绕着人进行的，因此怎样与组织内外的各种人打交道，对外争取到有利的合作，对内与上下左右实现有效的沟通，是所有高、中、基层管理者必须掌握的基本技能。因为各层次的管理者都必须在与上下左右之间进行有效沟通的基础上，相互合作，共同完成组织的目标。

3. 概念技能

概念技能是指对事物进行抽象思考和整体把握的能力。它包括要在复杂多变的环境中纵观全局、找出关键影响因素的能力，确定和协调各方面关系的能力以及权衡利弊和风险程度的能力等。任何管理者都会面临一些混乱而复杂的环境，需要洞察既定环境的各种要素，抓住问题的实质，作出正确的决策。在实际中，管理者所处的层次越高，其面临的问题就越复杂和具有多变性，所作的决策往往无先例可循，就越需要概念技能。

以上三种管理技能，所有的管理者都应具备，但不同层次的管理者，对管理技能有不同的要求，处于较低层次的基层管理者，主要需要的是技术技能，其次是人际技能；处于较高层次的中层管理者，更多地需要人际技能，其次是技术技能与概念技能；而处于最高层次的管理者，尤其需要具备较强的概念技能，其次是人际技能以及技术技能。如图 1－1 所示。

图 1－1　不同管理层次所需的各种技能比较

案例

为什么他得不到提拔

王师傅是省劳动模范、技术标兵，一直担任车工班班长，十几年了从没挪过窝。眼看着他的徒弟有的当了车间主任，还有的当了副厂长，可他就是不着急，总是乐呵呵的，一副心满意足的样子。王师傅新来的徒弟小李很为师傅抱不平，对师傅说："师傅，您年年完成任务最出色，奖状一个接一个拿，那有啥用？为什么他们就不提拔您？您是不是也应该跑跑关系？"王师傅说："小李，别看当官威风，那也不好当。我不是没当过，头两年他们让我当车间主任，上下左右各种关系要应付，还要做计划、搞检查，忙得要死，工作还没多大起色，只好自个不干了。我就是当工人的料，工作干好，睡觉舒坦，比啥都强。"

在单位里，工作最出色的人不一定就是提拔最快的人，这是因为作为一个基层管理者，工作出色可能仅仅是因为他技术技能过硬，但如果人际技能和概念技能欠缺的话，提拔到高层做管理者就会遇到很多困难。一个想做将军的士兵应该全面发展自己。

（资料来源：崔卫国，刘学虎．管理学故事会．北京：中华工商联合出版社，2005.15～16）

1.3 管理学

1.3.1 管理学的研究对象

1. 管理学的含义

管理学是研究各类组织管理活动的基本规律和一般方法的科学。管理学的含义有广义和狭义两种。广义的管理学是指以某一类型组织为对象，研究某一领域管理活动的规律和方法的科学。它包括各种企业管理学、部门管理学、行业管理学等不同门类的管理学科群。狭义的管理学是指以一般组织为对象，研究管理的一般原理、原则和方法等，通常称为管理学原理或管理学基础。它适用于任何类型的组织，诸如工商企业、军队、学校、医院、科研机构及政府机关、教会等。

2. 管理学的研究对象

管理学的研究对象是管理活动中的各种现象及其内在的本质联系。因此，它注重各种管理现象之间变化的规律性，管理学实际上是对这些规律性的理性认识的总结。管理学来源于人类社会的管理实践活动，而社会实践活动的领域是多样化的。不同行业，不同性质的组织，其具体管理业务的方法和内容可能很不相同。即有多种不同的社会组织就会有多种解决这些领域特殊问题的管理原理和方法，由此形成了各种不同门类的管理学科，如企业管理学、行政管理学、教育管理学、城市管理学、信息管理学等。但是，不同组织或领域的管理工作的共同基础是为实现组织计划，通过计划、组织、指挥、控制来协调他人的活动，分配各种资源。这些专门管理学中所含共同的和普遍的管理理论、管理原理、管理方法，就是管理学的研究对象。所以，管理学是以各种管理工作中普遍适用的原理和方法作为其研究对象的。

3. 管理学的研究内容

管理学的研究内容很广泛，大体可以分三个层次：

第一，根据管理活动总是在一定的社会生产方式下进行的特点，研究内容可分三个方面：

（1）从生产力角度看，管理学主要研究生产力各要素之间的关系，即合理配置和使用组织中的人、财、物等各种资源，追求最佳的经济效益和社会效益。

（2）从生产关系角度看，主要研究如何建立和完善组织机构和管理体制，如何正确处理组织中人与人之间的相互关系，如何有效地实施激励，调动员工的积极性和创造性，实现组织目标。

（3）从上层建筑角度看，主要研究组织如何适应内外环境的变化，使组织的战略及各项管理制度始终与社会上层建筑的要求相一致，从而促进生产力的发展和生产关系的稳定。

第二，着重从历史的角度研究管理实践、管理思想及管理理论的形成、演变与发展过程。通过透视不同时期的管理内容、管理流派、管理方法体系，揭示管理理论发展的历史进程，以便知古鉴今。在这方面，管理学与作为独立学科的管理思想史有密切联系。

第三，着重从管理者的工作或职能出发研究管理过程，主要包括：

（1）管理活动有哪些职能。

（2）执行这些职能涉及组织中的哪些要素。

（3）执行这些职能时应遵循哪些原理，采用哪些方法、程序和技术。

（4）执行职能过程中会遇到哪些障碍和阻力，如何克服这些障碍和阻力。

本书的研究内容以第三个层次为主，也适当涉及前两个层次。

1.3.2 管理学的特点

管理学是处于不断发展完善过程中的一门学科。它具有以下四个特点：

1. 管理学是一门应用性学科

管理学是由一系列概念、原理、原则和方法构成的科学体系。它是从人们的生产实践中产生并发展起来的学科，其理论与方法要通过实践来检验其有效性。同时，有效的管理理论与方法只有通过实践才能带来实效，发挥其指导实际工作的作用，并在不断反复的实践中，完善管理学的理论和方法。管理学所包含的知识都是对人们在前期的生产实践中所获得的经验的总结，其直接目的是为了有效地去指导实践，管理理论对管理实践有指导意义。它阐明实践、指导实践，并能帮助管理人员从过去的经验中汲取精华，找出在不同情况下的因果关系，并运用这种知识去解决新的问题。所以管理是可以通过学习和传授而得到的。要想成为优秀的管理者，就必须经过系统的管理知识学习和训练，否则，就只能停留在感性认识的阶段，不能融会贯通和学以致用。

2. 管理学是一门综合性学科

管理学是在现有各门学科的边缘上发展起来的，它广泛运用自然科学、社会科学以及其他现代科学技术成果，是一门综合性的、交叉性的科学。由于管理的内容十分广泛，因此要运用许多学科的知识。从纵向来看，它从研究人类社会分工所形成的最古老的管理原理开始，直到现代化的电子计算机在管理中的应用；从横向来看，它的研究既涉及了社会科学的许多学科，又涉及了自然科学的许多学科。学习管理学的目的是为了指导管理活动。管理活动是异常复杂的，它涉及的主要对象是人，以及人、物、环境的动态平衡，管理者仅仅掌握专业知识是不够的，只有具备广博的知识面，才能对管理问题应付自如。例如，作为厂长要处理生产、技术、销售、客户、人际关系等方面的问题，他既要熟悉工艺学、统计学、经济学等知识，也要了解心理学、社会学、伦理学等学科的一些理论和方法。管理活动的复杂性、多样性决定了管理学内容的综合性。所以管理学是针对管理实践中所存在的各种活动，在人类的知识宝库中广泛收集对自己有用的东西，并加以综合、提炼与拓宽，形成完整的学科。

3. 管理学是一门不精确的学科

在给定条件下能够得到确定结果的学科称为精确的学科。如数学就是一门精确的学科。管理学则不同，在已知条件完全一致的情况下，有可能产生截然相反的结果。比如，两个企业的生产条件、人员素质和市场环境完全相同，但是，他们的经营效果可能相差甚远。这是因为影响管理效果的因素太多，许多因素是无法完全预知的，如国家的方针、政策，市场环境的动态组合，自然环境的突然变化等。实际上，两个企业的条件不可能完全相同，即使在数量、质量、种类方面完全相同，人的心理因素也不可能完全相同。虽然管理学也要利用严格的方法来收集数据，并对数据进行分类和测量，但是在复杂的情况下，人们还没有适用的定量方法使管理本身精确化，只能借助于假定或人为的分析，进行定性和定量相结合的研究。即使是现在人们所力求做到的定量研究，实际上也都是建立在某种假定上的，一旦这个假定不科学或不正确，那么定量研究的公式或方程，就会显得苍白无力。所以，管理学的不确定性不仅为研究、掌握管理学的理论和方法带来了难度，还为管理学抹上了一层神秘的色彩。

4. 管理学是一门软科学

所谓软科学即专门提供知识形态产品的科学。管理学是研究组织生产经营过程中各种资源的合理组织利用的科学，它所研究的是合理利用和组织这些资源的原理、原则、方法、计划、方案，而不是这些有形物质或无形物质本身。人们常常把计算机主机及其外围设备称为硬件，而把计算机应用的技术和程序称为软件。如果有了硬件，能否充分运用硬件以及发挥计算机的全部功能则取决于软件的优劣。管理的情况与计算机的情况十分相似。如果把组织中的人力、物力、财力看成硬件的话，管理就是软件。充分地调动人的积极性，发挥他们的内在潜力，有效地利用财力和物力，谋取产出与投入的最大比率，这些正是管理的主要任务。所以人们讲管理是软科学，实际上是指管理需要使各项条件形成最佳组合和发挥最大的效能。一项管理的措施在没有实施前，不能对其进行准确的评价，也不可能逐项进行试验，往往主要取决于管理者的主观判断。根据这些情况，管理学就不可避免地成为一门软科学，具有许多不同于其他学科的特点。

1.3.3 学习管理学的意义

（1）管理的重要性决定了学习、研究管理学的必要性。管理学的出现与发展是根源于社会发展的需要，学习、研究管理学也是这种需要使然。管理是有效地组织共同劳动所必需的。随着生产力和科学技术的发展，人们逐渐认识到管理的重要性。管理与科学和技术是促进现代社会发展的三大支柱，是促使社会经济发展的最基本的、最关键的因素。先进的科学技术与先进的管理是推动现代社会发展的“两个轮子”。经济的发展固然需要丰富的资源与先进的技术，但更重要的还是组织经济的能力，即管理能力。从这个意义上说，管理本身就是一种经济资源，作为“第三生产力”在社会中发挥作用。先进的技术，要有先进的管理与之相适应，否则，落后的管理就不能使先进的技术得到充分发挥。学习管理理论与方法是现代化建设的客观需要。

（2）学习、研究管理学是培养管理人员的重要手段之一。在当代社会，无论是生产经营，还是社会性管理，如果不自觉地学习、研究管理学，用管理理论武装自己，是很难有所作为的。实践是培养管理者的重要一环，而学习、研究管理学也是培养管理者的一个重要环节。只有掌握扎实的管理理论与方法，才能很好地指导实践，并可缩短或加速管理者的成长过程。目前我国的管理人才，尤其是合格的管理人才还相当缺乏。因此，学习、研究管理学，培养高质量的管理者便成为当务之急。

（3）学习、研究管理学是未来的需要。随着社会的发展，专业化分工会更加精细，社会化大生产会日益复杂，而日新月异的社会将需要更加科学的管理。因此，管理在未来的社会中将处于更加重要的地位。只有学好管理学才能适应未来发展的需要。

1.3.4 管理学的学习方法

1. 准确理解基本概念和基本理论

学习管理学应该学习与思考并重。很多人认为管理学容易学，书上的内容一看就懂，这是学管理学的一大误区。管理学作为介绍管理的最基本理论的学科，其内容都是高度精练、极度抽象的，很多概念、理论的背后，都有丰富的背景和含义。仅仅把书上的文字背得滚瓜烂熟，而不去“悟”文字背后的东西，其实只是学到了管理学的皮毛。所以说，要学好管理学，一定不能满足于背熟、记住，更要弄明白为什么这样讲，在实际中怎么用，即不仅要知其然，而且要知其所以然。在学习过程中注重学与思相结合，才能收到事半功倍的学习效果。

运用系统分析方法对学习管理学和从事管理工作都是十分重要的。在学习过程中要注意前后联系、融会贯通。学习管理学的过程是一个“整分合”的过程，即首先把管理学这个整体分成一项项职能、一个个概念、一种种理论来分别学习，然后再把这些零散的内容联系起来，形成一个系统。能否形成系统，是检查是否学好了管理学的标准之一。

2. 理论联系实际

理论联系实际是学习管理学最重要的方法。管理学是致用之学，而且它也是来自实践的，所有的管理理论，都是对实践经验进行研究作出的总结和升华。所以，管理理论必有其背景，也必有其应用之道，只有了解了这些背景和方法，才能深刻地理解和掌握管理理论。使理论与实际相联系，可以有两条途径：

一是联系自我，探索经验。无论我们是管理者还是被管理者，在实际工作中都会亲身经历或耳闻目睹各种各样的人和事，在学习理论时，联想一下自己的经历、体会，而不是一味地死记硬背，将有助于理解理论和体会如何应用理论。其实，管理学中讲的大部分内容，我们都不会一无所知，所以，一种有效的学习方法就是在学习某一内容时，自己先联系实际地想一下这部分内容应该怎样讲，然后再去看书。

二是借助案例，模拟训练。案例的主要形式是实例和情景模拟，最早使用于哈佛大学商学院，后受到世界各国教育界、企业界青睐。案例是对实际管理问题的客观描述，具有很强的真实性、典型性，每个案例中都隐含了一个或几个方面的管理原理。案例分析法有利于理论与实践紧密联系，通过分析情景、诊断情景、对症下药地处理情景，不仅可以掌握管理理论，而且可以形成灵活的思维方法，培养管理者的实际管理能力。因为案例具有这样的一些特点，所以它成了人们进行模拟训练，将理论与实际相联系的得力工具。对于一个从事非管理性工作的学生来说，阅读、分析一定数量的案例，就更有必要了。除了找现成的案例外，多读一些管理方面的书籍、报纸、杂志对学习也有很大的帮助。

3. 辩证思维与实践应用

管理学是一门正在不断发展中的学科。学习、研究和应用管理学，需要养成良好的思维习惯和思维方式，其中最重要的是辩证思维方式。要学好管理学必须学会自觉地运用辩证和发展的思维去分析管理学的理论、原则、观点和方法等。管理学是一门实践性极强的科学，其中的理论、观点和方法都是在特定的时空条件下总结和提炼出来的，随着时空的变迁，管理环境和条件的差异性不可避免地存在，许多管理学理论和内容的局限性必然会显现出来。并没有一种在任何情况下都奏效的、通用的、万能的管理方法。因而，学习管理学理论就必须学会用全面、发展、联系的观点看问题，要坚持具体情况具体分析，方能学到管理学的真谛。

学习管理学的目的在于应用，在应用的过程中能更好地加深对管理理论的理解。管理学就存在于人们日常生活和工作中，我们身边也经常有运用管理理论知识，并且通过某些管理方法技巧、技能来达到某种管理目的的事例。真正希望掌握管理学知识的人，应该大胆灵活地把这些知识应用于身边的管理工作，从小事做起，积极实践并根据自己的体会不断进行创新。这一点至关重要，仅背会了所有管理原则，不一定能够有效地进行管理。管理最重要的是培养灵活运用管理知识的技能，这种技能在课堂上是很难培养的，需要到实际管理工作中去掌握。因此，在管理学课程的教学实践中多采用案例教学法，其目的也就是为应用管理学知识提供借鉴与思路。注重实际参与，才能真正学好管理学。

本章实训与练习模块

实训目标：通过对本章理论知识的实训操练，让读者对管理具有全面的认识，对管理者的类型及技能要求有更进一步的理解，并且明确该如何来学习管理学。

模块1：案例分析与思考

【实训目的】

（1）通过对案例的分析和讨论，让读者知道如何学习管理学基本知识。

（2）通过对案例的分析和讨论，让读者增强对不同管理层素质与技能要求的感性认识。

【实训要求】

（1）坚持把管理学理论与实际案例相结合，自觉培养学习兴趣。

（2）将分析点评的内容与心得，撰写成约500字的书面作业。

案例一

管理，该如何学

从2002年起，上海对外贸易学院工商管理专业四年级的学生迎来了一门由工商管理专业的老师和公司的管理者共同合作完成的新课程——管理理论与实践。

绝大多数传统课程的授课，一般都是由一位教师独立完成的。而管理理论与实践这门新课程的创新之处在于，对工商管理专业的老师来说，其工作量只占全部课程时间的1/3，其工作主要包括：课程的设计和组织、联系落实商界人员作为外聘老师进行授课、对所学的管理理论进行复习、带领学生去企业参观等。而另外2/3的课程，则由外聘老师来完成。

黄伟是上海利盟进出口有限公司的常务副总经理，作为毕业于上海对外贸易学院的经济学硕士，黄伟非常愿意利用业余时间在大学的课堂中与未来的管理者共同探讨一些管理与进出口业务方面的问题，共同思考一些源于自己企业的新鲜而真实的案例，管理理论与实践这门新课程的推出，为黄伟提供了与学生进行沟通交流的机会。

黄伟上课的方式是非常强调互动的，他在课上或者课后经常要求学生进行信息反馈，他不仅要求与学生在教学内容上进行双向沟通，而且也经常要求学生对其教学方法和教学手段进行实时评估。

这是黄伟第二次给学生上课了。这一次，黄伟与学生讨论的是一个几天前刚刚发生在自己公司的进出口贸易方面的案例，但学生对这个案例的讨论好像并不积极，即使发言的学生，似乎也都没能讨论到这个案例的关键点上去。

在课间休息时，学生张月对黄伟说："我们是工商管理专业的学生，外贸实务方面的知识学是学过了，但学得并不扎实，因此讨论起来难度太大。再说，我们大多数人今后也不会去从事国际贸易工作。因此，希望以后还是能讨论些其他方面的案例吧。"

学生王以东说："黄总在今后的课程中，能否多给我们讲些管理实务方面的知识？对我们大四的学生来说，学了大量的经济和管理理论之后，目前最迫切想知道的是到底如何去运用，如何去操作。"

学生姚菁也有同感："我们的国际贸易有实务操作方面的课程，但管理方面，就没有类似的课程，因此，我们希望这堂课能为我们提供更多的管理业务操作方面的知识。"

"好的，我会在今后的课程中加强这方面的内容。"黄总说道，"但是大家刚才上课时的表现并不太令人满意，对很多知识点，大家似乎都比较陌生。这些知识点大家在以前上课时都应该学到过的，而且也是能够掌握的，但今天的实际情况却表明似乎并非如此，这让我感到很意外。"

姚菁插话道："事实情况是，刚才这个案例讲座所需要的知识，我们以前所学的教科书上是有专门一章的，但当时老师在上课时并没有系统地讲解，考试时也不要求考这部分的内容，因此，才会有刚才讨论的冷场。"

黄总说："我认为，对商学院的学生来说，在大学阶段，所有的知识点都是很重要的。将来工作的时候，领导安排的工作，你做不好的话，是不可以以老师没教过作为理由的。所有的知识都应该自己去学，自己去悟。再说，管理知识并非仅仅就是工商管理专业所涉及的知识，我这个常务副总经理每天最主要的工作就是审核业务经理所签的各种合同，如果我无法胜任工作的话，是不能以我不是法律专业毕业生为理由的。"

"那为什么你们公司不能设个法务部呢？这不是更专业化吗？"张月表示不解。

"众所周知的理由——成本因素。"黄总回答道。

学生王以东道："黄总，你上课的时候曾提到一个观点，说一个好的管理者一定要有悟性，但到底什么是悟性呢？"

"现在企业对大学生的要求是，你来了就能够派上用场。公司在一开始的几个月可能会让你熟悉一下不同的岗位。但是，不要指望别人会教你该如何做，这全看你自己如何去领悟。再者，在做具体的业务工作时，很多学生都是知道实务操作 ABC 的，即简单的重复性操作步骤。但实践中的很多问题并不都能简单地归纳为 ABC，因此，几个月之后，当你需要 DEF，即需要你自己去构筑一个商务平台时，你可能就无法胜任新的挑战了。而要完成这部分的工作，常常需要你能够将各种所学的理论应用到实践中来。这时，每个人的应用能力往往是不一样的，因为在应用理论时，有各种各样的理论可供选择和运用，这还需要你能将实际面对的各种繁杂问题归纳为一些理论所能解决的范式，并且往往还需要你能够综合地考虑公司所能承受的诸如成本、实力等内部条件。因此，我认为这种综合处理问题的能力的核心就是悟性。因此，很多学生在毕业工作一两年之后，就可看出谁较有悟性，具有很大的发展潜力，而谁可能将永远只能做简单的重复性的工作了。"

姚菁说道："既然黄总认为管理更需要的是悟性，那么是否可以认为，管理本质上就是一门艺术呢？如果说管理是一门艺术的话，那对我们没有实践工作经验的大学生来说，我们应具备怎样的管理知识和能力，才能适应未来的工作和实践呢？”

（资料来源：徐波．管理学案例集．上海：上海人民出版社，2004.1～4，稍有改动）

【分析与思考】

学习管理学是重实务，还是重应用？如何学习管理学理论与实践？如何提高学习兴趣？

案例二

升任公司总裁后的思考

郭宁最近被所在的生产机电产品的公司聘为总裁。在准备接任此职位的前一天晚上，他浮想联翩，回忆起他在该公司工作20多年的情况。

他在大学时学的是工业管理，大学毕业后就到该公司工作，最初担任液压装配单位的助理监督。他当时感到真不知道如何工作，因为他对液压装配所知甚少，在管理工作上也没有实际经验，他感到几乎每天都手忙脚乱。可是他认真好学，一方面仔细参阅该单位所订的工作手册，并努力学习有关的技术知识；另一方面监督长也主动对他指点，使他渐渐摆脱了困境，胜任了工作。经过半年多时间的努力，他已有能力独担液压装配监督长工作了。可是，当时公司没有提升他为监督长，而是直接提升他为装配部经理，负责包括液压装配在内的四个装配单位的领导工作。

在他当助理监督时，他主要关心的是每日的作业管理，技术性强。而当他担任装配部经理时，他发现自己不能只关心当天的装配工作状况。他还得作出此后数周乃至数月的规划，还要完成许多报告和参加许多会议，他没有多少时间去从事过去喜欢的技术工作。当上装配部经理不久，他就发现原有的装配手册已基本过时，因为公司已安装了许多新的设备，引入了一些新的技术，这令他花了整整一年时间去修订工作手册，使之切合实际。在修订手册过程中，他发现要让装配工作与整个公司的生产作业协调起来是需要很多讲究的。他还主动到几个工厂去访问，学到了许多新的工作方法，他也把这些吸收到修订的工作手册中去。由于该公司的生产工艺频繁发生变化，工作手册也不得不经常修订，郭宁对此完成得很出色。他工作了几年后，不但自己学会了这些工作，而且还学会如何把这些工作交给助手去做，教他们如何做好。这样，他可以腾出更多时间用于规划工作和帮助他的下级工作得更好，以及花更多的时间去参加会议、批阅报告和完成自己向上级的工作汇报。

当他担任装配部经理6年之后，正好该公司负责规划工作的副总裁辞职应聘于其他公司，郭宁便主动申请担任此职务。在同另外5名竞争者较量之后，郭宁被正式提升为规划工作副总裁。他自信拥有担任此新职位的能力，但由于高级职务工作的复杂性，仍使他在刚接任时碰到了不少麻烦。例如，他感到很难预测1年之后的产品需求情况。可是一个新工厂的开工，乃至一个新产品的投入生产，一般都需要在数年前做好准备。而且，在新的岗位上他还要不断处理市场营销、财务、人事、生产等部门之间的协调工作，这些他过去都不熟悉。他在新岗位上越来越感到：职位越是上升，越难于仅仅按标准的工作程序去进行工作。但是，他还是渐渐适应了，作出了成绩，后来又被提升为负责生产工作的副总裁，而这一职位通常是由该公司资历最深、辈分最高的副总裁担任的。

现在，郭宁又被提升为总裁。他知道，一个人当上公司最高主管职位之时，他应该自信自己有处理可能出现的任何情况的才能，但他也明白自己尚未达到这样的水平。因此，他想到自己明天就要上任了，今后数月的情况会是怎么样？他禁不住为此而担忧！

（资料来源：黄梦藩，赵苹，王凤彬．管理概论．台湾：五南图书出版有限公司，1995. 52～54）

【分析与思考】

1. 郭宁担任的助理监督、装配部经理、规划工作副总裁和总裁四个职务，其管理职责各有什么不同？请结合基层、中层、高层管理者的职能进行分析。

2. 你认为郭宁要胜任公司总裁的工作，哪些管理技能是最重要的？你觉得他有这些技能吗？试加以分析。

3. 如果你是郭宁，你认为当上公司总裁后自己应该补上哪些欠缺才能使公司取得更好的绩效？

模块2：模拟设计

【设计课目】

组建大学生模拟公司

【实训目的】

（1）培养学生初步运用管理基础知识建立现代组织的能力。

（2）培养和掌握管理者的角色和技能。

【实训内容】

（1）管理基本职能的运用。

（2）管理者分类情况。

（3）管理者技能的表现形式。

（4）根据所学的知识与对企业的调查、访问获得的信息资料组建模拟公司。

【方法与要求】

（1）把全班分成6～8人一组，组建"××大学××模拟公司"，共同商议，自定公司名称，并建立公司及各成员"学习积分卡"。

（2）各模拟公司进行总经理竞聘，先组织集中公开演讲，演讲内容要切合本章理论与实践知识，突出竞聘目标思路。然后参照选举程序，全体成员投票选举产生总经理。

（3）按组织职能设计各部门和人员分工。例如，总经理室、财务部、生产部、营销部、公关部等。各部门设置后，再将人员按职位分工。

（4）在竞聘演讲的基础上，组织一次学习与交流活动。每个模拟公司推荐1～2名演讲内容与口才好的成员发表竞聘演讲，并开展学习讨论，引导学生之间相互学习，取长补短。

（5）演讲讨论后，每人根据竞聘活动情况，结合本章学习内容，撰写一份心得体会。

【实训考核】

（1）投票选出公司总经理，完成模拟公司的初步组建。

（2）每位同学上交一份总经理竞聘演讲稿或提纲。

（3）由教师和学生对各公司的组建情况进行评估打分，记入公司积分卡。

附：个人竞聘演讲提纲（为演讲重点内容）

（1）竞聘目的与原因。

（2）本人简历与条件优势。

（3）目标承诺。

（4）工作思路与重要举措。

模块 3：游戏：水草

【项目简介】

对于一个合格的企业管理人员来说，其逻辑思维能力是不可缺的，企业员工，特别是管理人员需要有福尔摩斯般的逻辑思维能力。本游戏将帮助你了解自己这一能力水平。

人数：30 人

时间：20 分钟

场地：教室

用具：无

【训练步骤】

（1）由教师交代案情：在一个夏夜的湖边，一对热恋的男女正在谈情说爱。由于夏夜炎热，男人去买饮料解渴，留下女友在湖边等候。15 分钟之后，男友回来时，发现女友已经不在原来的地方了。于是这个男人在湖的周围大声呼唤他女友的名字，但没有回应。时间一分一秒地过去了，男人越想越担心，一种不祥的预感已经笼罩在他的心头。“扑通”一声，男人跳进湖里，在湖里寻找女友的足迹。他在湖底摸索了许久，除了摸到一些像水草一样的东西外，其他什么也没有摸到，于是，他放弃了在湖底寻找。上岸之后，男人沿着湖边到处寻找。夜深了，人静了，男人拖着疲惫的身体继续沿着湖边寻找。当他看到湖边有一个亮着的小木屋时，便走过去敲门，开门的是一位陌生的老大爷。

“老大爷，你有没有看到一位长头发，穿红色裙子的女孩?”

“没有。”

男人仍不放过一线希望，把女友失踪的遭遇包括在湖里寻找的经过一五一十地告诉了这位老大爷。

“我是这个湖的看守员，这个湖几十年来一直都没有生长过一根水草。”

男人听完后就跳到湖里死了。

学员通过问封闭性问题的方式去判断案情的起因。

（2）教师只负责回答学生的问题，但只能说“是”或“不是”。

（3）计时开始。看谁能在最短的时间内推理出这个男人的死因。

（4）由教师带领学生讨论下列问题：谁的推理最富逻辑性？有没有比答案更好的推理？

【训练要点】

游戏的答案也许是匪夷所思的，但游戏的重点并不是要得到最后的答案，而是在游戏的过程中，让学员积极地延展、激发自己的思维能力，并在这个过程中体会到开动脑筋的乐趣。

附：游戏参考答案

原来，男人在湖里摸到的不是水草，而是她女友的长发。于是男人彻底绝望了，便跳到湖里殉情了。

模块 4：参观走访

【走访对象】

某一个工商企业或一位管理者

【实训目的】

通过走访某一个企业或某一位管理者，培养参观者关注企业管理和学习管理的兴趣，以及参加社会实践活动的主动性、积极性。

【实训内容】

（1）要求参观者了解该企业的某一基本业务职能，如计划管理、生产管理、技术管理、营销管理、物资设备管理、财务管理、行政管理、人事管理、后勤管理等。

（2）向管理者了解他的职位、工作职能、胜任该职务所必需的管理技能等情况。

【实训组织】

（1）把全班同学分成两大组，第一组走访企业，第二组走访某一管理者。

（2）第一组学生以 4 ~6 人一组分为若干小组，分别走访某一个工商企业。

（3）第二组学生以 2 ~4 人一组分为若干小组，分别走访某一位管理者。

【实训考核】

（1）要求每位走访者写出走访报告或小结，教师批阅，选出走访效果好的同学与全班同学交流。

（2）要求参观者填写实训报告。其内容包括：①实训项目；②实训目的；③实训内容；④本人承担的任务及完成情况；⑤实训小结；⑥实训评语。

模块 5：辩论

【题目】

管理者是管理的主角

【实训目的】

了解掌握管理者与管理的关系与原理，培养读者初步进入管理者角色。

【实训内容】

（1）论述管理者的基本概念和角色。

（2）论述管理理论的基本内容与应用。

【方法与要领】

（1）将全班同学分成正方与反方若干小组（限 5 人一组），并设定辩论场地和辩论议程。

（2）陈述。正方坚持“管理者是管理的主角”立场论述；反方联系管理、管理者基本理论，举例说明确立管理者的角色类型，确定管理职能等论点反驳正方观点。正反双方要理论联系实际，举例要鲜明生动且有较强的说服力。

（3）答辩。正反双方在辩论中，既要回答对方的提问，也要向对方提出疑难问题，要求答辩。

（4）陈辞。正反双方各推荐一人进行归纳总结，举例要鲜明生动，既能证明本方观点正确，又能反驳对方观点，在规定时限内发言完毕。

（5）点评。邀请管理方面专家、老师对辩论情况进行讲评。

【成绩测评】

（1）辩论双方形成书面辩论资料，呈报老师或评委。

（2）综合点评意见，由教师或邀请管理方面专家评判辩论结果。

模块6：讨论题

1. 许多人都想不受人管理。你认为这有可能吗？为什么？

2. 有人说："有权就会管理。"你认同这样的观点吗？

3. 一位教授被下放到农村，村长派他割猪草，可这位教授只吃过猪肉没喂过猪，村长该怎么办？教授该怎么办？

4. 分组就班级的管理现状进行讨论，列出班级管理的优缺点。如果你是班长，你会如何管理这个班？

【方法与要求】

（1）全班同学或模拟公司分成若干小组，每组6～8人。

（2）各组由模拟公司经理或组长主持，讨论时大家要联系本章理论与实训内容畅所欲言，要求人人发言。

（3）各组分别指定一人记录，讨论后进行归纳整理，形成集体讨论答案（约1 000字）送交教师批阅。

【成果验收】

教师对各组讨论答案批改后，将成绩记入小组积分。

第2章　管理理论的演变

⊙学习要点

1. 古典管理理论
2. 行为科学理论
3. 现代管理理论
4. 中国古代管理思想

⊙学习目标

1. 了解与掌握主流管理思想的核心内容
2. 理解各种管理思想的贡献和局限性
3. 了解和掌握现代管理理论的基本观点及流派
4. 了解中国早期的管理实践和管理思想

⊙关 键 词

科学管理理论　一般管理理论　行政组织理论　霍桑实验　人际关系理论　行为科学理论　管理科学学派　管理程序学派　系统学派　权变理论学派　儒家管理思想　道家管理思想　墨家管理思想　法家管理思想　兵家管理思想

案例

管理理论真能解决实际问题吗

小王、小李、小张和小周四个人都是西南地区一个金属制品公司的管理人员。小王和小李负责产品销售，小张和小周负责生产。他们刚参加过在某大学举办的为期两天的管理培训学习班。在培训班里主要学习了权变理论、系统理论和一些有关职工激励方面的内容。他们对所学的理论有不同的看法，现正展开激烈的争论。

小李首先说："我认为系统理论对于像我们这样的公司是很有用的。例如，如果生产工人偷工减料或做手脚的话，如果原材料价格上涨的话，就会影响到我们的产品销售。系统理论中讲的环境影响与我们公司的情况很相似。我的意思是，在目前这种经济环境中一个公司会受到环境的极大影响。在油价暴涨时期，我们还能控制自己的公司。现在呢？我们在销售方面每前进一步，都要经过艰苦的战斗。这方面的艰苦，你们大概都深有体会吧？"

小周插话说："你的意思我已经知道了。我们的确有过艰苦的时期，但是我不认为这与系统理论之间有什么必然的内在联系。我们曾在这种经济系统中受到过伤害。当然，你可以认为这与系统理论是一致的。但是我并不认为我们就有采用社会系统理论的必要。我的意思是，如果每个东西都是一个系统，而所有的系统都能对某一个系统产生影响的话，我们又怎么能预见到这些影响所带来的后果呢？所以，我认为权变理论更适用于我们。如果你说事物都是相互依存的话，那么系统理论又能帮我们什么忙呢？”

小王对他们这样的讨论表示有不同的看法。她说：“对系统理论我还没有很好地考虑。但是，我认为权变理论对我们是很有用的。虽然我们以前经常采用权变理论，但是我却没有认识到自己是在运用权变理论。例如：我有一些家庭主妇顾客，听到她们经常讨论关于孩子和如何度过周末之类的问题，从她们的谈话中我就知道她们要采购什么东西了。顾客也不希望我们逼他们去买他们不需要的东西。我认为，如果我们花上一两个小时与他们自由交谈的话，那肯定会扩大我们的销售量。但是，我也碰到一些截然不同的顾客，他们一定要我向他们推荐产品，要我替他们在购货中做主。这些人也经常到我这里来走走，但不是闲谈，而是做生意。因此，你们可以看到，我每天都在运用权变理论来对付不同的顾客。为了适应形势，我经常改变销售方式和风格，许多销售人员也都是这样做的。”

小张显得有点激动，他插话说：“我不懂这些被大肆宣传的理论是什么东西。但是，关于系统理论和权变理论问题，我同意小周的观点。教授们都把自己的理论吹得天花乱坠，他们的理论听起来很好，但是却无助于我们的实际管理。对于培训班上讲的激励要素问题我也不同意。我认为泰罗在很久以前就对激励问题有了正确的论述。要激励工人，就是要根据他们所做的工作付给他们报酬。如果工人什么也没有做，就用不着付任何报酬。你们和我一样清楚，人们只是为钱工作，钱就是最好的激励。”

【分析与思考】

（1）你同意哪个人的意见？他们的观点有什么不同？

（2）如果你是小李，你如何使小周信服系统理论？

管理思想是管理理论的核心，它来源于管理实践，是对管理经验的概括和总结。在世界文明发展的历史长河中，管理思想一直是随着时代的发展而不断演变着的。希腊、埃及、印度以及我国古代在军事管理、行政管理、社会管理等方面的实践经验已经极其丰富，出现过许多朴素的、直观的管理思想，如以“儒家”为代表的中国古代管理思想，但这些管理思想主要还是停留在经验描述的阶段，不具有系统的理论形式。一般来说，管理成为一门较系统的学科是从 19 世纪末 20 世纪初美国的科学管理开始的。近百年来，管理学科发展很快，充满生机与活力，其历程大体上可分为三个阶段，即以泰罗、法约尔、韦伯为代表的古典管理理论；以梅奥、赫茨伯格等为代表的行为科学理论；包括多种学派的现代管理理论。随着科学技术的进步和知识经济时代的到来，管理的新思想不断涌现。本章着重介绍一些主要的学说和学派。

2.1 古典管理理论

在古典管理理论产生之前，企业管理实践处于传统经验管理阶段。企业由资本家直接管理，企业管理主要凭个人经验办事，没有科学的管理制度。由于管理者知识和经验的限制，当时的管理是粗放式的、低水平的。从 19 世纪末到 20 世纪初，社会经济的发展、科技的进步以及管理实践水平的提高和管理经验的积累，为古典管理理论的形成奠定了客观基础。欧洲和美国都相继有人提出比较系统的管理理论，使管理从经验阶段上升到了科学阶段，这个时期的管理理论被称为古典管理理论。其代表是：美国有泰罗的科学管理理论，法国有法约尔的一般管理理论，德国有韦伯的行政管理理论。

2.1.1 泰罗的科学管理理论

泰罗（1856—1915）出生于美国费城一个富裕的律师家庭，19 岁考上哈佛大学，但因眼睛不好而被迫辍学，于是就进了一家小机械厂当学徒工。22 岁时进入费城米得维尔钢铁公司，开始当技工，后来迅速被提升为工长、总技师。在此期间，他通过自学，1883 年获得了斯蒂芬工艺学院的机械工程学位。28 岁时任钢铁公司的总工程师。1891 年他独立开业从事工厂管理咨询业务。1898 年进入伯利恒钢铁公司继续从事管理方面的研究。1901 年以后，他用大部分时间从事写作、演讲，宣传他的企业管理理论。通过长期的管理实践，他总结了一些管理原理和方法，并将它们系统化，后人将泰罗的管理理论称为“科学管理”或“泰罗制”。他一生的著作很多，其代表作是 1911 年出版的《科学管理原理》。科学管理的提出是管理的第一次革命，在管理的发展史上具有划时代的意义。因此，泰罗被称为“科学管理之父”。

1. 科学管理的出发点

（1）科学管理的中心问题是谋求最高工作效率。提高劳动生产率，是泰罗创建的“科学管理”理论的基本要求。

（2）用科学管理代替传统管理，是达到最高工作效率的重要手段。泰罗认为：完善的组织管理，必须采用科学的方法，要把科学的方法应用于一切管理问题。

（3）科学管理的精华是要求管理者和工人双方实行重大的精神变革。这种重大的精神变革使管理人员和工人双方都把注意力从盈余的分配转移到增加盈余量上来。

2. 科学管理的内容

（1）工作效率和工作定额。为了提高生产效率和工作效率，泰罗通过长期的研究和实验，推广先进的操作方法，确定合理的工作定额，使生产率得到了提高。

（2）科学选人用人。为了提高劳动生产率，泰罗为工作挑选最合适的工人，使工人的能力、态度与工作得到了科学、合理的配合，并教会他们科学的工作方法，大大提高了工效。

（3）实行标准化。在工作中要建立各种标准的操作方法、规定和条例，使用标准化的机器、工具和材料。标准化能大幅度地提高生产效率和工作效率。

（4）有差别的计件工资制。泰罗提出了一种差别计件工资制，超额完成定额的，按比正常单价高出 25% 计酬。完不成定额的，按比正常单价低 20% 计酬。这样做会体现多劳多得，提高工人的劳动积极性。

（5）劳动职能分析。他主张配备专门的管理人员，其职能是进行时间和动作研究、制定劳动定额和标准、选用标准工具和操作方法等。计划管理工作与执行工作的分离在管理发展史上具有重要意义。

（6）例外原则。泰罗将管理工作分成两类，即一般事务管理和例外事务管理。企业的高级主管人员应把处理一般事务的权限下放给下级管理人员，自己只负责对下级管理人员的监督和处理例外事务。这在当时集权化管理的背景下，是非常有远见的。

3. 科学管理理论的贡献

泰罗的科学管理理论最大的贡献是提倡用科学的管理方法代替传统的管理方法。科学管理的精髓是用调查研究和科学知识来替代个人的判断、意见和经验，在理论上开创了对管理进行科学研究的先河，使管理从经验上升到科学，标志着管理学作为一门学科开始形成。科学管理理论提出了通过管理科学化来提高劳动效率，从而增加利润的方法，体现了科学的巨大进步。泰罗等人创造和发展了一系列有助于提高生产效率的技术和方法，如时间与动作研究和差别计件工资制度等，因其独到的实用性和实践性，曾得到广泛的传播和应用。这些技术和方法不仅是过去合理组织生产的基础，而且直至今天，它在管理实践中仍有十分广泛的影响。

案例

科学管理是一次心理革命

1912年1月25日，泰罗在调查科学管理委员会的众议院特别委员会上作证时，发表了如下演说：

科学管理不是什么取得效率解决的手段，也不是一种保证效率的手段，甚至不是一套或一组取得效率的手段。科学管理不是一种核算成本的新制度；也不是一种支付工资的新办法；它不是计件工资制；不是奖金制度；不是津贴制度；不是支付工资的规划；不是用马表监视工人并记录下他们的行动，它不是工时研究；也不是动作研究；更不是人的活动分析；不是印刷、画线和卸下一两吨空白表格给一批人，然后对他们说："这就是你们的制度，拿去使用吧！"科学管理不是划分工长制或职能工长制；不是一般人每当说到科学管理时所想的任何手段。一般人听到"科学管理"一词时，总认为是指上述一种或几种东西，然而，科学管理并不是这些手段中的任何一种。我不是在嘲笑成本核算制度、工时研究、职能工长制；也不是轻视任何新的和改进了的工资办法，更不是在轻视任何提高效率的手段。如果它们确实是一些可以取得效率的手段的话，我信任这些手段，但是我要强调指出的是，这些手段无论是整个地或部分地来说都不全是科学管理。它们是科学管理有用的附属物，同样的，也是其他管理制度有用的附属物。

于是，就其实质而言，科学管理包含着一次全面的心理革命。一方面在任何特定企业中劳动的人，就他们对于他们的工作、伙伴和雇主的责任而言，这是一次全面的心理革命。而在管理这一方面，工长、厂长、企业主、董事会，就他们对于企业中的同事、劳动者以及一切日常事务的责任而言，同样是一次全面的心理革命。如果没有这两方面的全面的心理革命，那么科学管理就不存在。

这两方面的人在科学管理条件下，心理态度发生的伟大革命表现在：双方的眼光都从把分摊盈余作为一件最重要的事情上转移到共同注重增加盈余的数额，直到盈余额大得没有必要再为如何分摊而争吵为止。他们开始看到，如果他们不再互相倾轧并转而往同一方向并肩前进，由他们共同努力创造出来的盈余额就会多得惊人。他们双方都认识到，当他们用友好合作和相互帮助代替彼此敌对和冲突的时候，他们就能够使这些盈余比过去有巨额的增长，从而有充足的盈余来大大提高劳动者的工资，同时也同样地大大增加了制造商的利润。先生们，这就是伟大心理革命的开端，它是走向科学管理的第一步。科学管理就是沿着完全改变双方的心理态度的路线，用和平代替战争；用真诚的兄弟般的合作代替斗争和冲突；用齐心协力走同一方向代替彼此背离；用相互信任代替猜疑戒备；由敌人渐渐变成朋友。我认为，科学管理必须沿着这条路线去发展。

这种新看法或新观点的替代是科学管理的实质所在。在新观点成为双方的主导思想之前，在用合作和和平的新思想代替倾轧和战争的旧思想之前，任何地方都不会出现科学管理。

双方对待“盈余”的心理态度的这种变化，只是在科学管理条件下发生的伟大心理革命的一个部分。以后我将要指出这一革命的其他成分。不过，还有一个观点的改变，对于科学管理的存在也是绝对不可缺少的。这就是双方都必须从本质上认识到，老板也好，劳动者也好，都要用严密的科学调查和知识代替老的个别人的判断或意见去处理有关企业的各项工作的所有事务。这既适用于开展工作所使用的方法，也适用于完成每项具体任务所需要的时间。因此，在管理者和劳动者双方的心理态度都发生这样的变化之前，也就是说，在双方都尽他们的责任合作生产尽可能多的盈余，并且都认为有必要用严密的科学知识办事之前，任何企业都不能说有了科学管理。

这就是科学管理两个绝对不可缺少的要素。

（资料来源：黄雁芳，宋克勤．管理学教程案例集．上海：上海财经大学出版社，2001）

2.1.2　法约尔的一般管理理论

法约尔（1841—1925）出生于法国一个资产阶级家庭，1860年毕业于圣艾蒂安国立矿业学院，作为一名采矿工程师进入法国的一家冶矿公司工作，从1866年开始担任公司的高级管理职务，直到退休，有管理整个大企业的经验。当泰罗在美国研究倡导科学管理的时候，法约尔在欧洲也积极地从事着管理理论的研究。由于法约尔和泰罗的经历不同，他们对管理研究的着眼点也不同。泰罗的研究是从“车床前的工人”开始的，重点内容是企业内部具体工作的作业效率，即企业微观的生产组织问题。法约尔的研究则是从“办公桌前的总经理”出发的，他的视野能够覆盖整个企业，研究如何提高整体的工作效率问题。他的理论除了可用于工商企业外，还适用于政府、教会、军事组织和其他各种事业，这正是一般管理理论的基石。法约尔的著述很多，1916年出版的《工业管理和一般管理》是其管理理论的代表作。

1. 企业活动的类别

法约尔认为，企业从事的一切活动可以划分为六类：技术活动——生产、制造；商业活动——采购、销售和交换；财务活动——资金的取得与控制；会计活动——盘点、成本及统计；安全活动——商品及人员的保护；管理活动——计划、组织、指挥、协调与控制。企业的这六种活动，是企业每个人或多或少都要从事的，只不过是随着职务高低和企业的大小而各有侧重。例如，一般工作侧重于技术活动。越到高层领导，管理活动所占的比重越大。法约尔认为，人的管理能力可以通过教育来获得，所以他很强调管理教育的必要性和可能性。

2. 管理的十四项原则

法约尔十分重视管理原则的系统化。为了使管理者能够更好地履行管理的职能，他根据自己长期的管理经验，提炼出十四项管理原则，作为管理教育的内容和企业管理的指导方针。他认为，如何使这些原则灵活地适应于各种环境和特殊情况，要依靠管理人员的“艺术”。这些原则分别是：①劳动分工；②权力与责任；③纪律；④统一指挥；⑤统一领导；⑥个人利益服从集体利益；⑦合理报酬；⑧适当集权与分权；⑨等级制度；⑩秩序；⑪公平；⑫保持人员稳定；⑬首创精神；⑭人员团结。这些原则，有些虽然在早期的工厂制度中已有所反映，但把它们概括成为一套概念纲要，却是法约尔的贡献。

3. 管理的五项职能

对于管理，法约尔曾经下了一个明确定义：管理就是实行计划、组织、指挥、协调、控制。他认为，计划就是探索未来和制定行动方案。组织主要是建立执行工作任务和权力的结构，确定完成任务所需要的机器、物资和人力的恰当的结合。指挥是使每个人都履行其所负的职责，从而使整个组织运转起来。协调是统一和调和企业各部门以及各个职工的活动，指导他们走向一个共同的目标。控制是核实情况的发展是否同既定的计划、规章、下达的命令相符合，以便及时发现错误，采取措施，加以纠正。他对管理五大职能的分析，为管理科学提供了一套科学的理论构架，后来成为管理过程学派理论的基础，也是以后各种管理理论和管理实践的重要依据，对管理理论的发展有着深刻的影响。

4. 一般管理理论的评价

法约尔的主要贡献是研究了管理的一般性或普遍性，为管理理论的形成构筑了一个科学的理论框架，奠定了管理学的基础。泰罗的科学管理使管理从经验阶段上升为科学阶段，为管理的发展作出了巨大的贡献。但由于科学管理的研究主要集中在微观的生产作业领域，提出的是具体的管理方式、方法，缺乏宏观思考，因而无法形成理论体系。法约尔的一般管理理论系统性和理论性更强，对管理五大职能的分析不仅揭示了管理的本质，还为管理科学提供了一套科学的理论框架。法约尔的理论虽然是以企业为研究对象建立起来的，但由于抓住了管理的一般性，使得他的理论不仅适用于企业的管理，也适用于机关、学校、医院等各种组织和部门的管理。法约尔提出的管理原则，经受住了实践的检验，一直在指导着人们的管理研究和实践活动。

2.1.3 韦伯的行政组织理论

韦伯（1864—1920）是德国人，担任过教授、政府顾问、编辑等职务，对社会学、宗教学、经济学与政治学都有相当深厚的造诣。韦伯的管理思想主要集中在《社会组织与经济组织》一书中。他最大的贡献是首创了一套完整的组织理论，即官僚制组织理论，又称为理想的行政组织理论。

1. 行政组织体系的权力基础

韦伯的研究对象主要是正式组织，他特别注重组织理论权威的意义。他认为，任何组织都必须以某种形式的权力为基础，假如缺少某种形式的权力，组织就不能实现其目标。只有权力才能变混乱为秩序。古往今来，人类社会存在三种为社会所接受的权力：

一是神授的权力。这种权力是以对个人的崇拜为基础的，被崇拜者具有超凡的魅力。

二是传统的权力。它是以古老传统的不可侵犯性和执行这种权力的人的地位的正统性为依据的。对这种权力的服从是对拥有这种不可侵犯的权力地位的个人的服从。

三是理性——法律的权力。它是以合法性为依据的。对这种权力的服从是由于依法建立的一套等级制度，如一个企业、国家机构、军事单位或其他组织。这是对确认的职务或职位的权力的服从。韦伯认为，传统的权力效率较差，因为领导人不是按能力挑选的，神授的权力则带有感情色彩并且是非理性的。只有理性——法律的权力才适宜作为理想组织体系的基础，才是最符合理性、高效率的组织结构形式。

2. 理想的行政组织体系的特征

所谓理想的行政组织体系理论，是指通过职务或职位而不是通过个人或世袭地位来管理。韦伯认为理想的行政组织体系，并不是指最合乎需要的，而是指现代社会最有效和合理的组织形式，它在精确性、稳定性、纪律性和可靠性方面都优于其他组织形式。理想的行政组织模式应具有以下六个特点：

(1) 明确的分工。把组织的全部活动划分为各项基本任务，系统地分配给组织中各个成员负担。每个职位的权利和义务都有明文规定。

(2) 等级严密。各个职位是按照职权的等级原则组织起来的，形成一个指挥体系。这是一种按照职位高低层层控制、井然有序、权责分明的组织体系。各级领导不仅要对自己的行为负责，而且要对自己下级的行为负责。

(3) 法规与规章。组织是根据明文规定的法规和规章组成的，法规和规章不变更，组织结构也固定不变。组织的任何一个成员都受法规和规章控制，他们的工作必须遵循固定的程序，按照规定行使权力。

(4) 非人格化。组织成员之间的关系，只有一种职位关系，不受个人情感的影响。这是一种非人格化的关系。这种公正的态度，不仅适用于组织内部，而且适用于组织同顾客之间的关系。

(5) 人员的任用、升迁与工资。人员的任用，通过公开的考试，有严格的选择准则。这些准则完全是根据工作的客观标准、职务上的客观要求确定的，它的运用也是非人格化的，不因人而异。

(6) 管理权与所有权分离。

韦伯认为，具有上述六项特点的组织，可使组织表现出高度的理性化，其成员的工作行为也能达到预期的效果，组织目标也能顺利的达成。韦伯对理想的官僚组织模式的描绘，为行政组织指明了一条制度化的组织准则，为社会发展提供了一种高效率、合乎理性的管理体制。这是他在管理思想上的最大贡献。

3. 行政组织理论的评价

韦伯的理想行政组织理论，总结了在大型组织中的实践经验，为社会发展提供了一种稳定、严密、高效、合理性的管理体系模式，为管理理论的创新作出了贡献。韦伯认为，这种高度结构化的、正式的、非人格化的理想行政组织体系是强制控制的合理手段，是达到目标、提高效率的最有效形式。这种组织形式在精确性、稳定性、纪律性和可靠性等方面都优于其他形式，能适用于各种行政管理工作及当时日益增多的各种大型组织，如教会、国家机构、军队、政党、经济组织和社会团体等。韦伯的这一理论，对泰罗、法约尔的理论是一种很有价值的补充，对后来的管理学家，特别是组织理论家产生了很大影响。行政组织是人类社会不可避免的进程，韦伯的理想行政组织体系自出现以来得到了广泛的应用，它已经成为各类社会组织的主要形式。

2.2 行为科学理论

古典管理理论侧重于从管理职能、组织方式等方面研究效率问题，强调管理的科学性、合理性、纪律性，而未给管理中人的因素和作用以足够重视，对人的心理因素考虑很少或根本不去考虑。从20世纪20年代美国推行科学管理的实践来看，泰罗制在使生产率大幅度提高的同时，也导致工人的怠工、罢工以及劳资关系日益紧张等事件的出现。单纯用古典管理理论和方法已不能有效控制工人以达到提高生产率和利润的目的。这使得对新的管理理论和管理方法的寻求和探索成为必要。一些管理学者把人类学、社会学和心理学等知识体系运用到企业管理中去，行为科学理论便应运而生。

2.2.1 人际关系学说

梅奥（1880—1949）是人际关系学说及行为科学的代表人物。他原籍澳大利亚，早年学习逻辑学和哲学，取得硕士学位，并在昆士兰大学教授了几年逻辑学和哲学，此后又学习心理学。他在苏格兰学医时，参加了精神病理学的研究，这对他以后从事工业中人际关系的研究很有帮助。1922 年，梅奥在洛克菲勒基金会的资助下移居美国，并在宾州大学沃顿学院任教。1926 年被哈佛大学聘为教授，从事心理学和行为科学研究，他的代表作为《工业文明中人的问题》，本书总结了他亲身参与和指导的霍桑试验及其他几个试验的研究成果，详细地论述了人际关系理论的主要思想。

1. 霍桑试验

这项试验是美国国家研究委员会从 1924 年到 1932 年在美国芝加哥西方电器公司的霍桑工厂进行的。梅奥参加并指导了这一试验。该试验的目的是为了解释在西方电器公司管理实践中出现的一系列矛盾和问题。霍桑工厂有较完善的娱乐设施、医疗制度和养老金制度，但工人们的工作效率并不高，并且还有很强烈的不满情绪。这是什么原因造成的呢？研究小组聘请了包括社会学、心理学、管理学等多方面的专家进驻霍桑工厂，开始进行大规模的试验。

（1）工作场所照明试验。该试验从变换车间的照明强度开始，研究工作条件与生产效率间的关系。研究人员希望通过试验得出照明强度对生产率的影响，但试验结果却发现，照明强度的变化对生产率几乎没有什么影响。

（2）继电器装配室试验。在试验中分期改善工作条件，如改进材料供应方式、增加工间休息、供应午餐和茶点、缩短工作时间、实行集体计件工资制、在工作时间可以自由交谈等。经过研究，发现其他因素对产量无多大影响，而监督和指导方式的改善能促使工人改变工作态度、增加产量。

（3）大规模访谈。研究人员在全公司范围内进行访问和调查，被访问和调查者达 2 万多人次，得到了大量有关职工态度的第一手资料。结果发现，任何一个人的工作效率都要受他的同事们的影响。影响生产力的最重要因素是工作中发展起来的人际关系，而不是待遇和工作环境。

（4）接线板工作室观察。在这一阶段有许多重要发现，如工作室大部分成员都自行限制产量；工人对不同级别的上级持不同态度；成员中存在小派系等。

在霍桑工厂进行的试验经历了 8 年时间，获得了大量的第一手资料。试验的结果大大出乎人们的意料，影响劳动生产率的并不是物质因素，而是在工作中发展起来的人际关系。这个结果推动了管理理论发展的进程，为人际关系理论的形成以及后来行为科学的发展打下了基础。梅奥在霍桑试验后，利用获得的大量的宝贵资料继续进行研究，最终提出了人际关系理论。

2. 人际关系学说的主要内容

（1）工人是“社会人”而不是“经济人”。泰罗的科学管理认为工人是“经济人”，只要用金钱加以刺激，工人就有工作的积极性。而梅奥的观点却不同，他认为工人是“社会人”，即影响人们生产积极性的因素，除了物质方面之外，还有社会和心理方面的，他们追求人与人之间的友情、忠诚、关心、理解、爱护、安全感、归宿感、渴望受人尊敬等。

（2）企业中存在着非正式组织。梅奥认为，人具有社会性，在企业的共同工作当中，人们相互联系，会自然形成一种非正式团体。在这种团体中，人们具有共同的感情和爱好，可以在某种程度上支配其成员的行为方式。非正式组织对企业而言有利有弊，其优点是可以提高士气，有利于信息沟通，能扩大协作程度。其缺点是可能集体抵制上级的政策或目标。作为管理者要充分认识到非正式组织的作用，注意搞好协作，充分发挥每个人的作用，提高劳动生产率。

（3）提高生产效率的主要途径是提高工人的满足程度。梅奥认为，生产效率主要取决于职工的工作态度以及其与周围人的关系。管理人员必须深刻地认识到这一点。在工作中不仅要考虑职工的物质要求，还应充分考虑职工在精神方面的需求，即力争使职工在安全方面、归属感方面、友谊方面的需求得到充分的满足，并且要因人而异，注意每一个职工的个人情况的特殊性和他与周围人员关系的好坏情况，使得他们最大限度地得到感情上的满足。满足度越高，其士气就越高，生产效率也就越高。

3. 人际关系学说的评价

梅奥的人际关系理论从管理学的角度看，同以前的管理理论的着眼点不同。他抛弃了以物质为中心的管理思想，而以人为中心进行管理理论的研究，为管理学的发展开辟了新的领域，使人们开始关注工业生产中的另一个重要因素，即人的因素。同时，人际关系理论为管理的变革指明了方向，导致了管理实践中的一系列改革，如对管理者进行教育和训练来改变他们对工人的态度和监督方式，多提倡下级参与决策，提高职工士气，鼓励上下级之间的意见沟通，多建立面谈和调解制度，以消除不满和争端等。人际关系学说的出现，开创了在管理中重视人的因素的时代，为以后的行为科学的发展奠定了基础。

2.2.2 行为科学理论

1. 行为科学理论的发展

所谓行为科学，就是对工人在生产中的行为及行为产生的动机进行分析研究，以便调节人际关系，提高劳动生产率。行为科学理论发端于梅奥等人创建的人际关系学说，经过30年的大量研究工作，许多社会学家、人类学家、心理学家、管理学家都从事着行为科学的研究，先后发表了大量优秀著作，提出了许多很有见地的新理论，逐步完善了人际关系理论。1949年在美国芝加哥召开的一次跨学科的会议上，首先提出了行为科学这一名称。行为科学本身并不是完全独立的学科，而是心理学、社会学、人类文化学等研究人类行为的各种学科结合而成的一门边缘性学科。

行为科学的含义有广义和狭义两种。广义的行为科学是指包括类似运用自然科学的实验和观察方法，是研究在自然和社会环境中人的行为的科学，包括心理学、社会学、社会人类学等。狭义的行为科学是指有关对工作环境中个人的行为的研究的一门综合性学科。进入20世纪60年代，为了避免同广义的行为科学相混淆，出现了组织行为学这一名称，专指管理学中的行为科学。组织行为学实质上是包括早期行为科学——人际关系学说在内的狭义的行为科学。

2. 行为科学理论研究的内容

行为科学以人的行为及其产生的原因作为研究对象。具体来说，它主要是从人的需要、欲望、动机、目的等心理因素的角度研究人的行为规律，特别是研究人与人之间的关系、个人与集体之间的关系，并借助于这种规律性的认识来预测和控制人的行为，以提高工作效率，达成组织的目标。行为学派虽然没有研究出一套完整的知识，却已经为人们提供了许多有用的素材。行为科学的论题涉及的范围主要分为三个层次：

（1）有关个体行为的理论。主要包括两方面：一是有关人的需要、动机和激励的理论，又可分为激励内容理论、激励过程理论和激励强化理论三大类；二是有关企业中的人性的理论。

（2）有关团体行为的理论。主要包括团体动力、信息交流、团体及成员的相互关系三个方面。

（3）有关组织行为的理论。主要包括有关领导理论和组织变革与发展理论。有关领导理论又包括领导性格理论、领导行为理论和领导权变理论三大类。

3. 行为科学理论的特点

行为科学理论把社会学、心理学、人类学等学科的知识导入管理领域，开创了管理领域的一个独具特色的学派。其特点可概括如下：

（1）提出了以人为中心来研究管理问题。古典管理理论强调组织形式而忽视了人，行为科学理论主张以人为中心进行管理，这是管理思想的一个重大变革。在行为科学阶段出现了许多不同的理论和假说，但是，它们的一个共同特点是认为人的积极性是决定生产效率的关键，人是组织中最重要的资源。因此，一个管理者必须学会激励和领导员工，学会处理好人际关系。

（2）肯定了人的社会性和复杂性。行为科学对人类个体、群体、组织行为的研究，揭示了人类行为的一般规律，人的行为动机和需求、人的行为的激励和领导方式等问题。行为科学理论的发展，推动了管理思想由僵化的专制式管理方式向灵活、激励式的管理方式的转变。

（3）强调个人目标与组织目标的一致性。行为科学理论认为调动积极性必须从个人因素和组织因素两个方面着手，使组织目标包含更多的个人目标，不仅改进工作的外部条件，更重要的是改进工作设计，使工作本身满足人的需要。例如，传统的组织结构和关系容易造成紧张气氛，在企业中恢复人的尊严，实行民主参与管理，改变上下级之间的关系，由命令服从变为支持帮助，则有利于实现组织的目标。

4. 行为科学理论的评价

行为科学对管理学的贡献主要表现在以下两个方面：

（1）行为科学引起了管理对象重心的转变。传统的古典管理理论把重点放在对事和物的管理上，忽视了人的主动性和创造性。行为科学与此相反，它强调重视人这一因素的作用，把管理的重点放在人及其行为的管理上。这样，管理者就可以通过对人的行为的预测、激励和引导，来实现对人的有效控制，并通过对人的行为的有效控制，达到对事和物的有效控制，从而实现管理的预期目标。

（2）行为科学引起了管理方法的转变。随着对人性的认识和管理对象重点的变化，管理的方法也发生了重大的变化，由原来的监督管理，转变到人性化的管理。在管理的方法上强调满足人的需要和尊重人的个性，以及采用激励和诱导的方式来调动人的主动性和创造性，从而把人的潜力充分发挥出来。与此相对应，企业界提出了以职工为中心的、弹性的管理方法，出现了“参与管理”、“目标管理”、“工作内容丰富化”等各种新的管理方式。

行为科学理论应用于管理实践，取得了令人瞩目的成效。另外，由于人的行为非常复杂，而行为科学家们对某一具体问题有着不同的见解，因而有时令管理者感到无所适从。

2.3 现代管理理论

第二次世界大战后，社会经济发展中出现了许多新的变化：工业生产和科学技术迅速发展；企业的规模进一步扩大；企业生产过程自动化的程度空前提高；技术更新的周期大为缩短；市场竞争越来越激烈；生产社会化程度进一步提高；许多复杂产品和现代化工程需要组织大规模的分工协作才能完成。这些都对企业经营管理提出了许多新的要求，企业经营管理原有的理论和方法有些不能适应新形势的需要。因此，在古典管理学派和早期行为学派的基础上，出现了许多新的管理理论和方法，形成许多新的学术派别。这种管理理论学派林立的情况可比喻成“管理理论丛林”。

2.3.1 现代管理理论的特点

现代管理理论，还没有形成被学术界一致认可的知识体系，但从各种学派研究侧重的管理思想、管理方法和手段等方面考察，现代管理理论与古典管理理论和早期行为科学相比，有以下特点：

（1）广泛吸收和应用其他学科的成果。如吸收和应用数学、电子计算机的成果，发展管理理论的定量分析，使管理在分析实践问题时，概念更清晰，目标更明确；吸收和应用社会学、生理学、心理学的成果，研究开发职工潜力和调动职工积极性；吸收和应用社会学、文化学、历史学、政治学的成果，开展企业文化研究，培养使企业更具有凝聚力和活力的优秀企业文化。

（2）把经营决策作为管理的核心。经营主要是处理企业与环境的关系，经营活动一般由上层机构来进行决策。所谓决策，就是为最大限度地实现组织目标，拟订多种经营方案，进行比较分析，从中选优并组织实施的管理活动。经营的核心是决策。

（3）把人作为最重要的资源和管理对象。现代化生产经营活动对劳动者的文化、专业知识、技能、品质有更高的要求。现代社会是一个竞争的社会，竞争表现在产品、服务、技术、成本等诸多方面，但归根结底是人才的竞争。所以，人是最重要的资源，其他资源只有通过人才能发挥作用。现代管理在重视人力资源方面，特别重视管理人才的选拔、培养和使用。调动人的积极性，是管理中一个极为复杂而又十分重要的工作。

（4）在组织理论方面更加重视集权与分权的原则。西方大公司由过去集权管理体制转向集权与分权相结合的事业部制。各种规模和类型的企业都十分重视运用授权的管理艺术。

2.3.2 现代管理理论的主要学派

在现代管理阶段，在许多国家，不仅从事实际管理工作的人和管理学家在研究管理理论，一些心理学家、社会学家、人类学家、经济学家、生物学家、哲学家和数学家等也各自从不同的背景、不同的角度，用不同的方法对现代管理理论进行研究，各种管理理论学派如雨后春笋，相继而生，呈现出管理学派林立的局面。目前影响较大的学派主要有管理科学学派、管理程序学派、系统学派、权变理论学派和决策理论学派。

1. 管理科学学派

管理科学学派主要是运用各种数学方法对管理进行定量分析，是泰罗的科学管理理论的继续和发展。该学派认为，管理的计划、组织、控制和决策等几个方面都可以用数学符号和公式进行合乎逻辑的计算和分析，求出最优的解决方案。主要特点如下：

（1）该学派力求减少决策的个人艺术成分和主观随意性，依靠建立一套决策程序和数学模型以增加决策的客观性和科学性。他们将众多方案中的各种变数或因素加以数量化，利用数学工作建立数量模型研究各变数和因素之间的相互关系，寻求一个用数量表示的最优化答案。决策的过程就是建立和运用数学模型的过程。

（2）各种可行的方案均以经济效果作为评价的依据。例如销售额、投资效益率、成本、利润等。

（3）广泛使用电子计算机。现代企业管理中影响某一事物的因素错综复杂，建立模型后，计算任务很繁重，依靠传统的计算方法获得结果往往费时太长，有时甚至是不可能的。计算机在处理大量数据和信息方面具有绝对优势，使用计算机进行管理，可以提高管理的效率。

2. 管理程序学派

管理程序学派又称管理职能学派，它是在法约尔一般管理理论的基础上发展起来的。该学派认为，管理是一种程序和许多相互关联着的职能，尽管众多学者对管理的职能分类不同，但都强调计划、组织、控制这三项职能。这三项职能是管理的最基本职能，应将这些职能逐一地分析，归纳出若干原则作为指导，以便于更好地提高组织效率，达到组织目标。例如，可以从管理的过程和职能入手，对企业的经营经验加以理性的概括和总结，形成管理理论，指导和改进管理实践。该学派还认为，无论是哪个层次的管理人员，都或多或少要履行各项基本的管理职能，只不过不同层次的管理者每天在这些职能上花费的时间不尽相同。层次较低的管理人员控制较多，层次较高的管理人员计划较多。

管理程序学派之所以能够被大家普遍接受，主要是因为各个企业和组织所面临的内部条件及管理环境尽管不同，但管理的职能却是相同的。它为管理理论的研究提供一个框架，其内容既广泛，又易于理解。一些新的管理概念和技术均可容纳于计划、组织及控制等职能之中。具有较强的兼容性是管理程序学派的一大特色。

3. 系统学派

系统学派来源于一般系统理论和控制论。该学派侧重于用系统的观点考察组织结构及管理的基本职能。他们认为，组织是一个由相互联系的若干要素所组成的开放系统，系统应具备集合性、相关性、目的性和动态环境适应性。研究管理中的任何个别事物，都要从系统的整体出发，既要研究事物与系统内各组成部分之间的关系，又要研究此事物与系统外部环境的相互关系。例如，一个企业在研究计划、生产、质量、人事、销售、财务等每个部门的工作时，应该依据系统管理思想把内部因素和外部环境结合起来进行全面分析，研究各个部门之间的相互促进和制约关系，以求各部门的工作能保证整个企业获得最佳的效果。系统理论认为，各部门工作的优化固然重要，但企业整体目标的优化更为重要。系统理论强调通过各个子系统之间的协调，实现组织大系统的整体优化。

企业作为一个系统，一方面包括了物的生产和为了进行物的生产所需要的技术手段，另一方面包括了经营管理部门、服务部门、情报部门等所采取的各种管理方法，前者可称为“硬件”，后者可称为“软件”，两者结合构成了企业系统。具体来说，它可以分为六个要素：人员、物资、设备、资金、任务、信息。企业的具体组织是各式各样的，但可按系统理论将上述六个要素分为许多子系统，如技术子系统、财务子系统、生产子系统、营销子系统等。

要想更好地把握组织的运行过程，就要研究这些子系统及其相互关系，系统的运行效果是通过各个子系统相互作用的效果决定的。

整体优化是系统理论的核心思想，系统理论和系统分析方法在管理中的广泛应用，极大地拓展了管理人员的思想和视野，提高了管理人员对管理所涉及的各种相关因素的把握和分析能力。

4. 权变理论学派

权变理论学派是20世纪六七十年代在西方形成的一种较新的管理思想学派。通俗地讲，权变就是权宜应变。该学派认为，在组织管理中没有一成不变、普遍适用的管理理论和方法，因为环境是复杂而多变的，例外的情况越来越多，以前的各种管理理论所适用的范围是十分有限的，管理方式或方法应该随着情况的不同而改变，只有根据组织的实际情况来选择最好的管理方法才是正确的。选择适当的管理方法时应考虑下列因素：

（1）企业规模。组织中人数越多，所需要协调的工作量就越大。当一个组织的规模发展到一定水平时，就应发展更加正规的、高级的、与之相适应的协调技术。

（2）工艺技术的模糊性和复杂性。对于流水线生产，需要严密的组织。而对于咨询公司，由于为顾客解决的问题各不相同，所采用的技术是知识和经验。

（3）管理者职位的高低。管理者职位的高低直接影响到他所应该采用的管理方式。比如，所有的管理者都要制订计划，但高层和基层管理者们所制定的计划种类就不相同。

（4）管理者的职权。所有的管理者都需要职权，但不同的职位所需要的权力有所差别。

（5）下属个人之间的差别。教育、家庭环境、个人态度和性格等方面的不同造成了人们之间的差别。这些差别直接关系到管理者对他们的影响。

（6）环境的不确定程度。管理者要受到组织外部因素的影响，由政治、技术、社会、经济等方面变化所引起的不确定性，将对管理者的管理方式有所冲击，有的管理方法可能适用于具有稳定的外部环境的组织，而不适用于外部环境变化剧烈的组织。

总之，权变理论要求管理者根据组织的实际情况来选择最好的管理方式。权变理论学派目前的影响很大，许多管理学家及实际管理人员不仅接受了权变理论学派的思想，而且在管理理论与管理实践中积极地采用，如领导的权变理论、组织理论中的弹性组织原则等。

5. 决策理论学派

决策学派认为管理的本质就是决策。管理理论应主要研究决策问题，要研究制定决策的科学方法，以及合理的决策程序等问题。该学派的理论要点如下：

（1）决策是管理的核心，贯穿于管理的全过程。决策是管理人员的主要任务，制订计划就是决策，组织、领导和控制也都离不开决策。

（2）系统阐述了决策原理，对决策的程序、准则、技术等作了分析。

（3）在决策标准上，用满意准则代替最优化准则。用“管理人”假设代替“理性人”假设，“管理人”不考虑一切可能的复杂情况，只考虑与问题有关的情况，就可以作出令人满意的决策。

（4）一个组织的决策根据其活动是否反复出现可分为程序化决策和非程序化决策。经常性的活动的决策应程序化以降低过程的成本，只有非经常性的活动，才需要进行非程序化的决策。

决策理论学派是在社会系统学派的基础上发展起来的，它吸收了行为科学、系统科学的思想，并广泛结合现代数学及计算机等科学知识，形成了定量与定性分析相结合的、独特的、较完整的理论体系，在西方管理理论中具有很大影响。由于决策理论不仅适用于企业组织，而且适用于其他各种组织的管理，具有普遍的适用意义。

2.3.3 现代管理理论发展的新趋势

20世纪80年代以后，电子计算机、互联网、航天航空、生物工程等新兴产业的迅速成长，知识经济的迅速发展，使得现代管理呈现出以下趋势：

1. 经营化趋势

传统的生产型管理是由垄断造成的，企业管理的目标在于提高生产效率，对企业来说，生产效率是第一位的，而经营、营销则是第二位的。随着生产力的发展和竞争的加剧，卖方市场变成了买方市场，营销开始被摆到首位，西方管理界提出了“一顾客，二市场，三生产”的经营管理思想，生产型管理也就开始转变为经营型管理，从而使企业管理呈现出越来越强烈的经营化趋势。

2. 战略化趋势

随着企业间竞争的日趋激烈、企业与环境联系的日益紧密，企业的经营管理不能再仅仅局限于内部因素和眼前的得失，而必须达到前所未有的高度和广度，因而战略原则被广泛采用。国际上出现了一门新的管理学科——企业经营战略学，正是由于管理的战略化趋势在理论上的结晶，越来越多的企业开始重视经营战略的研究和制定了。那些行动较早的企业则已经享受到了正确的经营战略所带来的巨大利益。

3. 非理性化趋势

管理学界对纯理性的科学管理进行了深刻的反思，认为管理不仅是一门科学，还是一门艺术；管理不仅要靠逻辑和推理，还要靠直觉和热情；理性化的解析手段和技术方法有一定作用，但不能迷信和滥用。非理性化思潮主要表现在企业文化热在全球迅速蔓延、传统的规范的组织结构和管理模式被按照具体目标而临时构建的各种“团队精神”所否定、对人的非理性因素的关注等。

4. 权变化趋势

由于市场和企业的外部环境越来越变幻莫测，企业就需要不断地变更自己的管理方式来适应这种变化，权变管理于是应运而生。这种管理方式在管理的诸多方面都提出了相应的新的管理理论，如组织结构的变异性、经营方式的灵活性、领导模式的权变性，以及运行控制的多元性等。其特点是随着环境的变化而采取相应的管理方式，即以现实为中心的管理方式。这种管理方式在未来将越来越普及。

5. 计算机网络化趋势

计算机和网络技术是现今更新最快的技术，计算机在经营管理中普及应用的速度是惊人的，而且呈现出加快发展的态势，这给现代管理带来了很多新的观点。在信息高速膨胀的今天，管理越来越依赖于计算机，现代经济竞争从某种意义上讲已经成为信息竞争。网络技术的迅速发展，使电子商务、虚拟企业迅速发展，这对企业及其经营来说是一个新的课题。

6. 风险化趋势

管理的风险化趋势是变幻的市场环境和高科技发展的产物。随着经营环境越来越难以捉摸，一方面，企业经营、决策的风险日益增大；另一方面，一种以高科技为导向、追求新产品和新市场的新兴开拓型企业——风险企业正迅速崛起。不论企业对风险采取何种态度，它们所面临的风险是不可避免地越来越大了。这导致了一门独立的管理学科——风险管理的发展。显然，风险管理不是一种可以循规蹈矩的规范管理和逻辑管理，它需要一种极强的冒险精神和创新意识，既要有战略头脑，又要善于把握市场机遇，找到盈利的机会。

7. 国际化趋势

随着全球经济一体化时代的到来，跨国经营成为越来越普遍的现象，其中碰到的主要难题是跨文化管理问题。不同地区、不同民族和不同的国家的固有文化差异很大，造成管理上难以克服的困难。如何处理文化冲突，实现文化融合，并在此基础上弘扬母公司的企业文化，是一个崭新的管理课题。

8. 知识化趋势

美国微软公司的迅速崛起，标志着知识经济时代的到来，知识经济将主导 21 世纪的全球经济。与此相应的是，企业的知识管理将很快成为一个热门的前沿领域。知识管理不同于信息管理，它是通过知识共享、运用集体智慧来提高应变能力和创新能力的。如何搞好知识管理，是一个吸引人们去探索的崭新领域。

总之，新时期管理的实践发展，将给现代管理学理论注入源源不断的生机与活力，管理的新思想必然不断涌现。

2.4 中国古代管理思想

中国作为世界四大文明古国之一，中华民族的悠久历史积累了丰富的管理实践和许多影响深远的管理思想、管理理论，为人类社会进步和管理理论的发展作出了重要贡献。

2.4.1 中国古代管理实践

中国在两千多年的封建社会中，中央集权的国家管理制度，在财政赋税的管理、官吏的选拔与管理、人口田亩管理、市场与工商业管理、漕运驿递管理、文书与档案管理等方面，历朝历代都有新的发展，出现了许多杰出的管理人才，在军事、政治、财政、文化教育与外交等领域，显示了卓越的管理才能，积累了宝贵的管理经验。

战国时期著名的“商鞅变法”是通过变法提高国家管理水平的一个范例；文景之治使国家出现了政治安定、经济繁荣的局面；万里长城的修建，充分反映了当时测量、规划设计、建筑和工程管理等方面的高超水平，体现了工程指挥者所具有的高度管理智慧；都江堰等大型水利工程，将防洪、排灌、航运综合规划，2008 年经受“5·12”汶川大地震破坏后仍保持完好状态，显示了我国古代工程建设与组织管理的高超水平；丁谓主持的“一举三得”皇宫修建工程堪称运用系统管理、统筹规划的范例。还有许多令人赞叹的管理实践都体现了中国古人高超的管理智慧。

2.4.2 中国古代管理思想

我国古代的管理思想及理论框架基本形成于先秦至汉代这一时期。从研究中国古代丰富的管理实践和古代名家管理思想的过程中，我们发现中国古代管理思想主要体现在先秦到汉代的诸子百家思想中，许多古代著作思想就是一个丰富的、无尽的宝库，不仅成为滋养中华民族蓬勃发展的智慧之源，而且也被世界各国有识之士所开发和利用，对当代继承和发扬中国古代管理思想具有一定的现实意义。

从研究中国古代管理思想的内容看，无论是从宏观角度还是从微观角度来分析，中国古代诸家的管理思想及理论不外乎是儒家、道家、法家、兵家、墨家等的反映和体现，使之形成了中国传统管理思想，它们是最具中国古代特色的传统管理思想。

（1）儒家管理思想。中国儒家管理思想作为一种成熟的管理观念形态，经过千百年的发展演变，确有其不容置疑的成就和价值，始终存在着一种十分稳定、支配着中国管理意识和行为的管理思想。其主要包括以下几个方面：

① 不偏不倚的“中庸”思想。中庸是孔子和儒家管理思想的基础。“中庸”管理思想、方法，讲究“不偏不倚”、“执两用中”、“适量守度”，其基本精神是通过折中调和的手段，达到消除管理矛盾，避免管理冲突，稳定管理秩序的目的。“中庸”思想，是儒家须臾不可分离的管理之道。孔子说：“过犹不及。”（《先进》）程熙对中庸的解释是“不偏之谓中，不倚之谓庸。中者，天下之正道；庸者，天下之定理”。（《遗书·卷七》）朱熹在《中庸章句》的开首将其注之为“中者，不偏不倚，无过与不及之名。庸，平常也”。并引用尧授舜的“允执厥中”和舜授禹的“十六字心传”，即“人心惟危，道心惟微，惟精惟一，允执厥中”，对中庸的精髓含义进行深刻阐述，教育和引导人们在处理和解决问题的时候不应该走极端，要避免过与不及的出现，应从两端入手，抓住问题的“终始本末、上下精细、无所不尽”，再“量度以取中，然后用之”。“中庸之道”，通俗地说，就是正确掌握事物发展的“度”，以实现管理的和谐发展。

②“集体人本”的思想。“以人为本”思想在我国最早是由政治家管仲提出的，其本意是只有解决好人的问题，才能达到“本理国固”的目的，中国传统的人本思想基本上就是沿此传承下来的。儒家的人本思想又称为“民本”，它主张“群体本位”，重视团体利益，而这正是当代企业文化中值得发扬的内容。我国古代思想家对人的行为进行了深入研究，如关于人的行为规律的研究。孔武提出“人情之理，不可不察”。在管理中，要重视研究人的规律，要根据一定的规律去满足人的欲望，办事情才能符合客观实际。关于发挥人的主观能动性，荀况提出：“天有其时，地有其财，人有其治”的观点，强调人有掌握天时、使用地利的办法，如果放弃人的努力，期望天地的恩赐，那就太糊涂了。关于群体行为和组织行为的思想，荀子指出“人之生不能无群，群而无分则争，争则乱，乱则离”。荀子提倡的就是集体行为，他认为群体性是人类本性之一，人的生存不能离开群体。我国古代十分强调以人为核心的各种群体关系，包括家庭邻里、社会、国家乃至自然界，它倡导的不是个人主义而是对更大实体的责任。

③“天人合一”的整体和谐观思想。“天人合一”是以整体和谐观为基础的，也就是把管理作为一个统一的整体的过程，促使社会与自然、管理系统与外部环境以及管理组织内各种组成之间达到最佳和谐，把管理的各个要素和功能组成一个统一的有序结构。我国古代管理思想的灵魂是和谐观。它以追求管理系统的协调、和谐、稳定为目标，在生产管理上实现“天人合一”，在社会管理上实现“天下一家”，在人事管理上实现“知行合一”和“情理合一”。和谐观使管理不仅表现为一种科学的理性操作，更是一种人们所创造的理想境界。这就是孔子所说的“从心”，孟子所说的“天时不如地利，地利不如人和”。

④ 重义轻利的取舍思想。重义轻利的义利观，也是儒家传统思想之一。孔子说：“君子喻于义，小人喻于利。”孟子进一步说：“何必曰利。”重义轻利提倡在物质利益面前要“克己”、“寡欲”、“见利思义，义而后取”，不取“不义之财”，这些思想有一定的积极意义。

但在中国几千年历史中，与重义轻利共生的，是“重农抑商”的经济思想，这种轻利轻商的影响，至今犹存。它与僵化的计划经济结合，形成了重政治、轻经济，重规模、轻效益，重生产、轻经营，重精神、轻物质的唯意志论的“左”的思想，成为发展社会主义市场经济和社会生产力的思想障碍。

以现代的观点看，“义”和“利”也是矛盾的统一体，彼此相互渗透、相互转化，企业管理中的义利观也是辩证统一的，应义利结合。对人的管理激励既要重视物质利益，又要重视精神因素；企业管理更要注重经济效益与社会效益的统一，大胆地追求经济利益，当然不能违法经营，捞取不义之财。

（2）道家管理思想。以老子为代表的中国古代道家思想体系包含着丰富、精妙的管理智慧，至今仍对现代管理有着非同一般的深远影响和启迪。它的主要思想内容是“无为而治”的管理思想。道家主张“无为而治”并不是真的无所作为，而是希望通过“无为”而达到“无为而无不为”的最高境界。老子认为人作为一个主体，应当有主体的追求，这种追求应当遵循宇宙大众的客观规律，力戒任何主观随意，这就是“无为”。“无为”是在遵循自然的前提下，有所作为和无所作为的总和。只要人的所作所为符合客观规律，符合宇宙自然之道，人的所作所为就会取得成功，这就是无而不为。道家的无为而无不为的思想在当时是进步的，对现代社会依然有不可忽视的作用。中国经济在改革的过程中，就要求政府采取这种无为而治的管理理念，在适度的宏观调控的基础上，自觉遵循市场运行规律，充分发挥市场的作用，从而达到“无不为”的境界。这一理论不仅在经济领域适用，在其他领域也同样适用。

从管理角度看，“无为而治”属于软性管理的思想，而软性管理正是当代管理的一种时尚管理。在《老子》中，关于“道”的一些独特见解，柔性思考的思维方式，细品其味，对当今企业管理者搞好软性管理和学会权变管理提供了重要的思想启迪。这些思想与现代企业的管理理念与方法有着异曲同工之处。老子的思想启示我们，在现代企业管理中，要使企业管理“功成事遂”，就必须追求一种“无为而治，道法自然”的境界，唯有如此，企业才能立于不败之地。

案例

无为而无不为

对于台湾石化产业的经营者，大家最熟悉的应属台塑的王永庆。但是，若论及石化产业产品 ABS 领域，全球第一的巨人，则非奇美莫属。

奇美的规模虽然没有台塑庞大，但是它的生产力为同行业的4倍，产品不仅曾以品质高、价格低而掀起石化产业的革命，更是令美国和日本的同行畏之如虎，只要是它想要投资的地方，美日厂商无不退避三舍、取消计划。像聚苯乙烯，日本旭化成就必须与美国陶氏化学联手合作，才敢挑战奇美。

然而，奇美的董事长许文龙，虽然在政治上是个“台独”分子，管理上却很有一套，他管理企业的风格和观念，既不用儒家的道德感召，也不用法家的严刑峻法，而是道家的“无为而治”，也是所谓的“不管理学”。

许文龙的“不管理学”在企业界是极为罕见的特例。他虽然挂着董事长的头衔，却是高捧的虚位，就像英王一样。企业内大大小小的事全部授权下属，他从不做任何书面的指令，即使和主管开会，他也只是聊天、话家常而已。

他不知道董事长的图章放在哪里，更妙的是他连办公室都没有。

因为没有办公室，他只好开车到处去钓鱼。有一次遇到下大雨，他无法垂钓，于是想回公司看一看。职工看到他，竟然惊讶地对他说："董事长，没事你来做什么？"

他想一想："对啊！没事来干什么？即使是董事长也不能打扰员工工作。"于是就很高兴地离开了！

（资料来源：樊丽丽．趣味管理案例集锦．北京：中国经济出版社，2005. 59～60，稍有改动）

(3) 墨家管理思想。以墨子为代表的墨家管理思想，是针对当时社会的现实问题，站在劝说当权者治国的立场，阐述有关管理问题的，有丰富的内容和值得借鉴之处。

① 人际关系——兼相爱，交相利。兼爱相利是墨子管理思想的核心："兴天下之利，除天下之害"，"兼相爱则治"，"交相利则安"。所谓"兼相爱"，就是"周爱人"，长幼贵贱皆爱，即使臧、获之类奴隶也不例外，哪怕人多到无穷无尽，也不妨碍爱之所及。所谓"交相利"，就是利人才能利己，利人也是为了利己。墨子始终企图依靠国家（圣王）来推行"交相利"原则，以便人民能在利人中达到利己，达到衣食足，这反映了独立小生产者阶级的经济特点。墨家大力提倡兼相爱、交相利，并以此处理人与人之间的关系，"夫爱人者，人必从而爱之；利人者，人必从而利之；恶人者，人必从而恶之；害人者，人必从而害之"。这样，一切祸殃怨恨都可消除，万民和，国家富，百姓暖衣饱食无忧虑的理想便可达到了。

另外，墨子还提出了人际交往中的一个重要原则——换位原则，"视人若己"，如《兼爱中》曰："然则兼相爱交相利之法将奈何哉？子墨子言：'视人之国若视其国，视人之家若视其家，视人之身若视其身。'"就是多从对方的角度考虑问题，这样可以避免误解、消除冲突。

② 用人之道——尚贤。墨子主张"尚贤"。尚贤是要求不分等级，举用贤才，即"不辨贫富、贵贱、远迩、亲疏，贤者举而尚之，不肖者抑而废之"，这是"为政之本"。用贤前要先试用，即"听其言，迹其行，察其所能"，之后才"有能则举之，无能则下之"，能上能下，不搞终身制；"量才使用，以劳定赏"的人才管理机制。墨子的尚贤思想，如果补上人才的培养一环，则将是先秦时期最系统的人才管理思想。这是其缺陷，但也真实地反映出列国纷争（包括争人才）的时代特点。

③ 行政管理思想——尚同。尚同是与尚贤相辅而行的行政管理原则。尚同与尚贤一样，是"为政之本"。所谓"尚同"，就是要求人们与上级同是非，逐级逐层统一思想，最后使"天下之百姓，皆上同于天子"，也就是集中统一到中央。因为墨子认为，政令不一，只能导致社会纷乱，所以主张"一同天下之义"，把天下人的思想统一起来，实施自上而下的控制与有效管理，这样才能实现民富国治。

④ 节用节葬的消费观。墨子是先秦思想家中主张节俭消费观最突出的一位代表。在《墨子》一书中，有9篇是直接谈节俭问题的（节用、节葬、非乐各上中下三篇），还有《七患》、《辞过》等篇也涉及节俭问题。他认为节用是富国富民的主要手段，而生产只是次要手段，因为"为者疾，食者从，则岁无丰"。而节用可使财富成倍增长，即所谓"国家去其无用之费足以倍之"；统治者的不节用，是造成"国家必贫，人民必寡"的重要原因，也是统治者"厚作敛于百姓，暴夺民衣食之财"的主要原因。所以墨子主张"节用"、"节葬"，极力反对统治阶级穷奢极欲，挥霍浪费，要求节约开支，葬礼从俭。

(4) 法家管理思想。法家的代表人物主要是商鞅、申不害、韩非子等，其中，商鞅重

“法”，申不害重“术”，慎到重“势”。韩非子集早期法家之大成，主张三者相结合，作为加强中央集权的工具，从而系统地发展了法家的法治思想。法家管理思想主要体现在两方面：

① 以法治国的行政管理思想。所谓“以法治国”，就是把“法”作为治理国家的准则，“君必有明法正义”，“治国无其法则乱”。他们认为“仁义不足以治天下”，“圣王者，不贵义而贵法”，而且必须做到：“法必明，令必行”，以及“刑无等级”，“不失疏远，不违亲近”。而“法治”的核心则在于加强中央集权的君主专制制度，即韩非子所说的：“事在四方，要在中央，圣人执要，四方来效。”即“尊主”才能“明法”、“崇法”。诚然，实现“法治”，如果不强化国家和君主的权力是很难奏效的，也无法达到“令行禁止”的目的。

②“重农抑商”的经济管理思想。法家把农业视为富国之根本，甚至把农业看作是国民经济的唯一部门，只要农业，其他非农业部门统统可以取消，故曰：“百人农一人居者，王；十人农一人居者，强；半农半居者，危”。在他们看来，农业即国民经济，国民经济即农业，两者完全是等同的。在变法中，商鞅提出“农战论”的基本国策。农，是指民众应专心致力于包括耕织在内的农业生产，亦即“富国”；战，是指鼓励民众为国家效死作战，亦即“强兵”。所以，农战实施的目的就是实现“富国强兵”。在这里，农和战是紧密结合的，农是战的物质基础，战是农所要达到的要求，以农养战，以战促农，最后是以战去战。所以，商鞅说：“国之所以兴者，农战也”；“国待农战而安；主待农战而尊”。在实践中，他们采取了一系列管理手段和方法，以保证农业顺利生产。

法家具有最强烈的反商偏见。他们不仅视商人为财富的争夺者，而且视其为人民中的无谓浪费和奢侈的倡导者。对于法家来说，商业意味着使国家贫穷。商业是有可能使国家灭亡的一种方式。因此，他们提出了一整套抑商政策。如国家垄断粮食市场，禁止粮食自由买卖；对商业征收重税；加重商人的徭役；为商人买卖活动设置障碍等。

法家思想在当时的历史条件下是有积极意义的，它有助于新兴地主阶级登上历史舞台和巩固自己的政权，它起到了富国强民的作用，但具有一定的片面性和苛刻性。比如为了发展农业生产而推行愚民政策和重农抑商的政策，把农业和工商业完全地对立起来，认为只有农业才能构成国家经济的基础。实际上，农业和商业都是国家富强的重要经济成分。统治者在发展经济的时候，必须做到各方面均衡协调，在发展农业的同时，不可以忽略商业的作用。

（5）兵家管理思想。我国古代的军事典籍中蕴藏着大量的战略管理思想，这已成为今天军事乃至企业经营战略管理的重要思想宝藏，为当代社会发展起到了推波助澜的作用。

① 经世实用的战略管理思想 。在《孙子兵法》中，孙子着重指出了战略谋划的重要性。他强调事前必须周密分析条件，充分考虑“道”、“天”、“地”、“将”、“法”这“五事”，做到“凡此五者，将莫不闻，知之者胜，不知者不胜”。在“五事”的基础上，还要探求和对比敌我双方的强弱优劣，称为“七计”。这里所说的“道”，就相当于我们现在的管理目标，“天”和“地”相当于时机和环境，“将”指有能力的管理者，“法”则相当于制度、纪律、组织及管理能力。

② 赏罚分明的激励思想。古代的思想家认为要用赏赐去鼓励人们不怕牺牲、为国立功的精神和行为，用刑罚使干坏事的人害怕，并得到约束。在激励和奖惩方面，孙子提出：“合军聚众，务在激气。”诸葛亮指出：“赏以兴功，罚以禁奸，赏不可不平，罚不可不均。”“诛罚不避亲戚，赏赐不避仇怨”，应做到“无党无偏”，意思就是说管理者务必要做到赏罚公正分明，才能服人服众。春秋战国时期的韩非子主张“诚有功，则虽疏必赏；诚有过，则近爱必

诛”。对此诸葛亮论述得更加具体，他说“赏罚之致，谓赏善罚罪也。赏以兴功，罚以禁奸。赏不可不平，罚不可不均。赏赐知其所加，则邪恶知其所畏”。只有做到赏罚分明，才能对良善功将有所激励发扬，对奸恶无功者有所震慑，以确保管理组织的正常科学运转。

在现代市场竞争中，兵法在商战中的运用越来越广泛。特别是日本在经济发展中将中国的兵家思想充分运用于国际竞争中，并取得了令人瞩目的成绩，使中国的兵家思想在世界上又一次发扬光大。

案例

李总的公司刚创办的时候人员很少，把自己算在内只有十几个人。他想这个时候没必要太严格，要与大家兄弟般相处，大家才能尽力为公司做事，于是和下属兄弟相称，不分彼此。可一段时间后，李总发现自己的这种“亲情化管理”模式效果并不理想，员工经常有令不从，自作主张，迟到、早退，纪律散漫，虽然拿李总当兄弟看待，也认真做事，但工作效率却很低。有时员工间或工作中出现矛盾、问题时，无法可依，李总作出的裁决80%大家都是不满的，虽然李总已经作出了很大的让步与牺牲，大家却依然不满意，不理解。此时李总才意识到，当初的想法是错误的，决心整改。于是，他推出了严明的公司章程、客户拜访制度、差旅报销制度、利润分配制度等一系列规章。本指望这可以扭转目前的散漫、混乱局面，可谁知刚一推出就遭到所有员工的抵制，一时间，怨声载道，口水漫天，认为李强不是曾经一起打天下的兄弟了，赚了钱，公司壮大了就拿元老开刀……

已经习惯了散漫工作环境的员工哪受得了严格的约束？虽然这些规定合情合理。有辞职的、有消极怠工的、有我行我素的，一时间，公司几乎进入了瘫痪状态。正在此时，老王与李总在一次酒会上结识，李总谈到公司的现状，眉头结成个疙瘩。老王给他的建议是：坚决“王左断臂”——把阻碍公司发展的员工果断裁减。这个大手术必然会伤公司元气，但为了长远的健康发展，必须如此，尔后推荐给李总一套“中国文化管理思想”，建议其按照这个思想重新使公司振作、规范起来。现在李总的企业已经走出困境，做到了两个全国知名品牌的东北区域总代理。

【分析与思考】

请运用相关的中国古代管理思想来分析该案例。

本章实训与练习模块

实训目标：通过对本章理论知识的实训操练，学生加深了对管理理论知识的理解，培养初步应用现代管理理论分析与处理实际管理问题的能力。

模块1：案例分析与思考

【实训目的】

（1）通过案例分析与讨论，增强学生对管理理论的认识。

（2）了解管理理论的演变过程，提醒学生不要犯本本主义、教条主义错误。

（3）提高学生运用管理理论来解决实际管理问题的能力。

【实训要求】

（1）认真阅读案例，以理论联系实际，实事求是的态度进行分析。

（2）每人撰写一份约500字的案例分析心得。

案例一

GE管理理论与实践

GE（通用电器）之所以是GE，韦尔奇之所以是韦尔奇，都不是像孙悟空那样是从石头里蹦出来的，他们所遵循的战略，恰恰就是西方企业战略的主流思想，只不过他们是做得最好的之一。我们要学习韦尔奇，就最好知道他的“中子弹杰克”的作风和6个西格玛战略是从哪里延续下来的。

我曾经研究过近百年来是哪些因素使当时的500强获得竞争优势，我发现每一阶段或时期这些制胜“秘招”都是不一样的（见表2-1）。

表2-1　西方企业战略发展史

年　代	西方企业战略
1910—1920	规模
1920—1930	科学管理
1930—1940	人际关系管理
1940—1950	组织功能结构
1960—1970	经济预测
1970—1980	市场战略与组织设计
1980—1990	进入多元发展时期；战略业务单元；全面质量管理；顾客导向组织；平衡测分与附加价值；波士顿矩阵
1990至今	全球化；信息技术；人力资源管理；组织文化；学习型组织；知识管理

在清理这一线索的过程中，你很容易看到两个十分明显的现象：第一，这一百多年来企业制胜所凭借的竞争能力是在不断变化的，自然那些做不到不断更新竞争能力的公司就会“僵化”；第二，这种变化是与外部竞争环境紧密相关的。50年代之前的战略主要关注的是企业内部因素的改变，而50年代之后明显受到了战争思维的影响，大讲战略与竞争。70年代受到石油危机冲击后，企业开始转向多元化与全球化。

令人吃惊的是，GE几乎是所有这些阶段的楷模。30年代的GE以集中化管理与控制著称；50年代的GE却首先将权力下放到各个业务单元和业务经理，成为典型的分权公司；60年代的GE是战略规划与增强员工能力的典型；70年代，当韦尔奇就任GE的CEO后，他继续强调战略规划的指导作用与战略业务单元赢利能力之间的配合，并以此取得了很好的经营业绩。业界曾经称赞他将战略规划提升到了“艺术水准”的程度，他曾3次被评为最佳年度CEO，到1981年他退休时，华尔街日报称他是“管理传奇者”，GE赢利也从1971年的4.71亿美元增加到1980年的15亿美元，GE的业务从单纯的能源、家用电器与照明，发展到飞机发动机、金融、医疗与工业服务等项目。

【分析与思考】

从本案中你悟出 GE 管理理论与实践的成功经验有哪些？这些成功经验有哪些理论依据？

案例二

赵助理的难题

利达公司是一家经营绩效良好的企业，在前些年有过骄人的业绩。但近几年来，公司的盈利水平不断下降，一个中等规模的企业，盈利水平甚至不如本地一家小型企业。公司上下对此颇感迷惑，人心浮动，企业面临严峻的考验。

一天，公司总经理把总经理助理赵立实叫到办公室。总经理首先跟他简单地讨论了公司目前的经营状况，明确地表示了对这一现状的担忧。接着，总经理交给小赵一个特殊任务：集中一段时间，深入调查一下造成本企业目前盈利水平下降的主要原因是什么，并提出对策建议。

小赵来这个企业工作时间不长。他过去曾系统学习过管理理论，对古典管理理论与现代管理理论都有较深的研究。他对总经理交办的这个任务高度重视，决心运用所学的管理理论分析与解决本企业存在的实际问题。

小赵首先将目光投向市场，在激烈竞争的今天，市场是决定企业盈利水平最首要的因素。在调查的过程中，小赵了解到，本公司为开拓市场，建立了本地同行业最庞大的营销队伍，而且每年的营销预算都高于同行其他企业，占有了与本地几家最大企业旗鼓相当的市场份额。他觉得营销环节问题不大。接着他调查了本企业产品开发与价格情况。他了解到，本企业有很强的技术力量，有一支高水平的科技开发队伍。本企业的产品不比同行的产品差，而且价格合理，不高也不低。他也感到困惑，是什么造成盈利水平的不断下降呢？

他又深入车间了解一线生产情况。生产线运行正常，员工们工作也较为认真。当然，也发现有些员工积极性不是很高，工作节奏较慢。车间主任抱怨道："去年每个人都涨了一级工资，咱厂在本地工厂中是工资最高的。可是这些工人的积极性一点也没提高。"关于严格管理，他说道："其实咱厂管理是很严格的，有那么多的管理规章制度。我本人管理也是非常严格的，对于那些迟到早退、生产不合格产品、材料损失浪费的工人从不客气，都狠狠地进行批评。可是这些现象就是屡禁不止，生产率就是上不去。有的工人好像是在同厂里作对。其实厂子黄了，你的饭碗也砸了，这不是苦吗？我是没办法了。"小赵还了解到公司的管理机构庞大，管理费用高，产品生产成本也普遍高于同行业，据说原材料进价也偏高……

调查的情况千头万绪，小赵决心运用管理理论进行分析，并提出有效的对策方案，以出色地完成总经理交办的任务。但他也似乎觉得在运用泰罗的经济刺激手段与现代行为科学原理之间还有些冲突或需要进一步理顺的地方。

（资料来源：单凤儒．管理学基础实训教程．北京：高等教育出版社，2005. 34～35）

【分析与思考】

（1）造成该公司盈利下降的原因是什么？

（2）你认为要解决该公司的问题，是应用泰罗的科学管理理论还是运用行为科学理论，哪个更为重要？

（3）请你帮赵助理制定解决该公司问题的对策方案。

模块2：模拟设计

【设计课目】

行为科学和现代管理理论分析

【实训目的】

（1）增强对行为科学和现代管理思想与理论的感性认识。

（2）培养对组织的管理思想与理论的分析能力。

【实训内容】

（1）人际关系学说的主要内容与应用。

（2）行为科学理论的特点和评价。

（3）现代管理理论发展的新趋势。

（4）学生到企业或在网上、报纸上搜集一个或多个有关人际关系学说或现代管理理论管理的案例或资料，并运用所掌握的理论知识，对其管理思想进行分析和评价。

（5）在班上组织一次关于管理思想与管理理论的沙龙。每位同学都要发言，并谈谈自己的体会。

【方法与要求】

（1）通过多种渠道，搜集体现行为科学和现代管理思想与理论的案例和资料。

（2）在分析案例或资料的管理思想时，引用的理论与案例或资料的内容相符。

（3）把握分析材料的具体要领：先介绍案例或资料内容，然后指出体现该案例或资料理论的主要观点或主要学派，重点分析评价其管理思想，注意联系管理实际，最后写出自己的体会。

【实训考核】

（1）每位同学上交一篇简要的管理理论分析报告。

（2）教师可根据学生的分析报告和在讨论会上的表现，进行成绩评定，并记入积分卡。

模块3：游戏：神奇的大脑

【项目简介】

人的大脑是非常神奇的，它里面存储着很多东西，比如说有一天你会突然想起一件很久以前发生的事情。本游戏帮助你增强学习管理理论的思维储存能力。

人数：45 人

时间：3 分钟

场地：不限

用具：无

【训练步骤】

（1）人的大脑是人们至今没有探寻清楚的领域之一，它就像一台计算机一样，存储着很多我们曾经经历过和学习过的东西，有些事你以为自己已经遗忘了，却会突然在某些时候想起它。

（2）教师告诉学生他将会给大家演示这一理论的正确性。

（3）教师问大家："谁能告诉我你们小学一年级的班主任的名字?"实践说明至少有3/4的学生（学员）会记得。

（4）另一个方法是问他们小时候邻居家小朋友的姓名。

【训练要点】

（1）实际上，人的大脑的存量应该是有限的，我们总是在无意识地存储或删除某些东西，只有那些能够给我们留下深刻印象的人或物才能够长时间地占据我们的脑容量。

（2）一旦我们想要记住某些比较重要的东西的时候，我们可以采取各种方法，例如联想法，然后不断地重复联想，以达到记住它的目的。

（资料来源：杜立辉，冉斌．团队圆舞曲——魔鬼训练营．深圳：海天出版社，2006. 43 ~44）

模块4：参观走访

【走访对象】

图书馆或书店

【实训目的】

通过文献资料的查阅，掌握某种管理思想的主要观点及其发展趋向，初步培养学生分析管理思想与实践方法的能力。

【实训内容】

（1）学习查阅文献资料的方法与步骤。

（2）要求学生了解有关管理思想的主要观点。

（3）分析有关管理思想的贡献与局限性。

【实训组织】

（1）将全班同学分成若干小组，由组长带队，前往图书馆或书店学习查阅文献资料。

（2）查明本章介绍的各种管理思想的主要观点，它的主要贡献及局限性。

（3）掌握查阅资料的方法与步骤，每组查阅一种管理思想。

（4）每位同学写一份查阅资料小结，每组派一位代表在全班交流。

【实训考核】

要求每位同学写一份走访小结，并由教师批阅。

模块5：辩论

【题目】

管理思想和管理理论起源于管理实践

【实训目的】

了解掌握管理实践和管理思想与理论的来源及演变过程，培养学生提高学习管理理论与实践的兴趣。

【实训内容】

（1）论述管理理论是如何产生的。

（2）论述管理思想的发展与应用。

（3）探讨管理实践的作用与技能。

【方法与要领】

（1）分甲、乙、丙三组（每组5人），设定辩论场地和辩论议程。

（2）陈述。甲、乙、丙三组分别站在管理思想、管理理论、管理实践三个不同立场各抒己见，论述自己的立场观点对现代管理理论的发展和演变过程的重大影响作用；试述它们对学习管理学的指导意义和作用。各组辩论要坚持理论与案例相结合，举例要鲜明生动，说服力要强。

（3）答辩。各方在辩论中，既要回答对方的提问，也要向对方提出疑难问题，要求答辩。

（4）陈辞。甲、乙、丙三方各推荐一人进行归纳总结，举例要鲜明生动，既能证明本方观点正确，又能反驳对方观点，并在规定时限内发言完毕。

（5）点评。邀请管理方面专家、老师对辩论情况进行讲评。

【成绩测评】

（1）甲、乙、丙三方分别形成书面辩论资料，呈报老师或评委。

（2）综合点评意见，由教师或聘请相关专家评委组评判辩论结果。

模块6：讨论题

在一个管理经验交流会上，有两个厂的厂长分别论述了他们各自对如何进行有效管理的看法。A厂长认为，企业首要的资产是员工，只有员工们都把企业当成自己的家，都把个人的命运与企业的命运紧密联系在一起，才能充分发挥他们的智慧和力量为企业服务。因此，管理者有什么问题，都应该与员工们商量解决；平时要十分注重对员工需求的分析，有针对性地给员工提供学习、娱乐的机会和条件；每月的黑板报上应公布出当月过生日的员工的姓名，并祝他们生日快乐；如果哪位员工生儿育女了，厂里应派车接送，厂长应亲自送上贺礼。在A厂长厂里，员工们都普遍地把企业当作自己的家，全心全意地为企业服务，工厂日益兴旺发达。B厂长则认为，只有实行严格的管理才能保证实现企业目标所必须开展的各项活动的顺利进行。因此，企业要制定严格的规章制度和岗位责任制，建立严格的控制体系；注重上岗培训；实行计件工资制等。在B厂长厂里，员工们都非常注意遵守规章制度，努力工作以完成任务，工厂发展迅速。

请问：（1）这两个厂长的观点正确吗？为什么？

（2）互联网时代会颠覆我们所学的经营管理理论吗？为什么？

【方法与要求】

（1）全班同学或模拟公司分成若干小组，每组6～8人。

（2）各组由模拟公司经理或组长主持，讨论时大家要联系本章理论与实训内容畅所欲言，人人发言。

（3）各组分别指定一人记录，讨论后进行归纳整理，形成集体讨论答案（约1 000字）送交老师批阅。

【成果验收】

老师对各组讨论答案批改后，将成绩记入小组积分。

第3章　管理的基础

◉学习要点

1. 管理环境
2. 管理原理
3. 管理方法

◉学习目标

1. 深刻理解环境对管理的影响
2. 掌握管理的系统原理、人本原理、责任原理和效益原理的内涵和在实践中的应用
3. 掌握各种管理方法的作用、优缺点及其运用技巧

◉关 键 词

管理环境　系统原理　人本原理　责任原理　效益原理　经济方法　法律方法　行政方法　思想教育方法

案例

伦迪汽车分销公司是一家新成立的企业，下设若干销售门市部。

公司刚成立时，为具体体现民主管理，制订了若干的责任制度，运转尚属顺利。随着时间的推移，员工中相互推诿的事情时有发生，但在处理这种事情时，又说不清谁应承担责任，以致有的事情就不了了之。

为了推进民主管理，公司力争让下属参与某些重要决策。他们组建了“一线”管理小组，从每一个销售门市部挑选一名非管理者，共挑出五人，公司主管人员每月与他们开一次会，讨论各种问题的解决方法和执行策略。尽管如此，员工们的积极性却并没有被充分地调动起来。

经过两年的经营，公司的营业收入有了一定的增长，但企业的税前利润增长不快，第二年比第一年只增长了1.8%。这给主管人员带来了很大的苦恼。

【分析与思考】

(1) 公司制定了责任制度，却又出现责任不清的现象，请分析是什么原因？

(2) 从人本管理分析，应该如何调动员工的积极性？

(3) 请你为公司经济效益增长慢的原因作简要分析。

3.1　管理环境

管理环境是指存在于一个组织内部和外部的、影响组织业绩的各种力量和条件因素的总和。任何组织都不是独立存在的，它是一个与其具体环境相互作用、相互依存的，开放的系

统。环境是组织赖以生存与发展的土壤。按环境与组织的关系，可以把管理环境因素划分为外部环境因素和内部环境因素。

3.1.1 管理外部环境

根据各种因素对组织业绩影响程度的不同，外部环境因素可分为一般环境因素和任务环境因素。一般环境因素是指对所有组织都产生影响的环境因素，也称为宏观环境，如经济、文化、政治、法律和科学技术等。它对一个组织的影响尽管不那么直接，但这些因素将最终决定着组织的长远发展。而任务环境因素是指对某些组织产生影响的环境因素，也称为微观环境。同一般环境相比，它对组织的影响更为直接和具体。对大多数的组织而言，任务环境因素主要包括资源供应者、服务对象、竞争对手、政府管理部门和社会特殊利益代表组织等。

1. 一般环境因素

(1) 经济环境。组织所处的经济环境通常包括其所在国家或地区的经济制度、经济结构、物质资源状况、经济发展水平、国民消费水平等方面。如利率、通货膨胀率、居民可支配的收入、股市指数等都是用来反映经济环境的具体指标。通常，经济环境主要是通过对各类组织所需要的各种资源的获得方式、价格水准和对市场需求结构的作用来影响各类组织的生存和发展的。

(2) 政治环境。政治环境包括组织所在国家或地区的政治制度、政治形势、政策方针和国家法令等，这些因素都会对一个组织产生一定的影响。政治环境主要表现在地区的稳定性和政府对各类组织或活动的态度方面。

(3) 社会环境因素。社会环境因素主要是指组织所在国家或地区的人口、文化教育水平、传统风俗习惯及人们的道德和价值观念等。这些因素对劳动力的数量和质量、就业机会、所需商品和服务的类型等方面产生直接的影响。道德准则或社会公德虽然大多并没有形成法律条文，但对于约束个人或集体行为仍具有事实上的作用和威力，任何组织的行为都不能不考虑社会秩序和伦理道德的影响。

(4) 科技因素。科技因素是指组织所在的国家或地区的科学技术水平、科学技术政策、科研潜力和技术发展动向等。技术进步从劳动力、劳动资料、劳动对象等方面推动着生产力的发展，不同的技术条件和技术过程，又要求不同的管理方式和方法。现代社会中，技术在规划、决策、计划、组织、控制等方面占有重要的地位，组织的发展和领导方式的改变无不与技术的发展有密切关系。

(5) 法律环境。法律因素是指组织所在的国家或地区的法律行为准则、执法力度、法律意识及所参与签订的国际性条约和协议等。任何组织的活动都要受到相应法律规范的制约。随着我国企业经营的国际化，相应要求企业关注各国的法律环境，以避免不必要的经营障碍。

2. 任务环境因素

(1) 资源供应者。资源供应者是指向组织提供各种资源的人或单位，即为组织输送设备、人力、原材料、资金、信息、技术和服务的个人或单位。这些供应者的数量、结构、供应的能力、供应的条件、供应的时间以及资源的质量均直接影响着组织的运作方式和成本的高低。

(2) 服务对象。服务对象是指接受组织所提供的产品或劳务的人和单位，如企业的客户、商店的购物者、医院的病人、图书馆的读者等都是各自组织的服务对象。如果一个组织失去了服务对象，则也就失去了其自身存在的基础。因此，组织必须深入市场，分析服务对象的心理，掌握顾客需求的变化，及时推出新产品、新服务，确保向顾客提供满意的商品和优质的服务。

（3）竞争对手。竞争对手是指与组织在资源和服务对象的取得、分配和使用方面进行争夺的对手，它涉及竞争对手的数量、竞争能力、市场竞争的强度与结构等方面的因素。任何一个组织都不可避免地会有一个或多个竞争对手。一般来讲，竞争有两种情况：一是基于资源的竞争，发生在许多组织都需要同一有限资源的时候，如人才竞争、资金竞争和原材料竞争；二是基于顾客的竞争，发生在同一类型的组织之间共享某个市场的时候，如航空部门与铁路部门之间争夺货源和乘客，汽车制造企业之间争夺汽车的买主。

（4）政府管理部门及其政策法规。政府管理部门是指中央及各级政府部门的相应机构，如工商行政管理部门、卫生防疫站、烟草专卖局、物价局等。由于它们拥有特殊的官方权力，所以它们可制定有关的政策法规，对违反法律的组织采取必要的行动，从而规定组织的行为和收益状况。特别是 些特殊行业的组织，经营情况在很大程度上受到相应的制约和影响。

（5）社会特殊利益代表组织。社会特殊利益代表组织是指代表着社会上某一部分人的特殊利益的群众组织，如妇联、工会、消费者协会、环境保护组织等。这些组织通过直接向政府主管部门反映情况，或者通过各种宣传工具制造舆论以引起人们的广泛注意来对特定的组织的经营管理活动施加影响。

3.1.2 管理内部环境

内部环境因素包括组织文化和组织经营条件两大部分。组织文化是处于一定社会经济文化背景下的组织在长期发展的过程中，逐步生成和发展起来的日趋稳定的独特的价值观，以及以此为核心而形成的行为规范、道德准则、群体意识、风俗习惯等。组织经营条件是指组织所拥有的各种资源的数量和质量情况，包括人员素质、资金实力、科研力量、信誉等。内部环境因素是管理者实施管理的基础，各个组织的不同就主要表现在内部条件的区别上。

1. 组织文化

组织文化是处于一定社会经济文化背景下的组织在长期发展的过程中，逐步生成和发展起来的日趋稳定的独特的价值观，以及以此为核心而形成的行为规范、道德准则、群体意识、风俗习惯等。组织中不同背景和地位的人在描述组织文化时基本上用的是某种特定的语言和方式，比如仪式、规章制度、习惯等。组织文化一旦形成，就会在很大程度上对管理的思维和决策产生影响。例如，中、日、美三国的企业文化中，各自体现出了崇尚“集体主义”、“家族主义”、“个人英雄主义”的鲜明特点，并构成组织内部文化的基本框架，进而渗透到管理的各个环节。组织文化对管理的影响是广泛的，管理的整个过程无时无刻不融入文化的因素，甚至由于存在无法用言语说清的原因，而使管理效率受到阻碍，无法得到促进。这就需要管理者去分析、领会和引导。

2. 经营条件

对组织内部经营条件进行分析，其目的在于掌握组织的素质状况，明确其自身的优劣势，从而更好地适应和利用外部的环境。经营条件主要包括以下五个方面：

（1）资金情况。几乎所有的组织都需要资金，而资金的满足程度取决于组织对资金的需要量、组织自身的实力、社会经济状况、组织信誉和未来发展前景等因素。组织的经济实力反映在偿债能力、投资回报能力等财务指标上。通常情况下，资金运行状况良好的组织，其竞争也往往处于优势地位。

（2）人员因素。组织的人员因素主要是指组织内部的人员数量、人员素质、人员结构。尤其是决策层领导班子的整体素质和合理的搭配在很大程度上决定着组织的发展。21 世纪的管理将更重视对人的管理，充分发挥人员的主动性和积极性将成为管理的重要内容。

（3）技术能力。组织的技术能力主要体现在生产技术和管理技术方面。一方面，生产技术的进步可以提高自动化程度、工艺能力和生产效率，推动有助于组织结构改进的管理方式的更新。另一方面，现代管理技术可以有效地组织各种要素，创造巨大的经济效益和社会效益，并对组织管理思想、管理方式及管理的组织形态发生作用。因此，对技术的把握和重视也成为现代组织管理的特征。

（4）物质条件。组织的物质条件主要体现在硬件环境方面，如厂房、机器设备、操作工具等。实力较强的组织一般都拥有较好的物质条件，从而为其发展打下良好的基础。现实中，人们也往往把物质条件作为组织实力的象征。

（5）行业特点。不同的行业或不同类型的组织需要有不同的管理模式。行业的特点和发展的前景在很大程度上影响组织的发展方向，比如，近年来，纺织行业的不景气造成许多纺织企业的萎缩。

3.1.3 环境对管理的影响

任何管理系统都存在于一定的环境之中，环境不仅是管理系统建立的客观基础，而且是它生存和发展的必要条件。环境是与管理系统联系在一起的，并时刻制约着管理活动。环境影响着管理，甚至决定着管理。具体地说，环境对管理的影响表现为以下四个方面：

（1）稳定的环境是管理系统发挥正常功能的前提。

（2）环境是管理系统生存和发展的必要条件。

（3）环境制约着管理系统的活动方向和内容。

（4）环境对管理过程具有巨大的影响。

环境是对管理者素质和能力的考验。管理人员对外部环境因素影响的了解、认识和掌握的程度，往往影响到管理工作的成效。为了提高管理效率，达到管理的目的，管理者不仅要了解政治、经济、社会需求、竞争等组织外部因素，而且也要掌握组织内部员工的价值观、组织所拥有的资源等内部情况，并综合所有的这些因素来作出正确的决策。所以，一个有效的管理者，必须做到以下四点：第一，管理者必须用高度的社会责任感去进行管理实践。第二，管理者的管理活动必须注意协调组织自身的内外环境。第三，管理者必须注意向民主化管理的方向发展。第四，管理者必须致力于提高管理效率。

案例

循环经济

所谓循环经济，本质上是一种生态经济，它要求运用生态学规律而不是机械论规律来指导人类社会的经济活动。传统经济与循环经济的不同之处在于传统经济是一种由“资源—产品—污染排放”组成的单向流动的线性经济，其特征是高开采、低利用、高排放。循环经济要求把经济活动组织成一个“资源—产品—再生资源”的反馈式流程，其特征是低开采、高利用、低排放。所有的物质和能源要能在这个不断进行的经济循环中得到合理和持久的利用，以把经济活动对自然环境的影响降低到尽可能小的程度。

循环经济主要有三大原则，即“减量化、再利用、资源化”原则，每一原则对循环经济的成功实施都是必不可少的。减量化原则针对的是输入端，旨在减少进入生产和消费过程中的物质和能源流量。换句话说，对废弃物的产生，是通过预防的方式而不是末端治理的方式来加以避免。再利用原则属于过程性方法，目的是延长产品和服务的时间强度——也就是说，尽可能多次或多种方式地使用物品，避免物品过早地成为垃圾。资源化原则是输出端方法，能把废弃物再次变成资源以减少最终处理量，也就是我们通常所说的废品的回收利用和废物的综合利用。资源化能够减少垃圾的产生，制成使用能源较少的新产品。

循环经济不仅得到了发达国家政府的推动，也得到了企业界的积极响应。西方许多企业在微观层次上，运用循环经济的思想进行了有益的探索，形成了一些良好的运行模式，很值得我们借鉴。丹麦的卡伦堡生态工业园就是比较有代表性的模式之一。

这种模式可称为企业之间的循环经济，其方式是把不同的工厂联结起来，形成共享资源和互换副产品的产业共生组合，使得一家工厂的废气、废热、废水、废渣等成为另一家工厂的原料和能源。丹麦卡伦堡工业园区是目前世界上工业生态系统运行最为典型的代表。这个工业园区的主体企业是电厂、炼油厂、制药厂和石膏板生产厂，以这四个企业为核心，通过贸易方式利用对方生产过程中产生的废弃物或副产品，作为自己生产中的原料。其中燃煤电厂位于这个工业生态系统的中心，对热能进行多级使用，对副产品和废物进行综合利用。电厂向炼油厂和制药厂供应发电过程中产生的蒸汽；通过地下管道向卡伦堡全镇居民供热，由此关闭了镇上 3 500 座燃烧油渣的炉子；将除尘脱硫的副产品工业石膏，全部供应给附近的一家石膏板生产厂作为原料。同时，还将粉煤灰出售供造路和生产水泥之用。煤油厂和制药厂也进行了综合利用。煤油厂产生的火焰气通过管道供石膏厂用于石膏板生产的干燥，减少了火焰气的排放。一座车间进行酸气脱硫生产的稀硫酸供给附近的一家硫酸厂；煤油厂的脱硫气则供给电厂燃烧。卡伦堡生态工业园还进行了水资源的循环使用。炼油厂的废水经过生物净化处理，通过管道向电厂输送，每年输送电厂 70 万立方米的冷却水。整个工业园区由于进行水的循环使用，每年减少了 25% 的用水量。

（资料来源：曲格平．循环经济——21 世纪发展的趋势．广州日报，2005－01－30）

【分析与思考】

（1）运用本案资料，说出外部环境对企业管理有哪些影响？

（2）为了推进循环经济的实施，可以采取哪些管理方法？

3.2 管理原理

原理是指某种客观事物的实质及其运动的基本规律。管理原理是对管理工作的实质内容进行科学分析、总结而形成的基本规律，是人们对各项管理制度和管理方法的高度综合、概括与提炼，是现实管理现象的抽象总结，反映了管理的客观要求和管理的一般规律性。因而，它对一切管理活动具有普遍的指导意义。具体而言，管理的基本原理包括系统原理、人本原理、责任原理和效益原理。

3.2.1 管理原理的特征及其意义

1. 管理原理的主要特征

（1）客观性。管理原理是对管理的实质及其客观规律的表述，它与管理工作中所确定的原则有严格区别。人们一般把原则看成是由基本原理引申出来的，是人们规定的行动准则。它的确定虽然应以客观真理为依据，但有一定的人为因素，带有较强的指令性和规范性。而原理则是对管理工作客观必然性的描述，违背了原理必然会遭到客观规律的惩罚，带来严重的后果。这就要求管理人员在确定每项管理原则时，既要以客观真理为依据，尽量使之符合相应的原理，避免主观主义和官僚主义；同时，又要以指令或法令的形式来强化原则的约束作用，加强管理原理的指导作用，从而达到满意的管理效果。

（2）概括性。管理原理是现实现象的抽象和概括，它所涵盖的事物很广泛，涉及自然界与社会的许多领域，既包括人与人的关系，也包括人与物的关系，还包括物与物的关系。但它不是具体现象和简单事物的罗列，不描述管理的多样性，而是对各种复杂因素和复杂关系的管理活动客观规律的描述。管理原理是在总结大量管理活动经验的基础上，舍弃了各组织之间的差别，经过高度综合和概括而得出的具有普遍性、规律性的结论。这是其概括性的集中体现。

（3）稳定性。管理原理是在一定时期内为人们相信的基本规律，反映了人们对客观世界的认识，它随着社会经济、科学技术和人们对客观世界认识的发展而不断地更新、发展。但是，它又是相对稳定的、确定的，具有“公理的性质”。不管事物的运动、变化和发展的速度多么快，在一定时期内这个确定性是相对稳定的。因此，管理原理能够被人们正确认识和利用，从而指导管理实践活动取得成效。

（4）系统性。管理原理中的各个具体原理组成了一个完整的有机体系。它不是各种烦琐的概念和原则的简单堆砌，也不是各种互不相关的论据和论点的机械组织，而是根据管理现象本身的有机联系，形成一个相互联系、相互转化的完整的统一体。管理的实质就是在系统内部，以人为本，通过分工协作，确定责任，以达到一定的效益。显然，管理的基本原理的有机体系正是对管理工作的实质内容及其基本规律的完整的科学分析和系统概括。

2. 学习和研究管理原理的意义

（1）有助于提高管理工作的科学性，避免盲目性。管理原理是管理不可违背的基本规律。长期以来的实践反复证明，凡是遵循这些原理的管理，都是成功的管理，反之，都有失败的记录。所以，遵循管理原理，管理工作就有了指南，建立管理组织、进行管理决策、制定规章制度等就有了科学依据。

（2）有助于掌握管理的基本规律。管理工作错综复杂、千头万绪，但万变不离其宗，各类管理工作都具有共同的基本规律，管理者只有掌握了这些具有普遍意义的基本规律，面对纷繁复杂的局面时才能应对自如，实现有效的管理。在现实生活中，许多管理者都是凭借自身的管理实践，经过漫长的积累过程，才一点一点逐渐领悟到管理的基本规律的。而管理原理是对前人大量的实践经验的概括和提炼，反映了管理的基本规律。因此，学习管理原理将会加速人们掌握管理基本规律的过程，提高管理的科学性和有效性。

（3）有助于迅速找到解决管理问题的途径和手段。掌握了管理原理就可以使管理者透过错综复杂的现象抓住问题的本质，排除纷繁复杂、杂乱无章的因素，找到问题的关键所在。

然后依据科学的管理原理，结合组织的实际情况，有针对性地采取措施，对症下药，解决问题。

3.2.2 系统原理

任何社会组织都是由人、物、信息组成的系统，任何管理都是对系统的管理，没有系统，也就没有管理。系统原理不仅为认识管理的本质和方法提供了新的视角，而且它所提供的观点和方法广泛渗透到人本原理、责任原理和效益原理之中。从某种程度上来说，它在管理基本原理的有机体系中起着统率的作用。

1. 系统的概念

系统是由若干相互联系、相互作用的部分组成的具有特定功能的有机整体。自然界和人类社会的一切事物都具有系统的属性，存在着各种各样的系统。如在宇宙，有各种行星系统；在自然界，有动物系统、植物系统、生态系统、分子原子系统等；在人体，有呼吸系统、消化系统、神经系统等；在产业界，有工业系统、农业系统、服务业系统等。系统广泛而大量地存在，因此，在管理中，人们可以把任何一个组织及其环境看成一个系统。

2. 系统的特征

（1）整体性。每一个系统都是由若干子系统（或称要素）构成的，这些子系统之间相互联系、相互作用且服从于共同的目标，从而构成统一整体。整体的统一性决定着系统的生机与活力。如从功能上看，一所大学通常由教学子系统、科研子系统、管理子系统、后勤服务子系统等构成，它们相互配合，共同实现培养人才的统一目标。

（2）层次性。构成系统的各个子系统不但有相互联系的一面，也有各自的地位与作用。整体的统一，靠多层次子系统的分工与协作来实现；整体的效能，靠多层次子系统各自作用及其综合作用而发挥；整体的优化，靠多层次子系统的最佳组合而达到。如大学里有各个学院，学院里又有系，系里还设有教研室，这就是系统的层次性。

（3）动态性与环境适应性。每一个系统内部的各子系统都处在动态的发展变化中，系统所处的外部环境也在变化中，具有适应环境的能力是系统得以生存与发展的重要原因之一，系统的动态适应性越强，其生命力就越强。

3. 系统原理要点

（1）整体性原理。从整体着眼，局部入手，统筹兼顾，各方协调，达到整体最优化。从系统的功能看，系统的功能不是各要素功能的简单相加，管理的奥妙是实现“整体大于部分之和”。这里的“大于”不仅指数量，而且指质量，即产生一种系统的综合功能，这种功能的产生是一种质变，它大大超过了各部分功能之和。系统观要求在管理中要把整体优化作为根本出发点，当局部与整体发生矛盾时，局部利益应服从整体利益。在现实中，我们常看到一个组织内出现重局部轻全局、大小不分、片面孤立、互不协调等现象，从而损害了整体利益，这些都是缺乏系统观念的结果。

（2）动态性原理。预见未来，掌握主动，使系统朝预期的目标发展。哲学告诉我们，系统作为一个运动着的有机体，其静止是相对的，而运动是绝对的。系统的运动变化说明管理工作不存在一成不变的模式，要求管理者因时、因地、因人制宜不断调整其工作。同时，掌握动态性原理，研究系统的动态规律，可使我们预见系统的发展趋势，把握先机，掌握主动，与时俱进。

（3）开放性原理。开放是系统的生命。严格地讲，完全封闭的系统是不存在的，事实上不存在一个与外部环境完全没有能量交换的系统。当外界环境发生变化，对系统影响较大时，原来的内部结构所体现的功能已不能适应新的环境，这时系统不断地与外界进行物质、能量和信息的交换，自行调整结构，产生新的功能，使系统向前发展。在管理工作中，那些试图把本系统封闭起来与外界隔绝的想法和做法是错误的。中国近代因闭关锁国而落后，近30年来因开放而迅猛发展，就是活生生的例子。

（4）适应性原理。了解环境，适应环境，实事求是。系统不是孤立存在的，它受环境的影响。管理者应努力使管理系统的自身调节与环境系统的动态变化保持顺应、同步的态势，这是系统存在与发展的宏观必要条件。一个不能适应环境的系统是没有生命力的。值得一提的是，系统对环境的适应有些是被动的，而有些是能动的，那就是改善环境。作为管理者，既要有勇气看到能动地改变环境的可能，又要冷静地看到自身的局限性，才能实事求是地作出科学决策。

3.2.3 人本原理

人本原理就是管理应以人为中心，尊重人、依靠人、为了人、发展人，这是做好管理工作的根本。从“物本管理”到“人本管理”，是20世纪末管理理论发展的主要特点。人本原理的要点有：

（1）员工是企业的主体。管理是人的活动，管理的主体是人，管理的最主要的客体也是人，人是管理中唯一具有生命力、创造力和自主意识的要素。管理者一定要为正确地认识人的目标而自觉地努力奋斗，从而提高工作效率。国外一些企业实行股权分散化和大众化，吸引更多的员工关心和参与企业的管理工作，这就是人本原理的具体应用。

（2）管理者应重视满足员工的合理需要。组织行为学认为，需要是人类行为的动力源泉。人的需要可分为生理需要、安全需要、社交需要、尊重需要、自我实现需要等多方面，满足员工的这些合理需要，将会极大地调动人的积极性，同时也有助于人的良好个性的形成，最终实现人性最完美的发展。

（3）管理就是为人服务，为人服务就是要树立“管理就是服务”的理念，重视建立和谐的组织内部人际关系和良好的组织公共关系。这里说的“人”既包括企业内部参与企业生产经营活动的员工，也包括企业外部消费企业产品与服务的顾客。海尔集团主张一只眼盯着企业内部员工，关心员工生活与事业，使员工满意度最大化；另一只眼盯着外部顾客，为顾客创造价值，使顾客满意度最大化。这充分体现了“以人为本”的企业文化与管理思想，也是海尔不断走向成功的重要因素。

案例

做个忠实的听众

某公司举行一个“说服部属留职”的研习会，也就是由某一年轻职员假装提出辞职，而由数位干部每人花10分钟尝试说服他留下来。

最先说话的是A经理，他说：“公司就是一个贡献力量的地方，你在根本上就没有这个观念……”像这样长篇大论说教起来，直到负责人示意才停止。

然后轮到B经理。B经理首先将气氛缓和下来，拿出香烟，对年轻人说："抽一根烟吧！"然后接着说："我年轻的时候，不像你这样。""我不这样想。""是我的话，就会这样做。"像这样，不断地提出"我"、"我要"、"我想"等字眼，发表了10分钟的谈话，而年轻人始终保持沉默。

下一个是C经理，年轻人仅说了一句，他就搬出了3倍的大道理："回顾过去的历史……""根据公司规定……""劳动组织的想法……""政府的方针……"

的确，这种人似乎很博学，但单以知识来教导部属是行不通的，当然，更无法改变年轻人辞职的心意。

最后的D经理，由于看过谈话方面的书，故说话技巧较为高明："哦！原来你有这种想法……""是吗？你的意思是不是……"就以这样的语气和年轻人交谈了10分钟。

在这规定的10分钟里（即600秒），每一位经理和年轻人说话所占的时间，如下表所示：

时间 人物	经理的发言	年轻人的发言	沉默
A经理	550秒	0秒	50秒
B经理	450秒	60秒	90秒
C经理	390秒	140秒	70秒
D经理	40秒	380秒	180秒

研习会结束后，由担任主角的年轻职员（实际上是由其他公司派来的）发表感想：

"A经理的话，是由左耳听进，由右耳出来的，几乎没有什么记忆，只留下他是位啰唆而严厉的主管的印象。B经理则很男性化，但同时也太过主观了。C经理的话，就像在上课一样，可以让我得到许多知识，但是却偏离主题。至于D经理，我可就服输了，他的诚心与善解人意，几乎使我改变了主意。"

（资料来源：樊丽丽．趣味管理案例集锦．北京：中国经济出版社，2005. 68～69，稍有改动）

3.2.4 责任原理

责任原理是指管理工作必须在合理分工的基础上，明确规定组织各部门和个人必须完成的工作任务和承担的相应责任。职责明确，才能对组织中的部门和每一位员工的工作绩效作出正确的考评，有利于调动人的积极性，保障组织目标的实现。责任原理的要点有：

（1）分工明确，职责分明。分工是生产力发展的必然要求，在合理分工的基础上确定每个人的职位与任务，就是职责。分工一般只是对"做什么"作了形式上的划分，至于工作的数量、质量、速度、效益等要求，分工本身还难以完全体现出来，而职责正是对这些内容的规定。职责明确应包括职责界限清楚、职责内容具体、职责落实到人等。

（2）责、权、力、利相一致。管理工作中，要强调职责、权力、能力与利益的协调和统一，责任原理的核心是职责，必须在数量、质量、速度、效益上有明确规定，并通过一定的条例、规定等形式表现出来。明确了每个人的职责，就要授予其相应的权力并通过相应的利益来体现人们完成职责、创造业绩的报酬，即责、权、利的一致。

（3）奖罚严明，公正及时。奖罚是对人的工作职责及其业绩客观公正的评价与报答。公正及时的奖罚，有助于提高人的积极性，挖掘人的潜力，提高管理绩效。首先，奖罚要以科学准确的考评为前提，使人产生公平感。其次，奖罚工作要及时，立竿见影对强化人的行为有着十分重要的作用。最后，奖与罚都是不可或缺的。惩罚的意义在于通过惩罚少数来教育多数，从而强化管理权威，但也可能导致人的挫折感，应慎重使用。

案例

A是某建筑公司安装部经理，B是安装部下属的管道安装队队长。上个月，A吩咐B带领一班人马去某工地安装一套管道系统。在工程验收时，发现这套管道存在着严重的渗漏现象。公司经理认为A应该对此负责，哪怕管道安装时A正出差在外。同样，A会认为B必须对此负责，哪怕B已不拿扳头干活。

【分析与思考】

A和B是否应对失误负责？他们究竟该负什么责任？

3.2.5 效益原理

以较少的投入获得较大的有效产出，即对效益的追求是管理活动永恒的主题。效益包括经济效益和社会效益两个方面。经济效益比较直观，可直接运用若干经济指标来计算和考核；而社会效益则具有间接性，难以完全量化。不同性质的组织对经济效益或社会效益的追求目标有所不同，但总体来讲，管理者应努力追求经济效益与社会效益的有机结合。效益原理的要点有：

（1）效益是管理活动结果的体现。不同的管理方式会产生不同的结果，带来不同的效益。有效的管理会带来正效益，而管理不善会产生负效益。

（2）树立正确的效益观。管理工作必须克服在传统体制下以生产为中心的管理思想，转变为以效益为中心，克服片面追求产值、盲目扩大规模的粗放型增长倾向，追求效益应成为管理活动的出发点与归宿。

（3）正确处理一些重大关系。如效率、效果与效益的关系，局部效益与整体效益的关系，经济效益与社会效益的关系，短期效益与长期效益的关系等。

3.2.6 80 / 20 原理

80/20原理揭示的是在特定的群体中，重要的因子通常只占少数，而不重要的因子却占多数，只要在管理活动中控制住具有重要性的少数因子，便可以控制住全局。

这一原理是意大利经济学家帕雷托在研究人口与财富之间的关系时提出的。他发现20%的人占有了80%的社会财富，而80%的人却只占有20%的社会财富，由此演变出今天的80/20原理：80%的价值来自于20%的因子，而其余20%的价值来自于80%的因子。只要在影响管理对象的诸多因素中找出这些关键的少数，并进行重点管理，就能达到事半功倍的效果。当然，原理中的80、20并非准确数量上的含义，而只是概念上的，在具体工作中可能是90%或10%。

80/20原理引导人们把主要精力集中于对重点问题的管理，对重点的因素给予特别的关注。

例如，某部门主管因病半休，每天上班的时间只有三四个小时。然而他很惊奇地发现，在这几个小时所做的工作其质量和效果与以往夜以继日地工作并无很大差别。其原因就在于在时间紧迫的情况下，他被迫将要做的工作按主次关系、时间要求的紧迫程度进行分类，而只处理重要的、较紧迫的问题，摆脱了烦琐的事务性工作的困扰，收到了意想不到的效果。

上述原理并不是孤立的，而是相互联系、相互依赖的，在管理实践中应综合运用这些原理，在不违反这些基本原理的基础上，不断创造各种新的管理制度、手段和方法以达到管理的目标。

3.3 管理方法

管理方法是在管理活动中为实现管理目标、保证管理活动顺利进行所采取的工作方式和手段的总称。它是管理原理指导管理活动的必要中介和桥梁，是实现管理目标的途径和手段。管理方法及其运用的正确与否，直接决定着管理的效率与效益。在一般组织的管理中，因管理对象和管理主体的不同、管理范围和管理环境的差异，管理方法多种多样，可以从不同角度出发来对管理方法进行分类。这里所讲的管理方法，是指管理活动中一般的、基本的管理方法，是一切具体的管理方法中的共性因素。在具体的管理活动中，这些基本手段必须得到遵循，并且被转换为具体的操作方式。其中最一般的和基本的管理手段，主要有经济方法、法律方法、行政方法、思想教育方法。

3.3.1 经济方法

经济方法也称为经济手段，在一般组织的管理中，经济方法就是通过调节各方面利益关系，刺激组织行为动力的管理手段。它是一种利用人们对物质利益的追求而采取物质刺激的方法。经济手段可以具有各种各样的形式，其中，最主要的形式有价格、税收、信贷、工资、奖金、罚款、福利等。

1. 经济方法的主要特性

（1）调节性。在宏观管理中，它表现为国家运用各种经济杠杆，来制约各种具有独立经济利益的组织的各种活动，调节生产、分配、交换和消费，调节各类组织消耗使用的资源，提供各项产品与服务的数量和质量，将其经济纳入到国民经济计划的轨道中，使社会各行各业的发展合乎国家的目的和要求。在微观管理中，它表现为各种组织通过各种经济手段来制约和调节组织内部成员的活动。

（2）灵活性。经济手段适用于不同部门、不同地区、不同时间、不同工种等不同的管理活动，但是，针对不同的管理对象，经济手段亦可以灵活地变通，即使对于同一管理对象，在不同的情况下也可以采用不同的方式，以适应形势的发展。

（3）平等性。经济手段应当对管理的组织和个人在获取自己经济利益方面具有平等性，它要求根据统一的价值尺度来计算和分配经济成果。各种经济手段的运用对于相同情况的被管理者有同样的效力，不允许搞特殊。

2. 经济方法的功能

运用经济方法的前提是肯定人们追求物质利益活动的合理性。正确运用经济手段，可以把追求物质利益的动机转化成积极的动力。就经济手段的运用范围而言，可分为宏观和微观两个方面。在宏观管理中，国家可以运用价格、税收、信贷、收费、拨款、补贴等经济手段，管理国民经济，调节社会各个行业，引导社会各类组织的活动。在微观管理中，学校、企业、医院、媒体或其他组织采取经济手段，就是要把组织中各层次、各成员的利益与其工作成效、劳动成果，乃至整个组织的成果联系起来，促使大家关心自己的工作和整个组织的成果，一般是通过工资、奖金、罚款等形式进行的。经济手段的功能在于，最大限度地调动各方面的积极性、主动性、创造性和责任感，变外在的强制性管理为内在的自觉性管理。

3. 经济方法的运用

经济手段既有优点也有缺点，既能发挥正面的作用，又能产生反面的影响。

（1）经济手段的优点：①能够通过各种具体的经济手段，把个人的、集体的、国家的利益正确地结合起来，较好地处理各方面的物质利益关系。②由于经济手段是直接建立在物质利益原则的基础上的，因而能够从根本上调动各方面的积极性，使组织的工作成效显著。③利用经济制约关系，便于实行分权的组织管理，发挥各方面的主动性和创造性。

（2）经济手段的缺点：①容易产生拜金主义，注重于对个人经济利益的斤斤计较。②由于各单位都需要建立并巩固自己的物质利益机制，容易导致利益目标的分散和混乱。③从宏观管理的角度看，经济手段是以价值规律为基础的，带有一定的盲目性和自发性。

因此，在运用经济手段时，必须充分认识到它的优点和缺点，适度地加以使用。要特别注意各种具体经济手段的协调配套。例如，在宏观管理中，价格、税收、信贷都无法单独发挥宏观经济调控的作用，只有配套使用才能达到调控的目的。在微观管理中也是这样，工资必须与奖金、罚款等手段相结合。优秀的管理者，对于在什么情况下应当使用经济手段和在什么情况下不应使用经济手段，应做到心中有数。只有结合适宜运用经济手段的环境，经济手段的运用才是有效的和有益的。

3.3.2 法律方法

1. 法律方法的内容

法律方法也称为法律手段，是一种运用法律规范和具有法律规范性质的各种行为规则进行管理的方法。从管理学的角度看，它不仅包括由国家制定和实施的法律，也包括工矿企业、社会团体在不违背国家法律的条件下，在自己的权限内为实现其管理活动而制定的一些规范性文件。因为无论是国家还是其他各种组织，都要对其成员的各种重要活动作出原则规定，并用法律、法规、规章、条例、制度、纪律、准则等规范性文件予以确认和公布，使之遵照执行，从而实现对组织的指导、监督和控制。

对法律规范可以进行各种不同的分类：按照法律规范表现形式不同，可以分为义务性规范、禁止性规范和授权性规范；按照法律规范内容的确定性程度，可以分为确定性规范和非确定性规范；按照法律规范机关和法律效力的不同，可以分为法律、法令、条件、决议、命令、守则、合同、标准、规章制度及其他规范性文件。运用以上各种不同的法律规范进行管理，就构成了各种具体的法律手段。

2. 法律方法的特点

法律手段的内容和形式是多种多样的，但它们有其共同特征：

（1）强制性。法律手段作为组织明确的行为准则具有相当的严肃性，它对全体公民或组织成员均具有强制性的约束力，也就是人人都必须遵守这些行为准则。如果有人违反这些行为准则，就将会受到论处。

（2）规范性。法律手段通过确定行为规范来进行管理，它规定社会公民和组织成员在一定情况下可以做什么，应当做什么和不可以做什么，不应当做什么。这种引导功能规范了组织成员的行动，确定了组织成员的活动范围和界限。

（3）概括性。法律和纪律制约的对象是抽象的、一般的人，而不是具体的、特定的人。同时法律又是明确的，不是含糊的，任何人都可以据此衡量是非。

（4）稳定性。法律和纪律在同样的情况下可以反复使用，而不是仅使用一次，并且法律和纪律一经制定，就不能随意改变。法律条文的解释也是统一的，具有一定的稳定性，如需修改，则要经过一定的手续和程序。

（5）可预测性。法律和纪律的稳定性决定了法律手段的使用具有可预测性。组织成员可以根据法律和纪律条文，预见到组织对自己的和他人的行为会有什么样的反应。人们事前可以估计到，自己或他人的行为是合法的还是非法的，会有什么样的后果。

3. 法律方法的功能

法律手段是严肃的、规范的、强制性的管理手段，学会正确地运用法律手段，对于建立和健全科学的管理制度，有着十分重要的意义。总的来说，法律手段具有以下四个方面的作用：

（1）运用法律手段可以保证社会运行和组织内部的必要秩序。它可以使人们的行为处在有效控制的秩序范围内，及时排除各种不利因素的影响，使整个管理系统自动有效地运转。

（2）运用法律手段能够调节管理因素之间的关系，具有一定的自动调节功能。它能够把现有的各种管理关系固定下来，使管理系统具有一定的稳定性。

（3）法律手段对管理系统的发展有促进作用。法律规范的合理与否决定着管理秩序的合理与否。正确的法律规范能够建立一种稳定的秩序。而稳定的管理秩序能够提高管理效率，使各个系统的功效增加，从而促进管理的发展。

（4）法律和纪律对人们的行为起着指导、约束和调节的作用。法律和纪律是一种特殊的规范性信息。它明确规定人们可以做什么、必须做什么和禁止做什么，规定对合法行为的保护和对违法行为的制裁，有助于培养人们的行为方式。

4. 法律方法的运用

法律手段具有广泛的适用性。从纵向来看，上至国家政权机关，下至每一个群体、组织、企事业单位，直到每一个部门或分支机构，都需要运用法律手段进行管理。从横向来看，法律手段原则上适用于社会管理的各个领域，如在经济管理、科学管理、教育管理、卫生管理、涉外管理、司法管理等领域都是适用的。在组织管理中，使用法律手段时要特别注意以下四点：

（1）法律的内容要与整个社会和组织内的道德舆论水平相适应。低于社会和组织系统内道德水平的法律和纪律，将起不到制约的作用；过分高于社会和组织系统内道德水平的法律和纪律，也会造成实施的困难。同时法律规范的制定还要考虑组织的其他各种条件，以便与现实相吻合。

（2）要在整个组织系统中强化法律意识、树立法律的权威性。这一点是运用法律手段进行管理的关键，它起着重大的思想保证作用。只有广大群众知法重纪、遵纪守法，自觉地同一切违法乱纪现象作斗争，才能维护法律的尊严和权威，使管理活动规范化。

（3）要有有效的法律机构和体系来保证法律的实施。只有完备的法律条文还不够，还必须建立相应的法律机构对其进行贯彻与实施。其中，检查、监督以及对违反规定者的处理尤其重要。否则，各行其是而无人追究，管理活动就失去了准绳和依据，依法管理也就成为一句空话。

（4）要根据客观事物的具体情况，选择正确而适用的法律调整方式。对不同的管理系统和不同的管理对象，应当使用不同的法律调整方式；要把原则性和灵活性结合起来，以提高法律规范的适用性。

3.3.3 行政方法

1. 行政方法的内容

行政方法也称为行政手段，是指依靠行政组织的权威，运用命令、指示等强制性的方式，对下属施加直接影响的管理手段。这种手段都是以权威和服从为前提的，是根据行政组织系统的层次结构自上而下发挥作用的。行政手段是历史上最早被运用到管理中来的手段之一。到了近代，一切稍大规模的管理活动也都包括行政手段。国家与社会公共事务管理的领域是行政手段广泛运用的领域，是主要运用行政手段的管理系统。在各种各样的企业、事业管理领域中，也普遍运用行政手段。行政手段一般具有命令、指令、通令、指标、人事变动、规定、决议、决定、通知、通告等形式。

2. 行政方法的特征

在管理中，行政手段无论采取什么形式，都是自上而下地发挥作用的，是把针对一定情况作出的意义明确和内容具体的决定传达给下级进行执行的，上级的决定对于下级的执行者来说具有强制力，因而，管理的行政手段具有如下特征：

（1）强制性。行政手段所依托的是组织赋予管理机关和管理者的权力。下属机关和人员对上级机关和人员的指挥、命令、指示、监督和调节活动，必须服从和认真地加以执行，不能否定和抵抗。否则上级有权追究其行政责任。

（2）具体性。任何行政指令的内容和对象都是具体的，而且实施过程中的具体做法也因对象、目的和时间的变化而变化，具有明确的指向性和一定的时效性。

（3）垂直性。行政手段是通过组织系统、组织层次自上而下地实施管理活动的。它采取的是纵向的直线传达指示和命令的垂直管理，下级只服从直接上级的领导和指挥。

（4）无偿性。行政手段适用于组织的等级原则，上级对下级的人、财、物等的调动和使用等，无须讲等价交换原则。一切皆根据行政管理的需要，有时可以不考虑价值补偿问题。

3. 行政方法的功能

行政手段是执行管理职能的基本手段，它根源于组织内部协调的客观需要。行政手段的运用，可以使组织内部实现统一目标、统一意志、统一行动，获得系统整体的功能，从而使组织上层制定的方针和政策得到较好的贯彻，实现对全局活动的有效控制。行政手段可以强化管理中的协作，使各部门、各单位密切配合，前后衔接，并不断调整它们之间的进度和协作关系，充分发挥出管理的职能。

在组织管理中运用行政手段，具有快速、灵活、有效的特点。首先，因为行政手段总是以行政命令的方式出现，是下属机关和人员必须服从的。所以，这一手段的运用有着出人意料的高效率。其次，行政命令总是针对具体问题发出的，具有很强的时效性，对于所要解决的问题可以快刀斩乱麻，对于新出现的问题也可以迅速作出决断，因而，它又是非常灵活的。再次，行政手段的最大特点是，可以赋予组织行为以便捷、秘密的特性，可以极其方便地处理一些特殊事务。在管理活动中，经常会出现某些紧迫的情况，在这种情况下，就需要最迅速地作出反应，以调节组织的行为。

4. 行政方法的运用

行政手段是管理者最乐意使用的手段。但是，行政手段容易强化组织权威，拉大上下级之间的距离，从而助长官僚主义的滋生。它很少给下属留下回旋余地，这对于调动各个组织层次的积极性和创造性也非常不利。因此，在运用行政手段时必须慎重。在管理中，应当把最少运用行政手段作为一种成功管理的追求。即要做到适时、适情、适度，需用时必用，不需用时决不乱用。为此，管理者在运用行政手段时必须注意以下四点：

（1）突出目标导向。根据目标的要求，确定采取运用行政手段的方式。对于不同的任务、不同的目标，要选择最适宜的行政方式。

（2）建立一套严密的组织机构。要以任务为中心，因任务设机构，因机构定职务，因职务择人员。强调下级服从上级，但又不要多头领导，以免政令分散。

（3）处理好管理宽度与层次的关系。运用行政手段，要求集中领导、分级管理，管理宽度与管理层次要适当。命令不要直接下达到基层，而要逐级下达。

（4）权责一致。行政手段要求每一个层次及每一个管理者都必须明确自己的目标和责任，同时享有相应的权利，权与责必须保持一致。

3.3.4 思想教育方法

1. 思想教育方法的内容

思想教育方法是一种旨在提高人的素质的管理方法。它通过对政策、法令的宣传和理想、道德的教育，以及其他精神激励，提高人们的认识，改变人们的思想，使人们建立起与组织系统一致的价值观念，自觉地为实现组织目标而努力。思想教育方法是实现管理目标的思想保证，因为它不仅是激发人们工作热情的主要手段，而且对其他管理手段的实施也起着巨大的支持作用。其他各种管理手段确定之后，要靠宣传使人们了解、领会，要靠教育使人们自觉地执行。思想教育方法通过宣传教育，使人们的思想文化素质和精神境界达到组织存在和发展的要求，这是管理活动中一项不可忽视的内容。具体地说，思想教育方法就是要在思想意识的深层，解决管理服务于组织目标的问题，使管理系统中的每一个人都能把组织目标作为一种自主、自觉的追求。

2. 思想教育方法的主要特征

（1）目的性。不同类型的组织有不同的目的性。思想教育方法必须体现这种特性，并为它服务。目的性决定了思想教育方法的具体内容、进行方式以及工作重点和性质。

（2）科学性。思想教育方法是以真理为依据的。只有真理才能把全体组织成员的价值取向凝聚成共识。所以，思想教育要尊重客观规律，从实际出发，切忌主观说教。

（3）启发性。思想教育方法的作用形式是非强制性的，它主要靠启发人们的觉悟，促使人们自觉地采取符合组织目标的行动。

（4）艺术性。思想教育方法形式多样，不拘一格，灵活多变，不守常规，完全是因人、因事、因时、因地而异的。光有科学的内容，而不重视形式上的艺术性，精神激励工作也不能达到预期的效果。

（5）长期性。由于人们的观念、理想、愿望的形式周期较长，同时又处于不断的变化之中，因而思想教育方法的运用是一个长期不懈的努力过程，需要持续不断的激励、教育和引导。

3. 思想教育方法的运用

思想教育方法是最为灵活的工作方法，它需要针对不同的对象，根据不同的情况采取不同的形式。但是，有些形式是最为经常地使用的，例如，作报告、讨论、谈心、家访、典型示范、劳动竞赛，以及形象教育、感化教育、对比教育等。采取任何一种形式，都是服从于思想教育的总体目的，都是为了解决管理中的思想问题、认识问题和价值观念的问题，而把全体组织成员凝聚到一起，共同奔向组织目标。不过，采取不同形式的思想教育方法，会表现出不同的效应。管理者应当善于从实际出发，把握好时机，灵活地运用思想教育方法的具体方式，以求获得最佳效应。

本章实训与练习模块

实训目标：通过对本章理论知识的实训操练，使学生能够运用管理原理指导自己的管理活动，培养他们应用管理原理的知识分析现实中的管理现象的能力；培养学生识别管理活动中各种管理方法的能力，并初步学会在管理过程中如何应用各种管理方法。

模块 1：案例分析与思考

【实训目的】

（1）掌握管理原理和管理方法在实践中的运用。

（2）培养学生分析现实中的管理现象的能力。

【实训要求】

以相关理论为依据，分析褚时健违法行为的根源是什么，每人撰写一份约 500 字的分析意见交老师批阅。

案例一

褚时健以身试法

著名的云南红塔集团老总褚时健在即将退休时因犯有贪污等多种罪行而锒铛入狱，人们把一些国有企业老总在即将退休时不惜以身试法而大捞一把的行为称为“五九现象”。对褚时健的行为，有如下四种观点：

（1）褚时健长期担任红塔集团最高领导人，为红塔的发展作出了巨大贡献，红塔每年给国家上缴税收几十亿元，“红塔”品牌价值数百亿。对于作出这样贡献的企业家，拿一点没有什么过分的。

（2）褚时健如果是民营企业的老总，他的家产可能上亿了，而褚时健现在的收入却与其他国有企业的老总们差不多，退休后可能连一部小车都没得坐，这不公平。

（3）作为国有企业领导人，为国家作贡献是应该的，不能总是想到索取。

(4) 国家在现阶段给国有企业领导人的待遇只能是这样，褚时健因此而贪污是不可取的。

(资料来源：刘志坚，徐北妮．管理学——原理与案例．广州：华南理工大学出版社，2003. 29)

【分析与思考】

请你用相关的管理原理分析以上案例。如果你是企业老总，应该怎样做?

案例二

WY 大学后勤改革怎么办

近几年，中国的高等学校普遍进行后勤管理体制改革，共性的做法是将后勤职能社会化，即将学校的食堂、安全保卫、水电管理与维修、医院、基建维修等总务后勤工作剥离出去，由社会上的专业机构承担，以便能减轻学校过重的负担，集中资源用于教学、科研第一线，在专业化分工合作中实现学校与社会有关机构的“双赢”。沿海某市的 WY 大学，在充分考虑了学校实际和经过了充分准备下，决定采用一步到位的改革方案，在 2001 年一年内将后勤社会化改革完成。

一天早晨，后勤处张处长前脚踏进办公室，他的老部下——膳食科的胡科长后脚就来诉苦：“张处，我在学校干了那么多年，勤勤恳恳，任劳任怨，就算没有功劳也有苦劳啊，这食堂一承包出去，不就等于宣布我下岗了? 我实在想不通……”

刚送走胡科，保卫科安科长来了：“张处，保卫工作虽说不像教学科研那么重要，可责任重于泰山啊，再说学校哪像居民小区，那物业公司它能管得好?”

好不容易打发走安科，收发室王婆带着她那在绿化科工作的闺女找来了：“小张啊，我的命苦啊，老伴去得早，闺女身体又不太好，亏得学校照顾，安排我们俩工作。可现在搞什么‘社会化’，我们的日子可怎么过呀……”

……

张处自己也一肚子苦水：全处 200 多号人，不管是正式工还是临时工，他们大多都为学校工作过多年，与自己、与学校建立了深厚感情。社会化后只能保留 10 人左右，他们都是好人，有的甚至是学校的元老功臣。这叫我如何“社会化”呀? 大道理我都懂，可有时是“大道理好听，做起来没法啊”。

(资料来源：刘志坚，徐北妮．管理学——原理与案例．广州：华南理工大学出版社，2003. 29)

【分析与思考】

试用管理学原理解释以上案例，并给张处提些建议。

模块 2：模拟设计

【设计课目】

与管理者探讨管理原理

【实训目的】

通过与管理者的接触和沟通进一步了解他们在管理中所遇到的障碍，对管理实践中违反管理基本原理的做法有初步认识，探讨改进方法。

【实训内容】

（1）对管理实践中违反基本原理的做法加以分析。

（2）将管理原理通过与管理者的交流方式讲述出来。

【方法与要求】

（1）全班同学可以分组实施，预先搜集并向教师提供对方（管理者）的个人信息资料。

（2）教师将以上交谈对象的信息按其工作性质分类，给每一类交流对象确定一个交流重点。

【实训考核】

填写实训报告：

（1）交流对象基本状况（年龄、职业、职务、性格特点等）。

（2）交谈内容。

（3）学生对交流对象所谈内容的分析、所引用的管理学基本原理知识。

模块3：游戏：公司的氛围

【项目简介】

公司氛围决定着人们的沟通与合作状况。舒适健康的氛围有助于公司成员工作能力的正常发挥，而压抑、独裁的工作环境则不利于人们发挥创造性和能动性。本游戏有助于学生学习运用管理方法，提高管理技能。

人数：45人

时间：30分钟

场地：教室

用具：纸、笔

【训练步骤】

（1）将学生分成5人一组。每个小组准备好一些纸和笔，建议每个小组的人围成一圈坐在桌子旁。

（2）让他们分别列出10种最不受人欢迎和最受人欢迎的氛围，例如，放任、愤世嫉俗、独裁、平等、轻松等。

（3）将每个小组的答案公布于众，然后让他们分别解释选择这些答案的原因。

（4）最后大家讨论一下，什么样的公司氛围才最适合公司的发展。

（5）由教师带领学生讨论下列问题：

①理想的公司氛围反映了什么样的价值取向？

②你与你所属团队的意见是否相同？如果有相左的地方，你们是如何解决的？彼此应该怎样进行交流呢？

【训练要点】

（1）每个人理想中的公司氛围都反映了他的价值观和人生观，很难想象一个富有激情和活力的人会希望在一个机构冗杂、等级森严的公司中工作。同样，大家对于一个公司的共同设想就反映了这个公司的理念与价值。

（2）在小组讨论过程中，不同的人要扮演不同的角色，有些人更多地看重公司的文化气息，有些人则更多地看重公司的竞争精神……最后将大家的意见综合起来，就有可能形成一个有关公司氛围的全面建议。

（3）作为一个组员来说，要尊重别人的意见，积极贡献自己的点子，讲究沟通与合作，使得整个小组的利益最大化。

模块 4：参观走访

【走访对象】

工商企业经理或一位管理者

【课题】

管理方法的运用

【实训目的】

（1）通过与企业管理者和员工的接触，了解企业的管理章程、制度和一些具体的管理方法、手段。

（2）培养学生运用管理方法的能力。

【实训内容】

（1）听取企业对经济方法、法律方法、行政方法和思想教育方法的介绍。

（2）认真理解企业管理的有关书面文件、章程和各项内部管理制度。

（3）分析该企业管理者的管理方法运用是否恰当，并提出改进意见。

【实训组织】

（1）将班级同学按区域划分成几个小组，每个小组 3 ~ 5 人，选定一位沟通能力强的同学作为组长，并由组长拟定小组的实训方案。

（2）在走访企业前对学生进行培训，提醒他们在与企业成员交往过程中的注意事项。

（3）在走访过程中，组长要向指导教师反馈情况，指导教师帮助学生克服困难，顺利完成走访计划。

【实训考核】

（1）走访结束后，各小组上交一份走访报告，并由指导教师批阅。

（2）教师针对学生的走访内容完成情况给予打分，并记入积分卡。

模块 5：辩论

【题目】

管理本是权威的体现

【实训目的】

使学生了解掌握管理环境和管理原理，学会如何运用管理原理和方法，提升管理水平。

【实训内容】

（1）论述管理环境对管理的影响和作用。

（2）论述管理原理的应用。

（3）探讨如何运用管理方法与技巧。

【方法与要领】

（1）全班分正方与反方两组（每组各 5 人），也可分成若干小组配对，设定辩论场地和辩论议程。

（2）陈述。正方以行政管理方法等原理论述如何达到管理效果；反方运用诸多管理环境、管理原理和管理方法的有机结合，以人本原理等内容反驳正方，辩论时举例要鲜明生动。

（3）答辩。正反双方在辩论中既要回答对方的提问，也要向对方提出疑难问题，要求答辩。

（4）陈辞。正反双方各推荐一人进行归纳总结，举例要鲜明生动，既能证明本方观点正确，又能反驳对方观点，在规定时限内发言完毕。

（5）点评。邀请管理方面专家、老师对辩论情况进行讲评。

【成绩测评】

（1）正反双方要分别形成书面辩论资料，呈报老师或评委。

（2）综合点评意见，由教师或聘请企业管理者组成评委组评判辩论结果。

模块6：讨论题

1. 当局部与整体产生利益冲突时，人们为何常先想到局部利益？

2. 某厂规定，职工迟到就罚款，第一次迟到罚款20元，第二次迟到罚款30元。一次甲骑自行车上班途中摔伤，乙为送甲去医院而迟到，请问是否应当罚乙的款？

3. 2013年4月，据《新快报》报道，东莞一印刷公司制定厂规90多条，其中有70多条涉及罚款。如：未依规定穿厂服、佩戴厂证，工作时间闲聊、谈笑嬉戏等15项情形，记小过一次；周一早会迟到等16种情形记警告2次；提前等候打卡等20种情形记小过；进出厂不接受保安检查等26种情形记大过；盗窃财物等22种情形即时解雇或报公安机关处理。其中，警告罚款10元，记小过罚款30元，记大过罚款60元。请问：该公司制定以上规定是否合适？为什么？

【方法与要求】

（1）全班同学或模拟公司分成若干小组，每组6～8人。

（2）各组由模拟公司经理或组长主持，讨论时大家要认真联系本章理论与实训内容畅所欲言，人人发言。

（3）各组分别指定一人记录，讨论后进行归纳整理，形成集体讨论答案（约1 000字）送交老师批阅。

【成果验收】

老师对各组讨论答案批改后，将成绩记入小组积分。

第4章　计　划

◉学习要点

1. 计划概述
2. 计划种类
3. 计划工作的程序和方法
4. 目标和目标管理
5. 战略计划

◉学习目标

1. 理解计划的概念和特征
2. 了解计划的类型和内容
3. 理解计划编制的过程与步骤
4. 掌握编制计划的方法
5. 掌握目标管理及其特点
6. 掌握制订战略规划的基本步骤

◉关 键 词

计划　项目　预算　政策　程序　战略　目标　目标管理　战略计划

案例

宏远公司的发展之路

进入12月份以后，宏远实业发展有限公司（以下简称宏远公司）的总经理顾军一直在想着两件事：一是年终已到，应抽个时间开个会议，好好总结一下一年来的工作。今年外部环境发生了很大的变化，尽管公司想方设法拓展市场，但困难重重，好在公司经营比较灵活，苦苦挣扎，这一年总算摇摇晃晃走过来了，现在是该好好总结一下，看看问题到底在哪儿。二是该好好谋划一下明年怎么办。更远的该想想以后5年乃至以后10年怎么干。上个月顾总从事务堆里抽出身来，到淮海大学去听了两次关于现代企业管理的讲座，教授的精彩演讲对他触动很大。公司成立至今，转眼已有10多个年头了。10多年来，公司取得过很大的成就，这靠运气、靠机遇，当然也靠大家的努力。细细想来，公司的管理全靠经验，特别是靠顾总自己的经验，遇事都由顾总拍板，从来没有公司通盘的目标与计划，因而常常是干到哪儿是哪儿。可现在公司已发展到有几千万资产、300号人，再这样下去可不行了。顾总每想到这些，晚上都睡不着觉，到底该怎样制定公司的目标与计划呢？这正是最近顾总一直在苦苦思考的问题。

宏远公司是一家民营企业。15年前，顾氏三兄弟到了A市，决心用全家的积蓄800元钱创一番事业。他们收过破烂，贩过水果，打过短工。老大顾军经过观察和向人请教，发现A市的建筑业发展很快，建筑材料中的水泥、黄沙都很缺，决定做水泥生意。干了2年之后，他们已有一定的经济实力，便组织了一个工程队，到城里搞建筑。一晃15年过去了，当初贩运水泥起家的顾氏三兄弟，今天已是拥有几千万资产的宏远公司的老板了。公司现有一家贸易分公司、建筑装饰公司和一家房地产公司，有员工近300人。老大顾军当公司总经理，老二老三做副总经理，并分兼下属公司的经理。顾军妻子的叔叔任财务主管，他们表舅的大儿子任公司销售主管。总之，公司的主要职位都是家里人担任，顾军具有绝对权威。

顾军由于小时家里穷，只读完初中，当初到A市时只有24岁。他为人真诚，好交朋友，又吃苦耐劳。在他的带领下，宏远公司从无到有，从小到大，现在在A市已是大名鼎鼎了，特别是去年一下子拿出50万元捐给省里的贫困县建希望小学后，民营企业家顾军的名声更是非同凡响了。但顾军心里明白，公司这几年日子也不好过，特别是今年。建筑公司任务还可以，但由于成本上升，创利已不能与前几年同日而语了。况且建筑市场竞争日益加剧，公司的前景难以预料。贸易公司能勉强维持已是上上大吉了，今年做了两笔大生意，挣了点钱，其余的生意均没成功，况且仓库里还积压了不少货无法出手。贸易公司日子不好过，房地产公司的生意更是一年不如一年。当初刚开办房地产时，由于时机抓准了，仅两个楼盘，就着实赚了一大笔，这为公司的发展立了大功。可是好景不长，房地产市场疲软，生意越来越难做。好在顾总当机立断，微利或持平把积压的房屋作动迁房基本脱手了，要不后果真不堪设想。就是这样，现在还留着的几十套房子也把公司压得喘不过气来。

面对这些困难，顾总一直在想如何摆脱现在这种状况。发展的机会也不是没有。上个月在淮海大学听讲座时，顾军认识了A市的一家国有大公司的老总。交谈中顾总得知，这家公司正在寻求在非洲销售他们公司当家产品——小型柴油机的代理商，据说这种产品在非洲很有市场。这家公司的老总很想与宏远公司合作，利用民营企业的优势，去抢占非洲市场。顾军深感这是个机会，但该如何把握呢？10月1日顾总与市建委的一位处长在一起吃饭，这位老乡告诉他，市里正在规划从明年开始的江海路拓宽工程，江海路在A市就像上海的南京路，两边均是商店。借着这一机会，好多大商店都想扩建商厦，但苦于资金不够。这位老乡问顾军，有没有兴趣进军江海路，如想的话他可牵线搭桥。宏远公司的贸易公司早想进驻江海路了，但苦于没机会，现在机会来了，而且很诱人，但投入也不会少，怎么办？随着改革开放的深入，住房分配制度将有一个根本的变化，随着福利分房的结束，顾总想到房地产市场一定会逐步转暖。宏远公司的房地产已有一段时间没正常运作了，现在是不是该动了？

总之，摆在宏远公司老板顾军面前的困难很多，但机会也不少，新的一年到底该干些什么？怎么干？以后5年、10年又该如何干？这些问题一直盘旋在顾总的脑海中。

（资料来源：管理学原理学习网站，http：//www. gdin. edu. cn）

【分析与思考】

（1）宏远公司的发展面临什么问题？最需要解决什么问题？为什么？

（2）宏远公司是否应制定短、中、长期计划？为什么？

（3）如果你是顾总，你该如何编制公司发展计划？

计划职能是管理的首要职能。组织的一切工作都必须始于计划、终于计划，在统一计划的指导下开展活动。由于组织、领导和控制活动的管理目的在于促使组织目标的实现，所以计划工作要在其他管理职能之前进行。这是组织各项管理工作的共同基础，计划工作有其独特地位。

4.1 计划概述

计划是在科学预测的基础上为实现组织目标，对未来一定时期内的工作作出安排的活动，它包括对组织所拥有的和可能拥有的人力、物力、财力所进行的设计和谋划，找到一条合适的实现组织目标的途径。

计划工作有广义和狭义之分。广义的计划工作是指制订计划、执行计划和检查计划的执行情况三个阶段的工作过程；而狭义的计划工作则是指制订计划。

本书所说的计划工作概念是从狭义上讲的，就是根据组织内外部的实际情况，权衡客观需要的主观可能，通过科学的预测，提出在未来一定时间内组织所要达到的目标以及实现目标的方法和途径。计划工作就是预先决定做什么（what）、讨论为什么做（why）、确定何时做（when）、何地做（where）、谁来做（who）及如何做（how），即通常所说的“5W1H”。计划工作是事先选择预定目标的一种管理方法，表现出管理在创新方面的能力。

案例

陈华有计划吗

个体户陈华得知近来某高档啤酒销售的差价利润丰厚，就托关系以预付30%款项的方式向厂家批发了5 000箱。同时招了一批临时工以每瓶2角回扣的报酬组织促销队伍，并安排饮食店和宾馆代销。但因促销不力及市场变化等原因，2 000箱啤酒积压在库房。陈华的爱人骂他做事没有计划，他感到很委屈。

【分析与思考】

你认为陈华有计划吗？

4.1.1 计划的意义

计划工作是指导性、科学性和预见性很强的管理活动，同时也是一项复杂而困难的工作。计划工作对组织经营管理活动起着直接的指导作用。一个好的计划即科学性、准确性很强的计划，对于组织的工作将起到事半功倍的作用。计划工作的重要性主要表现在以下四个方面：

1. 有利于提高预见性

计划是面向未来的，而未来又是不确定的，无论是组织生存的环境还是组织自身都具有一定的不确定性和变化性。计划工作的重要性就在于如何适应未来的不确定性。因此需要周密细致地预测，制定相应的补救措施和随时检查计划的落实情况，遇到问题则须重新制定相应的计划措施。尽可能用对变化的深思熟虑的决策来代替草率的判断，从而面对变化也能变被动为主动，变不利为有利，减少变化带来的冲击。

2. 有利于管理者把注意力集中于目标

计划工作就组织的目标和途径作出事先的安排，可以使各方面的行动获得明确的指示，从而能够协调一致地按计划实现组织的目标。由于周密细致、全面的计划工作统一了部门之间的活动，可以使主管人员从日常的事务中解放出来，而将主要精力放到随时检查、修改、扩大计划上来，放在对未来不确定的确定上来。这既能保证计划的连续性，又能保证全面地实现奋斗目标。

3. 有利于更经济地进行管理

计划工作强调经营的效率和一贯性，能细致地组织经营活动，有利于改善组织运行的效率，是有效地、经济地组织经营管理活动的工具。组织在实现目标的过程中，各种活动也往往会出现不协调现象。良好的计划能通过设计好的协调一致、有条不紊的工作流程来避免上述现象的发生，使人力、物力、财力得到有效的利用，从而减少重复和浪费性的活动。事先拟订好计划并按计划行事是获得最佳工作绩效的保证。

4. 有利于控制

组织在实现目标的过程中离不开控制，而计划则是控制的基础和标准。未经计划的活动是无法控制的。控制活动就是通过纠正脱离计划的偏差来使活动保持既定的方向。如果没有既定的目标和规划作为衡量的尺度，管理者就无法检查组织目标的实现情况，也就无法实施控制。控制中几乎所有的标准都来自于计划。

4.1.2 计划的特征

1. 目的性

组织是通过精心安排的合作去实现目标而得以生存和发展的。计划工作旨在促使组织目标的实现。具体地说，计划工作首先就是确立目标；然后，使今后的行动集中于目标，并预测和确定哪些行动有利于达到目标，哪些行动不利于达到目标，从而指导今后的行动朝着目标的方向迈进。没有计划和目标的行动是盲目的行动。

2. 主导性

计划职能在管理职能中居首要地位。计划工作须在组织工作、人员配备、指导与领导工作和控制工作之前进行，是进行其他各项管理工作的基础，并贯穿于整个管理过程。管理人员必须制订计划，以了解需要什么样的组织结构，需要什么样的人员，按照什么样的方法去领导下属，以及采用什么样的控制方法，才能取得预期的目的。计划工作影响和贯穿于组织工作、领导工作和控制工作中。管理过程中的其他职能只有在计划工作确定了目标之后才能进行。没有计划工作，其他工作就无从谈起。

3. 普遍性

计划工作在各级管理人员的工作中是普遍存在的。不论哪一个层次的管理人员都必须对自己所属的任务范围进行有效的计划。一般来说，高层管理人员负责制定战略性计划，中低层管理人员负责制定战术性计划或生产作业计划。

4. 经济性

任何计划工作都是从效率的角度出发，找到合理利用资源的方案的过程。计划工作要讲究效率，要考虑投入与产出之间的比例。计划的效率是指对组织目标所作贡献扣除制定和执行计划所需要费用及其他因素后的总额。计划的效率不仅要考虑时间、资金的投入，体现在有形物上，还包括个人和集体的满意度这类无形的评价标准。如果一个计划能够达到目标，但在计划的实现过程中付出了较高的代价或者是不必要的代价，那么这个计划的效率就是很低的。所以，在制订计划时，要时时考虑计划的效率，不但要考虑经济方面的利益，而且还要考虑非经济方面的损耗。

4.1.3 计划的内容

计划的内容一般包括四个要素。

1. 目标

没有目标的计划是盲目的。计划的目标与决策的目标不同，决策的目标是管理活动的整体目标，规定着管理活动的发展方向，预示着管理活动所取得的最终成果。计划的目标是管理活动的分支目标，是计划的制订者依据管理系统内外的客观情况，将整体目标层层分解后所形成的。分支目标从属于整体目标，是整体目标实施的前提、措施和步骤。分支目标实施的效果应该能够导致整体目标的实现。因此，在制订计划前，要认真分析、研究工作现状，分解整体目标，根据整体目标的要求确定具体的工作目的，确定在一定的时间内所要取得的成果，所要采取的方式、方法和步骤。计划的目标要尽量明确、具体，以便管理者进行度量和控制。

2. 措施

计划的目标确定了以后，采取什么手段达到既定目标是编制计划的重要内容。措施就是指管理活动的参与者凭借一定的工具和手段，以一定的方式对管理对象发生作用。措施是否得当直接关系到计划的实施效果。

3. 步骤

计划的目标、措施确定了以后，还要对实施行动的程序和时间作出安排。程序是指完成工作任务的先后次序；时间是指实施行动的起止时间和每一阶段的时间划分。工作任务有轻重缓急之分，完成任务也有先后次序。完成任务的次序与完成任务的时间紧密相连，一般在规定了完成计划总的时限以后，还必须有每一阶段的时间要求，以便管理人员知道在一定的时间内，在一定的条件下，应该把工作做到什么程度，以争取主动，协调进行。要明确计划的部门、人员进行协调的内容，以求各部门之间相互配合、前后衔接，最大限度地发挥组织的结构功能。

4. 约束条件

计划的约束条件包括两方面的内容：一是约束组织成员的行为，提出在一定时间内完成一定工作任务的具体规定；二是一些惩罚性措施。约束条件里提出的组织成员在一定时间内完成工作任务的规定是实施计划的最低要求，如果这些要求实现不了就意味着计划落空。因此，为了保证计划目标的实现，还必须有一些惩罚性措施。惩罚性措施包括行政处罚、经济处罚等。除此之外，为了防止未来情况发生变化，在约束条件中还应提出对各种可能情况出现时进行斟酌取舍和处置的规范性标准，用以保障计划切实付诸实施。

案例

新星公司准备投资一个大型房地产项目。总经理徐先生责成策划部王达做一个完整的计划。王达加班加点于一个月后提出一个长达20页的项目计划书。在计划书中详细介绍了该项目的情况，包括项目的目标是什么、项目准备什么时候开始和结束、由什么部门负责、项目在哪里进行，以及项目具体的营运思路。

【分析与思考】

你认为这个计划书在哪些方面还不够完善？

4.2 计划的种类

计划的种类是各种各样的，可以按照不同的标准进行划分。各种类型的计划都是为实现组织目标服务的。这些计划相互依赖、相互作用。组织在制订计划时必须统筹考虑，全面安排，有效地利用各种功能计划，实现组织的总体目标。

4.2.1 按计划的表现形式分类

（1）目的或任务。组织的目的或任务，是社会对它们的基本要求，用以回答组织是干什么的和应该干什么的问题。例如，企业的目的一般来说，是生产、分配商品和服务。

（2）目标。目标是在目的或任务的指导下，提出的整个组织在一定时期内所要达到的具体成果。目标不仅是计划工作的终点，而且也是组织工作、人员配备、指导与领导以及控制等活动所要达到的结果。从确定目标起，到目标分解，直至形成一个目标网络，构成了计划。

（3）战略。战略是一个组织为全面实现目标而对主攻方面以及资源进行布置的总纲。它指导组织的全局和长远发展，并不是具体地说明如何实现目标，而是指明发展方向、重点和资源分配的优先次序。

（4）政策。政策是指组织在决策时或处理问题时指导及沟通思想活动的方针和一般规定。政策指明了组织活动的方向和范围，以及鼓励什么和限制什么，以保证行动同目标一致，并有助于目标的实现。正常情况下，各级组织都有政策，从公司的重大政策，部门的主要政策，到适用于最小部门的组织的小政策。在制定和执行政策时，必须保持政策的一致性和整体化，以实现组织的目标。

（5）程序。程序是制订处理未来活动的一种必需方法的计划。程序是按时间顺序对必要的活动进行的排列，它规定了处理那些重复发生的例行问题的方法、步骤。程序详细地说明完成某种活动的办事手续，是为确保政策的落实而制定的。组织的每个部门都有程序，在基层，程序变得更加具体化和数量化。程序是行动指南，管理部门规定出完成日常工作的最佳方法，就能够更有效地完成很多例行工作。

（6）规则。规则是一种简单形式的计划。它是对具体场合和具体情况下，允许或不允许采取某种特定行动的规定，反映一种必须或无须采取某种行动的管理决策，没有酌情处理的余地。在通常情况下，一系列规则的总和构成程序。但规则是指导行动，而不说明时间顺序。一条规则可能是，或可能不是程序的组成部分。例如，“禁止吸烟”是一条规则，但和程序并没有任何联系。

（7）规划。规划是一种综合性的计划，它包括目标、政策、程序、规则、任务分配、要采取的步骤、要使用的资源，以及为完成既定行动方针所需的其他因素。在通常情况下，规划都有预算支持。一个主要规划还可能需要很多支持计划。

（8）预算。预算是数字化了的计划。它是控制组织经营活动不可缺少的内容，是使组织的各级计划协调统一的重要手段。因为预算是采用数字形式的，所以要求制订计划一定要精确。此外，由于预算通常是为全公司而编制的，所以编制预算是巩固企业计划的一种重要方法。

4.2.2 按计划期限的长短分类

按计划所涉及的时间分类，可分为短期、中期和长期计划。一年以下可以完成的计划称为短期计划，通常是指年度计划。它是根据中长期计划规定的目标和当前的实际情况，对计划年度的各项活动所作出的总体安排。一年以上五年以下可以完成的计划称为中期计划。五年以上可以完成的计划称为长期计划。当然，这三种计划的时间划分不是绝对的，会因组织的规模和目标的特性而有所不同。

长期计划对应于战略计划，描述了组织在较长时期内的发展方向和方针，规定了组织的各个部门在较长的时期内从事活动应达到的目标和要求，绘制了组织的长期发展的蓝图。由于在未来较长的时间内不确定因素较多，长期计划一般都比较抽象，计划方案也比较有弹性。它一般以综合性指标和重大项目为主。

中期计划主要起衔接长期计划和短期计划的作用，按照长期计划的内容和预测到的具体条件变化进行编制，又为短期计划的编制提供了基本框架。

短期计划比中期计划更为详细具体，更具可操作性。它以年度计划为主要形式，规定了各部门在短期内应达到的要求，为组织成员在近期内的活动提供依据，保证了中、长期计划的实际落实。

长期计划影响组织的能力，中、短期计划影响组织活动的效率及生存能力。这三种计划相互衔接，反映事物发展在时间上的连续性。

4.2.3 按计划制定的层次分类

根据计划制定者所处的管理层次的不同，可将计划分为战略计划、战术计划和作业计划。

战略计划是关于组织长远发展方向、基本目标的计划。它是由高层管理人员制定的。战略计划事关全局，影响长远，趋向于包含持久的时间和覆盖较宽的领域。它构成整个组织的战略构思和长时期的行动纲领。战略计划一般只规定组织总的发展方向、基本策略和具有指导性的政策、方针，而不规定具体的细节。

战术计划是战略计划的实施计划，是关于总体目标如何实现、组织活动如何具体运作的计划。它是由中层管理人员制定，下达到有关基层执行并负责检查的计划。战术计划一般是局部性、阶段性的计划，它多用于指导组织内部某些部门的共同行动，以完成某些具体任务，实现某些具体的阶段性目标。

作业计划是战术计划的具体执行计划，它是由基层管理人员制定、颁布和负责检查的计划。作业计划为各种作业活动制定详细具体的规定，它构成组织成员具体行动的说明书，是实际执行和现场控制的依据。作业计划的影响范围和影响程度较小，趋向于覆盖较短的时间间隔，月度计划、周计划、日计划等就属于作业计划。

战略计划、战术计划和作业计划，强调的是组织纵向层次的指导和衔接。三类计划对组织整体活动的影响范围和影响程度是不同的，战略计划对战术计划和作业计划具有指导作用，而战术计划和作业计划的实施能够确保战略计划的实施。

4.2.4 按计划所涉及的内容分类

按计划所涉及的内容分类，可分为综合计划和专项计划。

综合计划是指对组织活动所作出的整体安排，是具有多个目标和多方面内容的计划。综合计划涉及的对象比较广泛，关联到整个组织和组织中的许多方面。在编制综合计划时，要进行多方位、多角度思考，分清主要目标和次要目标的关系，分清各项工作任务的轻重缓急，为专项计划的编制提供标准和依据。

专项计划是限于指定范围内的计划，也可以是指为完成某一特定任务而拟定的计划。例如按企业的管理工作分类，有生产、财务、市场人员培训等计划。专项计划的内容专业性较强、目标比较明确。这类计划的技术和方法，是各类专项管理所要研究的内容。综合计划与专项计划的关系是整体与局部的关系，专项计划是综合计划的进一步分解和落实，专项计划必须以综合计划为指导。

4.2.5 按计划的约束力分类

按照计划对执行者的约束力来划分，可分为指令性计划与指导性计划。

指令性计划是由上级部门下达的具有行政约束力的计划。它具有强制性、权威性、行政性和间接性的特点。指令性计划一经下达，计划执行单位必须坚决遵照执行，并尽一切努力保证完成计划。同时上级部门对于完成指令性计划所需要的人力、物资、资金等也要给予充分的保障，为完成指令性计划创造必要的条件。由于下级部门对指令性计划没有选择的余地，因此，指令性计划的范围不能过宽。

指导性计划是由上级主管部门下达的起导向作用的计划。它具有参考性、灵活性和调节性的特点。指导性计划下达以后，各单位可以根据本单位的实际情况，决定可否按指导性计划工作。这种计划不是采取行政命令的方式强迫下级单位执行，而是一种弹性的控制方法。为了促使计划执行部门按照指导性计划进行工作，上级部门通过采用价格、税收、金融信贷等经济杠杆来进行调节，对完成指导性计划任务的给予某种优惠待遇。此外，上级计划制定部门还可以通过其他诱导方式鼓励下级部门执行指导性计划。

在市场经济条件下，国家社会经济的发展既离不开指令性计划，也离不开指导性计划。两种计划形式在不同的范围内发挥不同的作用。一般而言，在宏观经济管理中，计划起战略性、调节性、政策性作用，可以多运用指导性计划。在企业微观经济管理中，计划起指挥性、强制性的作用，可以多运用指令性计划。

4.3 计划工作的程序和方法

4.3.1 计划工作的程序

计划职能是管理的最基本职能。计划是行动之前的安排，因此计划是计划工作的结果，计划工作则是制订计划的过程。计划工作是一种连续不断的循环，基本上都需要遵循以下八个步骤：

1. 估量机会

估量机会是对将来可能出现的机会加以估计。严格地讲，估量机会不是计划工作过程的一个组成部分，但却是计划工作的真正起点，在估量机会的基础上，确定可行性目标。

2. 确定目标

计划工作的第一步是在估量机会的基础上为组织及其所属的下级单位确定计划工作的目标，即组织在一定时期内所要达到的效果。确定目标通常包括：指导资源最合理的分配；充分发挥全体职工的积极性和潜力；达到经营活动的最佳效果；促进组织内部团结一致；对外享有良好的声誉。

3. 确定前提

计划工作的第二步是确定前提，并加以宣传。前提是指计划工作的假定条件，即执行计划时的预期环境。预期环境是靠预测得来的，预测的范围应尽量广泛。计划前提的确定应该选择那些对计划工作具有关键性的、战略意义的，对计划执行情况最有影响的因素。

4. 确定可供选择的方案

一个计划往往同时有几个可供选择的方案，要将可供选择的方案的数量逐步减少，对一些最有希望的方案进行分析。

5. 评价各种方案

按照前提和目标来权衡各种因素，以此对各个方案进行评价。

6. 选择方案

选择方案就是选择行为过程，正式通过方案，这是进行决策的关键。

7. 制订派生计划

派生计划是总计划下的分计划，是主计划的基础，只有派生计划完成了，主计划才有保证。

8. 用预算形式使计划数字化

通过数字来大体反映整个计划。预算可以成为汇总各种计划的工具，是衡量计划工作进度的重要标准。

4.3.2 编制计划的方法

1. 滚动计划法

滚动计划是保证计划在执行的过程中能够根据情况变化适时修正和调整的一种现代计划方法。它既适用于长期计划，又适用于短期计划。滚动计划的基本做法是制定好组织在一个时期内的行动计划后，在执行的过程中根据内外条件的变化定期加以修改，令计划不断延伸，不断向前。比如，年度计划每个季度编制一次，每次向后滚动一次；五年计划每年编制一次，每年向后滚动一年，使短期计划、中期计划和长期计划有机结合起来，如图 4－1 所示。

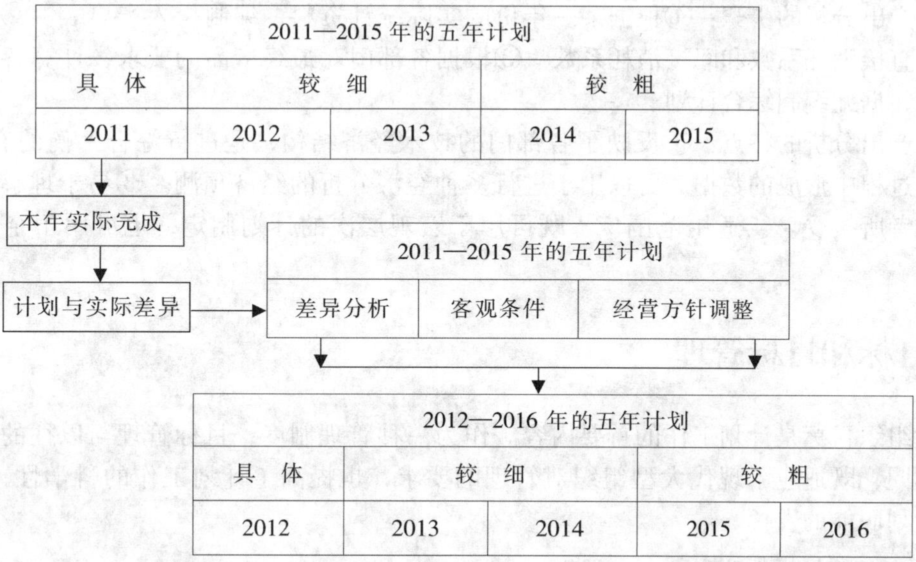

图 4－1　滚动计划法图示

滚动计划的特点：①计划分为若干个执行期，其中近期行动计划编制得较为详细，远期计划编制得比较粗略。②在计划执行的一定时期，根据内外环境的变化，对计划进行调整。③滚动计划是一个动态过程，避免了计划的凝固化，提高了计划的适应性及对实际工作的指导性。

2. 网络计划技术

网络计划技术是20世纪50年代由美国科学家首先开发的一种系统分析技术，又称为关键路线法、统筹法。这种技术是把工程项目当作一个系统，用网络图、表格或矩阵来表示各项具体工作的先后顺序和相互关系，以时间为中心，找出从开工到完工所需时间最长的关键线路，并围绕关键线路对系统进行统筹规划、合理安排以及对各项工作的完成进度进行严密控制，以达到用最少的时间和资源消耗来完成系统预定目标的一种计划与控制方法。它的一般方法是：首先，应用网络图表达计划中各项工作的先后顺序和相互关系；其次，通过计算找出计划中的关键工序和关键路线；然后，通过不断改善网络图的方法，选择最优方案，并在计划执行过程中进行有效的控制，保证取得最佳的经济效益。网络计划的优化，就是通过利用时差，不断改善网络计划的最初方案，在满足既定的条件下，获得周期最短、成本最低，对资源最有效利用的方案。这种计划方法特别适用于大型项目的优化安排。

3. 线性规划

在目标已定，资源有限的情况下，可以用线性规划的方法来确定计划。首先，确定一个目标，比如，利润最大、成本最小、产量最大等，这个目标就是目标函数；其次，确定可用资源，比如，多少台设备、多少原料、多少劳动工时等；然后，根据各种产品的资源消耗定额和产量定额，确定约束条件；最后，把目标函数、资源条件、产量定额、资源消耗定额之间的数量关系用方程式表示，就形成了线性规划的数学模型。

4. 投入产出分析

投入产出分析是20世纪40年代由美国经济学家里昂惕夫首先提出的。它的主要依据是各部门经济活动的投入与产出之间的数量关系。投入就是将人力、物力投入生产过程，在其中被消耗，这是生产性消费。产出就是生产出一定数量和种类的产品。

投入产出分析的步骤：①根据某一年份的实际统计资料，编制投入产出表。②计算各部门之间的直接消耗系数和间接消耗系数。③根据各部门对最终产品的要求，计算各部门应达到的状况，据此编制综合计划。

投入产出分析的特点：①反映了各部门的技术经济结构，是进行综合平衡的有效工具。②在编制过程中形成的数据，可以用于进行多种经济分析的经济预测。③易于理解，易于为计划工作者所接受。④适用范围广，既可用于宏观层次的计划制定，也可用于企业的计划安排。

4.4 目标和目标管理

确立组织目标是计划工作的首要内容。作为一种管理制度，目标管理与以往的任务管理有很大不同，既适应了现代大型组织对管理的要求，也提高了计划工作的科学性、有效性，保证了计划职能的发挥。

4.4.1　目标

案例

父子打猎

有一位父亲带着三个孩子，到沙漠去猎杀骆驼。他们到了目的地。父亲问老大："你看到了什么?"老大回答："我看到了猎枪，还有骆驼，还有一望无际的沙漠。"父亲摇摇头说："不对。"父亲以同样的问题问老二。老二回答说："我看见了爸爸、大哥、弟弟、猎枪，还有沙漠。"父亲又摇摇头说："不对。"父亲又以同样的问题问老三。老三回答："我只看到了骆驼。"父亲高兴地说："你答对了。"

1. 目标的概念和作用

目标是根据组织宗旨而提出的，是组织在一定时间内要达到的预期成果。这种成果不仅是个人而且是小组甚至是整个组织努力的结果。目标是组织行动的出发点和归宿。目标为管理决策指明了方向，并同时作为标准用来衡量实际的绩效。

目标具有四个方面的作用：①目标的导向作用。目标的首要作用是为组织指明管理工作的方向。一个组织如果没有明确的目标，就无法有效地协调资源，为追求共同的目标而奋斗。②目标的激励作用。当组织的目标充分体现了组织成员的共同利益，并与每个成员的个人利益很好地结合在一起时，就会极大地激发组织成员的工作热情和首创精神。③目标的标准作用。管理的目的在于促进组织成员取得工作成效，而工作成效是以目标达到的程度为标准加以衡量的，没有目标就无法衡量工作是否取得了成效及成效的大小。④目标的基础作用。目标是管理的基础。通过目标管理可以克服和避免管理上的混乱。

2. 组织目标的特点

（1）层次性。层次性指组织目标从上到下可分为多个等级层次，从而形成一个有层次的体系。目标的层次性与组织的层次性密切相关。一般而言，下层目标是由上层目标派生出来的，是实现上层目标的前提和保证。上层目标一般较为模糊，而下层目标则相当具体。

（2）系统性。系统性指组织的各种目标之间构成一种比较复杂的网络系统，不同目标之间都有直接或间接的联系，相辅相成。这就要求在制定目标时，必须使构成网络的各个具体目标之间保持协调。

（3）多样性。一个组织的目标是多元化的。组织目标的多样性既表现在目标的数量上，也表现在目标分属于不同的领域和不同的利益主体上，各个部门、单位都有目标。例如，厂长的主要目标是按照生产计划生产出一定质量、数量的产品，但同时他也有降低生产成本、维护机器设备、控制存货、培训工人等方面的目标。

为了提高工作效率，管理者对目标的数量应该有所限制，减少目标的数量可考虑以下三种办法：一是去掉不必要的目标；二是把次要目标改为约束条件；三是将几项目标结合形成一个综合目标。同时，应给重要性最大的目标优先分配资源，以使组织的资源和注意力能够集中在几个主要的方向上。因此，管理者必须经常检查，调节工作重点，保持各项目标之间的平衡。

3. 目标的原则

为了保证目标的作用得到发挥，需要遵循下列原则：

（1）目标必须预先确定。目标是组织希望实现的预期效果。有了明确而具体的目标，才能够有统一的计划，才能够使有关部门和人员以目标为依据协调配合。

（2）目标必须体现组织的宗旨与使命。目标是实现组织宗旨与使命的手段，只有实现目标，才有可能实现组织的宗旨与使命。

（3）目标必须落实。目标的落实包括：第一，目标必须能够分解，要转化为具体的工作安排。第二，目标必须可以考核。目标是衡量工作成绩和贡献的标准，必须明确衡量目标达到程度的具体标准，不应使用含糊笼统的目标。第三，目标必须规定完成的时限。目标是组织希望实现的预期效果，指明目标实现的时间有助于拟订相应的行动计划。

4.4.2 目标管理的概念

目标管理是指通过让组织的成员亲自参加工作目标的制定来实现自我控制，并努力完成工作目标的管理制度或者方法。它把以目标实现为前提的管理转化成以目标为控制手段的管理，这种管理制度由于有了明确的目标作为对组织成员工作成果的考核标准，从而使对组织成员的评价和奖励做到更客观、更合理，因而可以大大激发他们为完成组织目标而努力。目标管理自 1954 年首先提出后，被广泛运用于企业、学校、政府、医院等各种组织中，取得了良好效果。

目标管理具有四个方面的特点：①目标管理是参与管理的一种形式。②目标管理强调组织成员的自我控制。③目标管理是一种系统的、整体的管理方法。④目标管理是一种重视成果的管理方法。目标管理在形式上表现为以目标为中心，它要求把管理的重点转移到目标上去，即转移到行动的目的上去，而不是行动本身。目标管理在性质上则是一种体现了系统性和以人为中心的主动的管理。

4.4.3 目标管理的过程

1. 组织总目标的设定

这是实施目标管理的第一阶段。传统的目标设定方法是一种自上而下的目标制定法，把中下层管理人员、管理员工排除在目标制定之外。目标管理强调吸收全体员工一起参与目标制定，把任务体系转化为目标体系，组织通过目标体系成为一个有机整体。其目标转化过程既是自上而下的，也是自下而上的。

2. 组织总目标的展开

将已设定的总目标按照组织结构进行纵向与横向的分解是目标管理过程中最为关键的一个环节。首先，将组织总目标按组织体系层次和部门逐步下达、展开，直至每一个组织成员。其次，组织体系中的每个层次、每个部门、每个成员均可以根据自身分工和职责的要求，结合初步下达的目标进行思考分析，进行修订。最后，组织将自下而上的目标与下达的初步目标比较，经过上下的反复修订，直至上下意见达成一致，最终将组织总目标分解成一个目标体系。让具体化展开的组织目标成为组织每个成员、每个部门行动的方向，成为有效的激励机制和绩效评价标准。

3. 目标的实施与检查

目标的实施，一方面依靠全体员工的自主管理、自我控制，即由执行人主动地、创造性地工作，并以目标为依据，不断检查对比、分析问题、采取措施、纠正偏差；另一方面，还需要管理者在目标实施过程中进行检查和监督。检查可采用自检、互检和责成专门部门进行检查的方式。检查的类型有抽查、定期检查、不定期检查、经常性检查等。

4. 目标成果评价

成果评价是一个目标管理周期的结束，也是下一个周期的开始。成果评价的作用在于对下属的实际成果予以正确的评价和公平的考核。因此，这一阶段主要应做好两方面的工作：一是对目标执行者的工作成果进行考核，并决定奖惩；二是总结经验教训，把成功的经验、好的做法固定下来，并加以完善，使之科学化、系统化、标准化、制度化，对不足之处要分析原因，采取措施加以改进，从而为下一个循环打好基础。

4.4.4 目标管理的评价

目标管理作为一种管理方式和其他管理方式一样，既有优点也有不足。组织管理者应当根据组织行为特点和外部环境适时运用。

1. 目标管理优点

（1）形成激励。在组织管理中，当目标成为组织每个层次、每个部门和每个成员的预期结果，且实现的可能性相当大时，目标就成为组织成员的内在激励，效果显著。

（2）有效管理。目标管理的特点是注重成果。当组织各层次、部门、成员的目标完成时，组织总目标也就实现了。在目标管理中，只确定分解目标，但不确定实现目标的方式、手段，等于给予成员一个创新的空间，从而可以提高组织效率。

（3）明确任务。目标管理使管理人员及成员都明确组织总目标、组织分工与合作以及各自的任务，促使管理者采取分权的管理方式。

（4）自我管理。目标管理是以人为本，以目标实现为宗旨，把个人需求、个人目标和组织目标结合起来，是一种参与的、民主的、自我管理的制度。

（5）控制有效。在目标分解之后，各层次、部门、成员都有明确的可考核的目标，高层管理者经常检查、评比，及时纠正偏差。这种以自我控制为主的运作方式取代上级统一支配的运作方式，控制更加有效。

2. 目标管理的不足

（1）强调短期目标，易于诱发短期行为。

（2）目标设置比较困难。

（3）缺乏灵活性。

（4）目标管理不注重过程，忽视对目标实施手段的控制。

案例

邯郸钢铁公司的成本目标管理

邯郸钢铁公司 1958 年建厂，在国内钢铁厂中属中等规模。1998 年钢铁行业的企业利润排名，邯钢以盈利 5 亿元，仅次于上海宝钢，排第二位。邯钢为什么能取得如此骄人的业绩？这主要得益于它的“模拟市场核算，实施成本目标管理”的改革。此项改革被称为“邯钢经验”，并于 20 世纪 90 年代在中国企业界被广为推广。

邯钢经验的核心是成本意识，那么，邯钢又是怎样抓成本的呢？

总结邯钢经验可以发现，邯钢是从市场入手来确定管理目标的。企业中常有下式：

成本＋利润＝价格

这是一种以生产为中心的定价模式。邯钢则将上式变为：

利润＝价格－成本

这是具有市场意识的成本观，它认为，价格不是企业能定的。只有通过市场才能把握价格。要想获得更大利润，必须在降低成本上下功夫，此时，成本成为最重要的目标了，特别是对于技术水平相当、产品同质性较大的国内传统钢铁公司来说。

确定企业的管理目标——成本管理后，邯钢主动走向市场，开始在企业内部实行模拟市场核算，将企业内部核算的计划价格一律改为市场价格，并根据市场上产品的售价和采购原料的市场价格来计算成本核算和目标利润。

企业的总目标一旦确定，邯钢就开始用“倒推”方式分解总的目标成本。从产品在市场上被接受的价格开始，一个工序一个工序分析其成本，从后往前推，直到原材料采购。在分解成本目标时，邯钢领导层强调降低成本是企业上至厂长、下至每一个员工的事，每一个人都要分担成本指标。公司规定，厂里没指标（成本控制）的没奖金。这样一来，就从根本上保证了企业的总目标分解成一个具体、明确的成本指标体系，实行全员、全过程的成本目标管理。

在实行目标管理过程中，邯钢在全厂反复动员、统一思想，而且制定了一系列成本管理制度，特别是成本否决制，即若完不成成本指标，其他工作干得再好，也要否决全部奖金。同时，邯钢还将业绩考核与成本指标的完成情况挂钩，真正做到了全厂工作以目标成本管理为核心。

（资料来源：刘志坚，徐北妮．管理学——原理与案例．广州：华南理工大学出版社，2003. 108～109，稍有改动）

4.5 战略计划

战略计划是组织基本的计划，是其他一切计划的制订依据。战略计划也是组织重要的计划，战略决策的正确与否，可以影响一个组织的盛衰存亡。高度动态的外部环境使战略计划在组织中的地位变得日益重要。

4.5.1 战略计划的概念

“战略”一词源于军事上的术语，原指对战争全局的筹划和指导。随着社会的不断发展，人类社会的政治、经济、社会、文化、教育、科学等各个方面都被纳入战略管理的范畴。因此战略可以进一步解释为泛指重大的、具有全局性的或决定全局的谋划。战略计划是指具有全局性、长远性和根本性的重大谋划。它是着眼于组织长期宗旨的实现而作出的长远规划，反映了一个组织在一个较长时期内所要达到的主要目标和实现这些目标的主要措施、部署和步骤的设想。

战略计划可以使管理者取得这样一种优势：顺应客观规律和客观形势的发展，捕捉住环境所提供的机会，把力量使用到适当的地方，从而使管理者从穷于应付局面、应付未来的被动地位，逐步转变为可以从容开拓局面、创造未来的主动地位。因此，制定战略计划是组织管理工作的头等大事。具体地说，战略计划的重要性表现为以下四个方面：第一，战略目标的提出是组织长期稳定发展的保证。第二，战略评价是把组织行为导向正确方向的保证。第三，战略预测是成功地实现组织目标的保证。第四，战略规划可以促进组织结构合理化。

4.5.2 战略计划的特点

1. 全局性

战略计划是以组织为对象，根据组织总体的发展需要而制定的。它追求的是组织发展的整体效果，影响到组织内部的各项职能和各项事业，是由高层管理者作出的重大决策。

2. 长远性

战略计划是对组织未来一定时期内生存和发展的统筹谋划，它着眼于组织的长远发展，追求的是组织的长期利益。

3. 纲领性

战略计划规定的是组织总体的长远目标和发展方向，以及实现目标的基本方针、重大措施和步骤。这些内容一般带有原则性规定的特点，涉及资源的调配和使用，具有行动纲领的意义。

4. 相对稳定性

战略计划规定了组织较长时期的发展目标，具有长远性，只要战略实施的环境未发生重大变化，战略计划中所确定的战略目标、战略方针、战略步骤等就应保持相对稳定。这种稳定性是由组织具有连贯性的长期行为方式决定的。

5. 创新性

战略计划是对组织未来发展的规划，而战略实施的环境总是处于不确定的、变幻莫测的趋势中，并不可避免地面临与竞争对手的抗争。因此，区别于传统的年度计划和长期计划，战略计划只有更为强调创新和变革，才能保持与环境的适应性和对突发环境变化的应对能力，以获取竞争优势。

4.5.3 战略计划的层次

战略计划通常分为三个层次：总体战略计划、事业层战略计划、职能层战略计划。

（1）总体战略计划是一个组织的整体的全局性战略计划，它主要说明组织经营的主要方向。总体战略计划在公司组织中就是公司层战略计划。总体战略计划的主要内容有：本组织的工作业务范围、资源部署以及有关全局性的方针和原则。总体战略计划一般要求具有远见性和创造性。如组织业务如何组合、各种业务的地位、竞争优势和选择、资金的筹集和调配等。

（2）事业层战略计划主要考虑的是如何在某个业务范围内支持总体战略的实现。它更多地考虑如何树立该事业的竞争优势。在总战略计划对该事业的地位认定以后，更进一步细化使之成为更为明确的该经营事业的目标和策略。比如，产品、服务对象的定位，自己所具有的竞争优势等。对企业来说，则应包括产品结构、销售区域、销售渠道、成本和盈利水平等方面的决策。这个层次的战略由事业单位主管制定，由组织最高管理层审查批准。

（3）职能层战略计划包括各职能领域策略，如企业的街道、营销、财务、人力资源、研究与开发等。制定职能层战略计划的目的是明确职能部门怎样支撑事业层战略计划。它必须以总体战略计划和事业层战略计划为依据，在各自的职能领域形成特定的竞争优势，以实施整个组织的战略规划。如人事战略计划、公共关系战略计划、营销战略计划等。职能层次的战略通常由职能部门的主管制定，由事业单位主管审查批准。

上述三个层次的战略的协调对增强整体效果具有关键性意义。事业层次的战略若获得职能层次战略支持，力量就会增强；同样，公司层次的战略若得到事业层次战略支持，则可以取得更大的效果。因此，三个层次的战略必须密切配合。

4.5.4 战略计划工作的程序

战略计划工作的程序包括如下步骤：

（1）确定目标。由于目标选择会占用组织大量资源，并影响组织许多其他活动，因此这是一个关键步骤。

（2）识别现行战略。这一步是分析组织的现行战略与组织的使命和目标是否一致。如果组织的使命和目标在目标确定过程中发生了重大改变，或者组织的使命和目标采用现行战略无法达到，重新识别组织的战略就很有必要。

（3）环境分析。环境分析的目的，是要识别出一般环境的变化对组织的间接影响，以及任务环境的变化对组织的直接影响。环境因素变化的早期识别是环境分析获得成功的关键。

（4）资源分析。资源分析主要是分析组织在生产、营销、财务、技术和管理等方面的现状或能力。资源分析的目的是识别组织在生产、营销、财务、技术和管理等方面区别于其他竞争者的优势和劣势。

（5）战略机会与威胁的识别。战略识别、环境分析和资源分析都是为决定组织的机会和面对的威胁提供依据的。机会是指有助于组织达到战略目标的环境特征。威胁则是指妨碍组织达到战略目标的环境特征。即使面对相同的环境，对于一个组织来说属于机会，也许对另一个组织来说则是威胁。

（6）确定战略改变的程度。通过资源和环境分析，可以预测出继续执行现行战略的结果。根据预测结果，管理者可以决定是否修改战略。

（7）战略决策。如果需要改变战略来缩小绩效差距，那么第七步就是制定新的战略计划。

（8）战略贯彻。战略一旦决定就必须贯彻，即落实到组织的经营活动中去。即使是最高明、最富有创造性的战略，它也必须转化为能够行动的计划，才能得到有效的贯彻，否则不会对组织有任何益处。

（9）战略控制。在战略贯彻的过程中，管理者必须定期或在关键阶段检查战略的执行进度，了解战略是否按计划贯彻执行。加强战略控制才能达到预期的结果。

本章实训与练习模块

实训目标：通过对本章理论知识的实训操练，使学生掌握计划制定的基本技能，应用所学的计划知识编制有关组织的计划书；学会目标管理的应用。

模块1：案例分析与思考

【实训目的】

掌握计划的过程与步骤，增强学生正确组织计划的能力。同时，使学生学会对目标管理的评价和应用。

【实训要求】

以模拟公司组织讨论，认真分析与思考，充分发表本人对该公司计划决策和实施目标管理的意见，努力做到观点鲜明，说服力强。

案例一

关于A公司的目标管理

A公司自从2002年7月份开始实行目标管理，当时属于试行阶段，后来人力资源部由于人员的不断变动，这种试行也就成了不成文的规定执行至今，到现在已经运行了将近一年的时间。应该说执行的过程并不是很顺利，因为每个月目标管理卡的填写或制作似乎成了各个部门经理的任务或者说是累赘，总感觉占了他们大部分的时间或者说是浪费了他们的许多时间。每个月都是由办公室督促大家写目标管理卡。除此之外就是一些部门，例如财务部门的工作每个月的常规项目占据所有工作的90%，目标管理卡的内容重复性特别大；另外一些行政部门的工作临时性的特别多，每一个月之前很难确定它们的目标管理卡……

A公司的目标管理按如下几个步骤执行：

一、目标的制定

1. 总目标的确定。

前一财年末公司总经理在职工大会上作总结报告时向全体职工讲明下一财年的大体的工作目标。财年初的部门经理会议上总经理和副总经理、各部门经理讨论协商确定该财年的目标。

2. 部门目标的制定。

每个部门在前一个月的25日之前确定下一个月的工作目标，并以目标管理卡的形式报告给总经理，总经理办公室留存一份，本部门留存一份。目标分别为各个工作的权重以及完成的质量与效率，由权重、质量和效率共同决定。最后由总经理审批，经批阅以后方可作为部门的工作最后得分。

3. 目标的分解。

各个部门的目标确定以后，由部门经理根据部门内部的具体的岗位职责以及内部分工协作情况进行分配。

二、目标的实施

目标的实施过程主要采用监督、督促并协调的方式，每个月月中由总经理办公室主任与人力资源部绩效主管共同或是分别到各个部门询问或是了解目标进行的情况，直接与各部门的负责人沟通，在这个过程中了解到哪些项目进行到什么地步，哪些项目没有按规定的时间、质量完成，为什么没有完成，并督促其完成项目。

三、目标结果的评定与运用

1. 目标管理卡首先由各部门的负责人自评，自评过程受人力资源部与办公室的监督，最后报总经理审批，总经理根据每个月各部门的工作情况，对目标管理卡进行相应的调整以及自评的调整。

2. 目标管理卡最后以考评得分的形式作为部门负责人的月考评分数，部门员工的月考评分数的一部分来源于部门目标管理卡。这些考评分数作为月工资发放的主要依据之一。

虽然目标管理卡如此重要，但是，最近部门领导人大多数反映不愿意每个月填写目标管理卡，认为这没有必要，不过，在执行过程中，部门员工能够了解到本月自己应该完成的项目，而且每一个项目应该做到什么样的程度才是最完美的。在最近的一次与部门员工的座谈中还了解到有的部门员工对本部门的目标管理卡不是很明确，其中的原因主要就是部门的办公环境不允许把目标管理卡张贴出来（个别的部门），如果领导每个月不对本部门员工解释明白，他们根本就不知道他们的工作目标是什么，只是每个月领导叫干什么就干什么，显得很被动……可是部门领导如今不愿意做目标管理这一块，而且有一定数目的员工也不明白目标管理分解到他们那里的具体任务应该是什么。

目前人力资源部的人数有限，而且各司其职。面对以上存在的问题，人力资源部应该怎样处理？

（资料来源：http：//202.115.21.138/wlxt/ncourse/glxyl/web/wlkt）

【分析与思考】

（1）A公司的目标管理总体上存在哪些问题？

（2）既然财务、市场、行政等部门在工作内容、方式方面大不相同，那该如何针对不同部门的职能特点设计目标管理卡？

（3）显然A公司的部门管理者不支持目标管理，为什么会出现这样的问题？如何让各部门的管理者意识到目标管理的重要性和必要性？

（4）为什么会出现“员工不知道他们的工作目标是什么，领导叫干什么就干什么”的情况？这个问题如何解决？

模块2：模拟设计

【设计课目】

模拟分析一份企业计划

【实训目的】

通过各种途径获取一份企业计划，在分析计划书的过程中，理解计划的分类，领会计划制订的方法，并与目标管理知识相联系，整理出支持本计划的目标。

【实训内容】

（1）与相关企业管理人员沟通，获取计划书一份。

（2）了解制订本计划的相关背景及实施情况。

（3）参照教材中的计划工作理论并应用其进行分析。

【方法与要求】

（1）由学生多渠道联系相关企业，获取计划书（可以是父母、同学、亲戚的单位，尽量获取近期计划）。

（2）将同学们搜集到的计划进行分类，以此分组进行讨论，讨论这些计划是由哪些部门制订的，制订的程序如何。认真评价计划的优缺点，并将讨论过程及分析结果做好记录。

【实训考核】

（1）每个小组上交一份计划讨论记录，由老师批阅后记入小组积分。

（2）考核每个人所取得资料的典型性，分 A、B、C、D 四个等级评定。

模块 3：游戏：时间管理

【项目目的】

（1）本游戏说明对时间管理的方式不同可能导致不同的结果。

（2）启发学生在工作中如何对有限的时间进行合理的分配，以取得最大的工作成绩。

形式：个人完成

人数：30 人

时间：10 分钟

场地：教室

用具：半桶豆子、一个储物箱、两个储物桶、若干苹果

【训练步骤】

（1）桌上有一个装了半桶小豆子的储物箱及苹果若干。这些苹果分别代表着幸福、金钱、大客户、机遇、爱情、伴侣、旅游、朋友、升职机会、主要目标、名誉、良好的人际关系、成功感、生命、快乐、目标、地位、别人的认可等。

（2）请一位学生上台，让他把苹果尽可能多地放入箱内，并能把箱盖儿盖好。

（3）当桌上还有几个苹果时，箱子已经装满，但还有几个苹果无法放进去。

（4）这时，我们再选用另外一种方法：先将苹果全部放入箱内，再将小豆子倒入。这时，所有的苹果和小豆子就都被放进了箱内。

（5）讨论：为什么开始的时候我们无法把苹果全部放入箱内，而当我们尝试另外一种做法时，就可以把全部苹果都放进去呢？这让我们想到了什么？

【训练要点】

（1）让大家想到箱内的物品就代表了我们的时间，如果大家让一些小事情填满了我们的时间，那么我们就没有足够的时间去做大的事情了。

（2）而如果我们合理地安排时间，先处理大的重要的事情，再把小的琐碎的事情穿插其中，那么就可以最大限度地利用时间了。

模块 4：参观走访

【走访对象】

生产企业或公司

【课题】

目标管理过程

【实训目的】

（1）培养学生对组织目标的设定和展开的分析评价能力。

（2）掌握目标的实施与检查方法。

（3）学会对目标成果的评价。

【实训内容】

（1）听取企业组织目标的设定和展开的情况介绍。

（2）参观企业目标实施与检查的落实。

（3）在走访的基础上，运用创造性思维，对企业的计划和生产经营活动进行分析与评价。

（4）通过参观走访，搜集充分的计划和目标管理材料。

（5）通过参观搜集的材料，以模拟公司为单位，运用发散性思维的方法，组织深入讨论，形成集体意见。

（6）走访时，一定要坚持理论联系实际，按预订计划方案实施，力求重点突出。

【实训考核】

每人撰写一份目标成果评价书，送交教师批阅，并记入个人实训成绩。

模块5：辩论

【题目】

目标管理比计划编制更加重要

【实训目的】

了解掌握计划编制与目标管理的基本内容，学会如何运用目标管理实现计划目标。

【实训内容】

（1）论述计划的编制方法与作用。

（2）论述目标管理的基础理论与实践。

【方法与要领】

（1）全班同学分正方与反方（每组5人）若干小组，并设定辩论场地和辩论议程。

（2）陈述。正方论述目标管理的重要程度等，只有确定目标管理这一关键才能实现目标任务的完成；反方站在计划编制是目标管理的基础等理论与实践相结合的立场，确定依靠两者相辅相成，缺一不可的关系才能实现目标，反驳正方论点。双方运用相关理论或贯穿案例论述，举例说明。

（3）答辩。正反双方在辩论中，既要回答对方的提问，也要向对方提出疑难问题，要求答辩。

（4）陈辞。正反双方各推荐一人进行归纳总结，举例要鲜明生动，既能证明本方观点正确，又能反驳对方观点，在规定时限内发言完毕。

（5）点评。邀请管理方面专家、老师对辩论情况进行讲评。

【成绩测评】

（1）正反双方分别形成书面辩论资料，呈报老师或评委。

（2）综合点评意见，由教师、学生或聘请企业管理者组成评委组，评判辩论结果。

模块 6：讨论题

（1）“计划是预先画好的线路图，只要你沿着这条线路走下去，就能达到目标。”你是否同意这种观点？为什么？

（2）你是否同意如下说法：企业为了由某个现实状态过渡到它所设想的理想状态，需要制定一个目标体系和相应的过渡方案体系。如果同意这种说法，那么，这是否意味着一名管理者要制订多种计划？为什么？

（3）目标的制定是计划的根本点，目标的高低直接影响到计划的制订与实施，你认为在现实的生活中，制定公司的目标是因人而异还是因事而异？

【方法与要求】

（1）全班同学或模拟公司分成若干小组，每组 6 ~ 8 人。

（2）各组由模拟公司经理或组长主持，讨论时大家要联系本章理论与实训内容畅所欲言，人人发言。

（3）各组分别指定一人记录，讨论后进行归纳整理，形成集体讨论答案（约 1 000 字），送交老师批阅。

【成果验收】

老师对各组讨论答案批改后，将成绩记入小组积分。

第5章　决　策

◉学习要点

1. 决策概述
2. 决策程序
3. 决策方法
4. 决策质量

◉学习目标

1. 掌握决策的基本类型
2. 掌握决策的程序与方法及其应用
3. 掌握如何提高决策质量

◉关 键 词

决策　战略决策　战术决策　业务决策　程序化决策　非程序化决策　确定型决策　风险型决策　不确定型决策

案例

无锡尚德电力破产之谜

无锡尚德太阳能电力有限公司由施正荣博士于2001年1月建立，是一家集研发、生产、销售为一体的外商独资高新技术光伏企业，主要从事晶体硅太阳电池、组件、光伏系统工程、光伏应用产品的研究、制造、销售和售后服务。经过短短几年跨越式、超常规的发展，尚德公司的产品技术和质量水平已完全达到国际光伏行业先进水平，是中国首家通过TüV、IEC、CE和UL等国际权威认证的光伏企业。

尚德公司于2004年被PHOTON International评为全球前十位太阳电池制造商，并于2005年底挺进世界光伏企业前五强，150兆瓦太阳电池的制造能力使尚德成为全球四大太阳电池生产基地之一。

2005年7月，在美国*Red Herring*杂志亚洲高科技领域最具前瞻性的100强企业排行榜上，尚德公司以其独特的创新能力、发展潜力、产业前景和科研实力强势入榜亚洲百强。无锡尚德太阳能电力有限公司于2005年12月首次公开上市，成为第一个在纽约股票交易市场成功上市的中国民营企业。次年，施正荣被评为中国首富。

2006年8月为了进入日本市场，尚德电力耗资1.07亿美元收购了一家日本组件厂商MSK 2/3的股权，施正荣表示："通过此次收购，尚德将获得MSK领先的BIPV组件产品和太阳能系统设计能力等优势。这一收购将使两家位于不同光伏领域的重要公司携手，必将产生巨大的协同效应。它将让我们加速创新，向市场推出可补充我们现有产品系列的新光伏解决方案，并在快速发展的BIPV市场内抓住新的机会。"但此次收购未能让尚德在日本市场上占据绝对优势。

由于光伏产品的原料——多晶硅市场出现供不应求的状况，晶硅的价格变化之快就像坐了火箭一样。2006年，硅料价格一公斤是22美元、27美元，然后涨到33美元，之后涨到50多美元，到了2007年、2008年的时候就涨到了500美元，欧美实际硅材料的成本就是在20多美元一公斤。疯狂上涨的硅料价格让施正荣也坐不住了。施正荣找到了全球十大硅片供应商之一，MEMC公司。凭着上市和借贷获得的雄厚资金，施正荣与MEMC约定，在未来10年以每公斤80~100美元的价格，向尚德提供。由于2008年全球金融危机的爆发，多晶硅价格迅速滑坡，从500美元一下子降到50美元，从50美元又降到20多美元，又从20多美元降到19美元、17美元。高价格的原料长期订单让施正荣叫苦不迭，尚德一方面在找其他原料商，另一方面也在承担原订单的苦果，直到2011年，尚德付了2亿美元的“分手费”，终止了这张订单。

由于多晶硅价格上涨，施正荣也开始考虑转换技术路线，减少硅料在产品制造中的使用。2007年，尽管尚德在非晶硅薄膜电池方面的技术路线和量产化方面尚未成熟，施正荣仍然力排众议，先后在成都和上海投产薄膜电池生产基地。2009年，尚德在四川成都启动碲化镉薄膜电池项目并投入数亿元研发费用，但其在转化率方面一直未能有所突破，最终以失败告终。在上海投入3亿美元建造50MW非晶硅薄膜电池工厂，但最终投产的3MW薄膜电池在市场毫无竞争力，最终导致整条产线完全关闭。

2008年，尚德的资金已经隐隐出现危机，但是充裕的银行贷款能够为尚德的扩张保驾护航，短短三年，尚德从银行获取的贷款已经从2005年底的0.56亿美元，增至7亿美元左右，增长了十几倍。从2005年到2008年，尚德营业收入经历了从2.26亿美元大幅涨到19.23亿美元，利润总额也从2 820万美元提高到8 820万美元。施正荣依然是备受追捧的明星企业家。

2008年，全球金融危机给光伏市场吹来一股寒风。施正荣选择让尚德保持极速扩张，不仅是他一人，其他企业、政府和金融机构也相信光伏业前景依然一片大好。2009年初，国开行江苏分行和中行无锡分行共同向尚德提供了2亿美元的贷款。对光伏业的大力支持随处可见。尚德的银行贷款从2005年底的0.56亿美元攀升至2011年底的17亿美元，暴增近30倍。

2010年，尚德作出将产能从1GW扩产到2GW的产能翻番决策。盲目的扩产却疏忽了设备利用率，成本投入加大却没有获得产出效益最大化。尚德当时只有2条电池产线，后来扩产到8条。其中一条产线相当于扩产后四条产线的产能，2010年产能达到全球第一。

遍地开花的光伏产业让光伏产品价格暴跌，价格战愈演愈烈，不断有企业曝出让人惊诧的跳楼价。国内光伏产业的产能80%~90%都要依赖欧美市场的需求。而越来越低的中国光伏产品价格，让欧美等国家对中国展开了反倾销、反补贴调查，而且遭受债务危机的欧美市场，对太阳能的补贴和对光伏产品的需求大大萎缩。无锡尚德饱受成本费用高企、产能利用不足、负债率大幅攀升等困扰，生产经营和财务状况持续恶化，公司经营严重亏损，大量债务到期不能有效偿还，陷入资不抵债的困境。

2011年，尚德真正开始进入了危局。尚德2012年一季度财务报表显示，其负债达35.75亿美元，资产为43.78亿美元，资产负债率达81.8%。生产利润极低，巨额贷款成了沉重的包袱。截至2013年2月底，包括工商银行、农业银行、中国银行等在内的9家债权银行对无锡尚德的本外币授信余额折合人民币已达到71亿元。尚德市值已从上市之初的49.22亿美元跌到如今的1.49亿美元，华尔街投资机构Maxim Group对它的目标价评为0美元，该机构的解释是，尚德的股票一文不值，它唯一的出路就是破产重组。2013 年 3 月 20 日，无锡尚德实施破产重整。

（资料来源：依 2013 年 4 月 14 日经济半小时播出的“无锡尚德电力破产之谜”资料整理）

【分析与思考】

（1）无锡尚德电力为什么会倒下？

（2）从无锡尚德电力破产事件中，我国企业应吸取什么教训？

5.1 决策概述

5.1.1 决策的含义

决策是指在明确问题的基础上，为未来的行动确定目标，并在多个可供选择的行动方案中，选择一个合理方案的分析判断过程。科学的决策应有以下基本特性：

（1）决策要有明确的目标。决策是为了实现特定目标的活动，没有目标就无从决策，目标已经实现，也就无须决策。

（2）决策应有若干个可供选择的可行方案。只有一个方案而无从比较的决策不是科学的决策，只有多个方案的选择才能评价优劣，得到满意的结果。

（3）决策是一个分析判断过程。决策具有选择性，追求优化的决策，必须通过技术、经济等各个方面的综合评价。

（4）决策的结果是选择一个满意的方案。由于主客观条件的约束，要获得满足一切要求的最优方案是不现实的。

（5）决策应是一项有组织的集体活动。决策的民主性是决策成功的重要条件。

5.1.2 决策的作用

决策在管理中的地位和作用主要表现在以下三个方面：

（1）决策是决定组织管理工作成败的关键。决策是行为的选择，行为是决策的执行，正确的行为来源于正确的决策。一个组织管理工作成效的大小，首先取决于决策的正确与否。决策正确，可以提高组织的管理效率和经济效益，使组织兴旺发达；决策失误，则一切工作都会徒劳无功，甚至会给组织带来灾难性的损失。因而，改进管理决策、提高决策水平，是各级主管人员提高组织管理工作效能的必要前提。

（2）决策是实施各项管理职能的保证。任何决策都是针对未来行动的，是为了解决现在面临以及将来会出现的问题，它贯穿于组织各个管理职能之中，在组织管理过程中，每项管理职能要发挥作用都是离不开决策的，无论是计划、组织职能，还是领导和控制等职能，其实现过程都需要决策。决策是行动的基础。没有正确的决策，管理的各项职能就难以充分发挥作用。

（3）决策是管理的基础。决策是各级、各类主管人员的首要工作。上至国家的领导者，下到基层的班组长，均要作出决策，只是决策的重要程度和影响的范围不同而已。美国管理学家西蒙曾说过：“管理就是决策。”在实际管理工作中，没有决策就没有合乎理性的行动，因而决策是计划工作的核心。而计划工作的特点之一是主导性，它是进行组织工作、人员配备、指导与领导、控制工作等的基础。因此，从这种意义上说，决策是管理的基础。

5.1.3 决策的类型

由于决策贯穿于一切管理活动之中，是管理的基本的职能，因而，决策具有丰富的内容和多种多样的形式。据此，可以把决策划分为许多种类型。

（1）按决策的重要程度划分，可分为战略决策、战术决策和业务决策。

战略决策是事关组织兴衰成败、带有全局性、长远性的大政方针的决策。例如企业经营方针与经营目标的确定等。战略决策一般考虑的是组织与外部环境的适应问题，这类决策主要由组织最高层领导行使。战略决策往往与长期计划相联系。

战术决策又称管理决策或策略决策，它是指为了实现战略目标，而对组织资源作出合理安排的策略性决策，如企业生产经营计划的确定。它主要由组织的中层领导行使。

业务决策又称日常管理决策，是指在管理决策的指导下，为了提高组织各种具体业务工作的质量或效率而作出的决策，如工作任务的日常安排等。业务决策属于常规性、技术性的决策，主要由组织基层管理者负责进行。

（2）按决策的重复程度划分，可分为程序化决策和非程序化决策。

程序化决策又称常规决策。它是指经常重复发生，能按照原来已规定的程序、处理方法和标准进行的决策。其决策步骤和方法可以程序化、标准化，重复使用。如质量管理、成本控制等。由于程序化决策在企业中大量重复出现，涉及的主要是例行性的活动，因此在决策的管理上应重视对决策程序、方法和规章的制定，以便于人们碰到此类问题时，能够有法可依，照章办事，从而提高决策的科学性和准确性。程序化决策一般是组织中下级管理人员经常要解决的问题。

非程序化决策又称非常规决策、例外决策。它是指具有极大偶然性、随机性，又无先例可循且具有大量不确定性的决策活动，其方法和步骤也是难以程序化、标准化，不能重复使用的，例如新产品开发、重大投资项目等，一般无章可循。这类决策在很大程度上依赖于决策者的知识、经验和判断力。非程序化决策虽然所占比重较小，但通常是关系到组织全局和长远发展的重要问题，因而一般属于高层管理者的决策范畴。

非常规决策一般与战略决策有关，而常规决策一般与战术决策相联系。越是组织的最高主管人员，其所作出的决策越倾向于战略型的、非程序化的决策；而越是组织的下层主管人员，其所作出的决策，越倾向于战术型和确定型的决策。

（3）按决策的可靠程度分类，可分为确定型、风险型和不确定型决策。

确定型决策是指各种可行方案的条件都是已知的，并能较准确地预测它们各自的后果，易于分析、比较和抉择的决策。由于未来的结果是肯定的，因此决策相对较为容易。

风险型决策是指各种可行方案的条件大部分是已知的，但每个方案的执行都可能出现几种结果，各种结果的出现有一定的概率的决策。由于决策的结果只能按概率来确定，这种决策存在着风险。

不确定型决策与风险型决策类似，是每个方案的执行都可能出现不同的结果，但各种结果出现的概率是未知的，需要决策者凭经验、感觉和估计作出的决策。

（4）按决策的方式分类，可分为个体决策与集体决策。

个体决策由个人承担决策责任，职责分明，对问题的反应速度快，因而常常用于处理常规的和比较简单、明确的管理问题。对于比较复杂的问题，由于个体的知识、能力、关系和所处条件的限制，往往难以对其进行判断，这种情况下，则需要集体进行决策。

集体决策的优点主要有：①决策条件更完备。决策参与者的知识互补，信息来源范围广，具有决策素质上的优势。②决策方案的多样性。集体决策过程中，决策者可以发表不同的观点，从不同的角度分析实现目标的途径，提高了决策的科学性。③提高组织对决策方案的认可度。由于是集体决策，组织管理者和其他成员更易于接受决策方案，能够有效地付诸实施。④组织管理更加民主。决策参与者和执行者充分地代表了组织各方面成员的意见，保证了组织成员各方面的权益，增强了组织的凝聚力，有利于组织力量的整合和素质的提高。

集体决策也存在着一些固有的缺点，主要有：①耗时过多。②少数人统治。③屈从压力。④责任不清。对集体决策的缺点应在实践中注意克服。

在组织决策中，个体决策和集体决策有着各自不同的适用范围。一般来说，个体决策与管理职权的行使相结合，用于解决常规的管理决策问题；集体决策用于解决全局性的问题和重大问题，应通过规范化的方式来组织。

5.1.4 决策的原则

1. 科学性原则

决策的科学性原则，就是在决策过程中按照管理决策的一般规律办事，尊重客观实际，决策必须有科学依据，使用科学的决策方法。重大决策不仅要求按照科学程序来进行，而且要求重视发挥专家和专业管理人员的作用，共同参与决策讨论，发挥集体智慧的力量。决策的民主化，有利于决策的科学化，可以大大提高决策的质量水平，减少决策失误的机会，使决策方案更加满意、合理。

案例

1995 年，珠海“巨人”集团靠自己成功的战略决策和实践运作，发展状况如日中天。“巨人”集团凭借自身的不凡业绩、领导的重视期待、媒体的宣传造势，为它在计算机行业进一步发展、壮大、强盛创造了极为有利的时机，然而，此时集团的主要领导人却令人不解地实施了“零点”决策，将发展目标指向了与看家的本行毫无关联的保健品和医药市场，并在 1994 年销售额 3.6 亿元的情况下，提出了 1995 年销售额上 8 亿，1996 年要达 50 亿的目标，这样高的目标令人瞠目。决策的依据是什么呢？据说是“为了不辜负各级领导的期望，为了在强手如林的商界鹤立鸡群”必须要有这样的速度，至于自身的条件、销售能力、市场需求状况则全然没有认真考虑。没有实践依据，奇迹当然没有发生，这种不以市场定生产、不以能力定产值，而是从主观愿望出发制定目标的决策思维，最终导致了集团的“全军覆没”。

（资料来源：杨继昭．行政管理基础．北京：中国人民大学出版社，2005）

2. 可行性原则

所谓“可行”，一是指能解决预定问题，实现预定目标；二是指方案本身具有可实行的条件，比如技术上、经济上都是可行的；三是指对方案的影响因素及效果可进行定性和定量的分析。可行性研究是决策的重要环节。任何决策都要进行可行性研究，要求在决策过程中把需要和可能正确地结合起来。决策所做的若干个备选方案应当考虑社会、政治、道德等各方面的因素，考虑各种各样的未来因素对决策可能造成的影响，使决策结果的副作用减小到允许的范围内。

3. 适应性原则

决策的适应性原则，是指决策应具有一定的灵活性或者弹性，要能对所预料到的各种可能出现的情况甚至未预料到的突如其来的变化，作出相应的对策，以适应其变化。

4. 满意原则

满意决策是在现实条件可行的前提下，寻求一个相对优化的方案。决策追求的是最可能的优化效应。不能以最理想方案作为目标，因为在现实的决策中，各种方案是在组织现有的认识能力制约下提出来的。对于任何目标，都很难提出全部的可行方案。合理方案只能在决策时能够提出来的若干可行方案中进行比较和优选。同时，最优方案的实现，往往需要严格的条件，现实中很难完全满足，最优方案不一定导致最优结果。因此，只能在若干备选方案中选择一个适宜或满意的方案，这个合理的方案即是相对优化的方案。所以美国管理学家西蒙认为："决策遵循的是满意原则，而不是最优化原则。"

5.2 决策的程序

决策的程序就是决策的过程。一般而言，决策过程应包括以下四个基本步骤：第一，确定决策目标。第二，拟订备选方案。第三，评价与选择方案。第四，对付诸实施的方案进行评估与反馈。

5.2.1 确定决策目标

决策目标是指在一定外部环境和内部环境条件下，在市场调查和研究的基础上所希望达到的结果。决策目标是根据所要解决的问题来确定的，只有明确了决策目标，才能避免决策的失误。因此，明确目标是决策的起点。

在确定决策目标时，要注意几个问题：第一，决策目标的确定要有针对性。明确组织目标要完成的工作，保证组织内各种目标的一致性。第二，要把目标建立在需要与可能相结合的基础上，即目标要有实现的可能性。第三，要使目标明确、具体，尽可能数量化，便于用来衡量决策的实施效果。第四，要明确目标的约束条件。对那些与实现目标有联系的各种条件，都应该加以分析。

5.2.2 拟定备选方案

决策目标确定以后，就应拟定达到目标的各种备选方案。为了保证备选方案的质量，拟定备选方案应注意以下步骤：

第一步是要做好信息工作，分析和研究目标实现的外部条件和内部条件，积极因素和消极因素，以及决策事物未来的运动趋势和发展状况，进行科学预测。

第二步是在此基础上，将内部和外部环境的不利因素和有利因素，同决策事物未来的运动趋势和发展状况的各种估计进行排列组织，拟订出实现目标的方案。针对所要解决的问题，可以拟定不同的备选方案。各种类型的备选方案描述了组织为实现目标拟采取的各种对策的具体措施和主要步骤，方案的细节应尽量明确具体，并预计各方案的经济效益。

第三步是将这些方案同目标要求进行粗略的分析对比，权衡利弊，从中选择出若干个利多弊少的可行方案，供进一步评估和选择。备选方案是指可供进一步选择的几个可能的方案。在拟订备选方案的过程中，一个很重要的问题就是尽量找出限制性因素，对一些抉择方案进行选择。

5.2.3 评价与选择方案

备选方案拟定以后，随之便是对备选方案进行评价，评价的标准是看哪一个方案最有利于达到决策目标。评价备选方案的中心是可行性研究，主要内容包括：①方案实施的条件是否具备及成本情况。②方案实施给组织带来的长、短期利益。③方案实施的风险及失败的可能性。

评价的方法通常有三种：一是经验判断法。就是依靠决策者的实践经验和判断能力来选择方案，它是选择方案的一种基本方法。二是数学分析法。就是用数学模型来表示方案的变量与变量、变量与目标的关系，并计算出结果，根据结果选择方案。三是试验法。就是对一些缺乏经验，又无法用数学方法选择的新问题，可以先进行试验，然后根据试验的结果来选择方案。

经过分析和比较后，即可进入选择方案阶段。选择方案就是对各种备选方案进行总体权衡后，由决策者挑选一个最好的方案，拍板定案，这是决策最为关键的一环。方案的比较和选择过程中，要注意统筹兼顾，重视反对意见，也要有决断的魄力。

5.2.4 评估与反馈

决策方案选定后，是否符合实际，要通过实施进行验证，同时，在决策执行过程中也不可避免地会遇到自身能力及外部环境的重大变化，为避免发生失误，需要进行信息反馈，以便采取相应措施调整、修正原方案，或在必要时进行追踪决策。所以，完全的决策程序应包括决策方案的实施与跟踪监督，这一阶段的工作重点包括三个方面：

一是要做好决策的宣传和组织工作，使决策能够按计划方案实施执行。

二是职能部门对各层次、各岗位的方案执行情况要进行检查和监督，密切注意决策实施过程中的情况和问题，并将信息反馈给决策者，及时采取有效措施进行控制，以保证原定目标的实现。

三是在实施过程中，如果发现原决策方案在实际中行不通，就要对决策本身进行分析，找出问题，对方案作适当的修正。

5.3 决策的方法

科学决策的前提是运用科学的决策方法。管理学家和从事管理活动的实际工作者总结概括出了许多切实可行的决策方法，20 世纪的许多新的科学方法也被广泛地运用到决策中来。最常见的决策方法有两大类：定性决策方法和定量决策方法。

5.3.1 定性决策方法

定性决策方法也称决策“软”方法，是指在决策过程中，运用经济学、心理学、社会学的方法，直接利用专家们的知识和经验，根据已掌握的情况和资料，提出决策目标及实现目标的方法，并作出评价和选择。定性决策方法的具体形式很多，常用的有头脑风暴法、特尔菲法和电子会议法。

1. 头脑风暴法

头脑风暴法也叫畅谈会法，是采用开讨论会的形式，将有关专家召集到一起，针对有待决策的某一问题，敞开思想，畅所欲言。鼓励每个人独立思考，广开思路，建议越多越好，想法越新颖越好，让他们通过讨论作出判断。这种方法通过有关专家之间的信息交流，引起思维共振，产生组合效应，从而导致创造性思维。这种方法运用得当，可以补充和完善已有的建议，减少决策失误。

2. 特尔菲法

特尔菲法也称为专家意见法，最早由美国兰德公司采用，后来被广泛应用于决策活动。它通过寄发调查表征求专家的意见，专家在提出意见后以不记名的方式反馈回来。组织者将得到的初步结果进行综合整理，然后反馈给各位专家，请他们重新考虑后再次提出意见。经过几轮的匿名反馈过程，专家意见基本趋向一致，组织者依此得出预测结果。

该方法的特点是：各专家不通过会议形式交换意见和进行讨论，而是邀请与决策问题有关的专家成立专家小组，使专家在相互保密的状态下，通过函询调查，请专家用书面形式独立地回答提出的决策问题。这种形式请专家发表意见往往经过多次反复。首先请专家作出初步判断，经过汇总、综合，归纳出几种不同的判断，再请专家对初步判断进行修改，作出第二次判断。这样反复修改多次，直到意见比较集中为止。这种形式的好处是各位专家彼此不见面，既可以避免相互间的消极影响，同时也能集思广益，便于决策者下决心。缺点是耗时较长，组织工作烦琐，不利于紧迫性较强的决策问题的解决。

3. 电子会议法

电子会议法是一种建立在电子信息网络技术基础上的新型群体决策方法。其基本方法是：参与决策的人员各有一台计算机终端，根据要解决的问题将自己的方案从键盘输入、显示在屏幕上，任何人的评论、票数统计等均可通过网络共享。这种方法的优点是匿名、诚实、迅速，参与者不透露个人信息而可以充分发表自己的意见，同时消除了闲聊和讨论偏题的问题，且不必担心打断别人的发言。这一方法可借助局域网在一个相对集中的范围内进行，也可以通过因特网在广泛乃至全球的范围内进行。虽然此方法尚有不足，如对硬件设备要求较高，不是随便可以进行的，但随着先进的科技手段的普及，电子会议将成为群体决策的一种十分有效的方式。

软性决策法不同于传统的依靠一两个人拍脑袋的经验决策方法。首先，专家具有丰富的知识、阅历、经验和判断力，提出的意见其权威性较一般人要高；其次，由一个专家集体共同对一个问题进行分析、判断，其决策的客观程度和正确程度自然比较高；再次，软性决策法如果运用得当，灵活简便，省时省力，可以提高决策效率。另外，吸收专家和职工参与决策，有利于调动其积极性与创造性，便于统一思想，为决策的贯彻执行创造有利条件。因此，软性决策法方法灵便，通用性大，容易被一般管理者接受，特别适合于非常规决策。但是，软性决策法也有其局限性，由于它是建立在个人主观基础上的，缺乏严格的论证，易产生主观性，而且还容易受决策参与者个人倾向的影响，所以在管理决策实践中，只有尽量把软性决策方法同硬性决策方法结合起来，才能不断提高决策的科学性。

5.3.2 定量决策方法

定量决策方法也称为硬性决策方法，即决策的“硬技术”。它是指把影响决策的因素进行量化，并通过一定的数学运算、比较、判断，进行决策分析的方法。这种方法可以适用于决策过程中的任何一步，特别适用于对方案的比较和评价。依据决策者掌握情报资料的多少和对未来可能发生情况的了解程度，定量决策方法可以分为确定型决策、风险型决策和不确定型决策三种具体方法。

1. 确定型决策

确定型决策，是指决策者在环境和条件非常确定的情况下所作的决策。它具有以下四个特征：第一，决策者希望达到的目标是明确的；第二，只存在一个确定的自然状态；第三，存在可供选择的两个以上的行动方案；第四，不同行动方案的结果是确定的，其损益值可以计算出来。由于这种决策对未来的自然状态以及各方案的结果都是已知的和肯定的，故称为确定型决策。

例如，某个决策者有一笔余款，他了解当时国库券的年利率为5%，同期银行定期存款年利率为4%，而活期存款的年利率为3%，如果这个决策者的决策目标只是存款利息最大化，那么在这三种方案的结果都十分明确的情况下，他最理想的选择就是购买国库券。决策者只需对各种方案提供的不同损益值直接进行比较，就可以选择出满意的决策方案。

2. 风险型决策

风险型决策，是指决策者在自然状态不能完全确定的情况下，只能根据几种不同自然状态可能发生的概率进行的决策。它具有以下特征：第一，决策者期望达到的目标是明确的；第二，存在着两个以上可供选择的行动方案；第三，存在着不以决策者的意志为转移的两种以上的自然状态；第四，决策者虽然对未来可能出现的自然状态不能确定，但其出现的概率可以大致估计出来；第五，不同行动方案在不同自然状态下的损益值可以计算出来；第六，每一种决策方案在执行过程中，由于存在着不同自然状态下的不可控因素，没有一种确定的结果，可能出现几种不同的结果。由于这种决策是以事先估计的概率为依据的，最后出现的实际情况不一定与预先估计的概率完全符合，所以这种决策带有一定的风险性，故称之为风险型决策。决策树法是风险型决策常用的一种决策方法，它利用了概率论的原理，并且利用一种树形图作为分析工具，基本原理是用决策点代表决策问题，用方案分枝代表可供选择的方案，用概率分枝代表方案可能出现的各种结果，经过对各种方案各种结果条件下损益值的计算比较，为决策者提供决策依据。决策树的基本图形及其含义如图5－1所示。

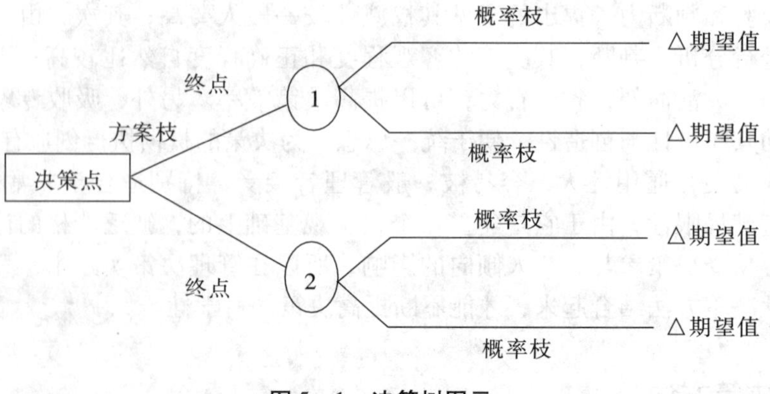

图5－1　决策树图示

运用决策树法进行决策的基本步骤如下：

（1）绘制树形图。

（2）将各状态概率及损益值标于概率枝上。

（3）计算各方案的期望值并将其标于该方案对应的状态结上。

（4）进行剪枝。

（5）剪枝后所剩的最后方案即为最佳方案。

例：某企业为扩大产能，现有两种方案可供企业选择：一种是对原有生产线扩建，另一种是新建一条生产线。两个方案的经营期限为 10 年。据市场预测，产品销路好的概率为 0.7，销路差的概率为 0.3。

方案 A：新建一条生产线，需投资 300 万元。据初步估计，销路好时，每年可获利 100 万元；销路差时，每年可获利 20 万元。

方案 B：扩建原有生产线，需投资 200 万元。销路好时，每年可获利 80 万元；销路差时，每年可获利 50 万元。

试选择方案。

解：首先，绘制树形图。

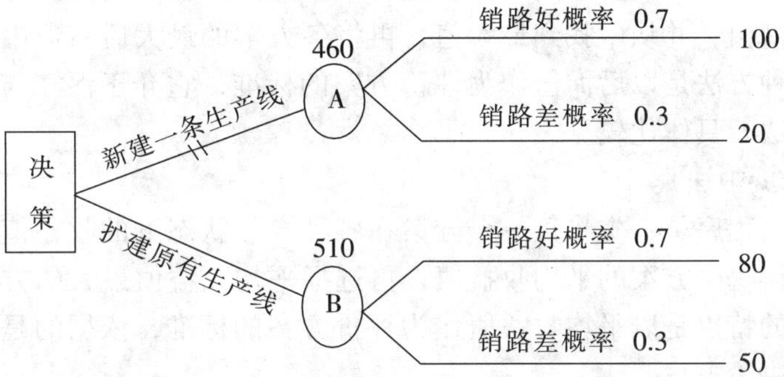

其次，计算方案点的期望损益值：

$A = [0.7 \times 100 + 0.3 \times 20] \times 10 - 300 = 460$（万元）

$B = [0.7 \times 80 + 0.3 \times 50] \times 10 - 200 = 510$（万元）

再次，把以上计算结果注明在各个方案结点上，并比较 A、B 方案的期望值。

最后，从中选择出期望值最大的 B 方案作为满意决策方案，把此决策方案的期望值写在决策结点方框的上面，并剪去 A 方案分枝，以表示选择的结果。根据比较，本例应选择扩建原有生产线的方案。

3. 不确定型决策

不确定型决策，是指决策者在客观自然状态完全不能确定的情况下进行的决策。它与风险型决策的主要区别在于：风险型决策虽然对两种以上的自然状态在未来究竟出现哪一种情况不能肯定，但其出现的概率可预先估计或预测出来；而不确定型决策则无法预先估计或预测。因此，在不确定型决策中，由于方案实施后的结果无法作出估计，决策很大程度上取决于决策者的主观判断和实际经验，取决于决策者对待风险的态度，不同的决策者对同一问题的决策结果也可能完全不一样。它是一种风险性最大的决策。由于决策者各具特点，便有不同的评选标准，因而产生了多种具体的决策方法。下面结合实例来介绍不确定型决策的具体方法。

（1）悲观法（小中取大法）。

这种分析方法的程序是：先分别找出每个方案在各种自然状态下的最小收益值，再将各方案的最小收益值相比较，选出最大数值的方案作为满意决策方案。它把最小收益的自然状态视为必然出现的自然状态，从最坏的情况出发，选择最有利的方案，因此，这是一种留有余地的分析方法，属于保守型决策。本例的比较选择见表5-1。

（2）乐观法（大中取大法）。

这种方法决策的程序是：先分别找出每个方案在各种自然状态下的最大收益值，再将各方案的最大收益值相比较，选出最大数值的方案作为满意决策方案。这种决策方法的主要特点是比较乐观，从最好的情况出发，选择最有利的方案，但往往风险最大，属于冒险型决策。本例的分析见表5-1。

（3）后悔值法（大中取小法）。

后悔值是指某种自然状态中各个方案的收益值同其中最大收益值之间的差额。这种方法的基本思想是如何使选定决策方案后可能出现的后悔值达到最小。因为当某一自然状态出现时，决策者会很明确地选择收益值最大的方案为决策方案。如果决策者当时没有选择这个方案，而是采取了其他方案，就会感到后悔。这种决策方法的程序是：先计算出各个方案在各种自然状态下的后悔值，并从中找到最大值，再将各方案的最大后悔值中的最小值方案作为满意决策方案。这种方法是以后悔值作为评价方案的标准，它介于保守与冒险之间，是一种比较稳当的决策方法。具体比较见表5-2。

（4）平均法（折中法）。

这种方法决策的程序是：先将每一个方案在各种自然状态下的收益值相加，然后除以自然状态的个数，求得每个方案的平均收益值，再选择平均收益值最大的方案作为满意决策方案。这种决策方法的特点是以平均收益值作为评价方案的标准，依据的是平均原则，这是一种折中的、平稳的决策方法。

例：某企业有三种新产品待选，估计销路和损益情况如表5-1所示。试分别用悲观法、乐观法、后悔值法、平均法决策选择最优产品方案。

表5-1

	损益表（万元）		
状态	甲产品	乙产品	丙产品
销路好	40	90	30
销路一般	20	40	20
销路差	-10	-50	-4

解：

①悲观法：甲产品最小利润为-10万元，乙产品最小利润为-50万元，丙产品最小利润为-4万元。根据小中取大法则，选择-4万元对应的丙产品为最优方案。

②乐观法：甲产品最大利润为 40 万元，乙产品最大利润为 90 万元，丙产品最大利润为 30 万元。根据大中取大法则，选择 90 万元对应的乙产品为最优方案。

③后悔值法：首先，计算三种方案的后悔值。见表 5－2。

表 5－2

	后悔值（万元）		
状态	甲产品	乙产品	丙产品
销路好	90－40＝50	90－90＝0	90－30＝60
销路一般	40－20＝20	40－40＝0	40－20＝20
销路差	－4－（－10）＝6	－4－（－50）＝46	－4－（－4）＝0

其次，列出各个方案后悔值的最大值：甲产品最大后悔值为 50 万元，乙产品最大后悔值为 46 万元，丙产品最大后悔值为 60 万元。

最后，根据大中取小准则，选择后悔值最小的 46 万元对应的乙产品为最优方案。

④平均法：首先，计算三种方案的平均收益值：

甲产品的平均收益值＝（40＋20－10）/3＝16.67（万元）

乙产品的平均收益值＝（90＋40－50）/3＝26.67（万元）

丙产品的平均收益值＝（30＋20－4）/3＝15.33（万元）

其次，比较三种方案的平均收益值，选择平均收益值最大的 26.67 万元对应的乙产品为最优方案。

上述四种决策方法，分别以不同的标准和原则作为评选方案的依据，因而同一问题会得到不同的决策结果。企业在实际工作中，解决不确定型决策问题，要同时运用以上四种方法进行分析对比，将其中被认定为满意决策方案次数最多的方案作为最后选定的决策方案，如上例中生产乙产品的方案被称作决策的“硬”方法。其优点是：第一，提高了决策的准确性、最优性和可靠性；第二，可使领导者、决策者从常规的决策中解脱出来，把注意力专门集中在关键性、全局性的重大复杂的战略决策方面，这又帮助了领导者提高重大战略决策的正确性和可靠性。其局限性表现为：第一，对于许多复杂的决策来说，仍没有可以运用的简便可行的数学手段，在许多决策问题中，有些变量是根本无法定量的；第二，数学手段本身也太深奥难懂，很多决策人员并不熟悉它，掌握起来也不容易；第三，采用数学手段或计算机，花钱多，一般只有在重大项目或具有全局意义的决策问题上才用，而不直接用于一般决策问题。

5.4 决策的质量

决策在管理过程中的地位决定了决策质量的重要性。如何决策，决策的效果如何，是检验领导者水平的重要标志。提高决策质量必须做到以下六点：

5.4.1 确立科学的决策观

确立科学的决策观念，是提高决策质量的必要前提。科学决策是指企业领导者在决定方针、政策、方案等重大活动中，要始终遵循一定的科学程序，依靠专家，运用现代科学方法和先进科学技术手段，在科学预测的前提下，切实把握决策对象的变化规律和条件。科学决策观的确立，并不排斥个人的阅历、知识、智慧和胆略，但是日益复杂的现代生活已经超出了个人能力的范围而不得不求助于一套科学的体系。

首先，领导者要从思想上自觉实现这种转变，认识到决策不是一个人的拍板决定，而是一种群体性的创造性活动。其次，必须通过学习，培养较高的科学素养。科学素养不只在于知识的渊博，更重要的是在于科学的思维方法，把经验上升到理论和科学。再次，就是要建立一套科学决策的体制、程序和方法以辅正思想观念的持久作用。

5.4.2 加强防范分析

在进行决策时，追求令人满意的目标不仅指决策对目标的实施方面，还包括决策实行后副作用的防止和控制方面。从这个意义上说，高质量的决策就要注重防范分析。防范分析的一般方法和步骤是：

（1）估计决策执行后会出现哪些副作用或不良后果。要用系统的观点对各种问题进行系统的分析和估计，尤其要注意分析那些潜在的和间接的不良后果。

（2）对每一项可能发生的问题的危险性进行估计。这种估计包括两方面：一是该问题如果发生，其危害程度如何；二是该问题发生的可能性有多大。

（3）分析每个问题出现的可能原因。要按出现概率的大小对可能的原因进行排序，重点抓住出现概率较大的那些原因。

（4）制定相应的应急措施。防范分析的目的是防患于未然，只有制定好一定的补救措施，才能保证决策执行的万无一失。

5.4.3 采用智能化决策

现代条件下决策的对象所涉及的相互作用的变量很多，仅仅依靠传统的直观因素关系来决策已很难收到预期成效。为了改善决策效果，目前一些西方国家更多的是采用一种决策模拟的方法。它可将决策的结果事先预测和显示，具有较强的仿真功能。这种决策模拟在操作上就是通过新技术的采用使决策实现智能化。智能化决策包括三个系统：

（1）电子数据处理系统。它使用计算机的大容量记忆和资料转换来取代大量的人工资料处理工作。

（2）管理信息系统。它把生产和流通过程中的数据收集组织和控制起来，针对特定的管理部门，提供有关的规划和控制信息。

（3）决策支持系统。它分为三个部分：第一部分是资料库；第二部分是信息处理和模式处理；第三部分以对话为特征，是着眼于决策的人机系统。

5.4.4 利用群体决策的优势

为了提高决策的科学性，应当更多地实行群体决策。群体决策的优势是与个人决策相比较而言的。

（1）群体决策的精确性高于个人决策。因为群体成员间的相互提示和启发促进了信息交流，提供了许多可供选择的方案，同时，成员间还能彼此检查对方意见存在的不足；而个人决策由于是单独进行的，不能交流信息，也无法检查自己的意见正确与否，所以难免出现失误。

（2）群体决策的创造性在一定条件下高于个人决策。如果参与决策的小组成员经过特殊选择，能够协调一致，会具有比个人更高的创造性。

（3）群体对逻辑性问题的决策也可能优于个人决策。在解决复杂的逻辑问题时，分工合作效果比较好。每个成员独自完成自己负担的那部分任务，然后和同事一起交换意见，彼此检查错误，如果这样做，群体决策就会优于个人决策。因为复杂的问题需要多种知识和技能，群体决策有利于个人的优势互补。

案例

巧起品名

企业命名新产品时一般遵从的法则有：容易看；容易听；容易读；容易写；容易理解。为了找到一个最恰当的、有促销作用的好名字，日本的大部分厂商都要集思广益，发动全体员工来开讨论会，用抛砖引玉的办法不断地收集广大员工想出的新品名，最后再逐步筛选，从中确定一两个最佳的名字。日本有种用酱油、糖、海苔和小鱼小虾煮制成的传统食品叫“佃煮”，由于生产厂家多，竞争激烈，一家地方性小厂——桃园屋酱菜厂的生意一直兴旺不起来，为了拓开销路，老板发动全体职工为“佃煮”重起一个好名字。他们首先组织人们讨论，每周让职工集中几次，开研讨会，以图博采众长。后来，有人想出了“开饭啰”这样一个不同凡响的名字，终于被大家认可。任何家庭每天都要说三次“开饭啰”这句话。这句话既具有同乐的亲切感，又有喜尝佳肴的“吊胃口的感觉”，最适于作“佃煮”的名称。果然，当他们申请了商标权，将“开饭啰”牌“佃煮”慎重推出后，人们立即蜂拥而至，踊跃购买，仅在一年之内就销出了4 000万瓶，总销售额高达80亿日元。

（资料来源：樊丽丽．管理案例集锦．北京：中国经济出版社，2005）

5.4.5 克服群体决策中的小集团意识

通过群体决策有利于改善决策的效果，但群体决策也有不足的一面，小集团意识就是其中之一。所谓小集团意识，是指群体表面一致的压力和群体成员追求一致的期望，阻碍了人们智慧的运用和对现实的思考，不能对问题和解决问题的办法作出符合实际的评价和分析，从而作出错误的决策。小集团意识控制下的群体决策往往有着明显的缺陷：对被择方案不作全面调查；不能察觉带有偏见选择的危险性；贫乏的信息收集；不能对备选方案进行再评价；不能制定防范计划。

为了充分发挥群体决策的优势，必须克服小集团意识的干扰，为此可采取的措施有：①领导人不要在群体讨论之前表明个人的偏好，否则会阻碍有价值的不同意见的表达。②指派若干个人专门扮演反对派，专门挑毛病。③不要匆忙决定，应该给大家一个深思熟虑的“第二次机会”。④保证反对意见的“匿名性”，安排群体成员在会后单独陈述不同意见。⑤加强与外界的联系，更多地吸收外部信息，以避免小集团意识所造成的“坐井观天”。

5.4.6 借助智囊团的作用

现代管理决策目标多样，因素众多，变化迅速。在这种条件下，要作出科学决策，单独靠决策者和组织内部的力量是难以做到的，因而必须借助组织外部的智囊团，主要有以下四种：

（1）政府研究机构。它主要从事国家政策研究，为各类组织的决策提供政策依据。

（2）社会咨询服务公司。这类机构专门为社会提供技术、经济、经营管理等方面的信息、方案。

（3）工程总体设计机构。它通常从技术角度对战略决策的有效性加以论证，并为既定的战略决策拟定具体的操作方案。

（4）项目型的临时性智囊机构。这是为了就某项决策进行论证，由委托人出面组织的一种临时性专家集团。

有效地借助智囊团的作用，应注意两点：第一，必须充分尊重智囊团的独立性。领导者应当让专家根据客观事实得出自己科学的结论。智囊团则必须有独立工作的条件和机制，并形成有益于决策的独立的见解。第二，必须正确处置“谋”与“断”的关系。“谋事”在智囊团，“断事”在领导者，领导者在任何时候都应在决策中处于主导地位，应具有在众多的选择诱惑面前和危急时刻敢于负责、有决断的魄力。

本章实训与练习模块

实训目标：通过对本章理论知识的实训操练，使学生掌握决策的理论，培养学生结合实际进行科学决策的能力，并培养学生对决策方案进行分析评价的能力。

模块1：案例分析与思考

【实训目的】

通过对以下几个案例的分析和讨论，了解掌握决策的基本方法与内容，培养学生正确决策的思维能力。

【实训要求】

培养并提高学生参与决策的能力，根据案例内容，自己动手制定决策方案，撰写书面决策方案书。

案例一

某有色贸易公司是一家进出口集团公司控股的下属公司，专门从事有色金属的进出口业务。为扩大业务领域，该公司的铜矿进出口业务部打算通过招投标方式参与某重点公路工程的沥青进口采购工作。经过艰苦努力，该业务部的招标方案和另外几家公司的招标方案同时中标，分配给该公司的是2 000万元左右的沥青供应任务，资金通过银行贷款解决，这一业务可使公司获利60万元。但这一方案提交董事会讨论时由于资金需要量大、收回投资周期长、风险大（待工程验收合格期满后才能收回货款）而被否决。方案被否决后，从事这项工作的员工积极性受到重创，情绪低落。因中标而不做，其信誉也受到损害，以后再想进入公路工程建设项目的可能性极小，此外，还损失了参与投标而交的28.9万元押金（这28.9万元押金最后以新产品开发费入账）。

（资料来源：管理决策案例——百度文库）

【分析与思考】

（1）该董事会的决策是否正确？为什么？

（2）该案例给你什么启示？

案例二

李经理的难题

一家大型电子厂的制造部门为提高生产率，最近安装了一些新机器，实行了一种简化的工作系统。可出乎人意料的是，生产率不但没有提高反而开始下降，质量降低，并引发了员工的抱怨。

该厂制造部李经理直接负责这项工程，他认为机器没有任何故障。因为同期购买使用这种机器的其他公司使用效果良好，特别是制造这种机器的公司派专人对机器进行过仔细检查，结论是机器运转正处于最高效率状态。李经理怀疑问题可能出在新的工作系统上，但是，相关的几位负责人却存在着不同意见。物资供应经理和技术部经理认为是操作工训练差，生产车间主任认为缺乏适当的经济刺激体制和士气低落，还有的人认为……

李经理刚来到办公室，就接到厂长的一个电话。他已了解到生产率下降的情况，表示十分关切。他要求李经理在一周内查清原因，并解决这一问题。到底造成生产率下降的原因是什么？怎样解决这一问题？这是李经理必须尽快解决的难题。

（资料来源：单凤儒．管理学基础实训教程．北京：高等教育出版社，2005）

【分析与思考】

（1）请分析李经理所面临的问题。

（2）试分析造成生产率下降的原因是什么？

（3）猜测李经理可能采取怎样的步骤或程序？

模块2：模拟设计

【设计课目】

运筹与决策

【实训目的】

（1）培养学生运筹与决策的能力。

（2）培养学生对决策方案分析评价的能力。

（3）掌握决策的程序。

【实训内容】

（1）按决策程序和方法拟订决策方案。

（2）检查与评价已拟订方案的决策质量。

【方法与要求】

（1）全班同学6~8人为一组，每组学生选自己熟悉的，并容易收集到相关资料的题目进行决策。

（2）要求学生在决策时有一个清晰的思路，在构思决策方案时，一定要依照目标—SWOT 环境分析—方案的结构进行；另外，在运筹和决策时，每组的成员要利用发散性思维提高决策的质量。

（3）经过每组成员的讨论，挑选一份最优的决策方案进行交流。

（4）教师组织评价决策方案。要根据运筹决策的思路，对每组的方案进行分析评价。

【实训考核】

每组成员要上交一份决策方案，作为一次作业，由教师负责评定成绩，教师对每组成员的决策情况进行小结。

附：建议运筹与决策的项目——撰写决策方案

（1）请你为校园“十大歌手大赛”进行策划。

（2）请你为学生会体育部将要组织的足球赛拟定一份计划书。

（3）最近某班频繁发生违纪现象，请你对此进行纪律整顿。

（4）假如你所在的寝室同学之间关系不和，寝室卫生较差，你作为新任寝室室长将如何改变这种局面。

（5）如果你所在的班级同学厌学，学习气氛不浓，如何激励全班同学努力学习。

（6）如果你想承包一家校园超市，请做一份经营超市的简要策划书。

（7）计划在 3·15 消费者日策划一次街头宣传活动。

（8）请为你所在的班级策划一次周末联欢活动。

（9）如果你是班长，怎样抓好班级建设。

（10）学生会举行全校性规模校园文化活动，需要你去拉赞助。

模块 3：游戏：如何赢得更多

【项目简介】

这是一个简单的游戏。它能促进组织内部的交流与协调，增强团队成员的凝聚力，提高团队成员的决策能力；同时，训练团队成员认识到组织间的相互合作可以得到多赢的结果。

形式：集体参与，平均分为 4 个小组

时间：30 分钟

场地：室内

用具：每个组准备 5 张纸

【训练程序】

参加的成员分为 4 个小组，每组互不通气，每一回合任意选择 X 或 Y，一共进行五个回合。

【规则】

如果 4 个小组全部选择 X，每组各扣 1 分；如果 4 个小组全部选择 Y，则每组各得 1 分；在既有 X 又有 Y 的情况下，选 X 的小组得 1 分，选 Y 的小组则倒扣 1 分。

小提示：

在第五个回合中，可以实行一次特例，4 个小组可以派人事先协商，然后再进行选择。

【组织讨论】

（1）你们是根据什么作出决策的？

（2）前四个回合，你们是如何选择的？

（3）在第五个回合，四个小组讨论时是否达成了一致选择 Y 的意见？

（4）第五个回合，你们最终是否选择了 Y，为什么？

（5）从这个游戏中，你们感悟到了什么？

（资料来源：胡巍．管理沟通——游戏 66. 济南：山东人民出版社，2007）

模块 4：参观走访

【走访对象】

工商企业

【课题】

项目决策方案

【实训目的】

了解企业项目决策方案编制的程序、方法和基本内容，学会如何编制项目决策方案。

【实训内容】

（1）听取企业管理者对项目决策编制的情况介绍。

（2）结合决策的类型、程序、方法和质量，根据项目名称和内容分析本决策的依据和可行性。

【实训要领】

（1）提高认识，熟练掌握编写技能。

（2）认真做好决策的环境分析和问题界定。

（3）既要拓展制定决策方案的创意，又不脱离实际。

【实训考核】

走访后，每人撰写一份商业公司年度新上项目决策方案，项目名称自定，教师对编制的决策方案进行评估，评定成绩，并推荐 3 ~5 篇优秀的决策方案进行全班交流，促进学习。

模块 5：辩论

【题目】

决策质量决定企业风险

【实训目的】

（1）了解掌握决策性质和方法。

（2）学会如何提高决策质量，运用决策手段降低决策风险系数。

【实训内容】

（1）论述决策性质对管理的影响。

（2）论述决策方法的应用。

（3）探讨决策质量的奥妙和决策风险的防范措施。

【方法与要领】

（1）全班分正方与反方两组（每组 5 人），也可分成若干辩论小组进行正反方组合，并设定辩论场地和辩论议程。

(2) 陈述。正方坚持决策质量决定企业风险的观点，论述决策问题。反方持风险型决策理论观点论述决策风险。双方辩论时除运用基本理论外，还要有举例证明，观点要鲜明，说服力要强。

(3) 答辩。正反双方在辩论中既要回答对方的提问，也要向对方提出疑难问题，要求答辩。

(4) 陈辞。正反双方各推荐一人进行归纳总结，举例要鲜明生动，既能证明本方观点正确，又能反驳对方观点，在规定时限内发言完毕。

(5) 点评。邀请管理方面专家、老师对辩论情况进行讲评。

【成绩测评】

(1) 正反双方分别形成书面辩论资料，呈报老师或评委。

(2) 综合点评意见，由教师、学生或邀请企业管理者参与组成评定组，评判辩论结果。

模块6：讨论题

(1) 不同经营风格的决策者在作决策时，是否会有不同？如果有，不同之处是什么？

(2) 你在选择就读哪所学校时所作的是哪种决策？你是否经过了决策的每个阶段？如果没有，为什么？

(3) 绝大多数商业决策是在不确定环境和风险环境下作出的。在你看来，不确定环境下的决策和风险环境下的决策哪一个更容易？为什么？

【方法与要求】

(1) 全班同学或模拟公司分成若干小组，每组6~8人。

(2) 各组由模拟公司经理或组长主持，讨论时大家要联系本章理论与实训内容畅所欲言，人人发言。

(3) 各组分别指定一人记录，讨论后进行归纳整理，形成集体讨论答案（约1 000字）送交老师批阅。

【成果验收】

老师对各组讨论答案批改后，将成绩记入小组积分。

第6章 组 织

◉学习要点

1. 组织概述
2. 组织设计
3. 组织结构
4. 组织运行

◉学习目标

1. 了解组织工作的主要内容
2. 掌握组织结构设计的原则、程序和内容
3. 掌握管理幅度和管理层次的关系
4. 认识组织结构的主要形式
5. 理解集权与分权的相互关系
6. 正确处理直线职权和参谋职权的关系

◉关 键 词

组织工作　组织设计　组织结构　管理幅度　直线式　职能式　直线—职能式　事业部式　矩阵式　非正式组织　集权　分权　直线职权　参谋职权

案例

凯迪公司的矛盾

凯迪公司是上海市的一家中型企业，主要业务是为企业用户设计和制作商品目录手册。公司在浦东开发区和市区内各设有一个业务中心，这里简称A中心、B中心。

A中心内设有采购部和目录部。采购部的职责是接受用户的订单，并选择和订购制作商品所需要的材料，目录部则负责设计用户定制的商品目录。凯迪公司要求每个采购员都独立开展工作，而目录部的设计人员则须服从采购部的安排。

凯迪公司的总部和B业务中心都设在市区。B中心的职责是专门负责商品目录的制作。刘利是凯迪公司负责业务经营的主管，他经常听到设计人员抱怨自己受到的约束过大，从而无法实现艺术上的创新与完美。最近，刘利在听取有关人员的建议后，根据公司业务发展的需要，决定在B中心成立一个市场部，专门负责分析市场需求和挖掘市场潜力，并向采购员提出建议。市场部成立后不久，刘利听到了各种不同意见。比如，采购员和设计员强烈反映说，公司成立市场部不但是多余的，而且干涉了他们的工作。关于此，市场部的人员认为，采购员和设计员太过于墨守成规、缺乏远见。刘利作为公司的业务经营主管，虽然做了大量

的说服工作并先后调换了有关人员，但效果仍不理想。他很纳闷：公司的问题究竟出在什么地方？

（资料来源：周志春，孙玮林．管理学（第二版）．杭州：浙江大学出版社，2004）

【分析与思考】

（1）凯迪公司运转不顺利的原因何在？

（2）公司是否有必要成立一个专门负责市场研究的机构？为什么？

（3）对凯迪公司中的各个业务部门，应该如何界定其职责权限？

组织的目标、计划制定出来以后，一个重要的问题就是如何有效地组织实施。这就要求管理者科学地运用组织职能，按照组织目标和计划所提出的要求，设计出合理的、高效的、保证计划顺利实施的组织结构和组织体系，合理安排和调配各种资源，以保证计划和组织目标的顺利完成。

6.1 组织概述

6.1.1 组织的含义

在管理学中，组织就是研究企业中人与事的合理配合。组织具有两个方面的含义。

首先，作为实体本身的组织，是人们为了实现某一共同目标，经过分工和合作，建立起不同层次的责任和职权制度后而构成的人的集合。它一般泛指各种各样的社会组织和企事业组织，企业、学校、医院及政府机构等都是组织。组织必须具备以下要求：

（1）组织必须具有共同的目标。任何组织都是为实现某些特定目标而存在的，共同的目标是组织存在的前提和基础。企业的目标是获取一定的经济效益和社会效益；学校的目标是传授知识、培养人才；而一些非正式组织，它们的目标是组织成员受到群体保护或满足成员在某些方面的特殊要求。

（2）必须有分工与协作。分工与协作关系是由组织目标限定的。企业为了达到经营目标要有采购、生产、销售、财务和人事等许多部门，每个部门都专门从事一种特定的工作，各个部门又要相互配合。只有把分工与协作配合起来才能产生较高效率。

（3）要有不同层次的权力与责任制度。这是由于分工之后，就要赋予各部门及每个人相应的权力，以便于实现目标。但同时必须明确各部门或各人的责任，只有权力而不负责任，可能导致滥用权力，同样影响组织目标的实现。所以，权力和责任是达到组织目标的必要保证。

（4）激发员工自愿效力。理想的组织内部关系，在于使成员自愿为组织贡献力量。

其次，作为涉及活动过程的组织，是指为了实现组织目标对组织的资源进行有效的配置的过程。每一个组织为了实现其目标，必须具备一定的资源（人、财、物），并对这些资源进行合理安排，充分利用，才能有效地达到组织的目标。在管理过程中，组织又是管理的一项基本职能。所以从本质上说，组织是人们为了实现共同目标而采用的一种手段和工具。

6.1.2 组织的功能

组织的功能体现在以下四个方面：

1. 组织的凝聚功能

任何有效率的组织，都必然会产生巨大的向心力和凝聚力。组织的凝聚力，首先来自组织的目标。共同的目标把人们维系在一起，凝聚成为一个坚强的集体。其次，凝聚力来自组织中人际关系的和谐和群体意识。组织成员富有对群体的归属感，互相尊重、互相支持、互相信任，就会产生一种组织的向心力。最后，凝聚力还取决于领导的导向作用。领导者无形的影响力和感染力，也会增强组织的凝聚力。

2. 组织的协调功能

组织的协调功能是指正确处理组织活动中复杂的分工协作关系。这既包括组织内上下级之间纵向的关系、左右之间横向的关系，也包括组织与环境的关系。在一个组织内部，如果各个部门各尽其职，密切协作，就会产生一种更大的协调能力；在组织与环境的关系上，如果组织能不断调节自己，顺应环境变化，就会产生一种审时度势的适应能力。

3. 组织的制约功能

在一个组织里，每个成员被指派担任一定的职务，赋予相应的权力，承担一定的责任，并且依靠不同层次、不同职位的权力和责任的制度，保证组织活动的和谐统一。从一定意义上说，组织正是由职位、权力、责任组合而成的结构系统。这种职位、权力和责任所构成的制约力量，制约着组织成员的行为，关系到组织的功能。

4. 组织的激励功能

组织的激励功能是指一个有效的组织，应当是一个发掘人的长处，中和人的短处，充分发挥人的积极性、创造性和主动性的组织。组织只有高度重视人的因素，肯定人的工作成果，培养人的责任感，增强人的荣誉感，激励人的开拓精神，才能使管理者和被管理者进行创造性的工作，提高组织的激励功能。

6.1.3 组织工作

1. 组织工作的定义

组织工作作为一项重要的管理职能，是指通过设计来维持组织内部的结构和相互之间的关系，使人们为实现组织的目标而有效地协调工作的过程。该定义强调两个要点：一是指组织的内部结构，主要是指部门结构；二是指组织的相互关系，主要是指组织成员中的权责关系。一定的组织结构和一定的组织权责关系相结合，则构成了一定的组织模式。

2. 组织工作的内容和任务

组织工作作为管理人员执行计划的必要手段，其内容如下：

（1）组织设计。根据组织目标及工作需要，对为实现目标所必要的活动进行分工，即横向管理部门的设置和纵向管理层次的划分，并确定各个部门及其工作人员的职责范围，确定组织机构系统。

（2）组织联系。确定各个部门及其工作人员的职权关系，坚持分工合作，发挥各自的功能，激励全体成员为实现组织目标而努力工作，以确保目标的实现。

（3）组织运行。与管理的其他职能相结合，以保证设计和建立的组织结构有效地运转。

（4）组织变革。根据企业环境的变化和组织战略的发展，对组织结构进行变革，消除各种障碍，以适应新的发展要求。

根据以上分析，组织工作的任务就是通过设计和维持组织内部的结构和相互之间的关系，使组织中的各个部门和各个成员为实现组织目标而协调一致地工作，从而保证组织目标和战略的实现。

6.2 组织设计

案例

王厂长总结自己多年的管理实践，提出在改革工厂的管理机构中必须贯彻统一指挥原则，主张建立执行参谋系统。他认为，一个人只有一个婆婆，即全厂每一个人只有一个人对他的命令是有效的，其他的无效。如副厂长有事只能找厂长，下面的科长只能听从一个副厂长的指令，其他副厂长的指令对他是不起作用的。这样做中层干部都高兴。原来这个工厂有13个厂级领导，如果每个厂级领导的命令都要求下面执行，下面就吃不消了。一次，有个中层干部开会时在桌子上放了一个本子和一支笔就走了，散会也没回来。事后，王厂长问他搞什么名堂，他说有三个地方要开会，所以就放一个本子，以便应付另外的会。后来，他们规定，同一个时间只能开一个会，由厂长办公室统一安排。

王厂长认为，上下级领导界限要分明。副厂长是厂长的下级，必须服从厂长的决定，副厂长和科长之间也应如此，厂长对党委负责（注：当时执行的是党委领导下的厂长负责制），要向党委打报告、报计划、报预决算，经批准就按此执行。所以厂长跟党委书记有时一周一面也不见，跟副厂长一周只见一次面。王厂长认为这样做是正常的。他们规定，报忧不报喜，工厂一切正常就不用汇报，有问题来找厂长，无问题各忙各的事。

王厂长认为，一个人的管理能力是有限的，所以规定领导的直接下级只有5~6人，现在多了一点，有9个人（4个副厂长，2个顾问，办公室、人事、财务3个科长）。他提出，这9个人厂长可以直接布置工作，有事可以直接找厂长，除此以外，任何人不准找厂长，找厂长也一律不接待。

（资料来源：单凤儒．管理学基础．北京：高等教育出版社，2004）

【分析与思考】

（1）王厂长主张“一个人只有一个婆婆”在理论上的依据是什么？在实践上是否可行？

（2）你怎样理解王厂长的“报忧不报喜”？你赞成吗？

（3）王厂长认为除直接下属外，“任何人不准找厂长，找厂长也一律不接待”。请说出赞成或反对的理由。

组织设计是以组织结构安排为核心的组织系统的整体设计。设计一个好的组织结构是十分重要的，比如数量相同的一队士兵，由于组织和列阵方式的不同，在战斗力上即表现出质的差异。组织设计的目的就是：发挥整体大于部分之和的优势，使有限的人力资源形成最佳的组合效果。

6.2.1 组织设计的任务

组织职能的中心工作是要将每个人安排在最合适的岗位上，让每个人都能够发挥出自己的能动性，为实现组织目标作出贡献。要做到这一点，首先要设计组织的结构，即有哪些分工，各种岗位需要完成什么任务，需要拥有什么样的职权和要承担什么样的责任，与其他部门和管理者之间的关系等。组织设计的任务是要绘制组织结构系统图和编制职位说明书。

组织结构系统图简称组织结构图，是描述组织的所有部门以及部门之间关系的框图。它描述了组织的职权分配、信息传递方式、部门划分以及组织的集权分权程度。由于组织结构图明确规定了各领域的职责和职权，这样也使管理人员更便于协调各种活动、各种关系。

职位说明书是描述组织中某一具体职位的书面说明，它不仅是组织规范化的管理文件，而且是人员培训的主要标准。完整的职位说明书包括职位名称、直属上级、责任与义务、工作项目、素质、权责范围、工作关系、工资等内容。

6.2.2 组织设计的原则

1. 目标可行原则

组织的建立是为一定的目标服务的，组织设计必须根据组织目标来考虑组织结构的总体框架。在组织设计时，首先要明确该组织发展方向的经营战略目标；其次要认真分析为了保证组织目标的实现，必须做什么，怎样才能做得好；最后以任务为中心，设计职务，建立机构，配备人员。

2. 有效性原则

有效性原则是指将组织目标划分为工作目标或任务后，设计组织结构必须有利于高效率地完成这些工作或任务，有效地实现组织的目标。组织设计必须从有利于组织目标的实现来考虑和安排管理层次与工作机构，做到“因事设人”而不是“因人设事”。有效性原则的另一层含义是：组织结构设计还要能提高组织的工作效率，这就要求机构设置及人员配备应该尽量做到精简、高效。

3. 管理幅度原则

管理幅度是指一名领导者能够直接而有效地指挥的下级的人数。每个组织的管理者，由于受知识、经验、时间、精力和条件等各方面的限制，能够有效地、直接地领导的下级人数总是有限的，这就决定了任何组织机构都应有一定的管理幅度。管理组织之所以能形成某种形式的组织结构，其基本原则就在于管理幅度的限制，并且在组织结构上必须形成一定的管理层次。管理幅度以多大为宜，在很大程度上制约着组织层次的多少，并与组织层次成反比。管理幅度小，组织层次过多，会增加管理费用，造成沟通困难，使计划和控制工作复杂化，造成人际关系紧张，也无法实现有效的管理。

4. 统一指挥原则

统一指挥原则是指组织的各级机构以及个人必须服从一个上级的命令和指挥，从而保证命令和指挥的统一，避免多头领导和多头指挥，使组织最高管理部门的决策得以贯彻执行。根据这一原则，对于直线指挥系统，上下级之间组成一条连续的等级链，任何下级只能有一个上级直接指挥。不允许上级越过直属下级指挥，也不允许下级越过直属上级接受更高一级的命令。

5. 权责对等原则

权责指职权和职责。职权是管理职位所具有的发布指令和希望指令得到执行的一种权力。任职者可以从该职位的等级中获得这种权力。职责是对应职权应承担的相应责任，是对职权的一种约束。组织设计中，应贯彻权责对等原则，做到有职有权、有权有责。还要考虑到有多大的权力，承担多大的责任，就应有相应的利益，保证责、权、利三者的一致性。在三者中，责任是分配职权和利益的前提，职权是承担责任的必要保证，利益是完成责任的动力。

6. 协调原则

组织系统的优势之一是“整体功能大于部分功能之和”。但这种优势的发挥有赖于组织内部的协调，而协调的基础是组织结构设计的合理性。在组织设计时，既要进行纵向协调，又要进行横向协调。要注意处理好任务与资源在各层次和各部门之间的配置平衡，要理顺职位、职权和责任的关系，保持畅通的联系渠道，建立高效的反馈、调节和控制系统。

7. 双向沟通原则

这是指组织内部的信息沟通结构，要改变传统的垂直单向沟通模式，形成自上而下的有反馈、有交流和双向的沟通网络。双向沟通适应了组织管理民主化的客观要求，充分发挥员工的积极性，形成向心力。据此原则，在组织结构设计时，要保持最短的信息联系线，避免因划分过细而增加不必要的组织界限，影响信息沟通；要有利于开展非正规的讨论，有利于组织成员间的相互理解与和谐气氛的形成。

6.2.3 组织设计的程序

1. 确定组织目标

就是在综合分析组织的外部环境和内部条件的基础上，合理确定组织的总目标及各种具体目标。组织结构中每一个部门都是为保证实现组织目标而设置的，例如企业的生产部门、财务部门、人事部门等。

2. 确定业务内容

根据组织的目标，确定为实现组织目标所必须进行的业务管理工作，并按其性质适当分类。明确各类活动的范围和大概工作量，进行业务流程的总体设计，使总体业务流程优化。

3. 部门化和层次化

根据组织规模、技术特点、业务工作量的大小，确定需要设计哪些单位和部门，并把性质相同或相近的管理业务工作归到适当的部门和单位负责，形成部门化、层次化的结构。

4. 配备职务人员

根据各单位和部门所分管的业务工作和对人员素质的要求，挑选和配备称职的人员及其行政负责人，并明确其职务和职称。

5. 确定职责和职权

根据组织目标的要求，明确规定各单位和部门及其负责人对管理业务应负的责任以及评价工作业绩标准。同时，也要根据业务工作的需要，授予各单位和部门及其负责人相应的权力。

6. 连成一体

明确规定各单位、各部门之间的相互关系及它们之间的信息沟通和相互协调方面的原则和方法，把各个组织实体上下左右连接起来，形成一个能够协调运作，有效地实现组织目标的组织结构体系。

组织结构设计工作完成以后，要用组织结构图描述组织内部各层次、各部门、各职位以及上下左右的相互关系，用职位说明书详细阐述各个职位的职责与职权。

6.2.4 组织设计的内容

组织设计包括横向和纵向两个方面。横向分工是根据不同的标准，将组织活动分解成不同的岗位和部门，其结果是部门的设置。纵向分工是根据管理幅度的限制，确定管理层次，并规定各层管理人员的职责和权限，其结果是管理权限的相对集中或分散。

1. 部门划分

随着组织规模的扩大和活动的复杂化，为了提高工作效率，就需要将组织的工作或任务按照一定的方式，合理地归并成若干个相互依存的基本管理单位，如部、处、科、室、组等，这些统称作部门。组织设计很大一部分是将管理职能化。常见的部门设计方法如下：

（1）职能部门化。职能部门化是按工作内容的相同或类似性进行归类。这是应用最为普遍的部门划分方法，如企业设置生产、营销、财务、人事部门等。职能部门化有利于提高管理的专业化程度，提高工作效率，但容易出现部门间协调困难，整体性较差的问题，并且不利于高级管理人才的培养。

（2）工艺部门化。工艺部门化是以工作程序为基础组合各项活动、划分部门的一种方法。如在机械制造企业，通常按毛坯、机械加工、装配的工艺顺序分别设立部门。这种划分方法用于生产工艺复杂、技术要求严格的生产企业，它有利于加强专业管理，提高工艺水平。

（3）产品部门化。产品部门化是把某种产品的设计、制造、销售管理工作划归一个部门负责，各部门对其拥有一定的职权。国内外企业中的产品事业部就是典型的按产品划分的部门。它有利于提高决策效率，有利于产品的开发与生产经营。

（4）区域部门化。这是按地理区域划分部门的方法。对一个地域分布较广或经营业务涉及区域较广的组织来说，按地区划分部门是必要的。按地区划分部门有利于各部门因地制宜地制定政策、进行决策，提高管理的适应性和有效性，有利于培养管理人才。

（5）顾客部门化。这是以顾客或顾客群为基础来划分部门的方法。不同类型的顾客，在产品品种、质量、服务要求、价格等方面会有不同的要求，实行顾客部门化可更加有针对性地按需生产、按需促销。

2. 管理层次划分

管理层次划分即根据管理幅度的限制，确定组织纵向层次的设置，使得组织最高管理者可以通过职权等级链来控制和协调组织活动。

由于管理幅度的大小及管理层次的多少不同，会形成两种结构：高耸结构和扁平结构。高耸结构就是在最高层与作业层之间具有为数众多的管理层次，每个层次的管理幅度均较窄小。扁平结构恰好与高耸结构相反。高耸结构有利于严密管理，明确分工，上下级之间易于协调；但层次过多，加长了联系渠道，降低了命令下达和情况上报的速度，办事缓慢，容易使情况失真，且增加了管理人员的管理费用。扁平结构，上下级联系渠道缩短，有利于信息沟通，提高指挥效率；但信息量激增，领导者易陷入大量事务中，上下级协调较差，同级间相互沟通也较困难。高耸结构和扁平结构各有其优缺点，在适宜的环境下，都可能成为有效的结构形态。

一个适当的管理幅度，主要取决于以下六个因素：

（1）管理者的能力。管理者的综合能力、理解能力、表达能力强，可以迅速地把握问题的关键，就下属的请示提出恰当的指导意见和建议，管理幅度就可以大一些；反之则小些。

（2）下属的成熟程度。若下级具有符合要求的能力，训练有素，则无须管理者事事指点，从而减少向上级请示的频率，管理者的管理幅度就可加大；反之则会缩小。

（3）工作的标准化程度。若下属的工作基本类似，指导就比较容易，管理幅度可加大；若下属的工作性质差异较大，就需要个别指导，管理幅度就小。

（4）授权程度。如果领导者善于把管理权限充分授予下属，让下属有充分的自主权，则领导者本人需要亲自处理的问题就可相对减少，管理幅度就可扩大；如果不能授权或不愿授权，则管理幅度就应相应缩小。

（5）工作条件。如助手的配备情况、信息手段的配备情况等都会影响到管理者从事管理工作所需的时间。若配备助手、信息手段先进、工作地点相近，则管理幅度可大些。

（6）工作环境。环境变化越快，变化程度越大，组织中遇到的新问题就越多，因为要花时间去关注环境的变化，考虑应变的措施。因此环境越不稳定，管理者的管理幅度就越小。

6.3 组织结构

一个组织的绩效很大程度上取决于合适的组织结构。从生产制造一个简单的零件到组织卫星的发射这样庞大的工程，都离不开合理高效的组织结构模式。组织结构是人们实现组织目标的手段。

6.3.1 影响组织结构的因素

组织结构一般由生产力和生产关系共同决定，而更重要的还决定于生产力的水平和技术的进步。就企业来说，影响组织结构形式的主要因素有：①行业特点。②生产规模。③生产技术的复杂程度和专业水平。④市场需求的变化。⑤企业的地理分析。⑥企业的管理水平。因此，企业的组织结构形式应具有多样性和适应性，不可单一化、凝固化。既要考虑到由于生产力水平和管理水平的不平衡性，不同企业的组织结构形式应各有特点；也要考虑不同国家、不同地区的经济管理体制不同，企业的组织结构形式也应有所不同；即使在同一企业里，在生产力水平和管理水平的不同发展阶段，其组织结构形式也应相应地变化。

6.3.2 组织结构的体系

设计科学合理的组织结构，其目的是建立一个现代化的组织系统，即结构体系。这个决策应该包括：决策子系统、指挥子系统、参谋子系统、执行子系统、监督子系统和反馈子系统。

在这一结构体系中，参谋子系统提供信息支持，决策中心决定组织的大政方针，指挥中心是计划实施的起点，执行机构必须准确无误地贯彻执行指挥中心的指令。为了保证这一点，就应有监督机构来监督执行的情况，而反馈子系统是反映执行的实际效果的。它们是从不同方面使计划得以正确无误推行的机构。

6.3.3 组织结构的主要形式

1. 直线制

直线制是一种最早期也是最简单的组织结构形式。其特点是组织从决策到执行构成一个单线系统，指挥和管理的职能基本上都是由行政负责人自己执行，一个下属部门只接受一个上级领导者的命令。以企业为例，其组织结构如图 6－1 所示：

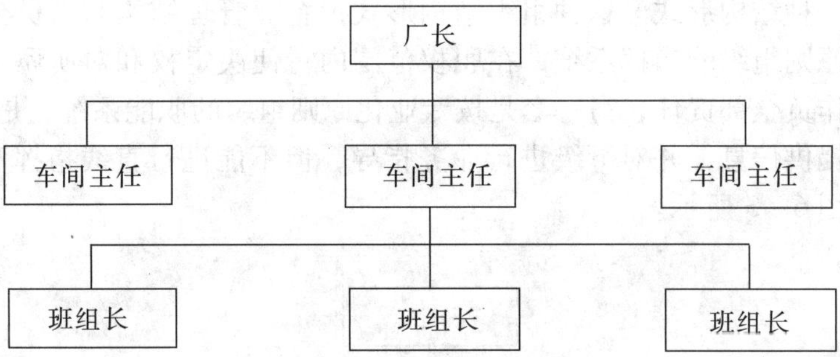

图 6－1　直线制组织结构简图

这种组织结构的优点是结构简单，权力集中，责任分明，上下关系清楚，命令统一。但不足之处是组织结构缺乏弹性，主管人员须通晓多种知识技能。直线制适用于规模较小、生产技术比较简单的企业。

2. 职能制

职能制组织结构，在组织内各级管理部门除直线主管外，还建立了相应的职能机构。这些职能机构有权在自己的业务范围内，向下级单位下达指示和命令。因此，下级直线主管除了接受上级直线主管的指导和命令外，还要接受上级各职能机构的领导和指令。其组织结构如图 6－2 所示。

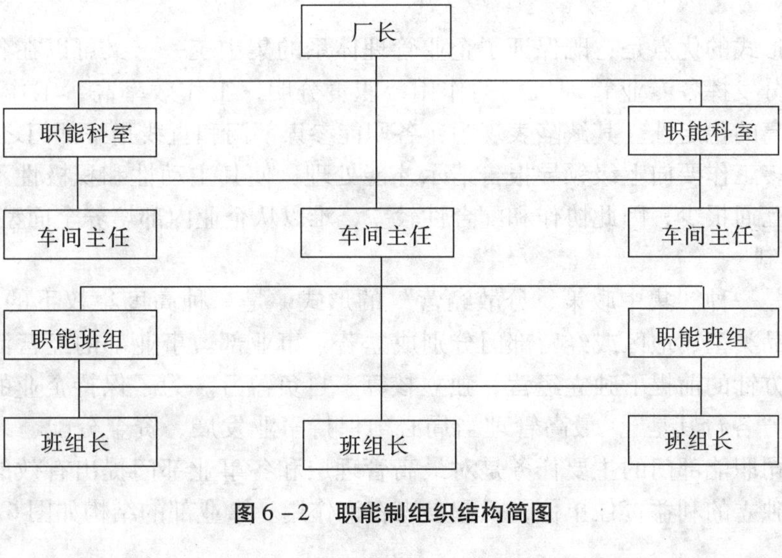

图 6－2　职能制组织结构简图

这种结构的优点是能够适应现代组织技术比较复杂和管理分工精细的特点，能发挥职能机构的专业管理的作用，减轻上层主管人员的负担。但其缺点也比较明显：它妨碍了集中领导和统一指挥，造成多头领导；不利于明确划分直线人员和职能科室的职责权限，容易造成管理的混乱。这种组织结构形式在理论上具有一定的指导意义，但在管理实践中并未得到广泛的推广应用，现代企业一般都不采用职能制。

3. 直线—职能制

这种组织结构形式实际上是直线制和职能制的有机结合。此组织结构是当前国内各类组织中最常采用的一种结构形式。这种组织结构形式把企业管理结构和人员分成两套系统：一套是按命令统一原则组织的指挥系统，在职权范围内行使决定权和对所属下级的指挥权，并对自己部门的工作负全部责任；另一套是按专业化原则组织的职能系统，是直线人员的参谋，有权提出建议，提供信息，并对下级进行业务指导，但不能进行直线指挥和命令。直线—职能制组织结构如图6－3所示。

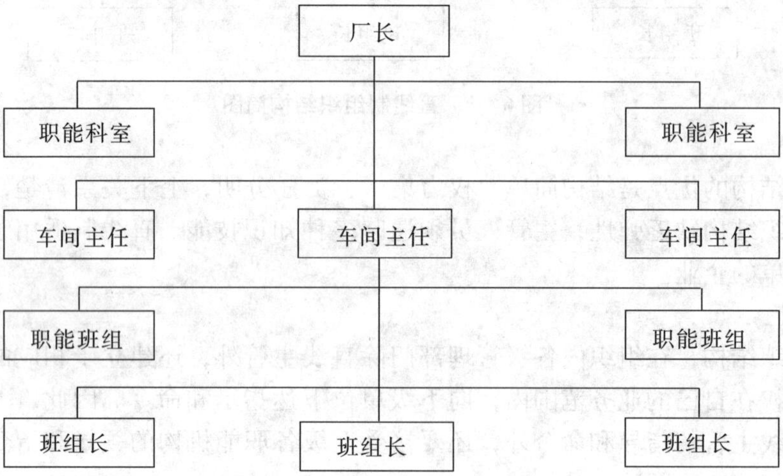

图6－3　直线—职能制组织结构简图

这种结构形式的优点是：既保证了企业管理体系的集中统一，又可以在各级行政负责人的领导下，充分发挥各专业管理机构的作用，职责分明，工作效率高，工作秩序井井有条，整个企业有较高的稳定性。其缺陷表现为：各职能参谋部门和直线指挥部门之间易产生矛盾，职能部门的许多工作要向上级领导报告请示才能处理，使其主动性和积极性不易发挥；各职能部门之间相互通报少，因此协作和配合性较差，难以从企业内部培养全面型管理人员。

4. 事业部制

事业部制是一种“集中政策、分散经营”的形式，是一种高度集权下的分权管理体制，企业组织按产品类型、地区或经营部门分别成立若干事业部。事业部的经营活动在不违背公司总目标、总方针的前提下独立经营、独立核算、自负盈亏。为了保持企业的完整性，使各事业部不至于“各行其是”，最高管理当局必须保持事业发展、资金分配、人事安排三方面的决策权。公司职能部门的主要任务是对最高管理层和各事业部门提出有效的建议、劝告与服务，它不是独立的利益责任单位，只起参谋咨询作用。事业部的结构如图6－4所示：

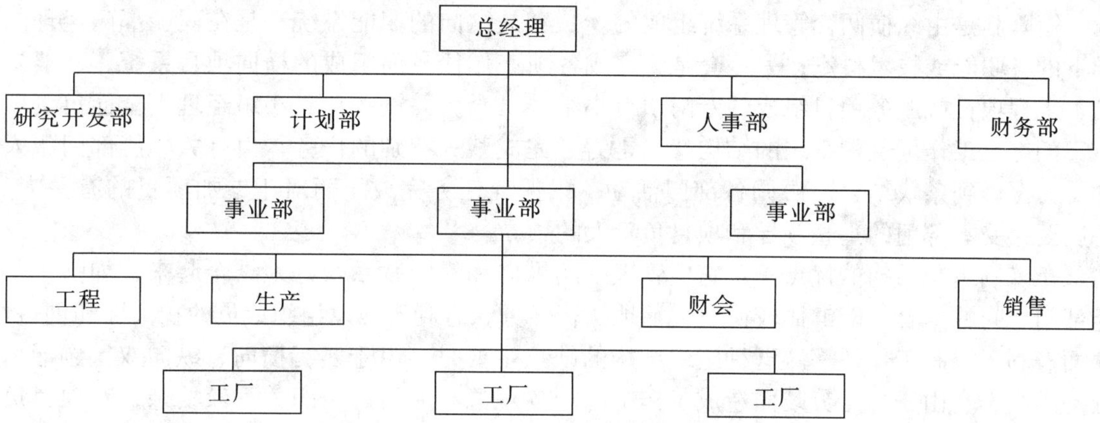

图6－4　事业部制组织机构简图

这种结构的优点主要有：①有利于总公司最高领导层集中精力搞好经营决策和长远规划，并使各个事业部发挥经营的主动性，增强各事业部领导人的责任。②使各事业部组成一个相对独立的经营管理系统，增强了企业的经营灵活性和市场适应性，提高了总公司的经营效率。③有利于公司开展多元化经营。④是培养全面管理人才的最好组织形式之一。

这种结构的不足：①对事业部一级的管理人员的水平要求较高，每个事业部都相当于一个单独的企业，事业部经理要熟悉全面业务和管理知识才能胜任。②从整个公司的角度看，每个事业部都设置相关的职能部门，职能部门重复多，增加了管理人员和管理费用。③事业部实行独立核算，各事业部只考虑自身的利益，影响了事业部之间的协作。

事业部制一般适用于规模庞大、品种繁多、技术复杂的大型企业，是国外较大的联合公司所采用的一种组织形式，我国一些大型企业集团或公司也引进了这种组织结构形式。

5. 矩阵制

矩阵制又称为目标规划制。这种类型的组织结构实际上是在直线职能制的垂直机构的基础上，再增加一种横向的领导机构所组成的。该结构形式如图6－5所示：

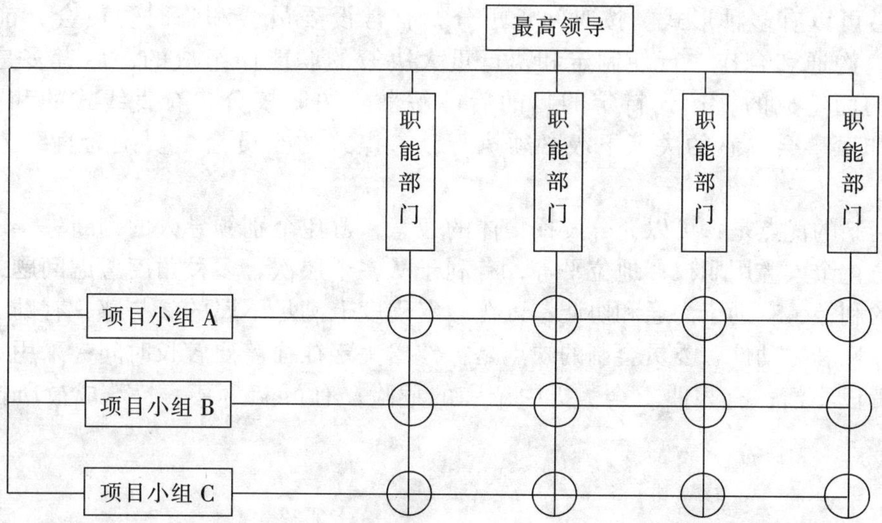

图6－5　矩阵制组织结构简图

矩阵制是由纵横两套管理系统组成的。一套是纵向的职能系统，是在职能部门经理的领导下的各职能或技术科室；另一套是为完成各项工作任务而组成的横向项目系统，一般是产品、工程项目或服务项目组成的专门项目小组委员会，并设立项目小组经理，全面负责项目方案的综合工作。这种组织的结构特点是为了完成某一特别的任务，由有关职能部门派人参加，力图做到条块结合，协调各部门活动，以保证任务完成。而对于参加项目的有关人员，一般要接受本部门的垂直领导和项目负责人的领导。

矩阵制组织结构的优点是：它使管理中的纵向和横向联系很好地结合起来，加强了各职能部门之间的配合，能够比较协调灵活地执行任务，有利于激发组织成员的积极性和创造性，从而有利于提高工作效率。这种组织结构的缺点主要是：由于实行横向、纵向双层领导，若处理不当，会由于意见分歧而造成工作中的扯皮现象和矛盾；组织关系较复杂，对项目负责人的要求较高；易产生临时观念。因此，这种组织结构非常适用于横向协作和攻关项目，可用来完成涉及面较广的、临时性的、复杂的重大工作项目或管理改革任务。

案例

华为在参加展会的时候，各职能部门在参展前会根据各自的职责负责相应的事项，一旦展会正式开始，由总部统一从各职能部门抽调人手参加展会的组织接待工作，其间一切工作听从该项目负责人的安排。待工作完成后，这些人员再回到原职能部门继续工作。

（资料来源：李慧群．华为的管理模式．深圳：海天出版社，2006. 8）

6. 委员会制

委员会是执行某方面管理职能并实行集体决策、集体领导的管理者群体。委员会中各个委员的职权是平等的，并依据少数服从多数的原则决定问题。委员会作为组织管理的一种手段，其设立的目的主要是：集思广益，产生解决问题的更好方案；利用集体决策，防止个人或部门的权限过大，滥用职权；加强沟通，了解和听取不同利益集团的要求，协调计划和执行的矛盾；通过鼓励参与，激发决策执行者的积极性。委员会对于处理权限争议问题和确定组织目标是比较好的一种形式。

委员会可以有多种形式。按时间长短分，有常设委员会和临时委员会，前者是为了促进协调、沟通和合作，行使制定和执行重大决策的职能而组成的；后者多是为了某一特定的目的而组成的，达到特定的目的后即解散。按职权分，有直线式的和参谋式的，直线式的如董事会，它的决策下级必须执行；参谋式的委员会主要是为直线人员提供咨询和建议。

委员会制的优点是：可以充分发挥集体的智慧，避免个别领导人的判断失误；少数服从多数，可防止个人滥用职权；地位平等，有利于从多个层次、多种角度考虑问题，并反映各方面人员的利益，有助于沟通和协调；可在一定程度上满足下属的参与感，有助于激发组织成员的积极性和主动性。委员会制的缺点是：作出决定往往需要较长时间；采用集体负责形式，个人责任不清；有委曲求全、折中调和的危险；有可能为某一特殊成员所把持，形同虚设。

案例

鸿远公司的组织结构

从开了一整天的公司高层例会上回来后，鸿远实业有限公司的总经理赵弘就一直陷入一种难以名状的焦虑中。他试图整理一下思绪，独自坐到沙发上静思起来……

鸿远公司6年来从艰难创业到成功的经历可以说历历在目。公司由初创时的几个人，发展到今天的1 300余人，资产也由当初的1 500万元发展到今天的5.8亿元，经营业务从单一的房地产开拓发展到以房地产为主，集娱乐、餐饮、咨询、汽车维修、百货零售等业务于一体的知名度较高的企业。公司是由中美合资建立的企业，主营高档房地产，在本地市场先入为主，很快打开局面。随后，其他业务就像变魔术似的，迅速拓展起来。近年来公司上下士气高涨，从高层到中层都在筹划着业务的进一步发展问题。房产建设部要求开展铝业装修，娱乐部想要租车间搞服装设计，物业管理部门甚至提出经营园林花卉的设想。有人提出公司应介入制造业，成立自己的机电制造中心。自公司创业以来一直担任总经理的赵弘，在品尝成功的喜悦和对未来憧憬的同时，也不可避免地增添一些隐忧。在今天的高层例会上，他在首先发言中也是这么讲的："鸿远公司成立已6年了，在过去的6年里，公司经过了努力奋斗和拼搏，可以说取得了很大的发展。公司现在面临许多新问题，其中最重要的是企业规模过大，组织管理中遇到许多问题，管理信息沟通不及时，各部门协调不力，我们应该怎样进行组织设计来改变这种情况?"在会上，各位高层领导都谈了自己的想法。

主管公司经营与发展的刘副经理，前年加盟公司，管理科班出身，对管理业务颇有见地。在会上他谈道："公司过去的成绩只能说明过去，面对新的局面必须有新的思路。公司成长到今天，人员在不断膨胀，组织层级过多，部门数量增加，这就在组织管理上出现了阻隔。例如，总公司下设5个分公司：综合娱乐中心，下有嬉水、餐饮、健身、保龄球、滑冰等项目；房屋开发公司；装修公司；汽车维修公司；物业公司。各部门自成体系。公司管理层级过多，总公司有三级，各分公司又各有三级以上管理层，最为突出的是娱乐中心的高、中、低管理层竟多达七级。且专业管理部门存在着重复设置。总公司有人力资源开发部，而下属公司也相应设置人力资源开发部，职能重叠，管理混乱。管理效率和人员效率低下，这从根本上导致了管理成本的加大，组织效率下降，这是任何一个大公司发展的大忌。从组织管理理论角度看，一个企业发展到1 000人左右，就应以管理机制取代人治，企业由自然生成转向由制度生成，我们公司可以说正是处于这一管理制度变革的关口。过去创业几个人、十几人，到上百人，靠的是个人的号召力；但发展到今天，更为重要的是依靠健全的组织结构和科学的管理制度。因此，未来公司发展的关键在于进行组织改革。我认为今天鸿远公司的管理已具有复杂性和业务多角化的特点，现有的直线职能制组织形式已不适应我公司的发展了。事业部制应是鸿远公司未来组织设计的必然选择。事业部组织形式适合于我们鸿远公司这种业务种类多、市场分布广、跨行业的经营管理特点。整个公司按事业部制运营，有利于把专业化和集约化结合起来。当然，搞事业部制不能只注意分权而削弱公司的高层管理。另外，搞组织形式变革可以是突变式，一步到位；也可以是分阶段的发展式，以免给成员造成过大的心理震荡。"

公司创立三元老之一，始终主管财务的大管家陈副总经理，考虑良久，非常有把握地说道："公司之所以有今天，靠的就是最早创业的几个人，不怕苦、不怕累、不怕丢了饭碗，有的是一股闯劲、拼劲。一句话，公司的这种敬业、拼搏精神是公司的立足之本。如何走出困境，关键是加强内部管理，特别是财务管理。现在公司的财务管理比较混乱，各分部独立核算后，都有自己的账户，总公司可控制的资金越来越少。资金分散管理，容易出问题，若真出了大问题怕谁也负不了责。现在我们上新项目，或维持正常经营的经费都很紧张，如若想再进一步发展，首先应做到的就是在财务管理上集权，该收的权力总公司一定要收上来，这样才有利于公司通盘考虑，共图发展。”

高层会议的消息在公司的管理人员中间引起了震荡，有些人甚至已经在考虑自己的去留问题了。

（资料来源：黄雁芳，宋克勤．管理学教程案例集．上海：上海财经大学出版社，2001）

【分析与思考】

（1）根据文中的描述，请画出鸿远公司现在的组织结构图。

（2）你认为事业部组织形式适合于鸿远公司吗？

（3）根据组织设计的基本原理，你认为鸿远公司的组织机构是否应该改革？怎样改革？

6.4 组织运行

组织结构的设计只是为实现组织目标提供了一个框架，要真正发挥组织结构的作用，还需要在组织结构运行过程中，处理好组织不同层次、不同部门、不同成员之间的各种关系，这是保证组织正常运行的关键。

6.4.1 正式组织与非正式组织

1. 正式组织与非正式组织

正式组织是为了有效地实现组织目标而规定组织成员之间职责范围和相互关系的一种结构。正式组织是经过组织程序设立的，并具有明确的目标，组织活动以实现目标为出发点。组织的管理者通过方针、政策、规则、制度来约束和协调组织成员的行为，对个人具有某种程度的强制性。正式组织具有目的性、正规性、稳定性特征。合理健康的正式组织无疑为组织活动的效率提供了重要保证。

非正式组织是人们在共同工作或活动中由于抱有共同的社会感情和爱好，以共同的利益和需要为基础而自发形成的群体。非正式组织以成员的思想感情为纽带，组织中不存在成文的规则或制度，组织成员也具有很大的不稳定性。一般来看，非正式组织具有自发性、内聚性、信息沟通灵活等基本特征。非正式组织的存在及其活动，既可对正式组织目标的实现起到积极的促进作用，也可能产生消极的影响。

案例

厦门灌口工业区的YJ有限公司是一家生产服装的中型企业，一部分产品是自产自销，而绝大部分产品是按照国外订单生产，然后出口到国外。公司一直都保持着稳定的发展，但自从公司的前任厂长离开自己创业后，整个形势就开始慢慢地变化。老总开始物色具有丰富服装生产和出口经验的管理者，结果前后来了三任厂长都改变不了车间混乱的状况，生产的服装几乎每批都被外贸公司退回返工，产品的质量达不到要求，一方面让公司大幅亏损，另一方面由于公司采取的是计件工资制，也导致员工的工资锐减。一时间公司内部流传着各种消息，如：又要换厂长了；刚做的一单又要返工；这个月的工资老板会压着不发；老板准备放弃这家企业等。

而这时公司的老总正在和深圳的一家贸易公司谈判，希望能获得一个100万元的海外订单，在离开公司之前，虽然他也知道公司内部人心不稳，但他认为只要能签到大额的订单就可以稳住员工的心，然后生产也会走向正常。结果，当他给员工发了上个月的工资，回到车间时却发现已经有40%的员工在领到工资后就集体辞职。他发现这些一起离开的员工大多是来自同一个省份，或者以前在同一家公司工作过。

（资料来源：http：//user. qzone. qq. com/632987120/blog/1196592519）

2. 正确对待非正式组织

由于非正式组织的存在是一个客观的现象，并对正式组织具有正负两方面的作用，所以，管理者应对它因势利导，妥善管理，其要点是：

（1）接受并理解非正式组织。非正式组织是缘自个人交往需要而建立起来的一种没有明确分工、界限模糊的组织，管理人员能够做的仅是对非正式组织施加影响，接受并理解非正式组织，这是管理人员的正确态度。

（2）采取行动时要注意引导非正式组织发挥积极作用。管理人员在作出一项决策并准备付诸实施时，一定要考虑到非正式组织对该行动计划的可能影响。在非正式组织与正式组织合作时，可以将行动计划用非正式组织的压力，迫使成员迅速接受并较好完成组织任务。

（3）在正式组织与非正式组织的利益发生分歧时，要适当考虑非正式组织成员的利益。一般来说，正式组织与非正式组织之间存在的分歧或冲突，是缘于利益上的冲突。管理人员应当在坚持组织利益的原则上，适当考虑非正式组织的利益要求，使非正式组织与正式组织的利益尽可能协调一致，以便争取非正式组织的合作。

（4）通过建立、宣传正确的组织文化，影响与改变非正式组织的行为规范，使其规范符合正式组织管理工作的需要。同时，对于非正式组织中产生的利益小团体、宗派等，则应当严格加以限制，以使内部各方利益及时协调，而不至于造成组织内耗。

（5）重视非正式组织中核心人物的作用。

6.4.2 集权与分权

所谓分权，就是在组织中将决策的权限分配给中下层组织单位的一种倾向。分权的对立面就是集权，即决策权主要集中在高层领导手中或受某一上级部门的掌握与控制，下级部门只能依据上级的决定和指示执行。在组织管理中，集权和分权是相对的。一个组织分权化程度宜高还是宜低，并没有绝对的结论。集权和分权应如何取得平衡，应根据组织的具体情况来确定。

1. 衡量分权程度的标志

（1）决策的数量。组织中较低管理层作出决策的数目或频度越大，则分权程度越高。

（2）决策的范围。组织中较低管理层决策的范围越广，设计的职能越多，分权程度越高。

（3）决策的重要性。组织中较低管理层作出的决策涉及的费用越多，则分权程度越高。

（4）决策的审核。上级对组织中较低管理层作出的审核程度越低，这个组织的分权程度越高。如果作出决策后还必须报上级批准，则分权的程度就越低。

2. 影响集权和分权的主要因素

（1）组织的规模。组织规模扩大后，要解决的问题就更多，集权管理不如分权管理有效和经济。

（2）职责和决策的重要性。所涉及的工作或决策越重要，与此相关的权力越可能集中在上层。

（3）组织文化。分权的程度常与该组织的创建过程有关，基本上是从内部发展起来的或独资创办的组织，常表现出明显的集权化倾向。另外，如果一个组织中的管理者对自己的下属充分信任，则多采用分权形式。

（4）下级管理人员的素质。分权需要组织具有素质良好的中下层管理人员，如果下级管理人员经验丰富、训练有素则可较多地分权；反之，人才素质不高，会限制职权的分散。

（5）控制的需要。分权不可失去有效的控制。最高主管在经济决策权下授时，必须同时保持对下属的工作和绩效的控制。控制技术的改进，将有助于管理的分权化。

3. 合理授权

处理好集权和分权的关系，要求对组织中的重大决策和全局性的管理实行集权，对局部的日常管理问题实行分权，即正确性地授权。授权是领导者将部分事情的决定权和处理权交给下级，即领导者对下属不仅指派其工作，还授予他完成该工作所需要的某种程度的职权。

管理者进行授权的主要作用有：可以使管理人员从日常事务中解脱出来，专心处理重大问题；可以提高下属的工作积极性，增强其责任心，并提高工作效率；可以增长下属的才干，有利于管理人员的培养；可以充分发挥下属的专长，以弥补授权者自身才能的不足。

一般来说，授权包括以下四个方面内容：

（1）分派任务。向被授权人明确其所应承担的任务。

（2）授予权力。即授予其行动的权力或指挥他人的权力，如有权调配有关人员等。给予一定的权力是使被授权者完成所分派任务的基本保证。

（3）明确责任。被授权者的责任主要表现为向授权者承诺保证完成所分派的任务，保证不滥用职权，并根据任务完成情况和权力使用情况接受授权者的奖励和惩处。要注意的是，被授权者所负的只是工作责任，而不是最终责任，在失误面前，授权者应首先承担责任。

（4）确立监控权。正因为授权者对组织负有最终的责任，因此，授权者对被授权者拥有监控权，即有权对被授权者的工作情况和权力使用情况进行监督检查，根据检查结果，可调整所授权力或收回权力。

6.4.3 直线职权与参谋职权

组织中的管理人员通常是以直线与参谋的身份来从事管理工作的，他们在组织中发挥着不同的作用。然而在组织运行中，直线与参谋的矛盾经常是组织低效率的重要原因，正确处理直线与参谋的关系，充分发挥参谋人员的作用，是组织有效运行的一个重要内容。

1. 职权的类型

职权是管理人员在职务范围内的管理权限，是其履行管理职责的前提。一个正式组织的职权包括直线职权、参谋职权和职能职权。

（1）直线职权。直线职权是直线人员所拥有的作出决策、发布命令以及执行决策的权力。直线职权是循着指挥链而发生的职权关系。如车间主任可以直接指挥班组长等，由此一级管理一级就形成了直线职权指挥系统。直线职权是组织中一种最基本、最重要的职权，缺少了直线职权的有效行使，整个组织的运转就会出现混乱。

（2）参谋职权。参谋职权是指职能机构或参谋人员所拥有的提出咨询建议、提供服务、协助直线机构和直线人员进行工作的权力，它是一种辅助性职权。现代管理工作范围广、内容多、工作量大，需要借助参谋专家的作用来协助直线人员行使直线指挥权力。

（3）职能职权。职能职权是管理人员把原本属于自己的某些权力授予有关的参谋人员行使，使他具有一定的直接指挥和控制权力。职能职权的运用有利于高层管理者集中精力进行重大问题的决策，但可能造成多头指挥的问题。因此必须审慎地加以界定和把握。

2. 直线职权和参谋职权之间的关系

从维护命令和指挥统一的原则出发，直线职权和参谋职权的关系应是主导和从属的关系，即参谋建议和直线命令的关系。参谋组织必须了解自己的职责是向直线人员提建议而非发号施令，切忌削弱直线主管的职权。作为直线主管，必须善于倾听参谋的意见，依靠参谋机构去进行各项专业管理。确立参谋建议和直线命令的关系，才能确保既充分发挥参谋的智囊团作用，又维护了命令统一原则。但在一定的条件下，为了确保参谋人员发挥作用，授予他们一定的职权往往也是必要的，特别是在要求专业知识较多的领域里。

在组织的实际运转中，直线职权和参谋职权之间经常会发生摩擦和冲突。为了协调好这两者之间的关系，要注意以下四点：

（1）双方要明确两种职权之间的关系，对直线职权和参谋职权之间的“参谋建议，直线指挥”关系作出明文规定，以便相应人员能各司其职，形成有序的管理。

（2）直线人员要注意倾听、采纳参谋人员的建议，并为参谋人员开展工作提供必要条件和信息。

（3）参谋人员要努力提高自己的业务水平，为直线人员提供有效的建议。

（4）创造相互合作的良好气氛。

本章实训与练习模块

实训目标：通过对本章知识的实训操练，使学生掌握如何进行组织结构的设计，理解集权与分权的关系，正确处理直线职权和参谋职权的关系，掌握组织运行理论在管理实践中的应用。

模块1：案例分析与思考

【实训目的】

通过对案例的分析，学会运用组织设计的原理，培养学生合理设置组织结构和合理授权的能力。

【实训要求】

理论联系实际，分析点评案例中的领导授权和组织结构安排情况，撰写一份约600字的书面分析。

案例一

梁总经理的烦恼

林克电子公司专门生产某种继电器，虽然这个行业竞争非常激烈，但由于林克的产品比较特殊，与众多同类产品有所不同，以供某些厂家专用，再加上其质量过关，销售得力，所以公司在这个地区也小有名气。公司建立9年来，销售额由30余万元人民币发展到如今的1 800余万元人民币，公司的员工也从1990年的20余人发展到今天的将近650人。公司总经理梁波初建公司时，困难重重，正是梁波带着一帮人，起早摸黑，没日没夜地干，才开发出了如今能使自己公司在市场立足的产品；而且，在销售方面梁波也是一把好手，在他的亲自带领下，公司的销售额在最初几年里扶摇直上。

然而，伴随着公司的发展壮大，梁波认识到了授权的必要性。经过一段时间的实践，梁波发现，尽管自己做了尝试，但下属中似乎没有能辅佐自己的将才。要么下属不明白自己要干什么；要么下属能力不足，不敢授予其太多权力，因而仍得时时检查工作，最后再由自己拍板。总之，和过去一样凡事都得亲自过问，对产品的生产、销售及原料的采购，公司的财务、人事、资本耗费、广告、后勤等都得自己最后拍板。这次授的权限并不能保证经理们完成自己的任务，到头来，仍得向总经理请示，甚至有人嘀咕，总经理有太强的权力欲。梁波觉得，这种情形如果任其发展下去，一定会毁了自己10多年来的成果。因而，他从冠力咨询公司请了一位顾问来解决授权这个问题。

这位顾问在公司做了一番调查，对公司员工、各层管理人员进行访问之后得出结论，林克公司总经理授权失败的原因有：总经理太担心失去对公司经营的控制权，如果下属经营不善的话，会毁了自己10多年的心血；总经理对下属进行授权的技巧还需要提高。之后，顾问先生给林克公司递交了一份建议书，让林克公司的管理层商榷、实施。

（资料来源：杨明刚．实用管理学——知识·技能·案例与实训．上海：华东理工大学出版社，2001. 199 ~ 120）

【分析与思考】

（1）在本案中，总经理授权不当表现在什么地方？原因是什么？

（2）如果你就是这位顾问，你将建议梁总经理授哪些职权？怎样来进行授权？

案例二

上海宏力股份有限公司的组织结构安排

上海宏力股份有限公司是一家成立于1996年，以生产与销售保健品为主业的企业。

上海宏力股份有限公司总经理王力生正在向董事会说明他的组织结构安排。在其组织结构图中，共有21人向王力生汇报工作。这些人包括：负责人力资源、生产、市场营销、物流、财务、研究与发展业务和资本运作业务的7名副总经理，11个保健产品部的经理，以及公司秘书、法律顾问和投资顾问。

上海宏力股份有限公司的董事会由9名董事组成，其中有3名独立董事。独立董事李学民是上海某高校管理学院的教授，从事管理理论教学和研究已10多年。

根据现代管理理论，一个企业老总的最佳管理幅度应该在7到13人之间，而王力生的管理跨度显然已超出了正常的范围，李学民教授希望王力生能对他的组织结构安排作出解释。

王力生的观点是："我并不太相信这个管理跨度原理，因为，这是国外企业的统计结果，但国外的理论未必都适合于我国企业的实践，更何况我们公司拥有一支受过良好教育和培训的工作团队，他们有着一流的业务素质，知道自己应该做什么，我的下属将会得到我明确的授权，并根据授权有效地处理各种问题。只有当他们遇到例外或者无法解决的问题时，才需要向我汇报。因此，我们公司的组织结构的设计是合理的，管理跨度也将是有效可行的。"

李学民教授并不满意王力生的解释，他坚持认为总经理的负担过重，将很容易成为公司未来管理工作的一大"瓶颈"。

王力生反驳道："即便是国外的实践，也证明了企业实施宽的管理跨度是安全可行的，例如，通用电气公司的韦尔奇在担任CEO期间，就曾强制性地要求通用电气公司的任何地方从一线员工到他本人之间不得超过5个层次。以家用电器事业部、销售部为例，从一线销售人员到公司总裁之间仅隔4个层次：公司总裁，家用电器事业部总裁，家电销售部总经理，30个地区家电销售经理，400个家电销售代表。根据管理理论，管理跨度与组织层次呈反比关系，组织层次减少的话，管理跨度将会变宽。通用电气的重型燃气轮机制造基地全厂有2 000多名职工，年销售收入达20多亿美元。全厂由一位总经理负责，他下属还有几位生产线经理，如叶片生产线、装配线、调试线等，每个生产线经理直接面对100多名工人。没有班组长，也没有工长、领班，更没有任何副职。既然人家能管这么多人，我们为什么就不行呢？"

李学民教授仍坚持自己的观点，并建议应该设立1到2名副总经理来管理11个保健产品部。

（资料来源：徐波．管理学案例集．上海：上海人民出版社，2004）

【分析与思考】

该公司的组织结构哪些是合理的，哪些是不合理的？为什么？李教授的建议正确吗？为什么？

模块2：模拟设计

【设计课目】

工商企业——组织结构

【实训目的】

（1）通过对某一个企业组织结构的了解和分析，培养学生对有关知识的综合应用能力。

（2）提高学生掌握组织设计的技能。

【实训内容】

（1）要求学生了解某一企业的组织机构设置及相互之间的联系。

（2）了解其中某一部门基层管理人员的职责内容。

（3）对该企业现有组织结构的状况进行分析，提出是否有不合理之处。

【实训组织】

把全班学生按每4～6人一组分成若干个小组，分别走访不同的企业。

【实训要求】

（1）每组学生画出模拟企业的组织结构图，编写一个部门或职务组织分工的基本职能。

（2）每位学生写一份500字左右的实训报告。

模块3：游戏：授权的自我评估

【项目简介】

这是一份学生对授权认识程度的游戏。

人数：全体参与

时间：30 分钟

场地：教室

用具：纸、笔、投影仪

【训练步骤】

教师把印有如下内容的试题纸发给学生或投放在投影仪上。学生选择合适的数字，然后合计得分。选择的数字为：1——完全同意，2——有些同意，3——有些不同意，4——完全不同意。

1. 我是想要多授权，但我所授权的工作似乎从未依我想要的方式完成过。 1 2 3 4
2. 我感到自己没有时间好好地将任务授权给部属。 1 2 3 4
3. 我能很小心地检查部属的工作，而不让他们知道。因此，我能在任何小错误引发大问题前加以纠正。 1 2 3 4
4. 我将工作全部授权下去，也就是在我完全不参与的情况下，让部属有机会去完成一项工作。然而，我会检查最后的结果。 1 2 3 4
5. 当我已经给了明确的指示，而工作却没有做对时我会生气。 1 2 3 4
6. 我觉得部属不像我那么有使命感，因此，任何工作授权出去都不像我自己做得那么好。 1 2 3 4
7. 我是想要多授权，但我认为自己做事能比任何接受授权的人做得更好。 1 2 3 4
8. 我是想要授权，但如果对方做得不好，我将是受到指责的人。 1 2 3 4
9. 假如我非得将某些工作授权出去的话，我自己的工作就不会那么有乐趣了。 1 2 3 4
10. 每当我授权某项工作时，我总是会发现它不符合我的标准，结果我还得自己重新做一遍。 1 2 3 4
11. 我还没有真正觉得授权可以节省时间，有时候花在追踪上的时间比我自己去做还要多。 1 2 3 4
12. 在授权时，我做得既清楚又明确，我会精确地说明要怎样去完成这项工作。 1 2 3 4
13. 我不能完全如自己所愿的去授权，因为我的部属缺乏所需的经验。 1 2 3 4
14. 当授权时，我感到自己会失去掌控。 1 2 3 4
15. 我是想要多授权，但我是十足的完美主义者。 1 2 3 4
16. 我工作的时间比我的部属长，有时比我自己希望的时间还长。 1 2 3 4
17. 我可以将例行的工作交给部属做，但我觉得那些非例行的工作还是必须留在自己手上。 1 2 3 4
18. 我发现我经常将工作带回家做。 1 2 3 4
19. 有时我发现自己在做别人的工作（这些事是他们自己也能够做的）。 1 2 3 4

20. 在休假或出差后，我的公文盒都会堆得满满的。 1 2 3 4

21. 我常常会因为其他人来问我问题，或就一些特别项目向我提出请求，而将工作打断。 1 2 3 4

22. 有时候我发现自己花在例行工作上的时间，要多过用在计划与督导上的。 1 2 3 4

23. 我有喜欢插手每一件事情的倾向。 1 2 3 4

24. 我经常赶着在限期内完成工作，而且会亲自花很多时间在重要的工作上。 1 2 3 4

25. 我是想要多授权，但我的老板期待我对所有的细节非常都清楚。 1 2 3 4

【训练要点】

75 分或以上：你应该是个有效的授权者。

55 ~74 分：意味着你仍有一些成长的空间。

35 ~54 分：显示出你的授权习惯和态度可以大幅度地改善。

35 分以下：你不利用部属的问题可能相当严重。

注意：

授权请谨记八个字：放开双手，睁开双眼。

模块 4：参观走访

【走访对象】

中小企业

【课题】

组织运行情况

【实训目的】

（1）增强学生对企业组织运行的感性认识。

（2）培养学生对企业组织运行分析的初步能力。

【实训内容】

（1）听取企业集权与分权的情况介绍。

（2）参观企业直线职权与参谋职权的运行情况。

（3）对该企业的组织运行情况，运用所学的知识进行分析诊断。

【实训组织】

（1）以模拟公司为单位，对企业进行走访。

（2）组织每个模拟公司进行探讨与分析诊断，也可在班级上进行交流与研讨。

【实训要求】

（1）走访之前，每个模拟公司要拟定一份参观方案。

（2）到企业调查时，要选择比较规范的中小企业，尽可能搜集到所需的资料。例如：领导者处理非正式组织的策略、部门管理层的职权等。

（3）对企业组织的运行情况进行分析诊断，注意以下几点：①企业组织的设计运行是否合理。②领导对待非正式组织的方案是否恰当。③企业领导者是否合理授权。

【实训考核】

（1）每位同学都要写一份走访企业组织运行情况的简要分析报告。

（2）教师根据模拟公司成员调查与研讨的表现和分析报告，为每人评估打分，记入积分卡。

模块5：辩论

【题目】

组织结构的形式决定组织在管理中的作用

【实训目的】

了解掌握组织理论的基本内容，培养学生重视组织工作程序，学会运用组织管理的能力。

【实训内容】

（1）论述组织基本理论的应用。

（2）论述组织设计方法的应用。

（3）论述组织结构分类与形式的作用。

（4）论述组织运行形式在管理中的作用与地位，探讨如何提高组织管理能力。

【方法与要领】

（1）全班分正方与反方两组（每组5人）或若干小组组合，并设定辩论场地和辩论议程。

（2）陈述。正方与反方相互提出观点进行论述与反驳，贯穿并自选学习内容、要点进行辩论。

（3）答辩。正反双方在辩论中既要回答对方的提问，也要向对方提出疑难问题，要求答辩。

（4）陈辞。正反双方各推荐一人进行归纳总结，举例要鲜明生动，既能证明本方观点正确，又能反驳对方观点，在规定时限内发言完毕。

（5）点评。邀请管理方面专家、老师对辩论情况进行讲评。

【成绩测评】

（1）正反双方将辩论内容分别形成书面辩论资料，呈报老师或评委。

（2）综合点评意见，由教师、学生或邀请企业领导者参与组成评定组，评判辩论结果。

模块6：讨论题

（1）在企业组织结构设计中到底是“因人设事”、“因事设人”还是两者相结合？

（2）如何保证组织运行适应企业发展要求？

（3）什么样的组织结构最为普遍适用，什么样的组织结构能达到最有效的效果？

【方法与要求】

（1）全班同学或模拟公司分成若干小组，每组6~8人。

（2）各组由模拟公司经理或组长主持，讨论时大家要联系本章理论与实训内容畅所欲言，人人发言。

（3）各组分别指定一人记录，讨论后进行归纳整理，形成集体讨论答案（约1 500字）送交老师批阅。

【成果验收】

老师对各组讨论答案批改后，将成绩记入小组积分。

第7章　组织变革

◉学习要点

1. 组织变革的动因
2. 组织变革的方式和内容
3. 组织变革的步骤
4. 组织变革的阻力及其克服

◉学习目标

1. 掌握组织变革的动因
2. 了解组织变革的方式
3. 掌握组织变革的内容
4. 了解组织变革的步骤
5. 了解组织变革的阻力及克服阻力的措施

◉关 键 词

组织变革　组织发展　激进式变革　渐进式变革　系统发展式变革　扁平化组织　柔性化组织　虚拟组织　激励型组织　学习型组织

案例

从层级管理到人人创客

传统企业组织是一个“正三角”的金字塔结构，即工作指令层层下达，员工只能被动执行。经过三十年实践，海尔打破常规的体制壁垒，提出了人人创客的创新理念，把企业从一个封闭的组织转变为一个开放的创业生态圈，自我驱动实现发展。

青岛雷神科技有限公司于2014年4月份正式成立，4名创始人都是原海尔电脑的基层员工。他们借助互联网平台和大数据分析，在同质化竞争激烈的笔记本电脑市场，挖掘出游戏本这一缝隙产品。

2014年伊始，海尔提出了员工创客的理念，企业充分下放权限，让员工实现自创意、自发起、自组织，自主创新创业。雷神创客团队，就是在这种氛围下诞生的。目前，雷神科技实现销售收入2.5亿元，净利润达到1 300万元。像雷神科技这样的公司，在海尔体系中被称作小微企业，它们是海尔创立以来组织管理体系沿革发展的一个阶段性特征。三十年间，海尔在组织管理上先后经历了“工厂制”、“事业部制”。进入互联网时代，用户个性化需求成为市场消费方向，“正三角”的组织管理结构已经使企业和用户产生了距离。于是，海尔把“正三角”变为“倒三角”，让基层员工直接面对市场终端，倒逼企业体系提供支持资源，变传统的领导下达指令为员工主动创新创业满足用户需求，在组织管理上衍生出了自主经营体和由创客组成的小微企业。

如今，海尔的组织管理体系只有三个组成部分：集团平台、小微企业和创客。项目和产品创意由创客发起，通过递交商业计划书、路演等形式，获取来自各方面的启动资金；之后，目标一致的创客联合成立小微公司，为用户提供个性化服务。现在，由海尔小微团队研发出来的水盒子、空气魔方等产品都得到了用户的认可。

目前，海尔的创客已经组建了169个小微企业，成为海尔最具活力和创造力的“细胞”。未来，海尔将打造全部由小微企业组成的“联合舰队”，通过输出创客机制，在社会经济层面形成一个更大的发展“生态圈”。

（资料来源：青岛电视台：海尔三十年　精彩中国造）

【分析与思考】

（1）海尔集团组织管理结构为什么要进行变革？

（2）海尔集团在组织变革中会面临什么问题？如何来解决这些问题？

（3）你如何理解“管理无边界，企业无领导”这句话？

管理大师德鲁克认为，过去的组织像水晶，未来的组织像水，是可以流动变化的。随着经济和科学技术的发展变化，一个组织要想能够长期生存、发展、壮大，就必须根据外部环境及内部条件的变化而适时地调整其目标与组织结构，增强组织的灵活性和适应性，提高其竞争能力，这样，才能更好地适应组织发展的要求。组织变革是组织发展过程中的一项经常性的活动。

7.1　组织变革的动因

7.1.1　组织变革的性质

1. 组织变革的概念

组织变革是指组织管理人员主动对组织的原有状态进行改变，以适应外部环境变化，更好地实现组织目标的活动。这种变革包括组织的各个方面。如组织行为、组织结构、组织制度、组织成员和组织文化等。组织是一个由多因素组成的有机体，和其他有机体一样，经历着产生、成长、成熟和衰退的过程，它不断地和周围的环境进行物质、人员、信息的交流。一旦组织的内部因素或所处的外部环境发生变化，组织的某些方面不能适应这种变化，甚至影响到组织的生存，组织就必须进行变革，从而推动自身不断地发展。

2. 组织变革与组织发展的关系

组织发展是指以变革的方式改进组织行为、提高组织效率的过程。组织发展与组织变革是既相互区别又紧密联系的两个概念。组织发展是目的，组织变革是手段。组织发展的目的要通过组织变革来实现。组织的效率一般取决于组织的管理体系和组织结构，组织的技术水平和工作安排体系，组织成员的态度、行为、价值观等。组织发展就是对这些因素进行的一系列变革，其中改变人的因素、发展人的潜能和特性是组织发展的本质。

组织发展通过一系列具体方法，调动全体员工的积极性，从而促进和支持组织的变革。组织发展是一个连续不断的动态过程，组织领导者不能期望运用某种方法就能在一定时间内解决所有问题，而是需要经历一个由低级到高级的较长的动态过程；它从整个组织系统出发，需要综合运用多学科知识。组织发展主要是调整领导与员工之间、员工之间、部门之间的关系，力图创造信任、协作、理解的工作氛围；它一般采用有计划的再教育手段实现自己的目的，通过有目的地改变人的态度，影响人的行为，不断创新规范，推动组织的发展。

3. 组织变革与稳定的关系

组织变革既有有利的一面，也有不利的一面。对待变革也有一部分成员持积极的态度，一部分成员持消极甚至反对的态度。一方面组织希望促成变革以保持竞争力，采纳有效果和有效率的方法，并保持与环境的和谐。另一方面，组织又常常抵抗变革，因为它们希望保持稳定和可预见性。所以组织变革的关键是实现既达到组织发展的目标又不干扰正常的组织运行。为解决组织发展变化的这个两难问题，就要对组织变革加以管理和控制，采取一些有计划性、预见性的措施。实现组织变革的计划程度越高，则变革的不确定性与不稳定性越低。

4. 组织变革的目标

（1）使组织更具环境适应性。环境因素具有不可控性，任何组织都不能阻止或控制环境的变化。组织要想在动荡的环境中生存并得以发展，就必须顺势变革自己的任务目标、组织结构、决策程序、人员配备、管理制度等，只有如此，组织才能有效地把握各种机会，识别并应对各种威胁，使组织更具适应性。

（2）使管理者更具环境适应性。一个组织中，管理者是决策的制定者和组织资源的分配人。在组织变革中，管理者必须能清醒地认识到自己是否具备足够的决策、组织和领导能力来应对未来的挑战。因此，管理者一方面需要调整过去的领导风格和决策程序，使组织更具灵活性，另一方面要能根据环境的变化要求，重构层级之间、工作团队之间的各种关系，使组织变革的实施更具针对性和可操作性。

（3）使员工更具环境适应性。最直接感受到组织变革的人就是组织的员工。组织若不能使员工充分认识到变革的积极性，改变员工对变革的消极观念、态度、行为方式等，就可能无法使组织变革措施得到员工的认同、支持和贯彻执行。但是改变员工的固有观念、态度和行为是非常困难的。组织要使员工更具环境适应性，就必须不断地进行再教育和再培训，决策中要更多地重视员工的参与和授权，要根据环境的变化改造和更新整个组织文化。

7.1.2　组织生命周期理论

所谓生命周期，就是指一种有机体从产生到发展，直到消亡的整个过程，这种发展变化是有规律地从一个阶段向下一个阶段的运动。从管理学的角度看，与任何有机体一样，组织也有其生命周期，即具有随着时间推移而发展变化的规律性。一般来说，可以将一个组织的成长过程分为五个阶段，即创立阶段、聚合阶段、规范化阶段、成熟阶段、成熟后阶段。每个阶段的组织结构、领导方式、管理体制和职工心态都各有特点。每一个阶段后期都将会面临某种危机和管理问题，都要采取一定的管理策略化解这些危机，这样，才能达到使组织不断扩大的目的。

1. 组织成长过程的五个阶段

（1）组织创立阶段。这是组织的幼年期。这一阶段组织的规模小，反应灵活，人员心齐，工作关系简单，创造力强。组织的大小事情均由创业者直接决策指挥。创业者一般属于技术型，业务很熟，能力很强，但不太重视管理。组织的生存与成长完全取决于创业者的素质和创造力。然而，随着组织的壮大，管理对象越来越复杂，创业者常常感觉到难以驾驭整个组织，无法以个人的非正式沟通来解决管理中的问题。因此，到了创业后期组织内管理问题会层出不穷，从而出现领导危机并直接导致组织的成长危机。

（2）组织聚合阶段。这是组织的青年期。这一阶段组织人员迅速增多，组织规模不断壮大并具有很强的凝聚力，组织获得了成功业绩。在这个过程中，创业者不断得到磨炼，已具有丰富的管理经验和领导才能。为了适应组织不断扩大的新形势，组织会有计划地吸收若干有丰富经验的专门管理人才，主持组织中各个层次的管理工作。通过组织设计、制度化建设，重新确立组织目标，使组织获得稳步发展。在这个阶段，创立者基本上仍以集权方式指挥控制中下层的管理者，严格控制着组织的各个部分，因而，组织的成长主要依靠高级主管的集权和命令。到了这个阶段的后期，高层主管渐渐习惯于集权管理，变得专制、自以为是。中下层的管理人员由于长期无决策权和自主权，事事都必须请示、听命于上级，会产生不满情绪，要求获得较大自主权。这就会出现所谓的自主性危机。

（3）组织规范化阶段。这是组织的中年时期。这一阶段组织已具有相当的规模，基本形成了稳定格局。例如，企业增加了许多生产经营单位，甚至形成了跨地区经营和多元化发展的局面。为了使组织继续成长，必须采取分权式的组织结构，容许中下级管理者拥有较大的决策权。但是，随着各种决策权、自治权的下放，时间长了又使高层主管感到由于权力过于分散，各层级、各部门常常会出现各自为政、本位主义、仅考虑本单位利益的现象，容易使整个组织失去控制。这就会出现控制性危机。

（4）组织成熟阶段，又称结构精细化阶段。组织走过前面三个阶段之后，通过逐渐完善组织制度而趋于成熟。为了防止控制性危机，组织将许多原属于中层和基层的管理决策权重新收回到最高决策层，出现了重新集权的趋势。然而，由于组织规模、中下层管理者习惯于分权等原因，下授的权力难以完全收回，不可能恢复到第二阶段的命令式管理，组织的成长更多地依赖于组织各部门上下左右的协调，只有采取其他组织方式予以弥补，如加强整体规划、建立管理信息系统、成立协调委员会或矩阵式组织结构等。随着职能部门的增多、关系复杂化，该阶段后期必须制定系统化的制度，如岗位制度、技术规范、工作程序等，这些规定、制度也容易成为组织的束缚，在某种程度上降低了组织的运行效率和灵活性，这样便产生了僵化和官僚主义危机。

（5）组织成熟后阶段，又称成熟后的再发展或衰退阶段。这一阶段组织已处于中年后期并逐渐进入老年期，因而具有很大的不确定性。通过组织的变革与创新，组织可能重新获得再发展，也可能趋向更成熟、更稳定，进一步壮大，也可能由于没能及时适应环境变化而步入老年期，走向衰退，甚至消亡。为了使组织继续保持成熟、稳定，并避免出现过分依赖僵化的组织制度和官僚主义危机，必须培养管理者和各部门之间的合作精神，通过团队合作与自我控制以达到协调、配合、发展的目的。人员和各个部门的相互合作尤其重要。在可能的条件下，要努力进行组织变革，更新组织成员观念，开拓新领域。

2. 组织成长过程的危机

任何事物的发展都不会是一帆风顺的，组织的成长也是如此。组织成长过程中的不同阶段面临着不同的危机：

（1）成长危机。组织成长的第一个阶段是因为创新而扩大，这时候靠的是领导者或合伙人的领导魅力。随后因为组织的人员不断增加，如果是企业的话，必然是产量和市场不断成长，这时候需要一个具有丰富知识与较高业务水平的管理人员来领导，此时出现组织的第二层次变革，以克服所谓的缺乏领导的危机。

（2）自主性危机。通过强有力的集权管理后，组织会进一步成长，但当职能和工作业务范围逐渐复杂后，这种指导式的管理模式无法让基层应付随时出现的危险，因此必须展开第三层次变革，通过授权以应付缺乏自主的危机。

（3）控制性危机。当权力下放到某种程度时，组织内部会产生竞争，并因竞争产生组织的资源利用效率低下的问题，同时组织结构也因工作业务的扩大而出现部门、行业和区域重叠的混乱状况，这时需要进行第四层次变革，即开展协调。组织在总部设立总管理部门，集中处理重大决策，以应付缺乏控制的危机。

（4）硬化危机。当组织规模继续扩大时，管理更加复杂化，带有部分集权形式的战略规划部门也无法全面掌握各种不同文化、不同服务和职能的需求以及不同国家的政策法规的变化。决策活动常常因为决策系统的庞大和官僚主义、决策过程太长、决策仅依据报表及文件等原因，导致效率低下。因此，组织又面临第五层次变革，即以联邦分权的形式，通过合作来克服烦琐公事的危机。

7.1.3 组织变革的动因

由于组织面对的是一个动态的、变化不定的环境，为了组织的生存和发展，必须使其设法适应这样的环境，不仅老化的组织需要变革，实际上，处于每一个成长阶段的组织都需要考虑变革与发展的问题。组织变革与发展的主要动因大致可划分为两大类：一类是外部环境的影响，另一类是内部条件的变化。

1. 组织变革的外部动因

任何组织都是一个开放系统，它通过与其所在的环境不断地进行物质、能量、信息的交换而得到生存与发展。因此，组织外部环境的发展变化是组织变革的重要动因。组织变革与发展的外部动因是相当广泛而复杂的，包括社会、科技、经济、政治、法律甚至国际方面等的趋势性变化。任何外部环境的变化，都或多或少对组织产生影响，这种影响集中到一定程度，就会引起组织的变化。

（1）科学技术进步的影响。知识经济的社会，科技的发展日新月异，新产品、新工艺、新技术、新方法层出不穷，带来了生产方式和生活方式的变化，对组织的固有运行机制提出有力的挑战，从而引起组织运行的变化。例如，由于计算机控制取代了直接监督，使管理者的控制跨度更为广泛，组织结构也更扁平。

（2）宏观社会经济环境变化的影响。政治环境、经济环境和文化环境的变化，国家经济政策、宏观管理的调整等，都会引起组织内部深层次的调整和变革。例如，我国从计划经济转向市场经济，每一次重大的转变，都引起组织的管理方式和运行方式的转变。

（3）环境资源变化的影响。组织发展所依赖的环境资源对组织具有重要的支持作用，如原材料、资金、能源、人力资源、专利使用权等。组织必须能克服对环境资源的过度依赖，同时要及时根据资源的变化趋势变革组织。

（4）竞争观念和市场变化的影响。基于全球化的市场竞争将会越来越激烈，竞争的方式也将会多种多样，组织若想适应未来竞争的要求，就必须在组织内部顺势调整，争得主动，这样才能在竞争中立于不败之地。市场的走向和变化是引起企业组织发展变化最直接、最重要的原因。市场是企业赖以生存的基础，企业必须适应市场及其变化。如果不能对市场的变化及时、适度地作出反应，就必然会发生危机。

（5）国际环境变化和突发性事件的影响。同处在全球经济一体化的时代，由于国际经济、贸易联系的日益紧密，国际性的变化也成为引致组织变化的一个重要因素。如我国加入世界贸易组织后，对国内市场和企业产生了重大影响，组织必须调整自己的结构和行为，积极应对，才能顺势发展。

2. 组织变革的内部动因

组织变革与发展的内部动因主要是指组织中人员的思想和行为的变化、组织运行和成长中的矛盾。组织发展的内部动因，往往是促成组织变化的最直接、最具决定性的因素。组织发展的内部动因很多，主要有以下七个方面：

（1）组织规模变化的要求。有些组织由于资源的不断积累，组织成长壮大起来，原有的组织结构和模式不再能够满足组织的要求。对于兴旺发达的企业来说，这种情况比较常见。对于一些合并、联营的企业来说，也应在组织上作出相应的调整。对于组织规模正在产生明显变化的企业来讲，如果不及时进行组织调整，则很可能危及企业的效率和继续发展。

（2）组织本身任务或性质变化的要求。对于其本身的任务或性质发生明显变化的组织来说，也要求在组织上有所发展变化。例如一些事业单位转向企业化经营、国有企业股份制改造等。

（3）技术条件变化的要求。在现代高科技时代，组织使用的生产技术、管理手段和控制工具不断更新换代，从而对组织变化提出了新的要求。例如，过去销售人员满天飞，但在电子商务得到快速发展的情况下，销售组织就应当相应地进行改进。

（4）克服组织低效率的要求。组织长期一贯运行，极可能会出现机构重叠、权责不明、人浮于事、目标分歧等现象，只有及时变革才能进一步制止组织效率的下降。

（5）保障信息畅通和快速反应的要求。随着外部不确定性因素的增多，组织决策对信息的依赖性增强。为了提高决策的效率，必须通过变革，保障信息渠道的畅通。通过变革，对决策过程中的各个环节进行梳理，以保证决策信息的真实、完善和及时。

（6）提高整体管理水平的要求。组织整体管理水平的高低是竞争力的重要体现。组织在成长的每一个阶段都会出现新的发展矛盾，为了达到新的战略目标，组织必须在人员素质、技术水平、价值观念、人际关系等各个方面都作出进一步的改善和提高。

（7）组织成员自身因素变化的要求。组织成长的过程也是一个不断吐故纳新的过程。当组织成员在年龄、性别、知识等方面的比例结构发生重大变化时，也会对组织发展提出一些客观要求。例如，组织成员对工作的态度，对归属感、上进心、自尊心的要求等，都是组织发展应当予以重视的。

案例

温特图书公司的组织改革

温特图书公司原是美国一家地方性的图书公司。近10年来，这个公司从一个中部小镇的书店发展成为一个跨越7个地区、拥有47家分店的图书公司。多年来，公司的经营管理基本上是成功的。下属各分店，除了7个处于市镇的闹区外，其余分店都位于僻静的地区。除了少数分店兼营一些其他商品外，绝大多数的分店都专营图书。每个分店的年销售量为26万美元，纯盈利达2万美元。但是近3年来，公司的利润开始下降。

两个月前，公司新聘苏珊任该图书公司的经理。经过一段时间对公司历史和现状的调查了解，苏珊与公司的3位副总经理和6个地区经理共同讨论公司的形势。

苏珊认为，她首先要做的是对公司的组织进行改革。就目前来说，公司的6个地区经理都全权负责各自地区内的所有分店，并且掌握有关资金的借贷、各分店经理的任免、广告宣传和投资等权力。在阐述了自己的观点以后，苏珊便提出了改组的问题。

一位副总经理说道："我同意你改组的意见，但是，我认为我们需要的是分权而不是集权。就目前的情况来说，我们虽聘任了各分店的经理，但是我们却没有给他们进行控制指挥的权力，我们应该使他们成为一个有职有权，名副其实的经理，而不是有名无实，只有经理的虚名，实际上却做销售的工作。"

另一位副总经理抢着发言："你们认为应该对组织结构进行改革，这是对的，但是，在如何改的问题上，我认为你们的看法是错误的。我认为，我们不需要设什么分店的业务经理。我们所需要的是更多的集权。我们公司的规模这么大，应该建立管理资讯系统。我们可以透过资讯系统在总部进行统一的控制指挥。广告工作也应由公司统一规划，而不是让各分店自行处理。如果统一集中的话，就用不着花这么多工夫去聘请这么多的分店经理了。"

"你们两位该不是忘记我们了吧？"一位地区经理插话说，"如果我们采用第一种计划，那么所有工作都推到了分店经理的身上；如果采用第二种方案，那么总部就要包揽一切。我认为，如果不设立一些地方性的部门，要管理好这么多的分店是不可能的。"

"我们并不是要让你们失业。"苏珊插话说，"我们只是想把公司的工作做得更好。我要对组织进行改革，并不是要增加人手或是裁员。我只是认为，如果公司某些部门的组织能安排得更好，工作的效率就会更高。"

【分析与思考】

（1）有哪些因素促使该图书公司要进行组织改革？

（2）你认为该图书公司现有的组织状态和讨论会中两个副总经理所提出的计划怎么样？

7.2 组织变革的方式和内容

7.2.1 组织变革的方式

（1）按照工作对象的不同，组织变革可以通过三个主要方式进行，即以机构设置为中心进行变革、以任务和职能为中心进行变革、以人员为中心进行变革。

①以机构设置为中心的变革。它是指通过改变组织结构形态、信息沟通渠道和方式、管理的规章制度、成员的工作环境等途径实现组织变革。在这种变革过程中，人员的态度和行为方式是随着以上几方面的改变而加以调整的，并且这种调整是渐进的，有时是不情愿的。组织的变革常常会遭受来自人员态度和行为方面的阻力。以组织机构设置为中心的变革是人们采用较多的变革方式，其优点是操作起来相对容易，且效果比较明显。

②以任务和职能为中心的变革。组织面对的周围大环境变了，组织的任务随之发生变化，其发挥的职能也要变化。这时的组织变革就是明确新任务、突出新任务，根据新任务调整职能、转变职能和明确新职能。

③以人员为中心的变革。它是指通过改变成员的态度、价值观念、需求层次和种类行为方式等途径实现组织变革。这种方式的变革，要求组织的管理者针对员工的不同特点和所处的不同状态，有目标、有计划、有步骤地进行深入细致的教育、引导、示范和培训，改变他们看问题的角度与方式、对工作和人生的态度，激发他们的工作热情，引导其需求的偏好和

兴趣，提高他们的岗位技能，鼓励他们大胆创新，提高工作效率。因此，这种变革一般需要较长的时间，并要求组织的管理者具备极高的素质，其效果迟缓但具有持久性，与前两种组织变革方式相比有更大的难度。

在具体的管理实践中，对于一个具体组织而言，应视其具体情况来选择变革方式，其组织变革常常是上面三种方式交替与混合的过程。在这个过程中，选好变革的突破口至关重要，只有将这些变革方式很好地结合起来使用，循序渐进，才能收到良好的效果。

（2）按照变革的程度与速度不同，组织工作变革可分为激进式变革、渐进式变革和系统发展式变革。

①激进式变革。它就是彻底打破现状，抛弃旧的一套，断然采取新的组织管理办法。如更换原有组织主要领导人、大范围调整人员、重新划分部门和职权等。这种方式一般是在组织发生危机或外部环境有重大突变时采用。

②渐进式变革。它是指在原有的框架内进行一些小改革，如规章制度的修订、局部的人事变动、某些部门权责的调整或职责的明晰等。此种方式是最常采用、随处可见的。

③系统发展式变革。这是由主管人员先设想出一个最佳的方案，让有关人员共同研究、分析修改定出变革的模型，然后对照现状，找出矛盾和差距，再据此找出解决问题的具体措施，最终要求在达到组织最优化、高效化的同时，也达到个人成长的最优化。这是一种有计划、有远见的组织发展方式。

在以上三种变革方式中，系统发展方式是最有效的。逐步演变方式不易触及组织的根本性问题，收效不大，费时较长。激进方式要彻底打破现状，会产生较大阻力和破坏性。而系统发展方式既不是小改小革、逐步演变，仅满足于小幅度、小范围的调整，也不是打破一切、采取革命措施、强制人接受的一种深刻变化。系统发展方案能把领导和职工的聪明才智组织起来，有系统地研究问题和制订变革方案，在理解与支持的基础上，朝着预定目标前进。

（3）按照变革的侧重点不同，组织工作变革可分为战略性变革、结构性变革和流程性变革。

①战略性变革。它是指组织对其长期发展战略或使命所作的变革。如果组织决定进行业务收缩，就必须考虑剥离非关联业务；如果组织决定进行战略扩张，就必须考虑并购的对象和方式，以及组织文化重构等问题。

②结构性变革。它是指组织需要根据环境的变化适时对组织的结构进行变革，并重新在组织中进行权力和责任的分配，使组织变得更为柔性灵活、易于合作。

③流程性变革。它是指组织紧密围绕其关键目标和核心能力，充分应用现代信息技术对业务流程进行重新构造。这种变革会对组织结构、组织文化、用户服务、质量、成本等各个方面产生重大的改变。

7.2.2 组织变革的内容

组织的变革过程，侧重于组织为了不断适应环境的变化而持续进行的渐进式的改革与创新。组织创新则主要是指建立在一种全新理念的基础上，彻底打破传统的框架体系，创造出新的组织形态，来增加组织的竞争力和活力，以适应新形势和信息化时代对组织发展的要求。随着经济的全球化和知识经济的到来，组织结构也在发生深刻的变化。在这些变化较明显的趋势中，可以体现出组织变革与创新的主要内容。

1. 扁平化组织

组织结构的扁平化是指组织通过精简管理层次、增加授权、扩大管理跨度等措施减少组织层次的过程。其目的是提高组织的运作效率，增加组织的灵活性与适应性。传统的金字塔式的层次结构主要依靠高层主管的权威和由上向下的垂直指挥链来运作，繁多的层次结构严重影响了组织的活力和竞争力。因此，精简机构、减少结构的中间层次、使组织结构扁平化，是组织变革的一个基本的趋势。

组织结构扁平化需要两个最基本的条件：其一，对管理信息的传递、处理必须敏捷、集中，保证基层人员与高层人员的直接沟通；其二，组织成员的工作能力、知识水平和主动精神符合独立工作的要求。由此可见，“扁平化”是组织综合改革的结果。显然，组织结构扁平化后，必然会增加管理层的管理跨度和关系协调的工作量。为了使组织适应这种新的变化，高级管理层必须向下级授予更多的决策权和自治权，而这对基层人员的素质也提出了更高的要求，管理工作不仅要有主动性，而且要有创新性。

组织扁平化的第一个行动是精简机构。根据精简效能的原则，把原来的许多层次的部门机构加以合并和调整，使每一个层次的部门机构变瘦。例如，日本的丰田汽车公司由原先的21个决策层缩至11个。另一个行动是裁员。减少每个层次的管理人员，缩减各级各线多余人员。通过减少中间管理层次，使高层管理者直接面向基层，进行直接沟通式的领导，其运行效率与效益得以大幅度提升。其直接效果是充分利用人力资源，节省成本，使组织轻便、精干，大大提高了管理效率。以通用电气公司家用电器事业部为例，创新后的管理体制规定由一位总经理负责领导几位生产线经理，每个生产线经理直接面向数百名工人，中间再也不存在工长、班组长，也没有副职，这一做法为员工的主动发展提供了良好的条件，同时也有利于上层的科学决策。

案例

艾科卡的扁平化组织整顿

美国著名企业家艾科卡初到克莱斯勒汽车公司时，发现公司职能部门很多，人浮于事，管理混乱，作风散漫。上班时间经理人员不时手端咖啡杯，打开总裁办公室的门，走进来窜出去，女秘书花很多时间打私人电话。公司总共有副总裁35人，但每一个人都没有自己的明确的职责。公司没有真正的管理机构，组织松散，缺乏人际对话和沟通，如主管设计部门的同事与主管生产部门的同事接触甚少，人人都各自为政。

艾科卡总结出公司存在问题的根源：机构臃肿，层次太多，权责不明。他开始进行改革。在3年多的时间里，他精简部门，减少管理层，解聘了35位副总裁中的33位，只留有两位。艾科卡为了解决人浮于事的问题，不得不解雇了几千名员工，白领和蓝领一视同仁。1999年4月，他又辞退了7 000名白领职员，每年因此节约2亿美元开支。在此之前的几个月里，他还解雇了8 600名员工。仅此两项，每年就可降低费用支出数亿美元。裁员遍及公司各层次，包括高层经理人员和普通蓝领工人。

艾科卡的整顿使公司减少了管理层，使结构朝扁平化过渡，提高了办事效率，公司面貌焕然一新。2000年公司的经营纯利润达到9.2亿美元，为历史最高水平。

（资料来源：崔卫国，刘学虎．管理学故事会．北京：中华工商联合出版社，2005）

2. 柔性化组织

柔性的概念最初起源于生产中的柔性制造系统，指的是制造过程的可变性、可调整性，描述的是生产系统对环境变化的适应能力。后来，柔性就运用到企业的组织结构。所谓组织的柔性化，是指组织的各个部门、各个人员都是可以根据组织内外环境的变化而进行灵活调整和变动的。在知识经济时代，外部环境以大大高于工业经济时代的速度在发生变化，企业的战略调整和组织结构的调整必须及时，因此柔性组织结构应运而生了。使组织结构保持一定柔性的目的，就是使一个组织的资源得到充分利用，增强组织对环境变化的战略调整和适应能力。

柔性化组织应具有双重结构。一方面，为完成组织的一些经常性的任务，需要建立相对稳定的组织结构；另一方面，为了完成各种机动性的柔性任务，需要建立诸如项目小组、团队等方面的可变结构。这两部分结构构成了柔性组织的基本结构。在柔性组织内部，临时团队以柔性生产任务为中心组建，是一种随任务而变的活动单位。这种形式在当今欧美国家的企业中比较盛行。

例如，日本京都陶瓷公司是世界知名的工业用瓷材料制造公司。它根据产品、制造流程和顾客等的不同要求，以机动式组成数人到数十人的小组，共同利用设备和设施，并对各小组制定责任额，财务各自独立。这种柔性化组织较好地满足了个性化生产的需要，取得了很好的经营效果。由于组织结构柔性化的企业具有参与国际竞争，对变化不断作出反应，以及适时根据意外情况迅速进行调整的能力，在个性化生产不断发展的今天，柔性化组织已成为一种有效的组织创新形式。

总之，企业管理组织不是一成不变的，要随着环境和实际要求的变化而不断变革和创新，从而增强组织对环境变化的适应性，增强企业的生存发展能力，也可以减小组织变革所造成的冲击和震荡。

3. 虚拟企业

虚拟企业是在经济全球化、信息化、知识化的形势下演变而来的一种动态网络联盟企业。与传统组织相比较，它具有以下特点：①组织结构松散。虚拟组织是一些独立组织为了一定的战略目标而自愿组成的联盟。②以组织间的快速信息传递与沟通为基础，主要采用非面对面的管理形式，因而对信息安全和权益保护显得十分重要。③是一种高效益、高风险的组织活动。虚拟组织的灵活性和优势互补使之具有高出一般组织的效益，但其松散性、临时性使得组织处于不稳定的运行状态，有较高的风险。

虚拟企业是一个松散的企业群体，核心企业是这个网络的中心。它没有上下有序的等级金字塔结构，自身仅仅保留了满足市场需求的部分关键功能。组织的成长是靠相对独立的单位的发展和外界新的单位来实现的。虚拟企业最大的优势是具有灵活性，围绕某一种产品的开发、生产、销售和为用户提供服务时，其协作是相当紧密高效的，各部分的调整非常容易而且快捷。各个相对独立的单位在自我管理、自主运行的基础上平等协作，共同完成组织整体的战略目标。这种组织结构将企业内部各项工作通过承包合同交予不同的专门企业去做，可以减少行政开支，具有较大的应变能力。

例如，美国的戴尔公司在计算机的生产过程中就充分运用了虚拟企业的组织形式。它只做自己最擅长的部分，而把其他部分外包出去，最大限度地利用市场的资源和协作的效率，最快捷地满足市场的需要。公司在接到用户的订单之后，立即将订单所要求提供的产品信息进行分解，并通过网络传输给各地的协作伙伴，按网络传递的信息组织生产。每一个企业的生产任务一旦完成，立即通过快运公司将零部件运送到离用户最近的戴尔公司的分部进行组装，因此在最短的时间内就可为用户提供满足其需要的计算机产品。这种以计算机网络联系组成的虚拟企业，带有典型的优势互补的知识经济时代的特点。它适应了市场变化快、技术进步快、产品研制开发难度加大的形势，对外部环境的反应也非常灵敏，容易形成良好的创新机制。在经济全球化、信息化、知识化的背景下，这类企业会越来越多，并重视策略联盟的合作效应，朝着全球专业分工的方向发展。

4. 激励型组织

激励型组织结构创新的方向主要包括：

（1）分享制。相对于产权激励而言，组织激励是一种内部激励，其主要对象是经营层和操作层。一般可以从组织制度、组织结构和生产组织模式几个方面进行组织激励的设计。由于企业组织制度在各国公司法中或企业章程中都有较明确的规定，因而可以弹性设计的余地很小。现在最具激励意义的组织制度研究是关于“分享制”的讨论，分享制是指在不改变产权结构的基础上，通过组织制度的安排，让不包括企业投资人在内的企业相关人员享有参与企业剩余分配的权利，从而达到激励企业经营者和劳动者的目的。已有一些成功的企业证实这一理想的激励型组织制度安排是有效的。

（2）人本化。在知识经济中，知识是最重要的生产要素，人是知识最重要的开发者和载体，也是知识转化为生产力的关键环节。因而在组织结构的设计与调整中，必须贯彻以人为本的原则，充分考虑改善和提升员工的需求，促进员工的沟通与合作，激发员工的积极性、创造性。在此基础上的模拟分散管理、事业部结构等就是沿上述组织结构创新方向而设计的。要使组织获得高效率，组织内各成员的创造性和参与性应得到尊重，从而使其在成就感的驱动下，对企业组织的各项工作显示出足够的主动性、积极性和创造性，谋求实现人的全面、自由的发展。因此，更多的分权和授权会像发展技术潜力一样，快速地发展人的潜力。因为任何组织的能力都是个人能力的总和，最大化每个人的价值就是最大化组织的价值。

（3）团队。团队是由工作专业技能互补的成员组合而成的群体。团队的所有成员致力于共同的宗旨、目标，承担共同的责任，完成共同的任务。团队建设是20世纪90年代流行的组织建设的工作手段和建设内容。团队建设的核心在于培养团队精神，强化整体利益，提供成员平等参与的机会，突出相互合作。团队使组织的灵活性大大增强，对外界环境的反应能力和应变能力大大提高。

团队是自觉形成的，是为完成共同的任务，建立在自觉的信息共享、横向协调基础上的。在团队中，没有拥有制度化权力的管理者，只有组织者。在团队中，人员不是专业化的，而是多面手，具有多重技能，分工的界线不像传统的分工那么明确，相互协作是最重要的特征。有了一定的团队精神，团队组织才可能有效地运作。

5. 学习型组织

学习型组织是指通过营造整个组织的学习气氛，激发组织成员的创造性思维能力而建立起来的一种有机的、高度弹性的、扁平化的、符合人性的能持续发展的组织。这种组织具有高于个人绩效总和的绩效。其主要的特征是：①有一个大家都向往的、经过努力可实现的、具有凝聚力的远景目标。②组织由多个发奋学习、努力创新的团体构成。③组织的扁平化，最高管理层与基层部门的联系密切，并将尽可能多的决策权下放到基层。④为了实现组织的远景蓝图，领导者重点把握组织发展的理念和方向，参与自组织、自学习的过程，并实施组织要素的整合。

学习型组织的产生有其深刻的社会原因。进入20世纪70年代，世界范围内的竞争日益激烈。面对急速变化的外界环境，必须用一种全新的思想和观念去培育健全的组织体系，通过组织成员不断的学习，来获取新知识、新技能，以促使组织的可持续发展。其最有效的方法就是加强新知识的获取，培养组织员工的创新能力。学习型组织特别强调员工的在职学习和交流，因为这可以紧密结合一线的实际问题进行演练和培训，使员工能尽快适应工作的新要求、形势的新变化和新发展。

学习型组织的建立需要进行所谓的五项内在要求，即自我超越、改进心智模式、规划共同的远景蓝图、团体学习、系统思考。这五个方面是一个有机的整体。在管理的过程中，要坚持不懈、始终如一地努力整体推进，才能逐渐形成一个充满活力和创造精神的、有着旺盛生命力的学习型组织。

案例

联想——中国第一个学习型组织

联想集团创建于1984年，现已发展成为拥有19家国内分公司，21家海外分支机构，近千个销售网点，职工6 000余人，净资产16亿元，以联想电脑、电脑主板、系统集成、代理销售、工业投资和科技园区六大支柱产业为主的技工贸一体、多元化发展的大型信息产业集团。1997年其销售总额达125亿元人民币，并在各主要业务领域都取得了显著成绩，其中联想电脑闯入亚太十强，排名第五，联想QDI主板名列世界板卡供应第三位，联想系统集成公司成为国内优秀系统集成企业之一。1995年至1997年连续三年在全国电子百强企业中排名第二，全国高新技术百强企业排名第一。

联想的成功原因是多方面的，但不可忽视的一点是，联想具有极富特色的组织学习实践，使得联想能顺应环境的变化，及时调整组织结构、管理方式，从而健康成长。

早期，联想从与惠普（HP）的合作中学到了市场运作、渠道建设与管理方法，学到了企业管理经验，对于联想成功地跨越成长中的管理障碍大有裨益；现在，联想积极开展国际、国内技术合作，与计算机界众多知名公司，如英特尔（Intel）、微软、惠普、东芝等保持着良好的合作关系，并从与众多国际大公司的合作中受益匪浅。

除了能从合作伙伴那里学到东西之外，联想还是一个非常有心的“学习者”，善于从竞争对手、本行业或其他行业优秀企业以及顾客等各处学习。

柳传志有句名言：“要想着打，不能蒙着打。”这句话的意思是说：要善于总结，善于思考，不能光干不总结。

（资料来源：http：//202. 115. 21. 138/wlxt/ncourse/glxyl/web/index. htm）

7.3 组织变革的步骤

7.3.1 确定变革问题

在管理实践中，组织变革的第一个步骤是确定变革问题。对于一个组织是否需要进行变革以及所要变革的内容，必须结合组织的实际情况予以考虑。如果组织需要变革，在日常的管理实践和反馈的信息中就会显露出不适应的征兆，例如，组织决策效率低或经常作出错误的决策；组织内部沟通渠道阻塞，信息传递不灵或失真；组织机能失效；组织缺乏创新等。这些现象表明，组织的现状已不尽如人意，如不进行及时的变革，组织的发展将受严重影响。因此，组织有必要对出现的问题进行认真的分析，找出引发问题的主要原因，以确定变革的方向。

7.3.2 诊断组织状态

组织变革的第二个步骤是诊断组织状态，其重点是：

（1）根据组织的表现和运行现状，准确地确定出组织所处的生命周期阶段，依据组织的生命周期理论和现实情况，认真寻找组织在运行和发展过程中存在的问题。

（2）要特别注意组织外部的政治环境、社会环境、经济环境所发生的新变化和发展趋势，同时也要重视组织内部日常活动的一些反馈信息，全方位地诊断组织的目标、组织结构、信息沟通渠道和方式、组织对环境变化的适应状况、组织的运行状态、资源配置情况、员工的士气与情绪等方面存在的问题。

（3）将上述那些问题按其属性进行分类，按其重要性和紧迫性进行排序，从中挑选出若干相对重要的、对组织全局影响较大的问题。逐个认真分析、研究，找出产生这些问题的根源和解决这些问题需要改变的因素，并初步确定出组织变革的具体目标。

7.3.3 选择变革重点

在对组织状态作出诊断后，接着就是根据已明确的组织变革目标，结合组织的实际情况，确定变革的突破口和重点。如果组织的结构存在重大缺陷，可选择以机构设置为中心的变革方式；如果组织结构本身没有太大问题，而任务和组织整体职能方面存在重大缺陷，可选择以人为中心的变革方式。也可以将这两种方式有机结合，循序渐进地推进组织变革。

7.3.4 分析限制因素

为了使组织变革获得成功，还应该认真分析变革的限制因素，即组织变革有哪些制约环节，需要具备什么条件。变革的限制因素，对不同时期、不同组织将会有较大的差异。一般来说，组织变革必须分析以下四个主要的限制因素：

（1）上级主管部门是否支持。这是首先必须考虑的限制因素，因为变革将会打破被变革组织的结构体系，实际上它是资源和利益的重新分配与组合。在变革的过程中会出现许多预想不到的问题和负面影响，风险性很大，如果没有上级主管部门的支持和认可是很难成功的。因此，要详细向主管部门汇报情况，说明目前组织存在的严重问题、变革的必要性和将要实施的变革方案，努力争取上级的理解和支持。

（2）组织内部所具备的变革基础条件。这一限制因素包括的方面较多、较复杂，不论采取哪一种变革方式，群众的支持都是必需的。组织者要进行广泛的宣传活动，在深入基层调查研究的基础上，尽可能多地让员工了解变革的必要性、困难和变革成功之后组织新的形态，鼓励他们献计献策、积极参与，尽可能地减少人员对组织变革的阻力。

（3）组织是否能够承受变革的成本和代价。组织变革具有一定的风险，需要采取一些计划性、预见性的措施来加以管理和控制。这就必须分析组织是否能够承受变革所需要的成本、变革引起的暂时不稳定而出现的损失等，以增强对各种风险的预见性，保障组织变革顺利进行。

（4）选择组织实施变革的时机。组织变革应选在组织内部相对稳定和对组织运营影响较小的时机进行。变革的周期不宜太长，但也应尽量避免操之过急、突击完成，要循序渐进，讲求实际效果，在条件允许的情况下，要尽量把变革引起的阵痛减至最小。

7.3.5 制订变革方案

在组织变革过程中，在进行了以上步骤之后，重要的工作就是制订组织变革方案。该方案应包括变革的目标、组织存在的严重问题和根源、变革的方式、变革的步骤和完成这些步骤的详细时间表等内容。其要求是：

（1）变革目标要具体、明确。

（2）对现存的问题及其根源分析要透彻。

（3）变革方式的选择要适合于组织的具体情况。

（4）变革的步骤要明确。特别是要列出相应的配套措施、管理制度和岗位职责制实施的时间表。

（5）应有变革的验收标准和程序。

可以在总的方案下制订若干子计划或实施细则，便于实施操作。方案的制订要理由充分、思考周密、便于实施，要广泛征求各方面的意见并对方案进行反复的论证和修改，尽可能多地得到组织中员工的理解与支持。

7.3.6 全面实施变革

变革方案制订之后，就要选择时机实施组织变革方案。依据变革方案，从变革的突破口开始，逐步进入组织的变革实施过程。

（1）以机构为中心的变革，重点是组织结构的重新划分或重大调整。根据变革目标和组织的总目标要求，选择组织结构类型，设计每一个部门机构的规模、职能、岗位以及相互沟通的方式，按照岗位职责的要求选配部门管理人员和职员，按照新的组织结构体系进行运行调试，最终完成组织变革。

（2）以任务转换和职能转变为中心的变革，重点是按照计划，分步骤实施以新任务和新职能为主的相应的工作岗位配置方案，选配工作人员进行培训、上岗。此时，组织结构也可能需要按照新任务和新职能进行适当的调整。

（3）以人为中心的变革，重点是按照计划，分步骤进行人员引进、调配、培训，直至变革计划安全实施。在变革计划的实施过程中，如发现变革方案计划和实际情况有较大出入，可对其作出相应的调整，以保证变革的顺利进行。

7.3.7 评估和信息反馈

组织变革最后一个步骤就是评估和信息反馈，这是一项善后工作。组织变革是一个包括众多复杂变量的转换过程，再好的变革计划也不能保证完全取得理想的效果。在变革计划的实施过程中，会增加一些事件的不确定性，也会触动某些人的既得利益，不可避免地受到阻碍。从某种意义上讲，实施组织变革的过程也就是破除变革阻力、化阻力为动力的过程。这一阶段的要求是：

（1）充分重视变革过程中的信息反馈，及时做好必要的沟通协调工作。如发现变革方案计划和实际情况有较大出入，可对其作出相应的调整，以保证变革的顺利进行。组织变革结束后，管理者必须对改革的结果进行总结和评价，及时反馈新的信息。

（2）切实做好评估工作。评估过程主要包括确定评价标准、衡量变革成效、纠正偏差三个方面的工作。其实，评估的过程同时也是一个信息反馈过程。每一次评估既是对上次成果的衡量评价，又为下次变革总结经验，提供参考。评估结果如何，对下一轮组织变革具有十分重要的影响。周而复始、不断循环的组织变革过程，给组织带来生机与活力，不断推动组织发展。

7.4 组织变革的阻力及其克服

适应内外环境与条件的变化及谋求组织的发展是组织变革的根本原因。对于管理者而言，了解组织变革中的阻力因素，充分了解可能出现的障碍，及时采取适当策略排除障碍，是决定变革能否成功的必要条件。

7.4.1 组织变革的阻力因素

组织变革中的阻力，指的是人们反对变革、阻挠变革甚至对抗变革的制约力。组织变革是一种对现有状况进行改变的努力，任何变革都会遇到来自变革对象的各种各样的阻力。从阻力的来源看，变革阻力主要来自个人、群体、组织三个方面。

1. 个人阻力

（1）个人惯性。人类是有习惯的，俗话说“习惯成自然”。人们往往会不自觉地按自己的固有态度、习惯对外部环境作出反应，而这种习惯可能会成为组织变革的阻力，并且习惯形成时间越长，阻力越大。变革要求组织成员调整不合理的或落后的知识结构，更新过去的管理观念，改变已经习惯了的工作方式等。如果以惯常方式作出反应，则可能会成为阻力源。

（2）安全心理。安于现状是人性的特点，人们往往求稳怕变。变革是一种创新，带有探索性，要承担一定的风险。人们在变革面前常常会感到心中无数，对变革的前途不可预知。这种对失败风险的惧怕、对绩效差距的拉大以及对公平竞争环境的担忧，使员工产生不安全感，从而可能造成人们的心理压力，产生心理上的变革阻力。例如，组织机构的人员分流和冗员裁减，会使许多人感到自己的工作受到威胁，因而对一些新事物反应冷淡，甚至加以抵制、反对。

（3）经济利益。变革从一定意义上讲是利益的调整，如果调整能给个体带来实际或预期收益的增加，就会得到理解、支持；反之，如果变革没能给个体带来实际或预期收益，反而降低了经济收入，就会遇到阻挠、抵制变革，也会导致员工担心自己不能适应新的工作岗位和新的工作规范，尤其是当报酬和生产率息息相关时，工作任务或工作规范的改变会引起经济收入的下降，从而导致人们抵制变革。

2. 群体阻力

群体阻力是一种社会性的阻力。组织变革的群体阻力主要来自非正式组织。当组织进行变革时，非正式群体特殊的规范，如在工作方面、劳动定额等方面约定俗成的“规矩”，可能和变革后的规范不相容，容易使群体对变革持消极的抵制态度。特别是当进行结构和人员调整时，可能会改变这些非正式组织中某些人的权力、地位甚至利益，非正式群体内的人际关系可能遭到破坏，就会遭到其他成员的抵制，非正式组织的存在使得这种新旧关系的调整需要有一个较长的过程。

社会阻力有时也来自社会相关团体和利益相关者，如政府管理部门、投资者等。

3. 组织阻力

组织阻力主要来自组织内部的组织结构、群体的惯性、原有权力关系的势力、专业知识更新的压力、人际关系的影响等。

（1）组织的惯性。随着组织年龄的增长，组织会有保持其结构与制度稳定性的倾向。组织结构变革可能会打破过去固有的管理层级和职能机构，组织成员由于习惯于原有的角色要求和技能、工作规范、规章制度等，会一下难以适应新的组织规范要求。这种维持稳定的结构惯性，在组织变革时就会在一定程度上演变成阻碍变革的反作用力，制约组织的变革活动。

（2）组织的保守倾向。与组织的惯性相似的另一种制约组织变革的因素是组织的保守倾向。一般组织越成熟，就会越保守。它在很大程度上会限制组织的变革和革新。组织变革将会使已知的东西变得不确定，由此导致变革风险，由于人们都有理性避险的倾向，从而与组织变革活动发生抵触。

（3）既得利益者的恐惧。组织变革往往伴随着组织内部权力的重新分配以及职能的调整，并采取新的措施对责、权、利重新作出调整和安排，这就必然要触及某些团体的利益，对已有的资源分配也会造成威胁。原有的组织体系形成了稳定的预算分配和资源分配关系，变革可能会使一些原先获利的机构、部门减少其利益。如果变革与这些团体的目标不一致，团体就会对组织变革持消极态度或反对变革，以维持原状。

（4）变革范围的有限性。组织由一系列相互依赖的子系统组成。组织变革不可能只对一个子系统实施变革而不影响其他子系统。例如，如果只改变技术工艺而不同时改变组织与之配套，技术变革就很难贯彻下去。所以，子系统中的有限变革很可能因为更大系统的问题而变得无效。

（5）组织的“沉淀成本”。沉淀成本是指组织投入后曾发挥过功能但不能适应环境变化而不能继续再加以利用的那些资产，包括物资设备、知识、技术等。组织变革可能会使组织的沉淀成本失去作用，会威胁到人们为取得现状所作的投资。人们对现有体制所做的投资越多，反对变革的阻力越大。守护那些“沉淀成本”的机构、人员可能反对变革，从而会导致组织过于追求稳当，缺乏变革的动力。

（6）组织文化。组织文化是在长期实践中凝结、积淀起来的共同的价值观念，对组织成员的行为有潜移默化的影响。组织变革意味着组织固有的关系结构的改变，组织成员之间的关系也随之需要调整。当组织变革要求员工具备新的价值观、行为准则时，根深蒂固的传统组织文化会对其加以抵制。在这种新的组织文化未被确立之前，一旦发生利益关系冲突，组织成员之间就会很难磨合一致，特别是将在变革中处于相对不利地位的成员，就会对变革的目标和结果产生怀疑和动摇，必然会对组织的变革产生抵触情绪。

案例

助理为什么受到攻击

鉴于公司在发展中所出现的成本失控问题，A公司的总经理请获得了注册会计师资格的年轻助理帮助解决这个问题。这位助理又请了一些高明的财务分析专家、本地大学工商管理学院的著名教授组成一个诊断小组。在知晓了公司的问题之后，他们去调查成本问题和公司的生产、采购、销售等各部门的管理方法问题。经多次研究之后，小组发现了各部门中效率低的许多根源，于是，该助理把小组所发现的效率低的详情和拟予以纠正的措施作出提要，向总经理提出了诊断报告，并说明小组所建议的行动会给公司节约上百万元。

总经理采纳了这些建议，并付诸实施。但实施后不久，负责生产、销售、采购的几位副总经理就群起围攻总经理，坚决要求撤掉那位助理。

【分析与思考】

为什么这位助理工作做得这样好，却受到副总经理们这么大的怨恨?

7.4.2 组织变革阻力的克服

组织变革能否推进、能否达到预期目标，最终取决于动力因素与阻力因素两种力量的对比。组织变革的过程也就是破除变革阻力、化阻力为动力的过程。管理者作为变革推动者，要能审时度势，充分利用有利于变革的动力因素，同时采取策略减轻阻力因素的压力。克服变革阻力的一般途径有：

1. 增加透明度，达成共识

组织变革阻力的根源之一在于信息失真和沟通不够。要与员工进行良好的沟通，对于组织目前所处的运行环境、所面临的困难与机遇等，要开诚布公，做好宣传工作。保持公开性，增加透明度，有利于使组织上下达成共识，增强变革的紧迫感，扩大对变革的支持力量，为组织变革建立起广泛而牢固的群众基础。这是保证组织变革得以顺利进行的首要条件。

2. 相互尊重，增进信任

有的变革者对组织成员不信任，总想通过强制手段，或利益诱导，或通过巧妙的设计安排来把人们引入其无法了解的变革中，这无形中会增加许多阻力。实际上，几乎每个人都急切地希望生活环境发生某种类型的变革。组织变革与组织发展是所有组织成员的共同愿望，应该吸收相关人员，共同参与变革，使参与者之间彼此增加了解和信任。通常情况下，人们参与了变革的决策，就不会成为变革的阻力。只要对变革的力量合理地加以因势利导，及时相互沟通与尊重，变革的阻力就会减小。

3. 加强培训，提高适应性

组织变革应该首先从观念的变革开始。要通过自上而下的培训教育，使大家学习新知识，接受新观念，掌握新技术，学会用新的观点和方法来看待和处理新形势下的各种新问题，从而增强对组织变革的适应力和心理承受能力，增进他们对组织变革的理性认识，为组织变革奠定思想基础，使其自觉地成为变革的主力军。要使人们清醒地认识到，虽然每种变革都会影响到某些人的特权、地位或职权，但如果不实施变革，停滞下来，那将会威胁到整个组织的生存和发展。

4. 起用人才，排除阻力

要大胆启用那些富有开拓创新精神、锐意进取、目光远大且年富力强的优秀中青年人才，把他们安排到组织的重要领导岗位，为顺利地实施变革提供组织保障。

5. 注意策略，排除阻力

为保证组织变革的顺利进行，变革要选好时机，把握好分寸，循序渐进，配套进行。要特别注意变革的策略和艺术，有时还要作出必要的妥协。特别是预计到组织中的一些重要人物、工作组或部门有可能会对变革进行强烈抵制时，不妨采取谈判的手段，作出一定的调整或妥协，可以减少他们的抵制情绪，以取得他们对变革的支持。成功的变革不仅可以增进组织的效率，维持组织的成长，同时也可以提高成员的工作士气，满足成员的合理欲望。

组织变革是大势所趋，它并不以人的意志为转移。要正确看待阻力，有时阻力可能成为一种使变革保持稳定、安全的因素。如果一项变革导致强烈的反对意见，会促使变革推动者更加慎重地审核变革方案，更仔细考察它的准确性和可行性。阻力能提醒人们从事情的反面观察变革，使其更加完备，少犯错误。

本章实训与练习模块

实训目标：通过对本章理论知识的实训操练，使学生学会对组织变革的影响因素、方式和内容的应用，掌握组织变革遇到的阻力及克服阻力所应采取的措施，提高学生实施组织变革的技能。

模块1：案例分析与思考

【实训目的】

（1）培养学生分析组织结构变革的初步能力。

（2）培养学生分析与解决问题的一般能力。

（3）学会运用和借鉴组织变革的历史经验。

【实训要求】

（1）联系实际案例，分析点评以下案例组织变革的情况。每人撰写一份发言提纲作为一次作业，评定成绩。

（2）根据“模拟公司”讨论中的表现评定成绩（可由主持讨论的轮值公司负责评定）。

案例

两个公司的组织变革

A公司：失败的组织变革

现状：A公司是国外资本收购国有企业后组建的合资公司，外资处于控股地位，多年来董事会没有按照规范的法人治理结构去管理监督公司的经营活动，到2001年，大股东开始全面介入公司经营管理，经审计，发现一系列重大问题，包括大量侵吞资产等诸多违法犯罪行为，企业经营管理更是漏洞百出。董事会开始下决心要实施一系列强有力的组织变革，希望改善公司现状。

处理办法：一是加强采购环节的监督控制；二是狠抓经济犯罪案件的调查，将大批相关高层相继绳之以法；三是全面清理收购前的历史遗留问题，特别是离退休的老同志老干部和下岗分流问题；四是全面割断关联辅业的多种经营与公司的业务来往；五是实施竞聘上岗，进行大规模的组织和人事变革；六是准备立即启动薪酬与考核大改革。主要工作的时间集中在半年内完成，整个时间跨度约一年半。

效果：公司内外人心惶惶，历史的和现实的问题、显性的和隐性的矛盾、企业的社会冲突等错综复杂的多层次的矛盾一下子交织在一块，终于导致了大规模的恶性事件的发生，如罢工、示威、游行等抗议行为，激化了矛盾，董事会威信大打折扣，公司处于瘫痪状态。

B公司：成功的组织变革

现状：B公司（与A公司是同行业）是某国有大集团控股的下属公司，外部行业竞争加剧，员工满意度低、人才流失、成本控制不利等内部管理问题凸现，集团考虑要加强对子公司管理的监督控制，同时准备实施组织变革，随后对B公司进行组织设计、人力资源和企业文化系统设计。一场系统的全面变革开始酝酿。

处理方法：先进行管理诊断，完成公司战略梳理，尔后进行组织结构设计，形成了现代化的人力资源管理规范，详细设计了公司薪酬、考核、招聘、培训、人力资源规划和职业生涯管理办法，起草提炼形成了公司的文化纲领和员工手册。在实施阶段，首先，在制度设计创新方面全面考虑了良好的利益分配机制；其次，系统制定了组织变革实施的详细规划、具体进程的时间表、实施细则和相关的配套制度；再次，宣传讲解，一方面进行现代化管理思想和理论的系列培训，在贯彻前让员工深入参与强化互动的沟通讨论，为心理适应和变革氛围做好铺垫；最后，实施组织结构调整，操作竞聘上岗。往下才开始实施新的人力资源全套方案。整个时间跨度约两年半。

效果：在岗的、下岗的员工都能心态平和地理解各项改革，接受程度比较高，安全、稳定、成功地完成了系统的组织变革工作，工作效率大大提高，员工满意度提高，人心稳定顺畅，公司业绩开始有良好的转变。

（资料来源：陈龙海，陈赣峰．企业管理培训案例全书．深圳：海天出版社，2005）

【分析与思考】

运用所学的组织变革的有关内容，对这两个公司的组织变革进行分析。从这个案例中，你受到了什么启发？

模块2：模拟设计

【设计课目】

公司组织结构及其组织变革

【实训目的】

学会运用组织变革理论，培养和提高学生组织结构变革技能。

【实训内容】

下面是某制造工业公司所设置的一部分职位的名称和配备的人数，请你设计一份组织结构图来说明相互间的报告关系：

设计工程师、生产计划专家、审计室主任、技术主任、财务副总裁、财务主管、董事长、环境工程师、工业关系专家、总裁、安全主管、信用贷款经理、销售预算主任、营销副总裁、主任会计、会计（3名）、广告经理、人事副总裁、顾客服务代表、装运与验收人员（若干）、工厂厂长、设备维护专家、质量管理主任、总裁助理、地区销售经理（3 名）、车间主任、销售人员（10 名）、工作技术人员、采购主任、技术与研究副总裁、研究开发主任、工厂安全总监、生产副总裁、设备维修主管、工长（23 名）。

三年后，该公司由于机构臃肿，人浮于事，企业陷入困境，于是他们进行组织变革，重新调整组织结构，请你根据上述组织结构图再设计一份新的组织结构示意图。

【方法与要求】

以模拟公司为单位，先讨论内容和组织结构关系，再由个人按内容与形式要求设计。

【实训考核】

（1）运用本章原理说明组织结构设计和调整组织结构的理由。

（2）由教师、学生（模拟公司主管）组成评定组，评定组织结构设计的优缺点。

模块 3：游戏：实习工厂

【项目简介】

你有没有设想过拥有自己设计的玩具娃娃？你有没有想过用自己设计的收音机模型参与航模比赛？本游戏在带你重温这一童年梦想的同时，培养你创造性解决问题的能力和纵观全局、综合看问题的能力。

人数：30 人

时间：40 分钟

场地：室内

用具：纸、笔

【训练步骤】

（1）每 5 ~ 7 人一组，告诉他们现在他们就是一家玩具公司的职员，他们的任务就是要设计出一个新的玩具，可以是任何类型，针对任何年龄段，唯一的要求就是要有新意。

（2）给他们 10 分钟时间，然后让每一组选出一名组长，对他们设计的玩具进行详尽的介绍，内容应该包括名称、目标群体、卖点、广告、预算等。

（3）在每组都做完自己的介绍之后，让大家评选出最好的小组，即以最少的成本作出了最好的创意的小组；另外也可以颁发一些单项奖，例如，最炫的名字、最动人的广告创意、花钱最少的玩具等。

（4）由教师带领学生讨论下列问题：

①什么样的创意会让你觉得眼前一亮？怎样才能想出这些创意？

②时间的限制对你们想出好的创意是否有影响？

③一个好的提案是不是只要有好的创意就行了？如果不是，还需要什么东西？

【训练要点】

（1）从一个产品的设计开发到营销推广都需要好的创意作为灵魂，没有创意的物品或广告是不会有人欣赏的，寻找创意的方法有很多，开动脑筋、自然联想以获取灵感的方法是最为常用的，因为它可以打破思维的局限性，自由地让想象力驰骋，从而获得好构思。

（2）对于一件产品来说，创意并不是最重要的，好的构思、好的理念不仅需要实际条件来支持，还会受到实际条件的约束，比如本游戏中时间的约束、预算的约束等。怎样在限定的范围内寻求利益的最大化的解决方案，是我们每一个工作人员应该考虑的重要问题。

（3）在集体合作的过程中，合理的分工和妥善的计划是成功的关键，比如本游戏如果能合理分工，一些人管创意，一些人搞预算，就一定能事半功倍，在预定的时间内更好地完成任务。

模块4：参观走访

【走访对象】

近两年已实施组织变革的企业

【实训目的】

了解企业组织变革的动因、方式、内容和实施步骤，学会在面临组织结构变革的状态下，克服组织变革中的障碍因素。

【实训内容】

（1）听取企业组织变革方案。

（2）查阅企业组织结构调整方案。

（3）了解企业组织变革的其他方案。

【实训要领】

诊断企业组织结构状况、职权关系、制定规范等为何需要变革，分析企业如何进行组织变革，其中有哪些新的创意。

【实训考核】

（1）全班同学分成若干小组，以小组为单位讨论分析走访情况。

（2）每人写一份关于走访企业组织变革的感性认识，600～800字，上交教师批阅。

模块5：辩论

【题目】

组织变革的前提——组织运行效率下降

【实训目的】

（1）了解组织变革的基本内容。

（2）培养学生认清组织变革的动因的能力。

（3）学会运用组织变革的方法、内容和步骤，克服其阻力。

【实训内容】

（1）论述组织变革的动因。

（2）论述组织变革的方法与内容的应用。

（3）论述组织变革的步骤如何实施。

（4）探讨组织变革的阻力如何克服。

【方法与要领】

（1）全班分成正方与反方（每组5人）若干小组，自由组合，并设定辩论场地和辩论议程。

（2）陈述。正方坚持组织运行效率下降时必须进行组织变革的立场观点论述；反方以组织变革的动因方式和内容等理论反驳正方观点。正反双方的辩论观点应紧密联系实际，举例要鲜明且说服力要强。

（3）答辩。正反双方在辩论中，既要回答对方的提问，也要向对方提出疑难问题，要求答辩。

（4）陈辞。正反双方各推荐一人进行归纳总结，举例要鲜明生动，既能证明本方观点正确，又能反驳对方观点，在规定时限内发言完毕。

（5）点评。邀请管理方面专家、老师对辩论情况进行讲评。

【成绩测评】

（1）正反双方各形成一份书面辩论资料，呈报老师或评委。

（2）综合点评意见，由教师、学生或聘请管理专家组成评判组，进行评判辩论结果。

模块6：讨论题

（1）作为一个工商企业组织，怎样的组织结构最能有效地保证其目标的实现？

（2）管理阶层是否越少越好？实行扁平化结构一定能提高管理效率吗？

【方法与要求】

（1）全班或模拟公司分成若干小组，每组6～8人。

（2）各组由模拟公司经理或组长主持，讨论时大家要联系本章理论与实训内容畅所欲言，人人发言。

（3）各组分别指定一人记录，讨论后进行归纳整理，形成集体讨论答案（约1 000字）送交老师批阅。

【成果验收】

老师对各组讨论答案批改后，将成绩记入小组积分。

第8章　领　导

◉学习要点

1. 领导概述
2. 领导理论
3. 领导艺术

◉学习目标

1. 准确理解领导的基本概念
2. 了解领导影响力的来源
3. 掌握领导理论的主要内容及其应用
4. 掌握领导艺术的主要内容及其应用

◉关 键 词

领导　领导品质理论　领导行为理论　领导方式　管理方格理论　领导权变理论　领导生命周期理论　领导艺术

案例

有效的指挥

刘辉是一个服装连锁商店的区域经理，他告诉商店经理们，每天晚上关门前，店里所有的现金必须就近存入银行的保险库。他反复强调了这一点，说道："公司不想仅仅因为你们把现金平安无事地放在店里过夜而冒一次夜盗之险。"大部分经理认为这个指令合情合理，也不难照办。但有的商店位于市区，晚上去银行并不安全，或者有的商店离银行太远，它们的经理不总是照刘辉的指示去办。

不出所料，一家市区商店被夜盗，20 000多元的现金不见了。刘辉当面对那个经理说："你被解雇了！你知道这个规定，每天晚上要把现金存入银行保险库，你是故意违反它的。"

那个商店经理反驳道："这个规定对我来说太过分了。你应该知道，我们这个地段晚上人们去银行存款时已经发生过好几次半路打劫，我想告诉你，可你根本听不进去。再说，我知道商店已为这次损失保了险。无论怎么说，你不能为此解雇我。这一规定又不是书面条文。不得已的话，我会把这件事递交公司总裁。"

【分析与思考】

（1）如果你是公司总裁，你会怎么做？

（2）如何评价这位区域经理的指挥能力？

8.1 领导概述

8.1.1 领导和领导者

1. 领导

所谓领导，是指领导者依靠影响力，指挥、带领、引导和鼓励组织成员去实现组织目标的活动和艺术。领导是管理的基本职能，它贯穿于管理活动的整个过程。其基本含义包括以下四个方面：

（1）领导包括领导者和被领导者两个方面。领导者是指能够影响他人并拥有管理的制度权力、承担领导职责、实施领导过程的人。领导是领导者与被领导者之间的一种相互依存、相互影响的关系。在领导过程中，下属都甘愿或屈从于领导者而接受其领导。

（2）领导是一种活动，是引导人们的行为过程，是领导者带领、指挥和鼓舞下属去完成工作、实现目标的过程。它既需要科学的指导，也需要艺术的引导。

（3）领导的本质是一种影响力。领导者拥有影响下属的能力或力量，既包括由组织赋予的职位权力，也包括领导者个人的影响力。运用这种影响力或通过这个影响过程，可以使下属自觉地为实现组织目标而努力。

（4）领导的目的是充分发挥组织中每一个人的积极性，以更好地实现组织目标。虽然管理者在执行计划、组织控制职能时，能够取得一定的成效，但若管理者在他们的工作中加上有效领导的成分，则收效会更大。

2. 领导者

领导者是指担负领导职责，负责实施领导过程的主管人员，他们负有管理者和领导者的双重责任。现代领导者在组织中担负起引导和服务两个方面的职责：一是引导职责，指领导者有责任指导各项活动的开展和协调；二是服务职责，指领导者有责任为各项活动的开展提供条件和帮助。可见，引导职责和服务职责是相辅相成的，服务职责发挥得越好，引导职责就越能有效地实现。对于作为组织主管人员的领导者来说，权力和权威是实施领导的有效工具，领导者需要用自己所拥有的权力和权威进行控制和指挥，发挥其在组织中的影响力。

8.1.2 领导的影响力

领导是一个影响人们努力完成组织目标的过程。这种影响力有两个基本来源：一是领导者的地位和权力，即伴随一个职务岗位的正常权力，称之为权力影响力；二是下属服从的意愿，称之为非权力影响力。

1. 权力影响力

权力影响力是一种法定权力，它是由组织正式授予管理者，并受法律保护的权力。这种权力与特定的个人没有必然联系，它只同职务相联系。权力是管理者实施领导行为的基本条件。没有这种权力，管理者就难以有效地影响下属，实施真正的领导。权力影响力包括支配权、强制权、奖励权。

（1）支配权。支配权是指管理者在一定的职责范围内具有确定目标、建立机构、制定规章、开展活动的决策与指挥权，及对下属的人事调配权。这种支配权是管理者的地位或在组织权力阶层中的角色所赋予的。组织正式授予领导者一定的职权，从而使领导者占据权势地位和支配地位，使其有权对下属发号施令。

（2）强制权。强制权是和惩罚权相联系的迫使他人服从的力量。在某些情况下，领导者是依赖于强制的权力与权威施加影响的，对于一些心怀不满的下属来说，他们不会心悦诚服地服从领导者的指示，这时领导者就要运用惩罚权迫使其服从。这种权力的基础是下属的惧怕。这种权力对那些认识到不服从命令就会受到惩罚或承担其他不良后果的下属的影响是最大的。

（3）奖励权。奖励权采取奖励的方法来引导下属作出所希望的行动。在下属完成一定的任务时给予相应的奖励，以鼓励下属的积极性。这种奖励包括物质的，如奖金等；也包括精神的，如晋职等。

2. 非权力影响力

非权力影响力不是由领导者在组织中的位置产生的，而是由领导者自身的特殊条件产生的。这种权力不随职位的消失而消失。这种权力所产生的影响来源于组织成员发自内心的、长时间的敬重与服从。非权力影响力包括专长的影响力、品质的影响力。

（1）专长的影响力。专长的影响力是指领导者具有各种专门的知识和特殊的技能或知识渊博而获得同事及下属的尊重和佩服，从而在各项工作中显示出的在学术上或专长上的一言九鼎的影响力。这种影响力的影响基础通常是狭窄的，仅仅被限定在专长范围之内。

（2）品质的影响力。品质的影响力是指由于领导者优良的领导作风、思想水平、品德修养，而在组织成员中树立的德高望重的影响力。这种影响力是建立在下属对领导者承认的基础之上的，它通常与具有超凡魅力或名声卓著的领导者相联系。

由品格、才干、知识、感情因素构成的非权力影响力，是由领导者自身的素质与行为造就的，在从事管理工作时，它能增强领导者的影响力。由于这种影响力来源于下属服从的意愿，有时会比权力显得更有力量。权力与权威是领导者实施领导的基础，领导者正是以自己所拥有的这种权力和权威来影响和指挥别人，从而体现其在组织成员中的影响力的。

案例

老板是自己人

左洪君是湖南美佳制革有限公司的老板，他成功地将一个十几人的小厂在3年内经营成一个享誉全国的大企业。

左洪君信奉三不原则：不摆排场、不求全责备、不乱发脾气。

左洪君深谙“难得糊涂”的道理，他知道激发员工更好地工作的方法是领导通过自己做每一件事，自己每一天的工作态度，使员工们相信：老板是自己人。

在美佳制革有限公司里，没有复杂的监管体制、没有苛刻的职员检查和复查，更没有等级森严的上下级关系，所有的管理都模糊淡化，被无形的企业文化所替代。员工们从心底里确信，自己不是在为老板工作，而是在为自己工作，老板不过是职工中的一员，只是比大家更辛苦一些罢了。

作为一个上千人的大企业的负责人，左洪君一点高人一等、胜人一筹的意识都没有，即使是对搞清洁的女工、守门的门卫，他也会像对待家人一样，该尊敬的尊敬，该招呼的招呼。

左洪君的办公室始终大门敞开，找他办事的人任何时候都可以直出直入。他的秘书只是处理日常文件，没有替他挡驾、通报的责任。办公室里没有宽大豪华的老板桌，只有一张普通的写字台和几张沙发。左洪君从不隔着桌子与来访者谈话，而是像对待老朋友一样与其坐在沙发上促膝谈心。

基层职工向他反映问题，左洪君不仅不反感，反而比对待中层干部更亲热，嘘寒问暖，耐心倾听。他认为，来自生产第一线的声音更接近事实的真相。

左洪君平易近人、和蔼可亲，得到了员工的普遍认同，他们上下一心，就是在公司遇到材料价格上扬，成品受进口产品打压的艰难时刻，也没有职工弃公司而走，而是积极主动地参与到公司的恢复与振兴当中，不计报酬地为公司加班加点地工作。

每个人都期望得到尊重，希望获得平等的与人交流的机会，谁给他这个机会，谁就能得到他丰厚的报答。

左洪君给了员工这个机会，所以得到了员工们的一致拥护。

（资料来源：樊丽丽．趣味管理案例集锦．北京：中国经济出版社，2005. 66 ~67）

8.1.3　领导工作的作用

领导工作实际上就是管理人员根据组织目标，运用有关管理的理论和方法，综合运用各种手段对被领导者施加影响，以调动他们的积极性，统一组织全体成员的行动，保证组织目标实现的过程。在带领和指导群众为实现共同目标而努力的过程中，领导者要发挥指导、协调和激励的作用。领导工作的作用主要体现为以下三个方面：

（1）有利于组织目标的实现。管理工作中的各项职能，如计划的制订和实施、组织机构的设立和运行、人员的配备、人力资源管理等都是要靠组织中的各级、各类人员去完成的。领导和领导工作就是要引导大家正确地理解组织目标，协调组织中各个部门、各类人员的各项活动和工作，从而保证组织目标得以实现。

（2）有利于调动员工的积极性。领导和领导工作的作用就是通过各种有效的沟通手段，采用各种激励方式，来调动组织中全体成员的积极性，让他们始终保持高昂的工作热情和竞争士气，自觉地为实现组织目标而努力工作，在竞争中立于不败之地。

（3）有利于组织有效运行。一个组织的运行状况如何，很重要的一个影响因素就是组织目标和组织成员个人目标的结合程度。领导和领导工作，应该充分运用指挥、协调、激励的艺术与方法，创造良好的工作环境，并使组织目标尽可能与个人目标有机结合起来，促进整个组织正常、有效运行，确保组织目标得以实现。

8.2　领导理论

所谓领导理论，就是关于领导的有效性的理论。在管理思想发展史上，有很多关于领导的理论。由于不同时期研究侧重点的不同，领导理论有其演进历程。领导理论主要分为三大部分，即领导品质理论、领导行为理论和领导权变理论。领导品质理论重点在于从领导的品行、素质、修养出发来探索领导的有效性；领导行为理论则注重分析领导者的领导行为和领导风格对其组织成员的影响，从而找出较为有效的领导行为和风格；领导权变理论则着重研究影响领导行为和领导有效性的环境因素，从而探索提高领导有效性的方法。

8.2.1　领导品质理论

早期的领导理论研究重点在于找出杰出领导所具备的某些共同的特性或品质，这种领导理论叫作领导品质理论。它着重研究领导者的个人特性对领导有效性的影响，认为领导工作效能的高低与领导者的素质、品质或个人特征密切相关，即领导者的个人特质是决定领导效能的关键因素。其分析方法是根据领导效果的好坏，找出好的领导者与差的领导者在个人品质或特性方面的差异，由此确定优秀的领导者应具备的特点。领导品质理论按其对领导特性来源所作的不同解释，可分为传统领导品质理论和现代领导品质理论。

1. 传统领导品质理论

传统领导品质理论认为，领导者所具有的品质是天生的，只要是领导就一定具备超人的素质。不具备天生领导品质的人，就不能当领导。例如，美国心理学家吉伯在1969年的研究报告中指出，天才的领导者应具备以下7项天生的品质特征：①善言辞。②外表英俊潇洒。③智力过人。④具有自信心。⑤心理健康。⑥有支配他人的倾向。⑦外向而敏感。

另一位学者斯托格迪尔经过大量的研究，把领导者的素质归纳为5项体质特征、16项个性特征、6项工作特征和9项社会性特征，其中包括精力、外貌、年龄、适应性、进取心、独立性等。

2. 现代领导品质理论

现代领导品质理论则认为领导的品质和特性是在实践中形成的，是可以通过教育训练培养的。因此，他们主要是从满足实际工作需要和胜任领导工作所需满足的要求方面来研究领导者应具备的能力、修养和个性。例如，美国心理学家吉赛利于1971年在其《管理才能探索》一书中提出了领导品质可分为三大类13个因素：①能力：管理能力、智力、创造力。②个性品质：自我督导、决策、成熟性、工作班子的亲和力、男性的刚强和女性的温柔。③激励：事业成就需要、自我实现需要、地位权力需要、物质金钱需要、工作安全需要。

吉赛利进一步分析了13个品质因素对领导者的领导行为的影响，并且指出了这些特征的相对重要程度。保证领导者有效性的重要的6个品质因素的等级顺序为管理能力、职业成就需要、智力、自我实现需要、自我督导与决策，不很重要的品质因素的等级顺序为安全需要、工作班子亲和力、创造性、高金钱奖励、权力需要、成熟性、男女性别差异。

吉赛利的研究成果表明，首先，一个有效的领导者，才智和自我实现需要及对事业成功的追求等与能否取得成功关系很大，而对物质金钱的追求、工作经验等则与之关系不大。其次，一个有效领导者的督察能力和判断能力亦是十分重要的，是领导组织顺利前进所必不可少的。最后，男性与女性的区别与事业成功与否关系不大。

领导品质理论系统地分析了领导者应具备的条件，提出领导者应具有的素质要求，这对各类组织培养、选择和考核领导者是有帮助的。但该理论忽视了情境因素和下属的需要，在这方面领导行为理论和领导权变理论对其作了补充与发展。

案例

柯达的领导力要求

柯达公司的战略目标已经从影像演变为“信息影像”，公司的培训体系也随之改变。柯达对全球未来的领导人提出了“以增长为目标的领导力”，包括9种领导力特质。

这9种领导人素质包括：

以变应变：事情的发展总是在预想和控制之外，因此必须灵活地应对不断变化的新问题和新局面。

眼光向外：要熟知客户、市场和竞争对手等外部环境，从用户的角度来看待产品。

洞悉全局：了解柯达在其所服务地的市场切入点，从全局考虑什么对公司有利。

沟通信息：要自由、开放地同投资者、客户、员工、政府以及相关社区沟通有关业务增长的举措、目标、问题和成就等重要信息。

鼓舞士气：有根据的自信来自于对组织目前状况和未来发展的了解，面对挑战，要有自信，相信柯达能够成为最好的。

争做赢家：头脑中要时刻牢记柯达要提供世界上最好的产品和服务。

恪守价值观：要恪守柯达的六大核心价值观：尊重个人、正直不阿、互相信任、信誉至上、自强不息和论绩嘉奖。

注重增长：不断寻找新的机会推动业务增长。

推动变化：不能闭门造车，不但要走出去，还要走在前面。

这9种领导力特质是培养柯达"将才"必不可少的标准，是柯达人傲视全球影像市场的"独孤九剑"，要求每一位柯达经理人都必须具备这9种领导力，才能保持柯达的行业领袖地位。

柯达在罗切斯特的美国总部设有专门的领导人培训与发展中心，并设有专门的培训课程，为柯达全球区域总裁以上的高级领导人提供专业培训。它还开设有全球领导人论坛。如今，柯达正致力于将这种培训推广到全球更基层的经理人员。

（资料来源：陈海龙，陈赣峰．企业管理培训案例全书．深圳：海天出版社，2005. 96～97）

8.2.2 领导行为理论

在管理工作中，一个领导者能否成功，最重要的不是领导者个人的品质特性，而是领导者采用什么领导方式，形成怎样的领导作风，领导者具体怎么做。这种理论就是领导行为理论。由于领导的有效性取决于领导者实际表现出的领导行为，这样人们就可以通过培训和学习而成为有效的领导者。该理论的代表有勒温模式、领导行为连续统一体理论和管理方格理论等。

1. 领导方式的基本类型

领导行为的有效性是领导者、被领导者和领导工作的情境这三方面因素综合作用的结果。领导方式是领导过程中的领导者、被领导者与情境相结合的具体形式，是决定管理绩效的一个重要问题。心理学家勒温将领导方式分为集权型、民主型和放任型三种模式，统称为勒温模式。

（1）集权型领导方式。

集权型领导方式是指领导者个人决定一切，下属只遵令执行的一种管理方式。它把权力定位于领导者个人，是一种依靠权力和强制命令让人服从的领导作风。它的主要特征是：①独揽决策权。各种决定均由领导者个人作出，不征求、不采纳下属意见。②单纯命令主义。领导者用命令的方式强制下属贯彻自己的指示。③个人包办一切管理权。领导者把管理权全部掌握在自己手中，大小事务一手包揽。

运用集权管理的领导者往往有强烈的优越感、权力欲，对下属不信任，缺乏对下属的尊重，不愿分权。组织的管理主要依靠领导者个人的能力、经验、知识和胆略来指导。因此，在特定情况下，如新建的组织、变革中的组织、成员工作成熟度很低的组织或全是新员工的组织，采用这种领导方式可能是有效的。一般来说，集权型领导方式是不适合现代管理要求的。

（2）民主型领导方式。

所谓民主型领导方式是指领导者发动下属讨论，共同商议、集思广益，然后作出决策的领导方式。它把权力定位于群体，体现出以理服人、以身作则的领导作风。其主要特点是：①在决策过程中，领导者鼓励下属参加集体讨论，参与制定有关政策，决策权上下分享。②在领导过程中，把尽可能多的问题交给下属机关去集体解决，实行双向沟通，帮助克服工作中的困难。③工作的分工由群体决定，工作中的合作成员由员工自己选择，依据客观标准奖惩工作人员，但以表扬和鼓励为主。④领导对被领导者的控制方式是民主的。

民主型领导以平等原则为指导，尊重下属成员的不同能力与资历，要求上下融洽，合作一致，使下属由衷地乐意追随并接受其领导，这是现代管理领导方式的趋势。民主型领导方式在现代组织中被较广泛地采用，尤其在创新型组织、高新技术组织和以知识型员工为主导的组织更为普遍。它也适用于那些任务复杂、内容带有创新性的工作领域。

（3）放任型领导方式。

放任型领导方式是指管理者对下级听之任之、不加干预，是完全自由的管理方式。它把权力定位于组织中的每一个成员，表现出以下特点：①决策多由下级自行作出。②在工作中，领导者只负责给下属提供工作所需要的条件，任凭下属自行其是。③任务需要分工或合作时，领导者不给予具体安排，任其自流。④对工作的成绩或今后的工作设想，不予以任何积极评价或指示，也不实行奖惩。

放任式领导方式由于强调活动自由，很少约束，适用于各种学术团体协会或咨询机构。但对国家行政部门和现代化的大型组织来说，这种领导行为工作效率最低，是不适宜的。

2. 领导行为连续统一体理论

美国学者坦南鲍姆和施密特认为，领导方式是多种多样的，从专权型到放任型，存在着多种过渡形式。根据这种认识，他们提出了“领导行为连续统一体理论”，图 8－1 概括描述了他们这种理论的基本内容和观点。

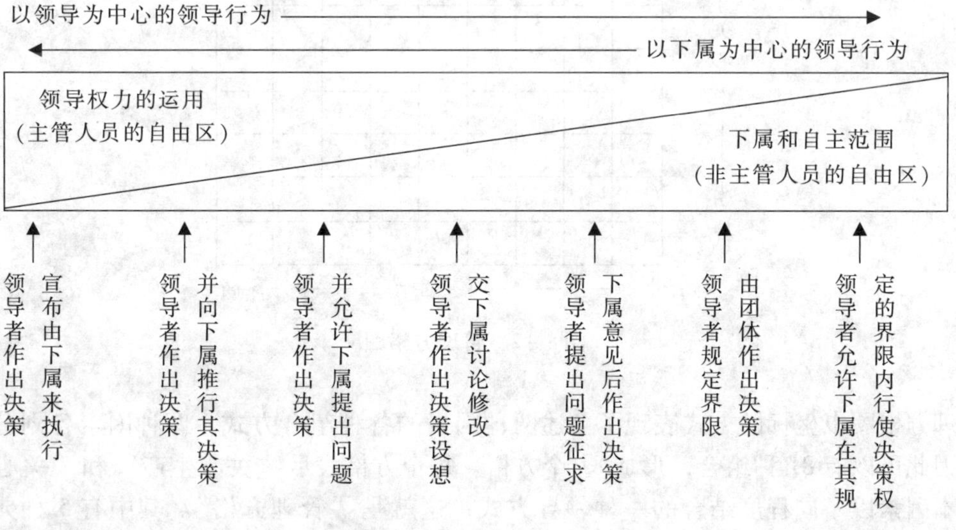

图 8－1　领导行为连续统一体模型

图 8－1 中列出了七种典型的领导方式：

（1）领导者作出并宣布决策。在这种方式中，领导者不给下属参与决策的机会，下级只能服从他的决定。

（2）领导者“销售”决策。在这种方式中，领导者不是简单地宣布这个决策，而是说服下属接受他的决策。

（3）领导者提出计划并允许下属提出问题。在这种方式中，经理作出了决策，期望下属接受这个决策，并允许其提出问题。

（4）领导者提出可以修改的暂行计划。在这种方式中，领导者提出一个暂定的计划，把它交给有关人员征求意见，允许下属对决策发挥某些影响作用。

（5）领导者提出问题，征求意见，作出决策。在这种方式中，下属可以在经理提出问题后，提出各种解决问题的方案，从中选择满意者。

（6）领导者规定界限，让团体作出决策。在这种方式中，经理把决策权交给团体，并给要作的决策规定界限。

（7）领导者允许下属在规定的范围内行使职权。在这种方式中，团体有极度的自由，唯一的界限是上级所作的规定。

上述方式孰优孰劣没有绝对的标准，成功的领导者不一定是专权的人，也不一定是放任的人，而是在具体情况下采取恰当行动的人。当需要果断指挥时，他善于指挥；当需要下属参与决策时，他提供这种可能。只有这样，才能取得理想的领导效果。

3. 管理方格理论

美国管理学家布莱克和穆顿认为，企业中的领导方式，存在着“对人的关心”和“对生产的关心”这两种因素不同的结合。他们从使用两维图表描绘风格的角度出发，设计了一个巧妙的管理方格图，用以表示领导者对生产的关心程度和对人的关心程度，如图 8－2 所示。

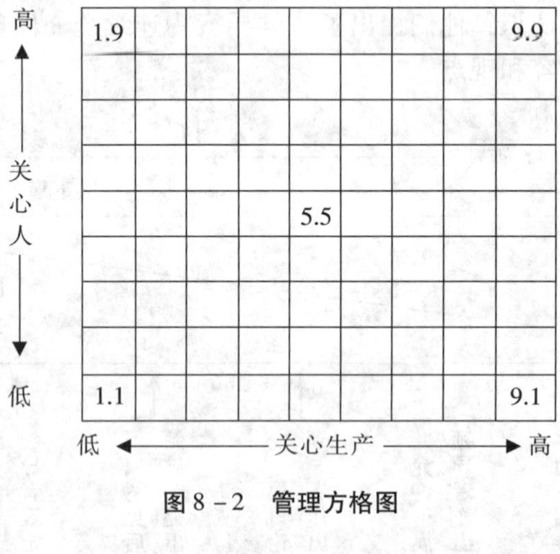

图 8－2　管理方格图

管理方格图以坐标的方式表现了上述两种因素的各种组合方式。两种因素各划分为 9 个刻度，因此可以有 81 种组合，形成 81 个方格。每个方格表示“关心生产”和“关心人”这两个基本因素以不同程度结合的一种领导方式，这就是“管理方格”。其中有 5 种典型的组合，表示了 5 种典型的领导方式。

1.1 型方式——对人和工作都极不关心。这种方式的领导者只尽最小的努力做一些维持自己职务的工作，最低限度地完成组织工作和维系组织成员，因而被称为“贫乏的管理”。当下属素质很高，全部为自我实现型的高成熟度的成员时，此种领导方式是可行的，即所谓“无为而治”。

9.1 型方式——对工作极为关心，但忽略对人的关心。这种领导者拥有很大的权力，强调有效地控制下属努力完成各项工作，并尽可能地设计一种工作环境，使人员不至于干扰工作的进行，因而被称为任务式管理。

1.9 型方式——对人极为关心。领导者关心员工的需求是否获得满足，重视搞好关系并强调同事和下级与自己的感情，力图建立一种舒适、友好的组织氛围，却忽视工作的进行和效果，因而被称为“乡村俱乐部式管理”。

5.5 型方式——既对工作关心，也对人关心。这种方式的领导者既对工作的质量和数量有一定要求，又强调通过引导和激励去使下属完成任务。通过兼顾工作和士气两个方面来使适当的组织绩效成为可能，使下属感到基本满意，被称为中间式管理。

9.9 型方式——对工作和人都极为关心，可称为团队式管理。这种方式的领导者既高度重视组织的各项工作，又能通过激励、沟通等手段，使群体相互合作，共同参与管理，从而获得很高的工作效率。这种管理方式能够充分调动组织成员的积极性，把个人目标与组织目标结合起来，形成人人为组织目标的实现而努力的和谐局面。其实施的关键在于如何协调个人与组织的目标，建立共同的利益关系。

在这五种类型的管理形态中，布莱克和莫顿认为9.9 型是最有效的管理，其次是9.1 型，再次是5.5 型、1.9 型，最后是1.1 型。这种管理方格理论，对于培养有效的管理者是有用的工具，它提供一种衡量管理者所处领导形态的模式，可使管理者较清楚地认识到自己的领导行为，并指出改进的方向。

8.2.3 领导权变理论

上述领导理论应用于管理实际中，存在一定的局限性。例如，领导品质理论无法用个人的特性来区分领导者和非领导者；领导行为理论忽略了被领导者的特性和环境因素，某一具体的领导方式并非在所有情况下都有效。为了克服这些理论的不足，人们广泛接受了领导权变理论。该理论认为，有效的领导方式是因工作环境的不同而变化的，不同的工作环境需要不同的领导方式。管理者的领导行为不仅取决于他的品质、才能，也取决于他所处的具体环境，如被领导者的素质、工作性质等。事实上领导品质和领导行为能否促进领导的有效性，受环境因素的影响很大。有效的领导行为应当随着领导者的特点和环境的变化而变化，即

$$S=f(L,F,E)$$

式中，S 代表领导方式，L 代表领导者的特征，F 代表被领导者的特征，E 代表环境。

这种认为领导行为应随环境因素的变化而变化的理论就是领导权变理论。它所关注的是领导者与被领导者及环境之间的相互影响。这方面比较有代表性的理论有费特勒的权变领导模型和领导生命周期模型。

1. 费特勒模型

目前，在领导权变理论方面最具影响力的当属费特勒。他提出了“有效领导的权变模式”，简称费特勒模型。他认为任何领导形态均有可能有效，其有效性完全取决于是否与所

处的环境相适应。费特勒把影响领导者有效性的环境因素归纳为三个方面：

（1）领导者与下属的关系。它是指领导者得到被领导者拥护和支持的程度，即领导者是否受下属的喜爱、尊敬和信任，是否能吸引并使下属愿意追随他。领导者与下属之间相互信任、相互喜欢的程度越高，领导者的权力和影响力也越大；反之，其权力和影响力就越小。

（2）职位权力。它是指组织赋予领导者正式地位所拥有的权力，权力是否明确、充分，在上级和整个组织中所得到的支持是否有力，直接影响到领导的有效性。一个领导者对其下属的雇用、工作分配、报酬、提升等的直接决定性权力越大，其对下属的影响力也越大。

（3）任务结构。它是指下属所从事的工作或任务的明确性。如果所领导的群体要完成的任务是清楚的，组织纪律明确，成员有章可循，则工作质量比较容易控制，领导也就更加有的放矢；反之，工作规定不明确，成员不知道如何去做，领导者就会处于被动地位。

费特勒将这三个环境变数任意组合成八种群体工作情境，对 1 200 个团体进行了观察，收集了把领导风格与工作环境关联起来的数据，得出了在各种不同情况下使领导有效的领导方式，其结果如图 8－3 所示。

序号	1	2	3	4	5	6	7	8

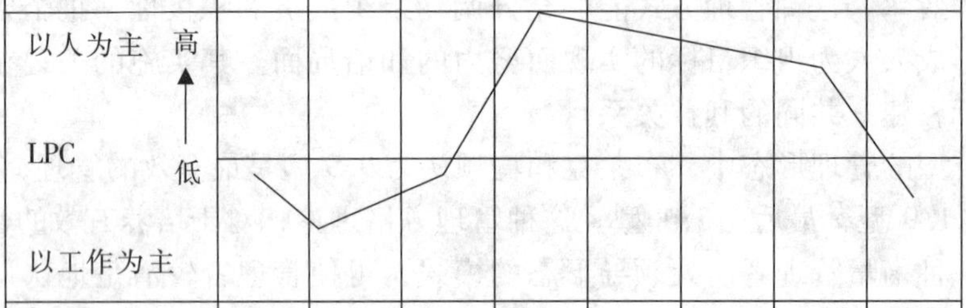

上下级关系	好	好	好	好	差	差	差	差
任务结构	明确	明确	不明确	不明确	明确	明确	不明确	不明确
职位权力	强	弱	强	弱	强	弱	强	弱
情境有利性	有利	有利	有利	有利	有利	有利	有利	有利

图 8－3　费特勒模型

费特勒的研究结果表明：根据群体工作情境，采取适当的领导方式可以把群体绩效提高到最大限度；当情境非常有利或非常不利时，采取工作导向型领导方式是合适的；但在各方面因素交织在一起且情境有利程度适中时，以人为重的领导方式更为有效。

2. 领导生命周期理论

案例

某校校长管理教师分三种情况：对青年教师，尤其是新来的教师，他每月交代一次任务，并告诉他们怎样去具体完成。对中年教师，他很注意关心他们的生活，教学工作上喜欢听取他们的意见。对老教师，除关心他们的身体外，对日常教学工作，校长一概不问。

【分析与思考】

你赞成这位校长的做法吗？为什么？

美国学者卡曼首先提出了领导生命周期理论，何塞和布兰查德给予了补充和发展。他们认为，成功的领导者要根据下属的成熟度选择合适的领导方式。所谓成熟度是指人们对自己的行为承担责任的能力和愿望的大小。它取决于两个方面：一是任务成熟度。它是相对于一个人的知识和技能而言的，若一个人具有无须别人的指点就能完成其工作的知识、能力和经验，那么他的工作成熟度就高，反之则低。二是心理成熟度。它是指做事的愿望或动机的大小，如果一个人能自觉地去做，而无须外部的激励，则认为他有较高的心理成熟度。

该理论认为有效的领导方式，应由工作行为、关系行为、下属的成熟度这三个因素来决定。根据下属的成熟度和组织所处的环境，何塞和布兰查德以工作行为和关系行为作为坐标轴建立坐标系，并考虑下属的成熟度，提出了领导生命周期理论模式，如图 8－4 所示。

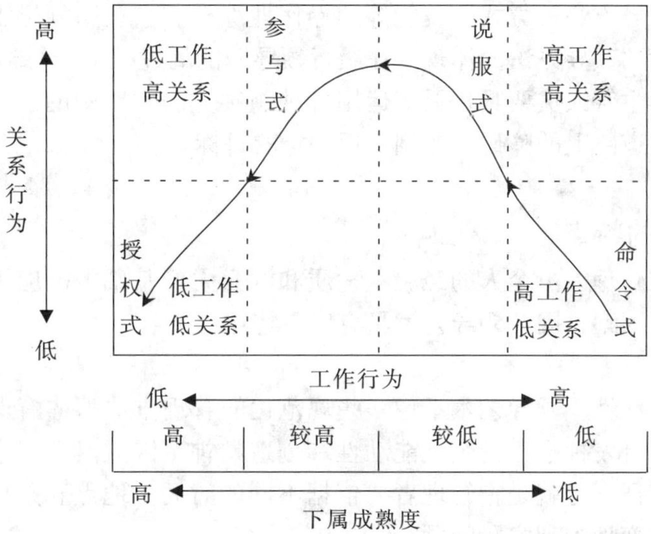

图 8－4　领导生命周期理论模式

图 8－4 反映出工作行为、关系行为与成熟度之间是一种曲线关系。随着下属成熟度由低到高，形成一个领导生命周期，一般为“高工作、低关系—高工作、高关系—低工作、高关系—低工作、低关系”。与此相适应，何塞和布兰查德提出了四种领导方式：命令式、说服式、参与式、授权式。

（1）高工作、低关系。这是命令式的领导方式，适用于下属成熟度低，经验和自觉性都较差时。这时的有效领导方式应该是多强调工作行为。明确规定其工作任务并加强指导，不应该让下属有较多自主的权力。

（2）高工作、高关系。这是说服式的领导方式，适用于下属工作经验和自我控制能力都逐渐增加，进入稍成熟阶段。这时有效的领导方式是：一方面在工作指导方面不能放松，但不是采取简单命令的方式，而是通过说服教育的方式，使工人通过加强自我控制来完成工作任务；另一方面应加强对工人的思想教育和沟通，鼓励他们努力工作。

（3）低工作、高关系。这是参与式的领导方式，适用于那些有能力做领导人交给的工作，但又愿意服从其命令的下属。这种领导人应该鼓励下属参与管理，才能赢得下属的信任。

（4）低工作、低关系。这是授权式领导方式，适用于那些既有能力又愿意负责的下属。他们不需要领导人的指导就可以独立地、成功地完成工作。所以，有效的领导方式应该是授权给他们，让他们自己独立地去负责或承担某一方面的工作，而不必多加干预。

概括地说，随着下属由不成熟向逐渐成熟过渡，领导行为应当按高工作、低关系—高工作、高关系—低工作、高关系—低工作、低关系逐步推移，这种推移变化就形成了领导方式的生命周期。领导生命周期理论说明，没有一成不变的普遍适用的领导方式，而只有对特定情况最为适合的领导方式。

8.3 领导艺术

领导工作是一门科学，也是一门艺术。领导艺术是建立在一定知识、经验基础上的非规范化的有创造性的领导方法、方式、技能等的操作性综合。它表明领导工作是一项创造性的工作，是富有创造性的领导方法的体现。在履行领导职能的过程中，科学是与艺术相互结合、彼此交织在一起的。主管人员要具备灵活运用各种领导方法和原则的能力与技巧，才能率领和引导人们克服前进道路上的障碍，顺利实现预定的目标。

8.3.1 领导艺术的特点

领导艺术建立在管理人员个人的经验、素质和洞察力的基础上，应用时还需要考虑具体的对象、场合等情境因素，因此领导艺术具有以下特点：

1. 随机性

随机性也就是灵活性。领导艺术不像一些规范化的管理方法那样有严格固定的程度和模式，它主要依靠管理者发挥自己的主观能动性和创造精神，因此具有很大的随机性。随机性是领导艺术的主要特征，也就是指管理者要依据不同的时间、地点和条件，正确地判断和认识客观事物，随机应变地处理实际问题。

2. 主观能动性

主观能动性是指依据管理者个人的主观思维进行创造性活动，从而对被管理者产生影响作用。领导艺术的主要特征是创造性，主观能动性最能显示管理者个人的创造力。领导工作的主要内容是解决组织运行中的各种复杂矛盾。它要求管理者不墨守成规，不因循守旧，不机械地照抄书本上的知识、上级的指示和文件，不生硬地模仿别人的经验，而是力求思维敏捷、风格独特、富有想象力和创造性。

3. 经验性

经验性是指领导艺术与管理者的知识阅历和经验有非常密切的联系。实践是领导艺术的基础，单靠书本永远培养不出有用的管理人才。管理者实践经验越丰富，对事物观察分析越深刻，对管理知识和管理经验运用得越熟练，其管理水平就越高。在一定程度上，领导艺术是由经验提炼升华而成的。

4. 情感性

情感性是指领导过程中必须注入管理者的感情色彩。任何艺术性的东西，之所以是艺术，能感染人，是因为它满足了人们某种感情的需要。领导工作也正是由于它倾注了领导者丰富的感情，引起人们感情的共鸣，有着强大的感染力，才能被领导者所接受。领导者艺术性地处理问题，往往能使被领导者欣然接受，就是由于领导艺术具有情感性。

8.3.2 领导艺术的内容

领导艺术始终存在于领导工作之中，包含的内容非常广泛、丰富。一般而言，领导艺术包括领导决策的艺术、合理用人的艺术、有效激励的艺术和科学利用时间的艺术等。要真正领悟这些艺术，不是短时间内能够达到的，而是要经过不断的积累。这里着重介绍以下五种领导艺术：

1. 决策艺术

管理是由一系列决策组成的，管理就是决策。在决策过程中，领导者的主观决策技能起着重要的作用。他必须根据组织发展目标，对未来事件的判断具有远见和洞察力，充分考虑组织发展的有利与不利条件，依靠自己的周密思考和集中群众的正确意见，作出既有事实根据又领先于人的战略决策，促使组织取得重大的成就与改进。领导者要科学地、正确地决策，就必须十分注意讲究决策艺术。

首先，决策应力求科学化。决策科学化的基本前提是要通过调查研究掌握大量的、可靠的、高质量的信息。把握客观事物发展变化的规律，充分考虑有利条件与不利因素，理性地估量机会，正确地确立决策目标，选择较为合理的、较优化的实施方案。

其次，决策应做到民主化。在决策的过程中，领导者要充分听取各方面的意见，尤其是专家、学者的意见，这是决策科学化、最优化的重要保证。

最后，决策应争取最优化。领导者必须以提高效益为中心，通过科学决策，实现经济效益与社会效益的最佳结合。

2. 用人艺术

现代管理是以人为中心的管理活动。知人善任是领导艺术的重要内容。领导者的用人艺术，主要反映在以下方面：

（1）善于发现人才。组织中有才能的人是客观存在的，领导者应努力使自己成为独具慧眼的伯乐，同时更重要的是重视建立发现人才的机制和制度，以信任的态度敏锐寻找，大胆使用组织中每一个有能力的成员，积极地为他们发挥才能创造条件。

（2）用人之长，容人之短。每个人都是许多优点与缺点的结合体。所谓用人之长，是指发挥人才在专业上的长处和才能。容人之短，是要辩证地对待人才的长处和短处，将主流和细节分开，不求全责备。在具备基本道德素质的前提下，用人主要取决于其才能的高低、特长的多寡。这样才能始终保证第一流的人才在最合适的岗位上发挥作用。信任是人才自由发挥才干的前提，如果领导者在此基础上对他们在合适的时间内给予合适的支持，则能够取得事半功倍的理想效果。

（3）重视群体互补效应。人的素质各不相同，优点缺点更是千差万别。领导者不仅要把人才用在关键岗位上，讲求人员与职位的最佳配置，也要重视人员与人员的优化组合，使人员整体配置的总体大于个人效益的总和，以取得“$1+1>2$”的群体互补效应。善于把不同类型的人才搭配在一起，既可以挟制他们性格中的弱点，也利于发挥各自的长处，提高工作效率。

（4）实现人才的可持续发展。在人才的使用过程中，领导者要善于将人才使用与培养相结合，即边使用边提高。开发式使用可以使人才的智慧和素质不断完善，技能和经验不断丰富，实现人才在使用过程中增值，以适应今后更高层次工作的需要和组织发展的需要。另外，当组织原有人才发生变动、人才与职位无法有效结合时，也要及时、慎重、果断地淘汰组织中的富余人员，以保持良好的组织工作发展机制。

3. 授权艺术

授权就是指由上级给予下属一定的责任和权力，使下属在一定程度的监督之下，处理问题有相当的自主权。授权艺术是一项极为重要的领导艺术。在不同的主客观条件下，把不同程度的领导权力下放给下级主管人员或其他人员，并对其进行指导与监督，使每项工作都能在最适当的层次得到较好的处置，既利于充分发挥下属的积极性、主动性，又能帮助上级领导集中精力研究和解决主要问题，维护和加强整个组织的统一指挥。这就是授权艺术的具体体现。领导者授权的原则是：

首先，因事择人，视能授权。授权并没有特定的法规和规章可以遵循，完全是凭借领导者对被授权人的认识和判断而展开的一种领导艺术，因此要将权力授予何人，必须要有所选择和权衡。择人的标准必须是他的能力与所要完成的任务相匹配。授权不是职务的晋升，而是一种权力委托行为。“职以能授，爵以功授”，这是古今中外的历史经验。而“因人设事”、“以功授权”，必然贻误工作。领导者只有在对被授权人之能力、性格、身体条件及其影响力的综合判断的基础上，才能使授权获得令人满意的效果。

其次，明确权责，适度授权。所谓明确权责就是指领导者必须向被授权人讲清所授予的权力大小和责任范围，讲清执行该项任务要达到的具体目标。所谓适度授权，就是要分层授权，只向自己的直接下属授权，而不越级授权。它包括三个方面：授权不是将自己的领导权力全部授给某人，而是将有关事项适当分授予若干适合被授权的人；授权不能超出范围，不属于自己权力范围内的事，不能授权；授权一般是一事一授，有关任务完成了就及时收回权力。

再次，授权留责，监督控制。领导者下授权力，但不下授责任，即可以充分发挥被授权人的积极性，但行动的后果必须由领导者承担，不能在下授权力的同时逃避责任，否则授权就丧失了应有的激励功能。授权留责不意味着领导者处于一种被动的局面，领导者不能干涉被授权人的工作也不等于放任自流。授权者对被授权者应保持必要的监督和控制，建立和掌握一套行之有效的控制方法，以免使其偏离组织目标的方向，或出现权力的滥用。

最后，防止反向授权。领导者在承担责任的同时，也要防止下级什么事情都往领导者头上推，以致领导者纵有三头六臂，也难以招架。这种反向授权已经背离了授权艺术的主旨，是组织结构不健全、授权艺术失败的必然结果。领导者必须严防成为反向授权的牺牲品。

案例

领导不能越组代庖

高达公司的施先生在很多人的眼里是一个出色的领导，因为一旦他的上级安排了什么工作给他，他敢于再将这些任务分解给自己的下属，从而使下属也能够得到锻炼和成长。但施先生对下属要求十分严厉，并且是个急性子，所以这种性格使他在对下属交代过工作任务之后还一直很难放心，于是他便不断地询问工作的进展情况，但又感觉当他向下属小郑询问进度时，有时小郑也不太明确，于是便直接追问小郑的下属。追问完工作进度之后他当然不能扭头就走，他还要对大家的工作进行一些具体的“领导”，于是大家便在两位领导的“指示”

中通过对比甄选出“最高领导”的意见作为工作方针。就这样小郑被渐渐地“晾”在了一边。

（资料来源：陈海龙，陈赣峰．企业管理培训案例全书．深圳：海天出版社，2005. 112）

4. 激励艺术

如何激发全体员工的积极性和创造力，是现代管理的最高层次的目标，也是一项极为重要的领导艺术。这种激励的艺术，主要体现在两个方面：

首先，领导者的激励艺术体现在日常管理工作中对人的激励。领导的作用是帮助下属尽其所能以达到组织的目标。如何调动下属的积极性，使下属尽最大的努力工作？这就必须要做好激励和诱导工作。这就需要领导者适时、适度地运用自己的权威和影响力进行领导。激励能力的运用要考虑下属及其需要，通过沟通信息，增强相互之间的理解，统一人们的思想和行动，激励每个成员自觉地为实现组织目标共同努力。领导者的鼓舞能力往往来自领导者的个人魅力。在组织最困难的情况下，这种振奋人心的领导作用最能表现出来。正是这种超人的魅力激发了下属的事业心、忠诚感和奉献精神，充实和加强他们积极进取的动力，自觉地为实现组织目标作出贡献。

其次，领导者也要着力于塑造激发员工创造力的环境和机制。领导者需要营造出这样一种氛围：一是鼓励员工开拓创新的宽松环境和自由探索的氛围；二是建立正确的评价和激励机制，重奖重用有突出业绩的开拓创新者；三是强化组织内部的竞争机制；四是激励组织员工不断学习以更新知识，面对现实经济生活所提出的种种挑战。这种催人奋发向上的环境氛围的形成，是组织极其宝贵的无形资产，也是领导者的激励艺术成熟的体现。它为组织发展提供了源源不断的创新动力。

5. 科学利用时间艺术

在现代社会中，时间是一种特殊的资源。如何最充分、最有效地利用时间，在最短的时间里获得最大的收益，已成为现代管理的客观要求，也是领导艺术的重要内容。时间和管理是不可分割的，管理的效率实际上就是时间的利用效率。领导者科学利用时间的艺术，体现在管理过程的各个方面。

（1）集中精力抓主要环节。

领导者时间的有限性与工作量的无限性永远是一对矛盾。事情有轻重缓急之分，如果工作不分主次，只会造成工作的积压，还搞得管理者精疲力竭，耽误大事。因此，管理者必须能够判断重点与非重点，并能够正确、果断、迅速地处理重点问题。要抓住工作要点，集中精力突破。在有重点的基础上统筹全局，正确决定每个时期、每个阶段的工作秩序，科学地分配时间和组织资源。不应以压力作为工作次序的标准，压力本身往往来源于眼前的困难。以压力决定情况的先后次序将会导致重视紧急事项，而不重视开拓创新的工作。

面对众多的管理工作，有效的领导者总是把他们的精力集中在能够产生重大结果的那些“关键性的少数活动上”。在把握时间的优先顺序时，按任务在工作中的重要、紧迫程度进行排队分类、区别对待是非常必要的。通常采用 ABC 分类法来处理问题，就是把工作划分为最重要、重要和不重要三种情况，归入 A、B、C 三类。对 A 类事务进行重点管理，对 B 类事务进行一般管理，对 C 类事务的管理再次之。这样把最重要的、创造性的活动安排在精力最旺盛的时间内，以期获得更高的管理工作效率。

（2）按例外原则办事，充分授权。

面对当前社会科技、经济飞速发展，管理问题越来越复杂化的形势，再高明的领导者也不可包揽一切，什么事都由自己亲自过问、亲自处理。例外原则就是领导者只负责处理条例、规章、制度所没有规定的例外事情，这样领导者自然可以集中精力处理一些例外的、重要的事情。事必躬亲是领导者忙于日常事务的一大弊病。这涉及健全各种规章制度并且适当授权的问题。只有规章制度健全，每个人的职责才能清楚；只有适当地把权力下放，才能使自己从繁杂的日常事务中解脱出来。谁更能节省时间，又能保证质量，就把工作交给谁。因此，现代领导者要充分利用有限的时间完成最多的工作，必须采用授权这一分身术，使自己摆脱具体事务的缠绕，而专心致志地处理重大事务。在现实中，一些纯属无效的干扰占用了领导者大量的时间，如无谓的电话、不重要的来访者等。对于此类事件，可视具体的情况，委托下属或专门的人员去处理。

（3）会议艺术。

会议是领导者进行日常管理的一种工具，也是集思广益的重要场所。作为领导者，经常需要召集各种会议来研究、讨论和决定工作中的问题。但会议占去了领导者以及他人的很多时间。因此，领导者必须讲究会议艺术，提高会议效率。要使会议开得成功、有效，应注意以下的问题：

①不开无准备之会。开会以前必须充分准备，确定开会的议题和出席的对象。议题不宜多，参加会议的人也不宜太多。一个会议解决一两个重大的问题，做到有议有决。

②准时开会，开短会，说短话。提倡开门见山，畅所欲言，但应紧扣主题。会议时间不宜太长，发言的时间应有限制。要计算会议成本，讲究成本效益。

③提高会议效率。例如，注意合理安排议题的先后次序，根据人的心理、生理、精力等特点，会议的前半部分，宜讨论需要与会者开动脑筋、集中精力的议题，即在恰当的时间做恰当的工作，完成恰当的任务，可以提高会议的效率。

案例

两个不同的画面

画面一：某个中国的企业

下午1点钟，老板还没有吃午饭，他正在接今天的第36个电话。

一位营销员在请示他，某款的PC机降价100元可不可以卖？老板作了答复。

有一个在公司工作了两年的员工要求辞职，原因是他对企业给他的薪酬不满意。老板和他谈完话，开始考虑："这个营销员走后，他手上的十几个客户怎么办？"

忽然想起，今天晚上约请一个政府官员吃饭，还没有定地方，按铃请秘书进来，去安排今晚吃饭的地方。

财务经理敲门进来说："税务局明天要来查账，我们应该怎么应付？"

营销部经理敲门进来，手上拿着一沓用款单。有几个营销员要出差，请老板签字。

财务总监进来，因为公司仓库里的库存太大，占用很多资金，请示老板怎么办。

老板一直忙到晚上12点，才拖着疲惫的身子回到家里，家人已入梦乡。

画面二：某个外国公司

CEO 正在前往新加坡的专机上，正在看通过网络传来的本公司分布在全球各地下属单位的财务分析报告和库存记录。

CFO（财务总监）刚刚从摩根银行出来，随身带着收购某企业的120 亿美元的贷款协议。企业的 COO（运营总监）正在制定一份把存货期从7 天压缩到5 天的计划。

CTO（技术总监）跟市场总监正在研究3 天前已经研制的一个新产品的样机。

公司的管理学院有一批30 多人的学员正在学习“高级管理培训课程”。

公司11 位董事正在听取一个著名咨询公司为他们制定的进入中国的投资战略报告。

（资料来源：陈海龙，陈赣峰．企业管理培训案例全书．深圳：海天出版社，2005. 120 ~ 121）

本章实训与练习模块

实训目标：通过对本章理论知识的实训操练，使学生掌握领导理论在管理实践中的应用，提高领导艺术效果，努力学会如何当领导。

模块 1：案例分析与思考

【实训目的】

通过案例分析和讨论，使学生加深对领导理论的理解和掌握领导理论在管理实践中的灵活应用，提高他们的领导能力。

【实训要求】

（1）学会运用领导行为理论、领导权变理论和领导艺术。

（2）将情境分析与理论相结合，尽力体会怎样当领导。

案例一

哪种领导类型最有效

ABC 公司是一家中等规模的汽车配件生产集团企业。最近，对该公司的三个重要部门经理进行了一次有关领导类型的调查。

1. 安西

安西对他所在部门的产出感到自豪。他总是强调对生产过程、产量控制的必要性，坚持下属人员必须很好地理解生产指令以得到迅速、完整、准确的反馈。当遇到小问题时，安西会放手交给下级去处理。当问题很严重时，他则委派几个有能力的下属人员去解决问题。通常情况下，他只是大致规定下属人员的工作方针、完成怎样的报告及完成期限。安西认为只有这样才能有更好的合作，避免重复工作。

安西认为对下属人员采用敬而远之的态度对一个经理来说是最好的行为方式，所谓的“亲密无间”会松懈纪律。他不主张公开谴责或表扬某个员工，相信他的每个下属人员都有自知之明。

据安西说，在管理中最大的问题是下级不愿意接受任务。他讲到，他的下属人员可以有机会做许多事情，但他们并不是很努力地去做。

他表示不能理解在以前他的下属人员如何能与一个毫无能力的前任经理相处，他说，他的上司对他们现在的工作运转情况非常满意。

2. 鲍泊

鲍泊认为每个员工都有人权，他倾向于管理者有义务和责任去满足员工需要的学说。他说，他常为他的员工做一些小事，如给员工两张下月在伽利略城举行的艺术展览的入场券。他认为，虽然每张门票只价值15美元，但对员工和他的妻子来说却远远超过15美元。通过这种方式，也是对员工过去几个月工作的肯定。

鲍泊说，他每天都要到工场去一趟，与至少25%的员工交谈，鲍泊不愿意为难别人，他认为安西的管理方式过于死板，安西的员工也许并不那么满意，但除了忍耐别无他法。鲍泊说，他已经意识到管理中有不利因素，但大都是由生产压力造成的。他的想法是以一种友好、粗线条的管理方式对待员工。他承认在生产率上必定不如其他单位，但他相信他的雇员有高度的忠诚与士气，并坚信他们会因他的开明领导而努力工作。

3. 查理

查理说他面临的基本问题是与其他部门的职责分工不清。他认为不论是否属于他们的任务都安排在他的部门，似乎上级并不清楚这些工作应该谁做。

查理承认他没有提出异议，他说这样做会使其他部门的经理产生反感。他们把查理看成是朋友，而查理却不这样认为。

查理说过去在不平等的分工会议上，他感到很窘迫，但现在适应了，其他部门的领导也不以为然了。查理认为纪律就是使每个员工不停地工作，预测各种问题的发生。他认为作为一个好的管理者，没有时间像鲍泊那样握紧每一个员工的手，告诉他们正在从事一项伟大的工作。他相信如果一个员工声称经理为了决定将来的提薪与晋职而对员工的工作进行考核，那么，员工则会更多地考虑他们自己分配的工作，由此而产生很多问题。

他主张，一旦给一个员工分配了工作，就让他以自己的方式去做，取消工作检查，他相信大多数员工知道自己的工作做得怎么样。

如果说存在问题，那就是他的工作范围和责任在生产过程中发生混淆。查理的确想过，希望公司叫他到办公室听听他对某些工作的意见。然而，他并不能保证这样做不会引起风波而使情况有所改变。他说他正在考虑这些问题。

（资料来源：刘志坚，徐北妮．管理学——原理与案例．广州：华南理工大学出版社，2003. 220 ~ 222）

【分析与思考】

（1）你认为这三个部门经理各采取了什么领导方式？试预测他们各自将产生什么结果？

（2）是否每一种领导方式在特定环境下都有效？为什么？

案例二

让班组去做主

前进通用机器厂金属加工车间主任史涛，不久前被厂里派到市经委办的第三期基层管理短训班去学习，听到了不少专家、学者所作的关于现代化管理理论与方法的报告，很受启发。

给他印象最深的，是一位孟教授关于群体决策的讲演。他说，大量国外研究结果及实践表明，只要给广大职工以机会，他们就会集体想出高明的主意，领导也会乐于采纳。也就是说，应当充分发扬民主，让各班组去做主，制定有关他们工作的决策。

老史觉得这很有道理。短训班结束，回到车间后，老史决定要在实践中试一试他所学来的某些原理。于是他把本车间第二工段的25名职工全部召集来，对他们说，因为他们工段新近添置了高效率的、自动化程度相当高的新设备，几年前就制定了的老生产定额看来已过时，显然已不适应新情况。现在想让他们自己来讨论一下，集体决定他们的定额该是多少才最合理。布置完了讨论，老史就回车间办公室去了。他觉得自己不该去参加讨论，领导在场，大家不易畅所欲言，而且显然对大家不够信任。但他坚信，群众准会定出连他本人都不敢提出的先进标准来。

一个小时之后，老史又回到那个工段。工人们说，他们都觉得原来的定额不够合理，定得过高。现在既然授权他们自己来设置定额，经集体讨论决定，新的定额应比原来的降低10%。该怎么办？接受大家的决定吧，又实在太低，肯定要赔钱，对厂里怎么交代得过去？拒绝吧，又失信于民，下回谁还听你的？

老史实在进退两难，只好去登门拜访孟教授，请教他的高见去了。但心里很不高兴：这老书呆子，光出馊主意坑人，说的那套根本不灵嘛！

（资料来源：国跃进．管理学．北京：中国统计出版社，1996．96）

【分析与思考】

（1）老史采用的是哪一种领导方式？让班组去做主为什么不灵？

（2）你认为哪一种领导理论可以对老史的领导方法和效果作出最好的解释？

模块2：模拟设计

【设计课目】

如果我是领导者

【实训目的】

（1）培养学生领导者的素质，分析解决管理一般与复杂问题的能力。

（2）培养学生运用领导理论、领导艺术、调动员工积极性的能力。

（3）培养学生的演讲口才和锻炼胆识。

【实训内容】

（1）掌握领导理论和领导艺术的运用。

（2）以模拟公司为单位，采用演讲的形式产生领导者。

（3）学生在课下对本公司情况进行深入了解，然后撰写演讲稿。

（4）以模拟公司形式组织演讲，然后选出本公司的领导者。

【方法与要求】

（1）整个实践过程一定要贯穿领导理论和领导艺术的主要内容。

（2）深入研究模拟公司成员的情况及目前本公司存在的问题。

（3）演讲稿必须包括领导者应具备的素质和能力，以及本公司存在的问题和解决方法，采取的领导方式，给企业带来的效益等。

（4）演讲后，教师组织学生评论和小结。

【实训考核】

（1）每个学生上交一份演讲稿。

（2）教师和模拟公司的领导者对各成员的演讲稿共同评估打分。

模块3：游戏：领导水平的测试

【项目简介】

这是一个帮助学生了解自己领导水平的游戏，游戏完成后，学生可以对自己的领导水平有一个大致的评价。

人数：40人

时间：50分钟

场地：教室

用具：纸、笔、投影仪

【训练步骤】

教师把印有如下内容的试题纸发给学生或投放在投影仪上。学生选择合适的数字，然后合计得分。选择的数字为：1——最不符合，2——较不符合，3——中等符合，4——较符合，5——最符合。

①我已挑选好团队成员。	1	2	3	4	5
②我已向我的队员证明我关心他们。	1	2	3	4	5
③我已鼓励他们互相关心。	1	2	3	4	5
④我知道我的队员的喜好。	1	2	3	4	5
⑤我积极推动团队发展。	1	2	3	4	5
⑥我已培养了适应性强的队伍。	1	2	3	4	5
⑦我支持我的队员。	1	2	3	4	5
⑧我已经教给他们什么是重点。	1	2	3	4	5
⑨我经常告诉他们行动计划。	1	2	3	4	5
⑩我在奉献方面作出了表率。	1	2	3	4	5
⑪我的队员愿意将团队利益置于个人利益之上。	1	2	3	4	5
⑫我已培养了一名优秀替补队员。	1	2	3	4	5
⑬我鼓励每一名队员找到自己的位置。	1	2	3	4	5
⑭我赢得了队员的尊重。	1	2	3	4	5
⑮我按队员的表现奖励队员。	1	2	3	4	5
⑯我确立了一种胜利的法宝。	1	2	3	4	5
⑰我预料到困难并做好准备解决它。	1	2	3	4	5
⑱我了解每个队员的水平。	1	2	3	4	5
⑲我花时间传授我的理念并积极授权。	1	2	3	4	5
⑳我仅仅做那些我不能授权的工作。	1	2	3	4	5

【训练要点】

90～100分：你是一名伟大的团队领导，已准备好取得最优异的成绩。

80～89分：你是一名优秀的领导，对你的队伍和技术做了很好的调整。

70～79分：你是一名可靠的领导，现在不要停下来，继续发挥工作中的优势，为更上一层楼而努力。

60～69分：你的团队开始成型，需要不断地学习与建设。

60分以下：你还有很多工作要做，但是不要泄气，马上用建立领导者团队的方法组建你的团队，提高你的领导水平。

模块4：参观走访

【走访对象】

企业领导者

【实训目的】

（1）通过对企业领导者的走访，对领导有更深的感性认识。

（2）培养学生的领导组织能力。

（3）培养学生应用领导的方式方法的能力。

（4）培养学生的领导艺术水平。

【实训内容】

（1）听取企业领导者工作方式方法的情况介绍。

（2）通过与企业领导者交谈，了解他在领导工作中所遵循的原理。

（3）了解领导工作中采用的领导方法和领导艺术技巧。

（4）访谈领导工作中所遇到的问题和解决方法。

【实训组织】

（1）学生自行联系一位企业领导者进行访谈。

（2）事先认真准备，事后进行小结。

（3）教师组织学生介绍走访情况，并要学生谈谈走访心得。

【实训要求】

（1）走访之前，要进行精心准备。对如何打开交流场面、和企业领导者交谈的内容要做到心中有数。

（2）在和企业领导者交流中，要表现得自信、真诚、热情。

（3）走访结束后，写一份实训报告。

【实训考核】

（1）每位学生上交一份实训报告。

（2）教师根据学生的实训报告和交流情况进行评估打分。

模块5：辩论

【题目】

领导素质决定领导艺术

【实训目的】

（1）了解领导的基本理论。

（2）培养学生的领导能力。

（3）初步学会领导艺术。

【实训内容】

（1）论述领导基本理论的应用。

（2）论述领导素质对管理者的影响作用。

（3）探讨领导艺术与技能。

【方法与要领】

（1）全班分正方与反方（每组5人）若干小组进行组合，并设定辩论场地和辩论议程。

（2）陈述。正方论述领导者的素质决定领导艺术；反方以领导理论、领导方式、领导技能体现领导艺术等论点反驳正方。坚持理论与实践相结合，做到举例鲜明且说服力要强。

（3）答辩。正反双方在辩论中，既要回答对方的提问，也要向对方提出疑难问题，要求答辩。

（4）陈辞。正反双方各推荐一人进行归纳总结，举例要鲜明生动，既能证明本方观点正确，又能反驳对方观点，在规定时限内发言完毕。

（5）点评。邀请管理方面专家、老师对辩论情况进行讲评。

【成绩测评】

（1）正反双方都要形成书面辩论资料，呈报老师或评委。

（2）综合点评意见，由教师、学生或邀请企业领导者参与评定辩论结果。

模块6：讨论题

（1）一个现代领导者应具备哪些条件？

（2）你认为在实际工作中，采用哪种领导作风更为有效？

（3）企业经理人在实际领导工作中应如何体现领导艺术？

（4）有些大学正在实验一些新的做法，例如允许学生设计自己的专业、为这一专业设计课程表、挑选教师和课程、对学习实行自我指导和自我评估。这些是领导替代的例子，你认为这种方法比传统方法更好吗？你是否喜欢这种方法？为什么？

【方法与要求】

（1）全班同学或模拟公司分成若干小组，每组6~8人。

（2）各组由模拟公司经理或组长主持进行讨论，讨论时大家要联系本章理论与实训内容畅所欲言，人人发言。

（3）各组分别指定一人记录，讨论后进行归纳整理，形成集体讨论答案送交老师批阅。

【成果验收】

老师对各组讨论答案批改后，将成绩记入小组积分。

第9章 激 励

◉学习要点

1. 激励概述
2. 激励理论
3. 激励方法

◉学习目标

1. 理解激励的含义和激励过程
2. 深刻理解人性假设的X理论和Y理论的主要观点
3. 掌握激励理论的主要内容及其应用
4. 掌握激励方法及其运用

◉关 键 词

激励　需要层次理论　双因素论　成就需要论　期望理论　强化理论　公平理论

案例

红烧肉的故事

老板接到一桩业务，有一批货要搬到码头上去，又必须在半天内完成。任务相当重，手下就那么十几个伙计。

这天一早，老板亲自下厨做饭。开饭时，老板给伙计一一盛好，还亲手捧到他们每个人手里。

伙计王接过饭碗，拿起筷子，正要往嘴里扒，一股诱人的红烧肉味浓香扑鼻而来。他急忙用筷子扒开一个小洞，三块油光发亮的红烧肉焐在米饭当中。他立即扭过身，一声不响地蹲在屋角，狼吞虎咽地吃起来。

这顿饭，伙计王吃得特别香。他边吃边想：老板看得起我，今天要多出点力。于是他把货装得满满的，一趟又一趟，来回飞奔着，搬得汗流如雨……

整个上午，其他伙计也都像他一样卖力，个个挑得汗流浃背。一天的活，一个上午就干完了。

中午，伙计王不解地偷偷问伙计张："你今天咋这么卖力？"伙计张反问伙计王："你不也干得起劲嘛？"伙计王说："不瞒你，早上老板在我碗里塞了三块红烧肉啊！我总要对得住他对我的关照嘛！""哦！"伙计张惊讶地瞪大了眼睛，说："我的碗底也有红烧肉哩！"两人又问了别的伙计，原来老板在大家碗里都放了肉。众伙计恍然大悟，难怪吃早饭时，大家都一声不响闷笃笃地吃得那么香……

（资料来源：http：//www. 3hr. cn/forum/）

【分析与思考】

老板为什么要单独在每个人碗底放红烧肉，而不是端在桌子上大家一起分享？红烧肉单独放在每个人碗里产生的激励作用和放在桌上共享的激励作用，究竟哪个会更大一些？

激励是领导工作的一个有机组成部分。激励是激发和鼓励人们朝着所期望的目标采取行动的过程。组织的生命力来自于组织中每一个成员的热忱。有效的领导者必须能充分地调动员工的积极性，使其潜能最大限度地发挥出来。因此，管理者如何对员工进行激励，以激发他们的创造性和积极性？这就需要了解激励的理论和掌握激励的方法。

9.1 激励概述

9.1.1 激励的概念与过程

1. 激励的概念

从字面上理解，激励就是发挥和鼓励的意思。在管理工作中，可把激励定义为调动人们积极性的过程，即为了特定目的而去影响人们的内在需要或动机，从而强化、引导或改变人们行为的反复过程。它含有激发动机、鼓励行为、形成动力的意义。理解这个定义应该注意以下四点：

（1）激励有鲜明的目的性。

（2）激励是对人的需要或动机施加影响，从而强化、引导或改变人们的行为。

（3）激励是一个持续反复的过程。

（4）激励受环境的影响。

激励是人们内心对某种需要的追求，在激励过程中内因起着决定性作用。但人生活在特定的社会环境中，环境对人的行动也起着影响作用。例如，一位同事的提升可以激发我们产生提高地位的愿望，一个有挑战性的问题可能会激发我们去解决问题取得成就的愿望。根据这个观点，可以把人的行为（B）看成是其自身的特点（P）及所处环境（E）的函数，即

$$B=f(P, E)$$

因此，为了引导人的行为，达到激励的目的，领导者既可以在了解人的需要的基础上，创造条件促进这些需要的满足，也可以通过采取措施，改变个人行动的环境。

2. 激励的类型

依照激励作用方式的不同，可以将其分为内在激励和外在激励两大类。内在激励是指通过工作本身的趣味性、价值、挑战性，以及完成工作的成就感等激发员工的积极性。这种激励来自于做好他们的工作。例如，喜欢解决程序问题的电脑程序员会受到内在激励，完成一个复杂的任务可以使他有一种愉悦的实现感。外在激励则是借助环境以外的物质奖励、表扬、晋升等引发员工的积极行为。这种激励的源泉是行为的结果，而不是行为的本身。例如，汽车销售人员受到的激励是他能从他所销售的汽车中得到佣金，他们受到的激励来源于工作结果。人们可以受到内在激励、外在激励或者同时受到两种激励的作用。

3. 激励的过程

激励是“需要—行为—满意”的一个连锁过程，人的激励过程如图 9－1 所示，一个人从有需要直到产生动机是一个心理过程。开始从需要出发，由此产生了要求，这种需要一时

不能得到满足时，心理上会产生一种不安和紧张状态，促成一种导向某种行为的内在驱动力，这就是动机。所谓人的动机，就是诱发、活跃、推动并指导和引导行为指向目标的一种内在状态。当人有了动机以后，就会导致一系列寻找、选择、接近和达到目标的行为。如果人的行为达到了目标，就会产生心理和生理上的满足，也使新的需要得到强化。原来的需要满足了，新的需要又会产生，从而又引发人新的行为。

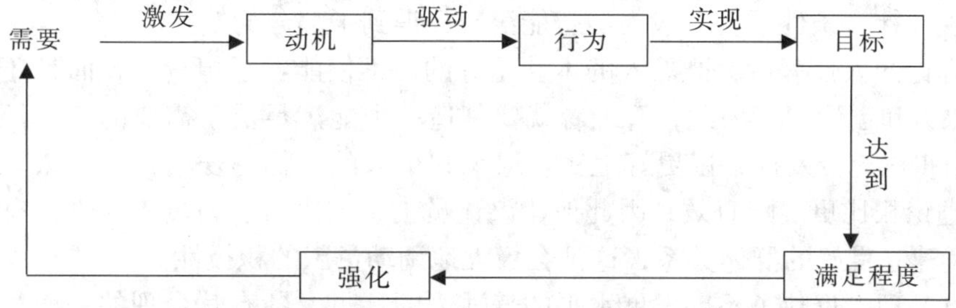

图 9-1　激励的过程

可见，激励就是管理者采取刺激措施作用于这一心理过程来促使符合组织目标的行为产生，在能力不变的条件下，工作绩效的大小，取决于激励程度的高低。激励的真实意义就是要开发人的资源，强化人的能动行为，推动行为方向朝着组织目标接近。

9.1.2　激励中对人的认识

激励的对象是人。管理者在研究激励人的工作之前，首先要对人有一个正确的认识。麦格雷戈通过观察管理者处理员工关系的方式，发现管理者在不同的“人性”假设的指导下，会采用不同的方法与手段来激励人。因此，他提出了有关人性的两种截然不同的观点：一种是 X 理论，另一种是 Y 理论。后人在这一基础上还提出了超 Y 理论和 Z 理论。

1. X 理论

X 理论是对传统管理的人性假设的概括。其要点是：

（1）多数人天生是懒惰的，只要有可能，他们便会尽量逃避工作。

（2）多数人没有雄心大志，不愿承担任何责任，心甘情愿受别人领导。

（3）多数人的个人目标都是与组织目标相矛盾的。所以必须用强制、惩罚的办法才能迫使他们为达到组织的目标而工作。

（4）多数人工作都是为了满足基本的需要，只有金钱和地位才能鼓励他们工作。

根据 X 理论的人性假设，人的一切行为都是为了最大限度地满足自己的利益，工作的动机是为了获得经济报酬。因此，组织就以权力与控制体系来保护组织本身及引导员工，以经济报酬来使人们服从和作出绩效。而且在管理实践中，对于大多数人来说，仅用奖赏的办法不足以战胜其对工作的厌恶倾向，必须采取强制、监督、指挥、惩罚和威胁等管理办法，才能使他们付出足够的努力去完成给定的工作目标。

2. Y 理论

与 X 理论相反，Y 理论的要点是：

（1）一般人是勤奋的，如果环境条件有利，工作就如同游戏或休息一样自然。

（2）外来的控制和惩罚不是实现组织目标的唯一手段。人们在执行任务中能够自我指导和自我控制。

（3）人是有责任心的，在适当的条件下，人们不仅会接受和承担一定的责任，而且还会主动追求责任。

（4）大多数人在解决组织的各种问题时，能发挥出较丰富的想象力和创造性。

（5）人的自我实现的要求与组织需要的行动之间是没有矛盾的，对目标执着追求而取得成功本身就是一种报酬。

（6）在现代社会条件下，一般人的智能潜力只得到了部分的发挥。

根据Y理论的人性假设，既然人的本性是好的，不仅能够承担责任，而且还具有相当高的智力、想象力和创造力，因此，管理者就要创造一个能满足员工需要的工作环境，使他们的智慧、能力得以充分发挥，以更好地实现组织和个人的目标。麦格雷戈本人认为，Y理论的假设与X理论相比更实际有效，因此他建议让员工参与决策、为员工提供富有挑战性和责任感的工作、建立良好的群体关系，这都会极大地调动员工的积极性。

X理论和Y理论反映了不同发展水平的普通人的特点，各有其合理的一面，管理者应根据人的不同需要和素质来采取不同的领导方法。

3. 超Y理论

在麦格雷戈提出X理论和Y理论之后，美国的洛尔施和莫尔斯对此进行了试验并提出了超Y理论。他们选了两个工厂和两个研究所作为试验对象，其中一个工厂和一个研究所按照X理论实施严密的组织和监督管理；另一个工厂和研究所则按照Y理论实施松弛的组织和参与式管理，并以诱导鼓励为主。试验结果表明，采用X理论的单位和采用Y理论的单位都有效率高和效率低的。可见，Y理论不一定比X理论好。那么，在特定情况下应选用哪种理论呢？

超Y理论认为，管理方式要由工作性质、成员素质等来决定。不同的人对管理方式的要求不同。有的人希望有正规化的组织与规章条例来要求自己的工作，而不愿去承担责任，这种人欢迎X理论指导管理工作。有的人却需要更多的自治和发挥个人创造性的机会，这种人则欢迎以Y理论为指导的管理方式。在工作方面，任务明确、易于测定的工作适用X理论指导管理；而任务复杂且不明确、不易测量的工作用Y理论进行管理将会取得较高的效率。

根据超Y理论，某一种人性假设不能适用于一切人。由于人是复杂的，人的需要随着各种变化而变化，因此要求管理者根据不同的人，因人因时而异，灵活采取不同的管理措施，即用“权变理论”作指导，来达到激励人的目的。

4. Z理论

美国加州大学教授大内在研究分析了日本的企业管理经验后，提出了Z理论。他认为，企业管理当局与职工的利益是一致的，两者的积极性可融为一体。Z理论主要包括以下内容：

（1）企业对职工的雇佣应该是长期的而不是短期的。企业在经济不佳或遇到困难的情况下，一般不采取解雇职工的办法，而是动员大家“节衣缩食”共渡难关。

（2）上下结合制定决策。鼓励职工参与企业管理工作、关心企业的利益和前途。

（3）实行个人负责制。要求基层管理人员不机械地执行上级的命令，而要敏锐地体会上级命令的实质，创造性地执行。

（4）上下级关系要融洽。企业管理当局要处处显示对职工的全面关心，使职工心情舒畅、愉快。

（5）对职工要进行全面的培训，使职工有多方面的工作经验。

（6）评价与稳步提拔。强调对职工进行长期而全面的考察，不以“一时一事”为根据对职工的表现下结论。

（7）控制机制要较为含蓄，而且不必太正规，但检测手段要正规。

不同的管理环境需要有不同的管理模式。Z 理论的观点正是与日本的社会、经济、文化背景相适应的，所以，这种管理模式在日本取得了成功。

然而，各国的社会文化背景具有较大差异，实际生活中的人也千差万别，绝不是用几种类型就能简单归纳的。实践证明偏信某种“人性”假设都可能会陷入误区。但是也应该看到，这些人性假设理论对管理工作还是具有很大的启示和帮助作用的，至少每种假设都给管理者提供了一种识别人们需要的重要标准。综合这些假设，可以把以下两点认识作为激励工作的依据。

一是人的需求是复杂的。人的需求是多样而复杂的，有经济的、社会的等，因此，不能单纯地将人当作经济人、社会人、自我实现的人来对待，人在不同程度或不同时期，这些特性可能都具备，所以如何全面、综合地识别人的需求，成了激励工作中的重要问题。

二是人的需求是变化的。人的需求是因人而异、因时而异的，是处在变化中的，这就使得在激励过程中对人的需求的引导和改变成为可能。

9.2 激励理论

组织的管理者要想有效地激励员工，必须较全面地了解各种激励理论。激励理论主要包括内容型激励理论、过程型激励理论、行为改造型激励理论等。这些理论从不同的侧面研究了人的行为动因，是各种激励方法的理论基础。

9.2.1 内容型激励理论

内容型激励理论着重突出激励对象未满足的需要类型。它有两种思路：一是从社会文化的系统出发，对人的需要进行分类，通过提供一种未满足的需要的框架，寻求管理对象的激励效率，称之为需要层次理论；二是从组织范围的角度出发，把人的需要具体化为员工切实关心的问题，称之为双因素理论。这两种激励理论形成于 20 世纪 50 年代。同时期还有麦克利兰的成就需要理论。

1. 需要层次理论

这一理论是由美国的社会心理学家马斯洛提出来的。马斯洛认为，每个人都有五个层次的需要：

一是生理的需要。这是人类最基本的需要，如衣、食、住、行等。所以，在经济欠发达的社会，必须首先研究并满足这方面的需要。

二是安全的需要。这是保护自己免受身体和情感伤害的需要。它又可以分为两类：一类是现在的安全需要，另一类是未来的安全需要。也就是说，一方面要求自己现在的社会生活的各个方面均能有所保证，另一方面希望未来的生活能有所保障。

三是社交的需要。它包括友谊、爱情、归属及接纳方面的需要，这主要产生于人的社会性。人们的生活和工作都不是孤立地进行的。人们希望在一种被接受或有归属的情况下工作，而不希望在社会中成为离群的孤鸟。

四是尊重的需要。它分为内部尊重和外部尊重。内部尊重因素包括自尊、自主和成就感；外部尊重因素包括地位、被认可和关注或者说是受人尊重。自尊是指自己取得成功时有一种自豪感，它是驱使人们奋发向上的推动力。

五是自我实现的需要。它是指个人的成长与发展、发挥自身潜能、实现理想的需要。这是一种追求个人能力极限的内在驱动力。

马斯洛需要层次理论的主要观点包括：第一，只有尚未满足的需要才能够影响人的行为，已得到满足的需要不能起激励作用；第二，人的需要有轻重层次之分，只有排在前面的那些属于低级的需要得到满足，才能产生更高一级的需要。需要层次理论还认为，当一种需要得到满足后，另一种更高层次的需要就会占据主导地位。按照马斯洛的观点，如果希望激励某人，就必须了解此人目前所处的需要层次，然后着重满足其这一层次或在此层次之上的需要。

案例

黄工程师为什么要走

助理工程师黄大佑是名牌大学高才生，毕业后工作已8年，于4年前应聘到一家大厂工程部负责技术工作。他工作勤恳负责，技术能力强，很快就成为厂里有口皆碑的“四大金刚”之一，名字仅排在一号种子厂技术部主管陈工之后。然而，他的工资却同仓管人员不相上下，夫妻小孩三口尚住在来时住的那间平房。对此，他心中时常有些不平。

马厂长是一位有名的识才老厂长，孙中山先生的名言“人能尽其才，物能尽其用，货能畅其流”，在各种公开场合不知被他引述了多少遍，实际上他也是这样做了。4年前，黄大佑来报到时，门口用红纸写的“热烈欢迎黄大佑工程师到我厂工作”几个不凡的颜体大字，是马厂长亲自吩咐人事部主任落实的，并且交代要把“助理工程师”的“助理”两字去掉。这确实使黄大佑当时很风光，工作更卖劲。

两年前，厂里有指标申报工程师，黄大佑属有条件申报之列，但名额却给了一个没有文凭、工作平平的老同志。他想问一下厂长，谁知，他未去找厂长，厂长却先来找他了：“黄工，你年轻，机会有的是。”去年，他想反映一下工资问题，这问题确实重要，来这里其中一个目的不就是想得到高一点工资，提高一下生活待遇吗？但是，几次想开口，都没有勇气讲出来。因为厂长不仅在生产会上大夸他的成绩，而且，曾记得，有几次外地人来取经，马厂长当着客人的面赞扬他：“黄工是我们厂的技术骨干，是一个有创新的……”哪怕厂长再忙，路上相见时，总会拍拍他的肩膀说两句诸如“黄工，干得不错”，“黄工，你很有前途”的话。这的确让黄大佑兴奋，“马厂长的确是一个伯乐”。此言不假，前段时间，他还把一项开发新产品的重任交给他呢，大胆起用年轻人，然而……

最近，厂里新建好了一批职工宿舍，听说数量比较多，黄大佑决心要反映一下住房问题，谁知这次马厂长又先找他，还是像以前一样，笑着拍拍他的肩膀：“黄工，厂里有意培养你入党，我当你的介绍人。”他又不好开口了，结果家没搬成。

深夜，黄大佑对着一张报纸的招聘栏出神。第二天一早，马厂长办公桌上压着一张小纸条：

马厂长：

您是一个懂得使用人才的好领导，我十分敬佩您，但我决定走了。

黄大佑于深夜

（资料来源：管理学原理学习网站，http：//www. gdin. edu. cn）

【分析与思考】

爱才的马厂长最终未能留住黄工程师的原因是什么？若要留住黄工程师，马厂长应该注意什么问题？

2. 双因素理论

双因素理论也称“激励—保健理论”，是美国心理学家赫茨伯格于20世纪50年代后期提出的。这种理论研究的重点是组织中个人和工作的关系问题。赫茨伯格通过调查发现：引起人们不满意的因素是一些外在因素，大多与工作环境有关；能给人们带来满意的因素通常都是内在的，是由工作本身所决定的。因此，赫茨伯格将影响人们行为的因素分成两种类型：保健因素和激励因素。

（1）保健因素。保健因素是指那些与人的不满情绪有关的因素。这类因素主要包括公司的政策、管理和监督、人际关系、工作条件等。保健因素处理得不好，会引起员工的不满情绪；处理得好，可以预防或消除这种不满。但是，这种因素并不能对员工起到激励作用，只能起到保持人的积极性、维持工作现状的作用。所以保健因素又称维持因素。

（2）激励因素。激励因素是指那些与人们的满意情绪有关的因素。它主要包括工作表现机会、工作带来的愉快、工作上的成就感、由于良好的工作绩效而获得的奖励、对未来的展望、职务上的责任感等。在管理工作中，与激励因素有关的工作如果处理得好，能够使人们产生满意的情绪，从而提高员工的积极性；如果处理不当，其不利后果顶多是会使员工得不到满意，而不会导致不满。

双因素理论和需要层次理论都属于激励理论，都是从人的内在驱动力即需要的角度出发来考察激励的。虽然这两种理论之间存在许多差别，但是，就需要的类型来看，两者之间还是存在许多共同之处的，保健因素与生理需要、安全需要等低级需要基本一致，而激励因素与社交需要、尊重需要、自我实现需要等高级需要相对应。

所以从这个角度说，赫茨伯格的“双因素理论”在一定程度上验证了马斯洛的“需要层次理论”。“双因素理论”自诞生以来被广为流传，特别是应用“双因素理论”提出的工作丰富化受到了广泛的关注。但在实际运用时，只有区别对待不同人的保健因素和激励因素，才能提高激励效果。

案例

寻找真正的“激励因素”

一家IT公司的老板，每年中秋节都会额外给员工发放一笔1 000元的奖金。但几年下来，老板感到这笔奖金正在丧失它应有的作用，因为员工在领取奖金的时候反应相当平和，每个人都像领取自己的薪水一样自然，并且在随后的工作中也没有人会为这1 000元而表现得特别努力。既然奖金起不到激励作用，老板决定停发，加上行业不景气，这样做也可以使公司节约一笔经费。但停发的结果却大大出乎意料，公司上下几乎每个人都在抱怨老板的决定，有些员工明显情绪低落，工作效率也受到不同程度的影响。老板很困惑：为什么有奖金的时候，没有人会为此在工作上表现得积极主动，而取消奖金之后，大家都不约而同地指责抱怨甚至消极怠工呢？

（资料来源：陈龙海，陈赣峰．企业管理培训案例全书．深圳：海天出版社，2005）

3. 成就需要理论

成就需要理论是由美国心理学家麦克利兰于20世纪50年代提出的。该理论认为，人们在生理需要得到满足后，还有三种基本需要：成就需要、权力需要和社交需要。麦克利兰对这三类基本需要作了以下描述：

（1）成就需要。成就需要是指达到标准、追求卓越、争取成功的需要。所谓成就激励即激发员工想按照高标准行事的愿望，或要在竞争环境中取胜的愿望。麦克利兰认为，具有高度成就需要的人对于企业和国家都有重要的作用。企业拥有这样的人越多，发展就越快，经济效益就越高；国家拥有这样的人越多，就越发达。人的成就激励是可以通过教育和培养逐步发展的，甚至对于身处不同文化环境的人们也可同样传授。

（2）权力需要。权力需要主要指影响或控制他人且不受他人控制的欲望。具有高度权力欲的人对施加影响和控制他人表现出极大的关切。这类人的主要行为特征有：①寻求领导者的地位，要求取得并行使权力。②喜欢争辩、很健谈、直率、头脑冷静并善于提出要求。③竞争意识很强，喜欢支配、教训人。

（3）社交需要。社交需要主要指希望和他人建立友好亲密关系的愿望。有高度社交需要的人有以下特征：①寻求建立并保持和他人的友谊和亲密的感情关系。②希望自己获得他人的好感。③喜欢参加各种社交活动，结交知心朋友。④乐于帮助和安慰危难中的伙伴。

实际上，人们在不同程度上都有以上三种动机，但各种需要的强弱程度则因人而异。麦克利兰对成就需要这一因素作了大量研究，认为成就需要具有挑战性，引发人的快感，增加奋斗精神，对行为起主要影响作用。怎样才能增进个人的成就需要呢？他提出了四个办法：一是以成功人士为楷模；二是有意识地安排一些成功反馈；三是增强人的自信；四是经常用正面的思想鼓励自己。麦氏以后的研究又发现，权力需要对管理人员来说是最为重要的。最为有效的管理者通常是那些有高度权力需要、适度成就需要和低度社交需要的人。

案例

一流人才一流对待

一个公司里一般难得有几个“超级明星”。但是，管理这些业务尖子却极有学问。彼特说起这些事，总是说：“驾驭业务能手，需要技巧，而非一般的任用就能摆平，这是一场很敏感的心理攻坚战。”

彼特谈到了他是如何任用精英的：

“作为一名经理，我时常在精英们正当的晋升要求与这些提升在公司其他人才中造成的震动这两者之间作出权衡。有时候提拔这些超级明星反而埋没了他们的才能。举一个最普通的例子：你将最好的推销员提升为销售经理后，发现销售额陡降。原因是这个超级销售员现在更多的时候坐在办公室里，而不是在推销第一线。”

“解决这个问题的关键之处在于，不要把‘受重用’狭隘地理解为在公司机构的台阶上迈进一步，以至于为了在台阶上攀登得更快，这些能干的员工不得不卸掉原来的一部分责任。更好的做法也许是，让他们担负更多的工作。”

“例如，在我的公司里，当需要让某个员工承担新的责任时，我并不卸去其原来的工作。当他们需要别人的帮助和支持时，他们自然知道去招聘什么样的人才，或在公司原有的职工中谁可以帮忙。”

“一位经理长期积累起来的某方面的经验与专长，在其新的职位上不应该成为累赘。相反，我认为这些经验和专长是他们的本钱。如果一个经理真的如他自己所认为的那样能干，那么，在拥有一个不断扩大的事业基础与成为一颗上升的新星这两种选择中，他应该选择前者。”

（资料来源：樊丽丽．趣味管理案例集锦．北京：中国经济出版社，2005. 164～165，稍有改动）

9.2.2 过程型激励理论

过程型激励理论着重研究人们选择其所要进行的行为过程，以及行为是怎样产生的，是怎样向一定的方向发展的，如何使这个行为保持下去，以及怎样结束行为的发展过程。其主要代表理论有弗鲁姆的期望理论、公平理论，波特和劳勒的激励模型，这里着重介绍前两种理论。

1. 期望理论

案例

谁会受到激励

为了激励员工提高工作绩效，某公司的销售副总裁宣布，下个月销售额最高的两个销售员可以获得免费在圣诞节去夏威夷旅行的额外奖励。现在销售额最高的销售员有三名：亨利、凯瑟琳和吉姆。亨利去过夏威夷，夏威夷的美景使他难以忘怀。他很想再有机会旧地重游，但是他记得上个月副总裁也曾答应过这类事，那是去巴黎，最后由于财务部门不同意而未能兑现。所以对下个月能否成行他感到怀疑。凯瑟琳从来没去过夏威夷，她非常想去那里，她也记得上一次的事情。但她得知财务部门和副总裁的意见分歧已消除，下个月优胜者去夏威夷是板上钉钉的事。吉姆是唯一一个不想去夏威夷的人。因为他要在圣诞节结婚，到瑞士去度蜜月，所以他对副总裁的奖励漠不关心，尽管他知道优胜者肯定能去夏威夷。

【分析与思考】

你认为这三个人中谁谋求最高销售额的激励力量最大？为什么？

1964 年，美国心理学家弗鲁姆首先提出了期望理论，这种理论受到国外管理学家和实际管理工作者的普遍重视。目前，人们已经把期望理论作为最主要的激励理论之一。

这一理论认为：人是理性的人，对于生活与事业的发展，他们有既定的信仰和基本的预测，一个人决定采取何种行为与这种行为能够带来的结果对他来说是否重要有关，人就是根据他对某种行为结果实现的可能性和相应奖酬的重要性的估计来决定其是否采取某种行为的。某一活动对某人的激发力量或激励力取决于他所能得到结果的全部预期价值乘以他认为达成该结果的期望概率。用公式表示为：

$$激励力 = 目标效价 \times 期望概率$$

式中，激励力是指调动一个人的积极性，激发出人的内部潜力的强度；目标效价，指达到目标后对于满足个人需要其价值的大小；期望概率，是指根据以往的经验进行的主观判断，一定行为能导致某种结果的概率。

该公式实际上提出了管理者在进行激励时要处理好三方面的关系，这些也是调动人们工作积极性的三个条件。

第一，努力——绩效的关系。人总是希望通过一定的努力能够达到预期的目标，一个人往往是根据过去的经验来判断一定行为能够导致某种结果或满足某种需要的可能性大小的。如果个人主观认为通过自己的努力达到预期目标的概率较高，就会有信心，就可能激发出很强的工作力量。但是如果他认为目标太高，通过努力也不会有很好的绩效时，就失去了内在的动力，导致工作消极。所以，作为管理者，在制定目标时要注意目标实现的期望值。

第二，绩效——奖励的关系。人总是希望取得成绩后能够得到奖励，这种奖励是广义的，既包括多方面的物质奖励，又包括精神方面的奖励，还包括像提拔到较重要的工作岗位上等物质与精神兼而有之的奖励。如果他认为取得绩效后能够获得合理的奖励，就有可能产生工作热情，否则就可能没有积极性。

第三，奖励——满足个人需要的关系。人总是希望自己所获得的奖励能满足自己某方面的需要。然而由于人们在年龄、性别、资历、社会地位和经济条件等方面都存在着差异，他们对各种需要要求得到满足的程度就不同。从效价这个指标可以反映这个问题。某人对某种结果越是向往，该结果对此人而言其效价就越接近于1；如果这一结果对他来说无足轻重，他对结果也漠不关心，那么此结果的效价对他来说接近于0；如果他害怕这一结果的出现，那么效价就是负值。因而对于不同的人，采用同一种办法给予奖励能满足的需要程度不同，能激发出来的工作动力也就不同。

一般认为，此模式避免了马斯洛和赫茨伯格研究方法中某些简单化的缺陷，更切合实际情况的激励过程。它有助于管理者理解和分析职工们的激励状况，并识别有关的变量因素。上述的后两方面关系告诉管理者要有效地进行激励就必须提高活动结果的效价，要提高效价就必须使活动结果能满足个人最迫切的需要。在实际的管理过程中，管理者要激励员工去做某件事，首先要了解他的主导需要，设置效价较高的“成果”，这样可以较低的成本获得较大的动力。同时帮助职工提高能力，为他们创造必要的条件，提高他们的期望值，从而可以提高激励力。

2. 公平理论

案例

财务部老张发现去年才来本公司任职的两名大学毕业生比他的薪酬还高，心里很不是滋味。而这两位年轻人还不满意，认为按他们的付出还要大幅度提高报酬。

【分析与思考】

为什么对报酬问题大家会有不同的看法？他们在进行比较时，会考虑哪些投入和产出因素？

公平理论又称社会比较理论，它是美国的亚当斯于20世纪60年代首先提出来的。该理论侧重分析报酬对人们工作积极性的影响。公平理论的基本观点是，当一个人作出了成绩并取得报酬以后，他不仅关心自己所得报酬的绝对量，而且关心自己所得报酬的相对量。所以，他要进行种种比较来确定自己所得报酬是否合理，比较的结果将直接影响他今后的工作积极性。

这种比较称为横向比较，即他要将自己获得的“报酬”（包括金钱、工作安排以及获得的赏识等）与自己的“投入”（包括教育、努力及耗用在职务上的时间等比值）与组织内其他人作比较，只有相等时，他才认为公平，用公式表示如下：

$$\frac{自己的报酬}{自己的付出}=\frac{参照系的报酬}{参照系的付出}$$

这里的报酬通常包括精神和物质奖励以及工作安排等因素。具体表现为薪金、奖金和福利，以及职务的升降、尊重等。所谓的付出可以包括个人所受到的教育、能力、努力程度、时间等因素。应该指出的是，这里的报酬与付出都是个人的主观感觉，因为不同个体的感知度不同、判定标准的差异，所以，对于同一报酬和付出会产生不同感觉。这里的参照系包括同一组织中从事相似工作的其他个体，还包括朋友、邻居和同行。员工会通过各种渠道获得工资标准、劳工合同等方面的信息，并在此基础上将自己的收入与他人进行比较。

在权衡比较中，可能出现三种情况：

（1）比率相等，心里比较平静，认为自己的报酬是合理的，自己得到了公平的待遇，从而心情舒畅，努力工作。

（2）等式取小于号，心里产生紧张与不安，认为自己的报酬不合理，太低了，从而会被激励采取行动以消除或减少引起心里紧张不安的差异，如要求增加报酬或减少贡献，还有可能放弃自己的工作，要求调走。

（3）等式取大于号，即发现自己的报酬太高了，也会产生不平等感而引起思想上的压力。但这种不公平感不像报酬过低时那样普遍。但这时也会采取相应的行动，如增加贡献或要求减少报酬等。

公平理论不仅就员工对自己所得报酬比较后的心理状态作了详尽的描述，而且还对比较后可能引起的行为变化进行了预测，给管理者很多启示：

第一，公平与否源于个人的感觉。人们在心理上通常会低估他人的贡献，高估别人的所得，这样的感觉，使得心态不平衡。这种激励对组织对个人都是不利的。所以，管理者应该以敏锐的感觉来体察职工的心情，如确有不公，应尽快解决，否则，也应进行必要的解释，做好思想工作。

第二，管理者用报酬或奖励作为激励手段的时候，应该更多地注意实际工作绩效与报酬之间的合理性，一定要使每个员工都感到公平合理。个人内部或外部报酬只有和其绩效相称，并且本人也认为这些报酬公平，才能使员工感到满足，提高大家的积极性。

第三，员工是否满意，除了与其所得绝对量有关以外，还取决于他们比较的参照系。所以，作为管理者在进行激励时，除了对员工进行纵向比较外，还要注意横向比较，才能起到激励的真正的效果。这对于组织留住人才、吸引人才是有很大借鉴作用的。

9.2.3 行为改造型激励理论

行为改造型激励理论是研究如何改造和转化人的行为，变消极为积极的一种理论。主要有强化理论、挫折理论和归因理论，这里着重介绍强化理论。

案例

提高顾客满意度的激励方式

几年前××公司被顾客的抱怨搞得狼狈不堪。为此，高层管理部门改变经营人员的奖励方案，从以定额为标准（销售额高报酬就高）改为以长期的顾客满意度为标准（只有令顾客满意才能得到好的绩效评价和高额报酬）。现在这家公司每月调查世界各地的40 000名顾客对其产品和服务的满意度。每年年初，高层管理部门考察上一年的情况，奖励顾客满意度高的员工，并设置本年度的新目标。通过这些干预措施，情况发生极大改变：2003年，该公司的顾客满意度为86%，以后逐年提高，有一年达到了100%。

（资料来源：周文霞．管理中的激励．北京：企业管理出版社，2003，稍有改动）

【分析与思考】

该公司的措施有什么独特之处？为什么它可以在短期内使公司发生如此大的变化？

强化理论是由美国心理学家和行为科学家斯金纳提出的。这种理论观点主张对激励进行针对性的刺激，只看员工的行为及其结果之间的关系，而不是突出激励的内容和过程。该理论认为人的行为是其所受刺激的函数。如果这种刺激对他有利，则这种行为就会重复出现；若这种刺激对他不利，则这种行为就会减弱直至消失。因此管理者要采取各种强化方式，以便使人们的行为符合组织的目标。根据强化的性质和目的，强化可以分为正强化和负强化两大类型。

（1）正强化。所谓正强化，就是奖励那些符合组织目标的行为，以便使这些行为得到进一步加强，从而有利于组织目标的实现。正强化的刺激物不仅包含奖金等物质奖励，还包含表扬、提升、改善工作关系等精神奖励。为了使强化能达到预期的效果，可以实施不同的正强化方式。一种是连续的、固定的正强化，例如，对每一次符合组织目标的行为都给予强化，或每隔一段固定时间都给予一定数量的强化。尽管这种强化有及时刺激、立竿见影的效果，但久而久之，人们就会对这种正强化有越来越高的期望，或者认为这种正强化是理所当然的。管理者需要不断加强这种正强化，否则其作用会减弱甚至不再起到刺激行为的作用。另一种是间断的、时间和数量都不固定的正强化，亦即管理者根据组织的需要和个人行为在工作中的反应，不定期、不定量地实施强化，使每一次强化都能起到较大的效果。实践证明，后一种正强化更有利于组织目标的实现。

（2）负强化。所谓负强化，就是惩罚那些不符合组织目标的行为，以使这些行为削弱直至消失，从而保证组织目标的实现不受干扰。负强化包含给予行为当事人某些他不喜欢的东西或是取消他所喜欢的东西，如减少奖酬或罚款、批评、降级、解聘等。实际上，不进行正强化也是一种负强化。例如，过去对某种行为进行正强化，现在组织不再需要这种行为，但基于这种行为并不妨碍组织目标的实现，这时就可以取消正强化，使这种行为减少或不再重复出现。实施负强化的方式与正强化有所差异，应以连续负强化为主，即对每一次不符合组织的行为都应及时予以负强化，消除人们的侥幸心理，减少直至完全避免这种行为重复出现的可能性。

在实践中运用强化理论时，必须注意以下四方面的问题：一是必须针对行为的结果给予及时的强化。不管是表扬、奖励，还是批评、惩罚都不能事隔太久才进行。二是必须针对行为给予明确的强化信息。应该明确针对某种行为，不能因人而异，不管谁这样做都会得到奖励或处罚。三是强化的频率不能太高。经常表扬和老是批评都会降低强化的力度和效果，间断性的强化会更加有效。四是正强化比负强化的激励效果更大，要多用正强化，慎用负强化。在必须进行负强化时，要特别注意技巧。

总之，强化理论的实质是强调行为是其结果的函数，通过适当运用即时的奖惩手段，集中改变或修正员工的工作行为。强化理论的不足之处在于，它忽视了诸如目标、期望、需要等个体要素，而仅仅注意到当人们采取某种行动时会带来什么样的后果，但强化并不是员工工作积极性存在差异的唯一解释。

9.3 激励方法

激励是一种力量，给人以行动的动力，使人的行为指向特定的方向。激励的目标是使组织中的成员充分发挥出其潜在的能力。因此，管理者在激励理论的指导下，掌握正确的激励方法与技巧，才能使组织成员热情高涨地去为实现组织的目标而工作。

9.3.1 有效激励的要求

要能最大限度地满足员工的需要，激励员工的士气，在选取合适的激励方式时，应注意遵循以下原则：

1. 物质利益原则

人们进行社会活动，都是直接或间接地和物质利益联系在一起的。物质利益除了经济方面的重要作用外，还是人的安全、自尊不可缺少的依据。因此，在员工的物质利益未得到充分满足时，对员工的激励应注重物质利益原则；即使在个人物质利益已被认为充分满足之后，也不应忽视物质利益的激励作用。

2. 公平原则

根据公平理论，人们是需要公平的，而公平是在比较中获得的，人们注重的不只是所得的绝对量，更注意的是可比的相对量。因此，管理者就应充分考虑一个群体内以及群体外相关人员激励的公平性。按劳分配的原则就是为了体现公平性，但公平理论中的公平原则与按劳分配相比，则考虑到个人的主观感受，因而显得更加实际。

3. 差异化和多样化原则

所谓差异化就是针对不同的人采用不同的激励方法。所谓多样化就是不拘泥于一种方式，而应视情况不同，灵活运用多种激励方法。既然激励的本质就是满足个人的需要，而个人的需要又是多种多样、不断发展变化的，因而激励方式也就必须是多种多样、彼此差异的。事实证明，在激励中只有坚持差异化和多样化原则，才能保证激励的有效性。

9.3.2 有效激励的方法

激励的方法是实现激励目标的途径和具体形式。由于激励分为内在激励和外在激励，激励的方法相应地也分为内在激励方法和外在激励方法两大类。

1. 内在激励方法

（1）工作丰富化。所谓工作丰富化是指通过改进工作设计，丰富工作内容，赋予员工更多的尝试机会，来增加工作本身的刺激性和挑战性，使员工获得发挥聪明才智和取得个人成就的机会。工作丰富化立足于满足成就感、创造欲、自我实现等高层次的心理需要，力求使员工从工作本身获得激励。一方面可以提高工作效率，另一方面能增进员工的满足感，而无须过多地依赖外在奖酬的刺激，因而对薪金、工作环境、组织结构等问题的关注程度相对较低。实践证明，实行工作丰富化可以比较稳定、持久地激发员工的工作积极性，具有良好的激励效果。

在企业环境中，可以采取以下措施促进工作丰富化：①在决定诸如工作方法、工作次序和作业速度方面给员工以更大的自由。②使每个员工对自己的工作负有明确的责任。③把工作完成情况及时反馈给员工。④使员工明确认识到自己的工作对企业整体发展的意义及其所作出的贡献。⑤安排和鼓励员工定期轮换工作岗位和工种，并参与某项业务活动的全过程。⑥通过给下属安排挑战性的工作，满足其个人成长需要和成就感，从而达到激励的目的。

值得注意的是，工作丰富化的激励作用是有限定条件的，其效果大小往往因人、因情况而异。首先，并非所有员工都具有丰富工作内容的心理需要。技术水平较低的员工通常更加注重职业安定、增加工资、良好的人际关系、领导的关心等外部因素的满足。只有那些具有较高成就欲和自我实现需要的员工，才渴望通过丰富的工作内容来施展才华，展示个人价值。其次，并非所有的工作都适宜丰富化。某些技术性、专业性较强的工作，流水线作业，严格受机器运转规律制约的劳动以及频繁变换人员会严重影响效率的工作，都难以实现工作丰富化。因此，运用工作丰富化实施激励时，必须充分考虑员工的需求差异和工作性质的特点，切忌简单划一。

（2）职工参与管理。职工参与管理是现代企业管理的基本制度，也是激励的重要方法之一。这种激励方法没有什么固定的程序，总的思路是为下属创造一个宽松的工作环境，给员工以充分的信任，使其充分发挥自己的聪明才智。职工参与管理可以从三个方面达到有效激励的目的：

第一，通过参与管理活动，员工可以全面了解企业的有关情况，如发展规划、人事变动、财务状况、利润分配等，从而提高环境的透明度，使员工获得安全感和信任感，保持稳定的心理状态和工作情绪。

第二，通过直接参加决策制定过程并充分发表意见，可以提高员工对企业决策的承认和接受程度，形成心理上的认同感和归属感，增强其作为企业主人的自我感受，并在执行决策中采取主动合作的积极态度。

第三，通过参与管理，可以充分调动员工的个人潜能，发挥其聪明才智，同时提高员工对自身地位及存在价值的认识，从而增强其自尊心与自信心，使其获得成就感及自我实现需要的满足。

员工参与管理的形式有多种。例如：①成立由若干比例员工参加的机构委员会，保证员工直接参与企业的重大决策。②设立员工提案建议制度，鼓励员工就企业经营管理问题积极发表意见，提出合理化建议。③建立员工代表大会制度，为员工全面行使民主权利、参与决策、实施监督和保障员工权益，提供组织和制度保障。④吸收员工参股入股，通过员工与股东双重身份的兼容，促进员工个人利益与企业利益的高度融合，形成兴衰与共的命运共同体。⑤组织工人自治小组，由工人自主完成某项业务活动的全部程序，并承担相应的计划、组织、指挥、控制等各项管理职能。

（3）目标激励方法。管理中常说的目标管理，不仅是一种管理活动，也是一种有效的目标激励方法。所谓目标激励方法就是指给员工确定一定的目标，以目标为诱因驱使员工去努力工作，以实现自己的目标。任何组织的发展都需要有自己的目标，任何个人在自己需要的驱使下也会具有个人目标。目标激励必须以组织的目标为基础，要求把组织的目标与员工的个人目标结合起来，使组织目标和员工目标相一致。

目标管理通过广泛的参与来制定组织目标，并将其系统地分解为每一个人的具体目标，然后用这些目标来引导和评价每个人的工作。在目标管理中目标是最重要的，组织目标是组织前进的目的地，个人目标则是个人奋斗所实现的愿望。目标管理的特点之一是把组织的目标分解为各个行动者的目标，而分解过程又充分吸收了行动者的参与。按照这一特点，只要使个人的目标及奖酬与个人的需要相一致，就提高了目标的效价。而实现目标信心的增加也就是实现目标的期望值的提高。

目标管理充分发挥每个人的最大能力，实行自我控制，更容易发挥每个人的潜能和创造力，因而就使得激励因素更容易发挥作用，增加激励力量。目标管理重视组织成员的能力开发，在目标中都设有自我学习和提高的项目，以使其能力素质得到提高。这对满足高层次的需要有极大的促进作用，因而也能增强激励力量。目标激励法特别适用于那些需要层次较高、工作独立性较强而工作规范性较弱的人员。

（4）榜样激励法。榜样激励法是指通过组织树立榜样，使组织的目标形象化，号召组织内成员向榜样学习，从而提高激励力量和绩效的方法。它是用荣誉代替物质利益对组织成员工作绩效进行表彰，包括评选劳动模范、授予先进工作者等各种荣誉称号，是一种以精神鼓励为诱因对员工产生的激励。它可以满足组织成员的高级需要。员工通过对其追求而产生符合组织需要的行为，为组织创造出佳绩。

运用榜样激励法，首先要树立榜样。榜样要自然形成，不能人为地拔高培养，当然必要的引导扶持还是需要的。选择榜样时要注意榜样的行为确实是组织中的佼佼者，这样才能使人信服。其次要对榜样的事迹广为宣传，使组织成员知道有什么样的行为才能荣登榜样的地位，学习目标才能明确。还有非常重要的一环就是要给榜样以明显的令人羡慕的奖酬。其中当然包括物质奖酬，但更重要的是无形的受人尊敬的奖励和待遇。这样才能提高榜样的效价，使组织成员学习榜样的动力增强。

在使用榜样激励法时还需注意两点：一是要纠正打击榜样的歪风，否则不但没有多少人愿意当榜样，也没有人敢于公开向榜样学习；二是不要搞榜样终身制，因为榜样的终身制会压制其他积极想成为榜样的人，并且使榜样的行为过于单调，有些事迹多次重复之后可能不再具有激励作用，而原榜样又没有新的更能激励他人的事迹，就应物色新的榜样。

2. 外在激励方法

（1）奖励。奖励是外在激励的主要方法之一。它是通过评价、鉴定员工的工作表现及其成果，并给予其相应的报酬和奖励来达到激励职工的积极性的目的。奖励激励通常是从正面对员工进行引导。组织首先根据组织工作的需要，规定员工的行为，如果符合一定的行为规范，员工可以获得一定的奖励。员工对奖励追求的欲望，促使他的行为必须符合行为规范，同时给企业带来有益的活动成果。奖励的内容包括工资、奖金、提升、表扬、福利、社会地位等。虽然这种激励是直接满足组织成员的低级需要的，但也能间接地满足组织成员的高级需要，因为物质利益可以看作是自己受到尊重，或自己的成就为组织所赏识的标志。

奖励对员工行为具有多方面的激励作用，是一种综合性的激励手段。它与多种激励因素相关：①奖励作为行为发生的诱因，可以引导职工行为指向特定目标，并通过个人目标的追求，促进企业目标的实现。②奖励作为行为结果的报酬，能够满足员工物质或精神等多方面的心理需要，成为其采取积极行为的驱动力。③奖励可以作为强化因素，通过对员工行为进行肯定的正向强化，使积极行为得以重复和延续。④奖励是对行为后果的重要反馈。通过奖励，员工可以了解自身行为的正确与否、工作绩效的大小，以及与企业目标的偏离程度，从而增加对奖励激励的感受和反应程度，并自觉地及时修正不合理行为。奖励激励效果的大小取决于运用方式的正确与否。要取得良好的激励效果，在奖励中应做到：

第一，坚持公正合理的原则，将奖励的多寡与职工的工作表现和贡献大小紧密结合起来。

第二，在给予员工物质奖励的同时，要充分重视精神奖励的作用，以便从不同角度满足员工的多方面需要。

第三，应将本企业的奖励制度与其他企业的奖励制度进行比较，避免本企业的奖励水平过分低于其他企业；应对企业内部各类人员的奖励加以权衡比较，以免因员工之间奖励的不合理、不平衡，而影响部分员工的满意程度。

第四，应充分考虑不同员工对奖励要求的差异性，灵活采用多种奖励形式，给予其所需要或期望满足的奖励。

近年来，国外提出一种自助式奖励制度，即由企业提供一套包括多种形式的奖励办法，员工可以根据个人需要任意选择最渴望得到的某种奖励，例如提薪、奖金、休假、旅游、退休待遇或当众表扬、授予荣誉等。这种奖励方式虽然较为复杂，但可以在不增加费用支出的情况下提高奖励的效价，因而有助于增强激励效果。

（2）培训。给个人提供各种学习、锻炼的机会是一种有效的激励方式。培训意味着自身能力和素质的提高、自身人才资本的增值以及为将来更好的发展提供机会和条件。特别是进入信息社会后，知识的更新越来越快，人们在工作岗位上受到的挑战也越来越多，对学习的需要越来越强烈。因此，培训这种激励方式也越来越受到青睐。

（3）惩罚。惩罚是指组织利用惩罚手段，诱导员工采取符合组织需要的行动的一种激励。在惩罚激励中，组织要制定一系列的员工行为规范，并规定假如逾越了这些行为规范，根据不同的逾越程度，确定惩罚的不同标准。物质惩罚手段包括扣工资、奖金，罚款，赔偿等。利用人们避免惩罚的需求和愿望，促使其行为符合特定的规范。

上述所介绍的各种激励理论、方法都各有其特点和适用性。领导者在管理实践中要根据不同的目的、不同的被激励对象、不同的环境，灵活选择和变换激励方法，才能收到应有的激励效果。

本章实训与练习模块

实训目标：通过对本章理论知识的实训操练，学会激励中对人性认识理论的运用；进一步掌握激励理论的内容及其应用，学会运用有效激励的方法，提高学生的激励艺术技能。

模块1：案例分析与思考

【实训目的】

通过案例分析与讨论，使学生进一步掌握激励理论的内容及其运用，了解激励方法与管理权变原理的关系。

【实训要求】

理论联系实际，根据以下两个案例激励的情况，写一篇关于如何激励才能取得较好效果的心得。

案例一

给"糖"哲学

自多年前成立以来经营业绩就一直蒸蒸日上的某公司，今年的盈余竟大幅滑落。这绝不能怪员工，因为大家为公司拼命的情况，丝毫不比往年差，甚至可以说，由于人们意识到经济的不景气，干得比以前更卖力。

这也就愈来愈加重了董事长心头的负担，因为马上要过年了，照惯例，年终奖金最少加发两个月，多的时候甚至再加倍，今年可惨了，算来算去，顶多只能给一个月的奖金。"让多年来已被惯坏了的员工知道，士气真不知要怎样滑落!"

董事长忧心地对总经理说："许多员工都以为最少加两个月工资，恐怕飞机票、新家具都订好了，只等拿奖金出去度假或付账单呢!"

总经理也愁眉苦脸地说："好像给孩子糖吃，每次都抓一大把，现在突然改成两颗糖，小孩一定会吵。"

"对了，"董事长灵机一动，"你倒使我想起小时候到店里买糖，总喜欢找同一个店员，因为别的店员都先抓一大把，拿去秤，再一颗一颗往回扣，而那个比较可爱的店员，每次都抓不足重量，然后一颗一颗往上加。说实在话，最后拿到的糖没有什么差异，但我就是喜欢后者。"

没过两天，公司突然传来小道消息——"由于营业不佳，年底要裁员，尾牙的鸡头只怕一桌一只都不够。"

顿时人心惶惶了。每个人都在猜，会不会是自己。最基层的员工想："一定由下面杀起。"上面的主管则想："我的薪水最高，只怕从我开刀。"

但是，跟着总经理就作了宣布："公司虽然艰难，但大家同一条船，再怎么困难，也不愿牺牲共患难的同事，只是年终奖金，绝不可能发了。"

听说不裁员，人人都放下了心头上的一块大石头，那不致卷铺盖的窃喜，早压过了没有年终奖金的失落。眼看除夕将至，人人都做了过个穷年的打算，彼此约好拜年不送礼，以共渡难关。董事长召集各单位主管紧急会议。看主管们匆匆上楼，员工们面面相觑，心里都有点儿七上八下："难道又变卦了?"

是变了卦!

没有几分钟，主管们纷纷冲进自己的单位，兴奋地高喊着："有了！有了！还是年终奖金，整整一个月，马上发下来让大家过个好年。"

整个公司大楼，顿时爆发出一片欢呼，连坐在顶楼的董事长，都感觉到了地板的震动……

【点评】

这是管理者运用期望理论来满足员工心理需要的案例。发放年终奖似乎已成为企业运作的一部分，无论企业采用何种方式来安排职工的年终奖，有一条原则是共同的，那就是年终奖的发放既要维护企业自身的利益，也要顾及员工的心理期望值，只有把这两者兼顾好了，年终奖才能发得"太平"，才能起到奖励和激励的作用，为企业第二年的运作埋下良好的伏笔。

【分析与思考】

你认为年终奖如何发放才能真正起到激励员工、促进企业发展的作用?

案例二

德乐服装公司的激励

德乐服装公司是专门生产妇女服装的。该公司的人事经理夏文健先生刚参加完一个管理讲座回来，这个讲座是专门讲述激励理论的。夏文健先生深深地被马斯洛的需要层次理论和赫茨伯格的双因素理论所打动。他感到公司应该立即应用这些理论。鉴于该公司的工资水平已经在整个中国服装工业中首屈一指，他认为公司应集中力量研究使用赫茨伯格的双因素理论。

经过一番工作，公司的领导层同意人事部的激励计划，强调重视管理中人的因素。例如，领导的赏识、提升，更大范围的个人负责制、成就的追求和工作的艰巨性等。经过几个月的试行，上述激励计划并没有像夏文健所想象的那样顺利。

服装设计师们对激励计划并不感兴趣，有的人认为他们的工作已经够艰巨了，超额完成销售额已使人们体会到了成就感，在每月领到的薪金上足以反映出领导对自己工作的赏识，再推行激励计划只不过是浪费时间。

服装裁剪工、熨衣工和包装工们对此反应不一。有些人由于从激励计划中得到实惠而赞成，然而，更多的人却认为，这一计划只不过是公司让雇员们无偿多出力的一种手段，公司的工会也公开批评这一激励计划。

面对这些反应，公司领导层认为是听信了头脑一时冲动的人事经理的谗言，因而严厉地批评了夏文健，并取消了这一激励计划。事后，公司的常设顾问向夏文健指出，他把激励理论看得太简单了。

（资料来源：关淑润．企业管理原理．北京：对外经济贸易大学出版社，1998）

【分析与思考】

（1）为什么案例中的激励计划没有成功？

（2）为什么公司顾问说夏文健把激励理论看得太简单了？

（3）如果你是夏文健，应该怎样做？

模块 2：模拟设计

【设计课目】

激励理论与应用

【实训目的】

培养学生运用激励理论处理问题的能力。

【实训内容】

（1）全班同学分成若干小组，每 6～8 人为一个小组（或以模拟公司为单位），深入调查本公司或本小组成员的学习情况和其他需求情况。

（2）根据本公司的实际情况，运用所学的激励理论，制定一份能提高该公司员工学习热情的激励方案。

（3）每组要深入分析本公司成员所制定的激励方案，优选一份激励方案，供全班组织交流。

【方法与要求】

（1）学生要把握好激励理论的知识要点。

（2）对本公司成员进行调查和制订激励方案要以管理者的身份进行。

（3）每组在优选激励方案时，要注意两点：运用的激励理论是否正确；激励方法是否对本公司有效。

【实训考核】

（1）由每组的组长或模拟公司的经理和教师一起对该组成员的表现和制定的激励方案进行评估打分。

（2）以模拟公司为单位，就如何调动本校或本班学生的学习积极性、实现有效激励组织研讨。

（3）班级组织深入分析目前的激励状况，研讨如何运用有效激励措施，充实完善学生们的模拟激励计划。

【实训要领】

（1）要使学生正确理解有关激励的理论，掌握激励的方式方法，并真正进入角色，以一个真实管理者的身份进行调研与设计激励计划。

（2）在现状分析中，一是对班级成员的学习积极性的状况调查，可调查其学习动机、学习行为表现、学习成绩、学习状况的基本评价等方面；二是对激励状况的调查分析，主要研讨现行奖学金制度及办法的有效性与缺陷、其他方面的激励手段及其存在的弊端。

（3）在公司与班级研讨中，应畅所欲言，充分发表自己的见解。要以调研的情况和所学的有关激励的理论为依据，提出有价值的激励建议。

（4）每人起草一份模拟激励计划。制订模拟激励计划，要运用激励理论，针对本校或本班实际情况，拟定切实可行的激励方案。模拟激励计划的基本结构：现状分析、激励目标、资源配置、激励的基本措施与方式方法、效果评估与工作安排。

【成果与检测】

（1）每个学生都要上交一份模拟激励计划，作为一次作业记入成绩。

（2）根据模拟公司与全班讨论的表现，由教师对发言同学评定成绩。

模块3：游戏：再撑一百步

【项目简介】

本游戏通过讲故事的形式，让学生理解培训课程中“激励”的重要性。这个故事运用生动比喻，将管理学中的“激励”向学生娓娓道来，并对他们的行为有所启发，可以指导他们的学习和工作。

人数：45 人

时间：10 分钟

场地：不限

用具：无

【训练步骤】

（1）让学生们坐好，尽量采用让他们舒服和放松的姿势。

（2）教师给学生讲述以下故事：

美国华盛顿的一块岩石上，立着一个标牌，告诉登山者，那里曾经是一个女登山者死去的地方。她当时正在寻觅的庇护所“登山小屋”只距她一百步而已，如果她能多撑一百步，她就能够活下去。

（3）讲完故事后，让学生们就此故事展开讨论，让他们讲讲听完这个故事后得到什么启发。

模块 4：参观走访

【走访对象】

企业管理者与员工

【课题】

激励的过程与方法

【实训目的】

通过对企业管理者和员工的访谈和实地参观，使学生了解激励过程，掌握激励方法在企业管理中的实际应用。

【实训内容】

（1）访谈激励中对人的认识。

（2）认识企业激励方法与效果。

（3）通过对企业管理者的走访，了解该企业所应用的激励措施。

（4）访问企业员工，了解他们对现有激励措施的态度。

【实训考核】

（1）各小组写一份走访报告供教师批阅，记入成绩积分卡。

（2）学生填写一份实训报告，供教师考察此次实训的实际效果。报告内容一般包括实训项目、实训目的、实训内容、本人实训任务及完成情况、实训小结、实训评语。

模块 5：辩论

【题目】

人性化管理让激励达到最高境界

【实训目的】

（1）了解激励的基本理论。

（2）培养学生正确运用激励方法的能力。

（3）学会运用激励手段。

【实训内容】

（1）论述激励理论在实践中的运用。

（2）论述激励方法在管理中的运用。

（3）探讨人性化管理的激励措施。

【方法与要领】

（1）全班分成正方与反方（每组 5 人）若干组进行组合，并设定辩论场地和辩论议程。

（2）陈述。正方站在人性化管理立场论述其对激励的作用等；反方站在激励理论和多种激励方法的立场反驳人性化管理的片面性。要求双方理论联系实际，举例要鲜明生动且有较强的说服力。

（3）答辩。正反双方在辩论中，既要回答对方的提问，也要向对方提出疑难问题，要求答辩。

（4）陈辞。正反双方各推荐一人进行归纳总结，举例要鲜明生动，既能证明本方观点正确，又能反驳对方观点，在规定时限内发言完毕。

（5）点评。邀请管理方面专家、老师对辩论情况进行讲评。

【成绩测评】

（1）形成书面辩论资料，呈报老师或评委。

（2）综合点评意见，由教师、学生或聘请企业管理者组成评定组，评判辩论结果。

模块6：讨论题

1. 常听到一些公司经理说："金钱是最有效的激励因素。只要多给钱，就可以调动职工的积极性。"你认为是这样吗？试用激励理论的相关思想对经理的观点作一评论。

2. 薪酬发放的激励效应——公开还是秘密？

3. 现在越来越多的企业采用股权来激励员工，股权真的是激励的法宝吗？

【方法与要求】

（1）全班同学或模拟公司分成若干小组，每组6～8人。

（2）各组由模拟公司经理或组长主持，讨论时大家要联系本章理论与实训内容畅所欲言，人人发言。

（3）各组分别指定一人记录，讨论后进行归纳整理，形成集体讨论答案（约1 000字）送交老师批阅。

【成果验收】

老师对各组讨论答案批改后，将成绩记入小组积分。

第10章　沟　通

⊙学习要点

1. 沟通概述
2. 沟通的障碍及其克服
3. 冲突的协调

⊙学习目标

1. 掌握沟通的含义，深刻理解沟通的过程、渠道和原则
2. 理解并掌握造成沟通障碍的因素
3. 掌握提高沟通有效性的途径
4. 掌握冲突的协调方法

⊙关 键 词

沟通　沟通过程　书面沟通　口头沟通　非语言沟通　正式沟通
非正式沟通　沟通网络　冲突　建设性冲突　破坏性冲突

案例

张经理的沟通经验

某公司张经理在实践中深深体会到，只有运用各种现代科学的管理手段，充分与员工沟通，才能调动员工的积极性，才能使企业充满活力，在竞争中立于不败之地。

首先，张经理直接与员工沟通，避免中间环节。他告诉员工自己的电子信箱，要求员工尤其是外地员工大胆反映实际问题，积极参与企业管理，多提建议和意见。张经理本人则每天上班时先认真阅读来信，并进行处理。

其次，为了建立与员工的沟通体制，公司又建立了经理公开见面会制度，定期召开，也可因重大事情临时召开，参加会议的是员工代表、特邀代表和自愿参加的员工代表。每次会议前，员工代表都广泛征求群众意见，提交经理公开见面会上解答。2007 年 12 月，调资晋级和分房两项工作刚开始时，员工中议论较多。公司及时召开了会议，总经理就调资和分房的原则、方法和步骤等作了解答，使部分员工的疑虑得以澄清和消除，保证了这两项工作的顺利进行。

（资料来源：http：//202. 115. 21. 138/wlxt/ncourse/glxyl/web/wlkt. asp？ acpage = wlkt/dz-ja/detail. asp）

【分析与思考】

请你分析张经理与员工在沟通方式上所作的选择，这些方式有何特点？沟通的主要内容是什么？从这个沟通案例中，分析沟通在管理中所起的作用。

管理者每天的工作都离不开沟通。与上司、下属和周围的人都要进行沟通，决策、计划、组织、控制和领导等管理职能的执行都必须通过相互间信息的传递。为此，管理者必须十分重视人与人之间的沟通联络。沟通是管理各项职能中不可或缺的一个重要组成部分。

10.1 沟通概述

10.1.1 沟通的含义和功能

所谓沟通，就是人们通过语言和非语言方式传递并理解信息、知识的过程，是人们了解他人思想、情感、见解和价值观的一种双向的互动过程。通过沟通，取得彼此了解、信任和建立良好的人际关系。同时，有效的沟通又是保证人们在共同活动中协调一致的基础。一切组织的存在与发展都必须以成员间的沟通为基础，只要是两个以上的人在一起活动，就需要沟通的手段来保证他们的动作协调一致。管理就是要使沟通规范、有序地进行，以保证管理体系的运行处于各部门协调互动的良性发展中。有效的沟通可以降低管理的模糊性，提高管理的效能。

沟通又是组织的凝聚剂、催化剂和润滑剂，它可以改善组织内的工作关系，充分调动下属的积极性。一个组织要实现高效运转，充满生机和活力，有赖于部门之间互通信息、同甘共苦、协同作战，充分强调员工间亲人般的和谐与温暖。良好的沟通能化解矛盾、消除误会，让员工感觉到组织对自己的尊重和信任，从而产生极大的责任感、认同感和归属感，以强烈的责任心做好工作。国内外有名的企业无不视沟通为管理真谛。

案例

升职加薪没有沟通重要？

张小姐是一家软件公司的销售主管，能力强，热爱工作，成绩显著。今年被派到她喜欢的上海分公司，升任销售经理，薪水也增加了。但是，近期她不但工作没有热情，甚至还有辞职念头。

为什么升职、加薪反而要辞职呢？经了解得知：引起张小姐不满的原因来自她的上司。她的上司对张小姐刚到上海工作颇不放心，担心她做不好工作，总是安排一些很简单的工作给他，并且在张小姐工作时也经常干预。张小姐工作能力较强，习惯独立思考问题、解决问题，对上司的频繁干预，张小姐非常不习惯，并逐渐导致不满。经过一段时间的沟通，公司重新制定了内部员工沟通机制。

首先形成每周一次的公司员工讨论会，让员工知道公司这一周的销售情况、重要交易、经营业绩和重大事项，这可以使员工及时了解公司的情况，尤其是那些振奋人心的合同、业绩、人物和事件能够最大程度鼓励和刺激员工，激发大家的荣誉感和归属感。每周一次的沟通不仅及时发现工作中的问题，而且可以增进双方的感情。沟通一方面要求主管能够循循善诱，让员工打开心扉，畅谈工作中和思想上的问题和建议；另一方面，也要求员工能够开诚布公，畅所欲言。

接下来是每月一次的上下级协调会议，公司管理人员和员工一起开诚布公地讨论彼此关心的问题，甚至是很尖锐的问题，必须由高层管理者马上作出解答。这样大大提高管理的透明度和员工的满意度，同时对管理者来说，也是一个巨大的挑战。

自此，张小姐感觉在公司如鱼得水，再没有辞职的念头。

（资料来源：陈龙海，陈赣峰．企业管理培训案例全书．深圳：海天出版社，2005.）

10.1.2 沟通的过程

沟通是人与人之间交流思想、观点、意见、态度或交换情报资料的过程。在沟通中，由发送者发出信息，接收者收到信息并能了解发送者的意图，才是成功的信息沟通。如果接收者收不到信息，或虽收到信息但并不能了解信息的含义，就不能算是成功的信息沟通。因此，要做到有效地沟通，首先要理解沟通的过程。

1. 沟通的模式

沟通的模式如图 10－1 所示，它由以下五个部分组成：

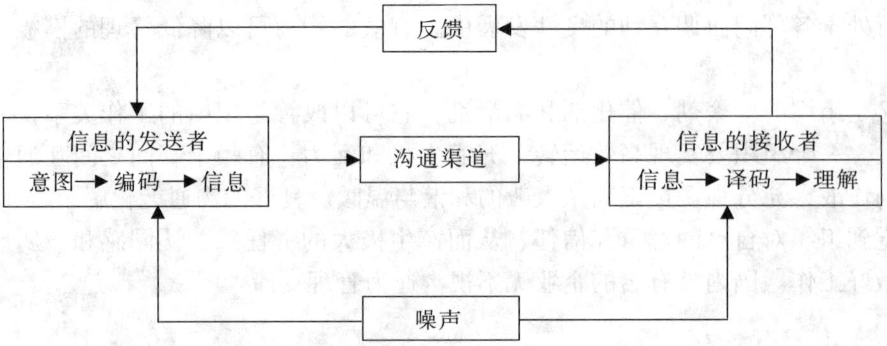

图 10－1　信息沟通过程模式

（1）信息的发送者。

发送者是信息的来源，也是信息沟通过程的起点。发送者首先要确定希望传送的意念或思想是什么，如告诉别人某一件事或是传达上级的命令，然后还需要将传送的意念用某种方式表达出来，即将意念转换成符号信息，这个过程称为“编码”。编码的方式很多，如文字、语言、图表和动作等。编码时应注意所选择的符号必须是接收者知道和懂得的符号。例如，如果接收者是个外行，那你就应尽量避免使用专业名词或行话编码。

（2）信息的传递。

信息是指在沟通过程中传送给接收者的消息或情报。比较常用的信息传递媒介有电话、面谈、会议、备忘录、报告等。由于可用的传送媒介很多，各种媒介又各有利弊，所以如何选择适当的媒介使信息沟通有效就非常重要。选择沟通媒介通常需要考虑下面三个问题：信息的重要性；是否必须有文字记录；是否必须马上得到对方的反馈。发送者可以同时采用两种或两种以上的媒介传递信息。例如，在电话中与对方初步达成协议之后，再以书面文件加以确认。

（3）信息的接收者。

在信息沟通时，接收者必须处于准备接收的状态，才能译解信息编码。例如一个人的脑子里正想着一场精彩的球赛，他就不可能十分留意别人对他所说的话。当发生信息的竞争时，发送者首先必须设法让接收者能够倾听他的谈话，否则沟通中出现障碍的可能性就会增加。接收过程的下一步是解码，就是把信息译回原来的意念或思想。只有当接收者理解了信息中所包含的意义，沟通才算完成。许多发送者忽略了“理解”的重要性，他们认为沟通只是将信息由一人传递给另一人，而没有考虑接收者是否理解或是否接受，这样的沟通很难有什么效果。

（4）反馈。

有效的沟通应当是双向的，接收者应将他的想法及意见等反馈给发送者。反馈是接收者的一种反应，是发送者了解接收者对信息理解和接受程度的最好方法。但许多发送者忽略了这一点。在其他条件相同的情况下，鼓励反馈的发送者比不注重反馈的发送者能更有效地沟通。发送者可以根据以下五点对接收者的反馈是否良好作出评价，即接收者提供的反馈应当：一是对接收者有帮助的；二是描述性的而非评价性的；三是针对某些特定问题的而非广泛性的；四是在适当的时机提出的；五是适量的而不是超负荷的。如果接收者反馈的信息不符合上述五点，那就说明接收者可能没有理解信息的含义，或是不愿意接收信息的内容。

（5）噪声干扰。

在很多情况下，信息沟通都会受到噪声的影响，以致造成沟通的障碍而影响沟通的效果。噪声是指一切妨碍信息沟通的因素。信息沟通过程中的每一步都有可能发生噪声。如对发送者来说，嘈杂的环境可能会妨碍意念的形成，由于所用的符号不清也可能造成编码错误。对信息传递来说，由于渠道不畅可能造成信息传递中断。对接收者来说，因不注意可能造成接收不准确，因误解信息符号的含义可能造成解码错误等。噪声不仅会阻止信息的传递，也会在传递过程中扭曲信息。

2. 沟通过程中应注意的问题

从信息沟通的过程可以看出，管理者与其他人员之间的沟通要经过许多环节，每一个环节都有可能发生噪声干扰信息的传递。对沟通中出现的问题如果不加以防范或解决，则沟通的效果便会受到严重影响。沟通过程中值得管理者注意的问题有：

第一，符号由发送者到接收者的准确程度。信息通常要经过一定的途径才能到达接收者那里，这一过程是有一定的技术要求的。因此，要将信息符号准确无误地传递给接收者，就必须解决有关的技术问题。

第二，含义由发送者传到接收者的准确程度。信息符号的含义应当清楚明确。如果符号本身意义不明，是一个陌生的符号，或符号可以有多种解释，那么接收者即使能够清楚地收到发来的信息，也无法知道发送者想表达的意思是什么。因此，要使接收者准确地了解发送者的意图，就必须解决有关的词义问题。

第三，如何有效地取得预期的沟通效果。当接收者能够根据收到的符号了解发送者的意图时，发送者会期望接收者有一定的反应行为。这个反应行为是否和发送者所期望的一样，就是该信息沟通是否有效的问题了。因此，要使接收者的反应行为与发送者所期望的相同，就要解决信息沟通的有效性问题。

案例

群体沟通的缺点

某公司经理王总交代他的秘书小林处理几封客户邮件。其中有一封是客户的投诉邮件，总经理特地叮嘱小林，要好好地与客户沟通，解答客户在信件中提出的问题。小林仔细看了邮件之后，拨打了邮件中客户留下的联系电话，但没人接听。随后，小林将客户提出的问题作出了书面解释，并用电子邮件的形式回复给客户。下班前，王总问小林，事情处理得怎么样，小林回答："我已经很好地与客户作了沟通。"

【分析与思考】

请结合沟通的含义和沟通的过程，说说小林是否已经与客户作了较好的沟通？为什么？

10.1.3 沟通的网络

沟通的网络是反映由若干环节的沟通路径所组成的总体结构，许多的信息往往都是经过多个环节的传递，才最终到达接收者的。沟通的网络主要有五种典型的形式。这五种基本沟通网络就是链式、环式、Y式、轮式和全通道式，如图10-2所示。

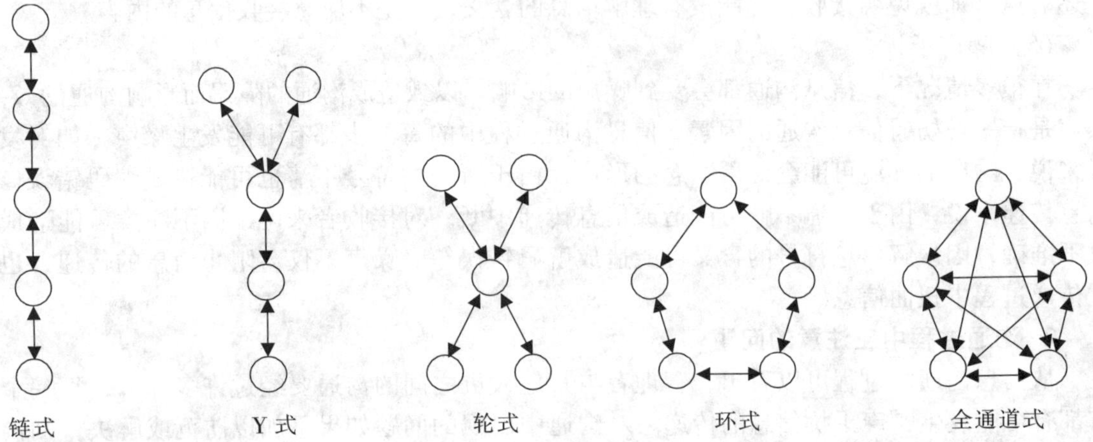

图10-2 五种沟通网络

1. 链式沟通

链式是信息在组织之间进行单纯、按顺序传递的一种沟通网络形态。它是一个纵向沟通网络，信息可自上而下，或自下而上进行传递。这种沟通等级分明，中间环节多，传递速度慢。各个信息传递者所接收的信息差异很大，信息层层传递、筛选，容易失真。这种沟通模式属控制型结构，效率太低，很难适应快节奏的管理。

2. 环式沟通

环式可以看成是链式的一种变形，把链式的两端连接起来就形成一个封闭的环，这种沟通没有中心人物，每一级之间依次联络和沟通。每个人都可以同时与两侧的人沟通信息。组织的集中化程度较低，畅通渠道不多，组织中的成员地位平等，有较高的士气。

3. Y式沟通

这是轮式和链式相结合的一种沟通网络，其中只有一个成员位于沟通的中心，成为沟通的媒介。这一网络大体相当于组织领导、秘书再到下级管理人员之间的纵向关系。其特点是集中化程度高，能减轻主管领导的负担，解决问题速度快。但下属的士气较低，并因为增加了中转环节，容易导致信息曲解和失真。此网络适用于管理人员工作任务十分繁重、需要有人协助选择信息、提供决策依据、节省时间而又要对组织实行有效控制的情况。

4. 轮式沟通

轮式是信息由中心人物向四周多线传递的一种沟通网络。只有一个成员是各种信息的汇集点与传递中心，如总经理与各部门经理之间的信息沟通。在这种沟通网络中，由于没有中间环节代传，所以信息传递准确，传递速度快捷，控制的程度高，解决问题的速度快。但只有处于核心地位的人全面了解情况，其他成员之间沟通的渠道很少，工作不易了解和配合。此网络是加强组织控制、争时间、抢速度的一个有效的方法。例如，组织接受紧急任务，要求进行严密控制，则可采取这种网络。

5. 全通道式沟通

全通道式沟通也称星式沟通，是一个开放式的网络系统。其中每个成员之间都有一定的联系，彼此了解。由于沟通渠道很多，使信息传递速度和准确性获得提高。组织成员的平均满意程度高且差异小，所以士气高昂，合作气氛浓厚；但这种沟通网络中组织的集中化程度较低；沟通渠道太多，易造成混乱；花费时间多，也会影响工作效率。此网络适合于解决复杂问题、增强组织合作精神、提高士气的情况。委员会可以看作是一种全通道式的沟通网络。

这五种沟通网络形式都有其优缺点。链式和轮式在解决简单问题时效率高，环式和全通道式在解决复杂问题时有效。但不应认为组织中成员之间的沟通只具有上述中的某一种模式，实际的沟通模式可以多种多样。每个组织都可能有自己特殊的正式的沟通网络。主管人员应自觉地研究和建立本组织中的沟通网络，改进薄弱环节，保证上下左右各部门人员之间的信息能够得到顺利的沟通。

案例

某服装公司决定加快工艺流程改造，并进行工艺重组。但以前在进行工艺重组时，工人的反应非常强烈，对工艺的改动持敌对态度。为了实施计划的改革，公司管理层采用了三种不同的策略：

策略一：与第一组工人采取沟通的方式，向他们解释将要实行的新标准、工艺改革的目的及这么做的必要性和必然性，然后，给他们一个反馈的期限；

策略二：告诉第二组工人有关现在工艺流程中存在的问题，然后进行讨论，得出解决办法，最后派出代表来制定新的标准和流程；

策略三：对第三组工人，要求每个人都讨论并参与建立、实施新标准和新流程，所有成员全部参与，如同一个团队一样。

结果令人惊奇。虽然第一组工人的任务最为简单，但结果他们的生产率没有任何提高，而且对管理层的敌意越来越大，在 40 天内有 17% 的工人离职；第二组工人在 14 天里恢复到原来的生产水平，并在以后有一定程度的提高，对公司的忠诚度也很高，没有人离职；第三组工人在第二天就达到原来的生产水平，并在一个月里提高了 17%，对公司的忠诚度也很高，没有工人离职。

（资料来源：陈龙海，陈赣峰. 企业管理培训案例全书. 深圳：海天出版社，2005）

10.1.4 沟通的类型

根据不同的划分标准，可以把沟通分为多种不同的类型。按照沟通方法来划分，沟通可以分为书面沟通、口头沟通、非语言沟通和电子媒介沟通四种类型；按照信息的来源，沟通可以分为正式沟通和非正式沟通两种类型；按照信息流动的方向，沟通可以分为向下沟通、向上沟通、斜向沟通和横向沟通四种类型。不同类型的管理系统对沟通方式的要求是不同的，管理者应当根据自己所处系统的性质、规模和活动内容，采用最经济高效的沟通方式。

1. 书面沟通、口头沟通、非语言沟通和电子媒介沟通

（1）书面沟通。书面沟通是以文字为媒体的信息传递。比较常见的形式有备忘录、信件、报告书、通告、内部刊物、布告栏及其他任何传送书面文字或符号的手段。书面沟通有不少优点：信息可以长期保存；信息可以反复推敲和研究；信息的编制会更审慎；可防止反复解释造成的误传。例如，往来信件的优点是持久、有形、可以核实。一般情况下，发送者与接收者双方都拥有沟通记录，沟通的信息可以保存。如果对信息的内容有疑问，过后的查询是完全可能的。对于复杂或长期的沟通来说，这尤为重要。书面语言比口头语言考虑得更为周全。把东西写出来促使人们对自己表达的东西更认真地思考。因此书面的沟通显得更为周密，逻辑性强，条理清楚。当然，书面沟通也有自己的缺陷：一是耗费了更多的时间，因为说比写快；二是缺乏反馈。口头沟通能使接收者对其所听到的东西提出自己的看法，而书面沟通则不具备这种内在的反馈机制。

（2）口头沟通。口头沟通就是以口语为媒体的信息传递。人们之间最常见的交流方式是交谈，也就是口头沟通。常见的口头沟通包括交谈、讨论、电话联系、会议与演讲等，其中面对面沟通最有效。口头沟通的优点是快速传递和快速反馈，具有亲切感。在这种方式下，信息可以迅速交流，即时取得反馈信息。如果接收者对信息有所疑问，迅速的反馈可使发送者及时检查，澄清疑点。口头沟通的主要缺点是口说无凭，容易以讹传讹。信息经过多人传送时，每个人都以自己的方式解释信息，当信息到达终点时，其内容常常与最初大相径庭。如果组织中的重要决策通过口头方式在权力金字塔中上下传送，一则信息失真的可能性相当大，二则耗费时间过多。

（3）非语言沟通。非语言沟通的形式包括手势、面部表情和身体的姿势等。各种手势、姿势动作和面部表情都可以帮助表示不同感情和思想。例如笑表示喜欢和高兴、哭表示悲伤、吼表示发怒、点头表示赞许、举手表示注意、正坐表示恭敬等。非语言形式的沟通运用得当与否，可以加强或削弱语言传递的信息。

（4）网络沟通。随着信息技术、多媒体技术、网络技术的不断发展，出现了大量的、多姿多彩的、虚拟世界中的以互联网为工具，以文字、声音、图像及其他多媒体为媒介的沟通方式。特别是20世纪70年代末个人电脑出现以来，组织广泛应用计算机系统协助解决内部问题，在80年代后期又出现了崭新的沟通方式——网络沟通，成为21世纪组织最活跃的沟通方式，成为人与人之间交流的最重要方式之一。网络沟通的主要形式有电子邮件、网络电话、网络传真、网络新闻发布和网络聊天工具（如BBS、QQ、MSN）等。

（1）网络沟通的优点。

①沟通便利，成本节约。人们只要把计算机连到网络上就可以进行沟通，与传统书面沟通相比，既节约了成本，又提高了便捷性，因而具有更高的性价比。

②沟通信息立体、直观。人们可以利用MSN、QQ等工具进行视频聊天，在聊天的同时还可以看见对方，信息立体、直观、全面，犹如双方面对面聊天，而且沟通双方还可以利用网络传输多媒体资料。

③超时间性和超地域性。通过互联网，一台电脑可以将任何时间、任何地点需要沟通的双方联系起来。

④沟通双方互动性高。沟通双方如同坐在同一会议室进行会谈。

（2）网络沟通的缺点。

①横向沟通扩张，纵向沟通弱化。网络超越时空限制，可在网上认识很多人，也可以使很多人认识你，人际横向沟通快速扩张，但也大大地弱化了人与人之间的纵向沟通。

②口头沟通受到极大限制。网络沟通扩大了“代沟”，使许多家长和子女之间存在着语言交流的困惑，“8147”、“愤青”、“神马”等父辈不理解的网络语言已成为当代青少年的口头禅，使得很多沉迷于网络的青少年出现了一些心理问题，如“网络综合征”。另外，随着网络时代的到来，人们越来越青睐电子邮件和电子公告板，虽然这两种方式快捷又便利，但不够人性化。

③传统价值观和道德观受到挑战。网络在给人们工作、生活和社会交往带来极大便利的同时，也产生了许多新的社会问题。比如，上网时间过多，另外，网上暴力游戏、色情电影、色情照片也使思想道德建设面临严峻挑战。

④合理的个人隐私权受到前所未有的挑战。在传统社会中，个人的隐私比较容易保密，而在网络时代，人们的生活、娱乐、工作、交往都会留下数字化的痕迹，这样一些不法分子就利用网络来窃取他人的隐私，进行要挟、勒索、伪造等违法活动。

⑤沟通信息呈超负荷状态。信息以前所未有的速度在组织与组织、组织与个人、个人与个人间流转，导致个体接收的信息量远远超过其所能吸收、处理的能力。

案例

大学错发通知书　落榜学生空欢喜

【美国《洛杉矶时报》网站2009年4月1日报道】加利福尼亚大学圣迭戈分校的录取失误令学生的希望破灭——而且是再次破灭。

科尔·贝特尔斯的入学申请已经被许多学校拒绝了。3月30日，他收到了加利福尼亚大学圣迭戈分校的一封电子邮件，祝贺他已被学校录取，并邀请他参观校园。贝特尔斯的母亲随即在圣迭戈订了酒店，这位18岁的高中毕业生同时安排亲友在学校4月4日的迎新活动期间去那里吃午饭。

当天晚上，贝特尔斯在上床睡觉前最后一次查看电子邮箱，发现又收到一封邮件，称加利福尼亚大学圣迭戈分校之前犯了错误，他的入学申请其实被拒绝了。

事实上，在最近大学申请尤其艰难的一段时间里，有2.8万名原本被该校拒绝的学生收到了同样的错误邮件，刚刚被激起的希望又一次破灭了。这一尤显残酷的曲折事件反映了因特网时代的及时交流方式所带来的风险。这封邮件发送给了所有申请进入该校本科专业学习的4.6万名学生，而不是其中被录取的1.8万人。

加利福尼亚大学圣迭戈分校招生工作负责人梅·布朗表示，这一混乱状况属于“行政失误”，但她拒绝说明这一失误究竟是源于其工作人员还是提供网络服务的机构，也没有说明有关责任人是否会受到惩处。

（资料来源：《参考消息》，2009-04-03）

2. 正式沟通与非正式沟通

（1）正式沟通。正式沟通是指按组织所建立的各级机构交流信息。通常表现为上级的信息或指示经指挥链条向下传达，下级意见和建议经指挥链条向上汇报。正式沟通还包括由组织规则制度所提供的组织成员进行协商交流的场所。总而言之，正式沟通是指组织内的信息交流、沟通的方式是由组织规则制度保证的，正式沟通的内容以及程序常是固定的。正式沟通比较严肃、约束力强，具有权威性，易于保密，沟通效果较好。其缺点为沟通速度慢，失真的可能性大。

（2）非正式沟通。非正式沟通是围绕组织成员间的社会关系而建立起来的。它是一种脱离组织机构的层级次序，主要是以口头沟通为主的沟通方式。最常见的非正式沟通渠道是传闻或小道消息。非正式沟通有两个显著特点：

第一，信息具有快速扩散的特点。沿着指挥链自上而下的正式沟通，通常是将信息从一个人传递给另一个人，因而是一种费时的过程。非正式沟通则不同，它是把信息传给一个由多人组成的群体，然后由其中的个人再把信息传递给另外的群体。这样，信息就会以加倍的速度流向组织的各个角落。从某些方面来讲，非正式沟通的效果会远远超过正式沟通。

第二，沟通的信息会被扭曲。非正式沟通所传递的信息常是推测或道听途说的，由于是非正式的，也就没有什么正式的责任问题，所以传递得越多，事实被扭曲得越严重。

非正式沟通能够突破组织界限，具有异乎寻常的渗透能力，所以传递得越多，事实被扭曲得越严重。它是非正式组织的副产品，也补充了正式沟通系统的不足。非正式沟通带有一种随意性与灵活性，并没有一个固定的模式或方法，只有靠管理者在处理日常人际关系时灵活运用。任何组织中都会有非正式的信息沟通。它也可以为组织所用，如利用非正式消息作为探测气球，试探组织成员对某些政策的反应等。

3. 下行沟通、上行沟通、横向沟通和斜向沟通

（1）自上而下的信息沟通，又称下行沟通。自上而下的信息沟通就是信息从较高的组织层次流向较低的组织层次。如管理者将计划、决策、制度规范等向下级传达。下行沟通是组织中最重要的沟通方式。通过下行沟通可以使下级明确组织的计划、任务、工作方针、程序和步骤。通过向下的信息沟通影响下属的员工，使组织成员的行动与组织目标的要求相一致。这种沟通方式能够增强上下层次之间的联系。但在向下传送时，一些信息经过中间环节易被丢失或曲解；信息的传送要花费许多时间才能完成。

（2）自下而上的信息沟通，又称上行沟通。自下而上的信息沟通就是信息由下级流向上级，并且沿着组织层次向上方流动。如下级向上级的各种报告、汇报等。上行沟通是领导了解实际情况的重要手段，是掌握决策执行情况的重要途径。对于一个低层管理者来说，做好上行沟通，既可以争取上级对自己工作的支持，有利于工作取得成就，又可以让上级了解自己，争取不断发展的条件。自下而上的沟通过程中，中间管理层次的主管人员往往把信息过滤，不把所有信息特别是不利的消息向上司传送。所以，领导不仅要鼓励上行沟通，还要注意上行沟通的信息真实性、全面性、防止报喜不报忧的现象。管理者应该鼓励自下而上的沟通，因为它可以提供下属人员对所接收的信息了解程度的资料，也可以鼓励下属人员提出有价值的创见。为了使自下而上的沟通可以有效地进行，需要有一种使下级感到能够畅所欲言的环境。不言而喻，最高主管应为创造这样的环境承担主要的责任。

（3）横向沟通。仅有上下级之间的信息沟通是不够的，还必须要有横向和斜向沟通。横向沟通又称平等沟通，是指同一层次的不同部门之间由于工作上需要协作支持所进行的沟通联络。这种沟通是在分工基础上产生的，是协作的前提。它通过任务小组、协作会议、委员会等办法加强横向联系，做好平等沟通工作，在规模较大、层次较多的组织中尤为重要，它有利于及时协调各部门之间的工作步调，减少矛盾。但在平等沟通中，信息不按照指挥系统和组织层次流动。组织既要鼓励合适的横向交叉沟通，也要有适当的防范措施，例如，要求下属及时汇报部门之间共同从事的重大活动等。

（4）斜向沟通。斜向沟通指组织内部不同层次的部门或个人之间的信息交流。这种沟通常常发生在直线和参谋部门之间，而在这些部门中参谋人员具有一定的权限。此外，直线部门之间也常常应用斜向沟通，当然其中一方享有职能职权。总之，跨越部门之间的信息流动常和协调事务、解决问题以及分离信息有关，沟通的目的是加速信息的流动，使下属人员增进对信息的了解，以及为实现组织目标而进行协调。

10.1.5 沟通的原则

1. 准确性原则

准确性是指信息沟通要能客观、正确地反映组织内部活动或外部环境的特点。当信息沟通所用的语言和传递方式能被接收者所理解时，才是准确的信息，这个沟通才具有价值。为了保证信息沟通的准确性，要求在信息收集过程中，注意选择可靠的信息来源，用准确的语言或精确的数字客观地记录原始信息。在信息加工过程中，采用科学的方法，尽可能排除人为因素对信息内容客观性的干扰。

在实际工作中，常会出现接收者对发送者非常严谨的信息缺乏足够的理解的情况。信息发送者的责任是将信息加以综合，无论是笔录还是口述，都要求用容易理解的方式表达。这要求发送者有较高的语言或文字表达能力，并熟悉下级、同级和上级所用的语言。当然，在注意了准确性原则之后，沟通并不一定能正常进行，这是由于要注意的信息太多，而人的注意力有限，所以接收者必须集中精力，克服思想不集中、记忆力差等问题，才能够对信息有正确的理解。

2. 完整性原则

完整性是指沟通信息的收集和加工不仅应全面、系统，而且应具有连续性。只有全面、系统地收集、掌握反映组织内部和外部众多环境因素及其相互关系的信息，才能对组织所面临的形势有一个准确、全面的认识。在此基础上才能够科学地实施管理活动，努力使组织适应环境的要求。同时，环境是在不断变化的，必须对反映这种变化的信息连续不断地进行收集和加工，才能把握环境的动态变化。

这项原则有一个特别需要注意的地方，即信息的完整性部分取决于主管人员对下级工作的支持。主管人员位于信息交流的中心，应鼓励他们运用这个中心职位和权力，起到这个中心的作用。但在实际工作中，有些上级主管人员处于尴尬境地，并且违反了统一指挥的原理。如果确实需要这样做，则上级主管应事先同下级主管进行沟通，只有在时间不允许的情况下，例如紧急动员完成某一项任务，下令撤离某一危险场所等，采用这个方法才是必要的。但必须保证以维护组织的整体性为前提。只有这样，下级主管才会主动配合上级，带领人们去共同完成任务。

3. 及时性原则

由于信息具有时效性，其价值随时间的延续而变小，因此，在信息沟通过程中应保证将信息迅速地收集、加工并传递给有关的部门或人，以有效地利用机会，避开威胁，或及时地采取措施，保证计划目标的实现。

在沟通的过程中，不论是主管人员向下沟通信息，还是下级主管人员或员工向上沟通信息以及横向沟通信息，都应注意及时性原则。这样可以使组织新近制定的政策、组织目标、人员配备等情况尽快得到下级主管人员或员工的理解和支持，同时可以使主管人员及时掌握其下属的思想、情感和态度，从而提高管理水平。在实际工作中，信息沟通常因发送者不及时传递或接收者的理解、重视程度不够，而出现事后信息，或从其他渠道了解信息，使沟通渠道起不到正常的作用。当然，信息的发送者出于某种意图，而对信息交流进行某种程度的控制也是可行的，但在达到控制的目的后应及时进行信息的传递。

4. 战略上利用非正式沟通渠道

非正式组织是组织中普遍存在的具有较大影响的团体，非正式沟通通常也是组织中一种主要的沟通形式，它往往具有传播速度快的特点。正像在战略上要利用非正式组织的作用一样，组织也应在战略上利用非正式沟通渠道，把它作为正式沟通的一种必要补充，加快信息传递的速度，同时营造有利于组织发展的氛围。

这一原则的实质就是，只有当主管人员使用非正式组织来补充正式组织的信息沟通时，才会产生最佳的沟通效果。非正式组织传递信息的最初缘由是一些信息不适合由正式组织来传递。所以，在正式组织之外，应该鼓励非正式组织传达并接收信息，以辅助正式组织做好组织的协调工作，共同为达到组织目标作出努力。

在利用非正式沟通渠道时，要注意克服非正式组织的副作用，防止不利于组织目标实现的小道消息传播。一般来说，非正式渠道的消息，对完成组织目标有不利的一面。但是，小道消息盛行，却反映了正式渠道的不畅通。因而加强和疏通正式渠道，在不违背组织原则的前提下，尽可能通过各种渠道把信息传递给员工，是防止那些不利于或有碍于组织目标实现的小道消息传播的有效措施。

10.2 沟通的障碍及其克服

10.2.1 沟通的障碍

案例

企业的沟通误差

老板告诉其秘书：“查一查我们有多少人在上海工作，星期三的会议上董事会问到这一情况，我希望准备得详细一点。”公司的秘书打电话告诉上海分公司的秘书：“董事长要一份你们公司所有工作人员的名单和档案，请准备一下，我们在两天内需要。”分公司的秘书又告诉其经理：“董事长要一份我们公司所有工作人员的名单和档案，可能还有其他材料，需要尽快送到。”结果第二天早晨，四大箱航空邮件被送到了公司大楼。

（资料来源：陈龙海，陈赣峰．企业管理培训案例全书．深圳：海天出版社，2005）

在管理实际中，组织沟通中的信息沟通，如同电信传递中有噪声干扰一样，也有各种障碍存在，影响信息沟通的效果。这些障碍可能来自于信息发送者，也可能来自于信息接收者，或者来自于环境因素，但无论障碍来自何方，均会破坏整条信息沟通链的连续性和有效性。因此，管理者必须注意克服各种各样的沟通障碍，提高沟通的效率。常见的沟通障碍主要有以下三方面：

1. 信息发送过程的障碍

有效的沟通首先要求发送者能够把心中的想法译成合适的语言编码，使之成为可传递的信息，而这一编码过程的质量如何将会极大地影响信息沟通的总体效果和水平。具体地说有四个因素制约信息发送者生成高质量的编码信息。

（1）缺乏语言表达技能。语言是通过人的思维反映客观事物的符号，它与事物之间是一种间接反映关系。在沟通过程中，必须要求信息发送者具备良好的口头或书面表达能力，把要传递的信息通过口头或书面语言准确地表达出去。而缺乏语言方面的技能，就势必造成所传递的信息“先天性缺陷”。如信息发送者在发送信息时口齿不清、词不达意，或字体模糊、用词用字不当，这些都会使信息失真，更无法使接收者准确理解信息内容。

案例

空姐的尴尬

在宽敞明亮的机舱内，笑容甜美的空姐小李推着餐车缓缓走来，她一边送餐，一边询问：“先生，您是吃饭，还是吃面?”生性爽直的王先生回答：“要米饭。”空姐接着扭头问邻座的刘先生：“先生，您要饭，还是要面?”刘先生愣了一下，面带愠色大声回道：“要饭!”话音刚落，周边的乘客便哑然失笑：“我们也要饭!”见此情景，小李的脸颊上顿时浮现出羞愧的红晕……

（资料来源：康青．管理沟通．北京：中国人民大学出版社，2006. 2）

（2）发送者的怀疑和态度不适当。在发送信息过程中，除了通过语言表达信息外，往往还需要借助语调及手势、眼神、面部表情等语言表达信息内容，增强接收者对信息的理解能力。但有时发送者在发送信息时，情绪不佳，如狂喜、抑郁、面无表情等，或态度不正确，如高喊或大声训斥等，都会使这些辅助手段不能帮助接收者准确理解信息，从而导致沟通出现障碍。

（3）社会文化系统的负面影响。社会文化系统会通过对信息发送者的地位、威信、信仰或价值观的影响而影响人际沟通行为与过程。比如在“报喜不报忧的”现象盛行的社会文化环境中，信息发送者可能会对信息进行有意识的过滤、选择，故意操纵信息，从而导致所发送的信息失真，进而影响沟通过程。例如在我国有些地方，当下级向上级汇报工作时，有意选择上级领导爱听的话进行汇报，或为了表现自己的政绩，有意隐瞒对自己政绩不利的信息，结果导致沟通障碍。

（4）信誉不佳或地位差异。有时在信息沟通过程中，由于信息发送者的信誉不佳，结果导致接收者对其人品、经验或能力等不信任，使发送者发送的信息不被接收者所重视，结果导致沟通出现障碍。广为流传的“狼来了”的故事，正充分说明了信息发送者的信誉在沟通过程中的重要性。另外，有时信息发送者和接收者的地位、职位或年龄存在较大差异，也会使沟通出现障碍。如两个人的社会地位不同，会对同一事件持不同的观点，也会影响其有效沟通；而老年人与年轻人在人生阶段的差异，更是影响了这两个群体之间沟通的有效性。

2. 信息传递过程的障碍

信息传递往往要通过合适的通道并通过特定的网络连接方式进行，而在信息传递过程中，往往因为通道问题而使信息传递失真。

（1）时机不适当。信息发送的时机会增加或降低信息的沟通价值。在不适当的时机发送信息，对于接收者的理解将产生严重影响，从而影响沟通的有效性。

（2）媒介障碍与方式不当。这是指传递信息的媒体选择不适当，导致信息不能准确、及时地被接收者所接受。如向不懂英语的人用英语表达信息，向盲人用书面通知发送信息等。

（3）地理位置过远或分散。如果信息发送者与接收者之间的地理位置过于遥远或接收者所处的地理位置过于分散，都会影响信息在其间的有效传递，从而使沟通变得困难。

（4）信息超负荷。这是指所传递的信息量过大，导致有些信息在传递过程中被丢失或被损坏；同时信息量过大，有时也会使信息接收者无视某些信息、使人晕头转向、拖延处理或干脆不处理等。

（5）缺乏沟通网络。有时信息沟通需要借助一定的沟通网络，如在组织内部上下级之间的沟通就需要借助一定的沟通网络。有研究表明，组织中的许多决策信息都来自组织的较低层次，如果沟通过程出现障碍，许多基层的信息就很难传递到组织上层，因此，在组织内部建立良好的沟通网络就成为一项十分重要的管理工作。

3. 信息接收过程的障碍

即使发送者发送的信息准确无误，信息传递过程也不存在任何问题，在信息接收过程中也会出现问题，从而影响沟通有效性。

（1）接收者缺乏技能。也就是信息接收者由于知识、语言、经验等欠缺，导致在信息解码、逻辑推理、理解等方面出现问题。如信息接收者不具备相当的知识水平或对字词的理解存在一定程度上的差异，都会导致其对信息的不正确理解。

（2）接收者的选择性知觉。在信息沟通过程中，接收者有时会根据自己的需要、动机、态度、经验、背景或主观好恶有选择地接收信息，从而影响有效沟通。

（3）接收者的态度偏差。有时信息接收者可能对信息发送者或信息本身先入为主、怀有成见、缺乏信任或嫉妒、恐惧等，都会导致其对信息的误解，甚至是故意曲解，这种沟通就会影响信息沟通的效果。

（4）接收者与发送者的地位、职位、社会文化传统等存在差异，也会影响其对信息的理解，进而影响沟通的有效性。

10.2.2 沟通障碍的克服

沟通障碍是客观存在的，它影响了沟通的效果。各级管理人员都要有目的、有意识地克服沟通的各种障碍，提高沟通的有效性。改善沟通的常用方法有：

1. 提高沟通的有效性

（1）正确选择沟通的媒介。沟通媒介的形式有许多种，但就达到某种目标而言，有些媒介可能优于另一些。在一般情况下，使用面对面的沟通效果较好，因为这种沟通方式比较亲切并可以即时反馈。沟通重要信息时，最好同时利用口头和书面两种方式。但在下列情况下应采用书面的形式：沟通的信息要使用较长一段时间，或上下级关系经常变动，或命令的执行涉及司法争端和承担责任，或含有许多具体的数字和细节等。在适合使用的情况下，就尽可能使用电子媒介（电话会议、闭路电视和电子邮件等）进行沟通。这是既快捷又便宜的沟通方式。

（2）力求表达清楚。任何人发送信息，都应该遵循明确性原则，沟通的内容必须是清楚的、完整的，能够表达出发送者的真实意思，使接收者容易理解接受。力求避免含糊不清或可能使人误解的用语，以及不能理解的比喻、手势等。使用简明的、人们熟悉的词汇。多加说明、多举例和多用图表，句子和段落要简短，开门见山。

案例

一天，魏老师收到一封邮件，邮件全部内容只有这样一句话：“魏老师，请你把讲课的讲义发给我。”那几天刚好有几个企业请魏老师去开讲座，他就疑惑了：谁向他要邮件？是哪个公司的？于是，他作了回复：“您哪位？为什么要把课件发给您？魏江。”

第二天，他收到了对方的回复：“我是朱老师，上课要用。”可魏老师还是记不起来，朱老师是哪个单位的，弄不清楚这个朱老师要他讲的哪个专题的讲座，不过，魏老师总算知道对方姓朱。于是，魏老师又回了一个邮件：“ 朱老师，您好！请问您是哪个公司的？要什么主题的讲座？魏江。”

“我是A公司的，主题是关于如何与上下级沟通。”

至此，魏老师终于想起来了，这是A公司要为中层以上管理人员搞一次关于如何与上下级沟通的技能培训。

（资料来源：康青．管理沟通．北京：中国人民大学出版社，2006. 27）

（3）注意非语言提示。在沟通过程中，有时行动比言语更明确，因此沟通双方一定要注意对方的行动，确保它们和言语相匹配并起到强化言语的作用，这样可大大提高沟通的效果。

（4）积极倾听。积极倾听就是对信息进行积极主动的搜寻，并理解信息的真实含义。沟通常常是沟通双方互动的过程，在这一过程中，沟通双方或数方能够认真倾听双方所述问题和意见，就能减少许多由于不够认真倾听所致的误解，从而减少沟通过程中的障碍。

案例

金　人

曾经有个小国的人到中国来，进贡了三个一模一样的金人，金碧辉煌的，把皇帝高兴坏了。可是这小国的人同时出了一道题目：这三个金人哪个最有价值？皇帝想了许多办法，请珠宝匠检查、称重量、看做工，都是一模一样的。怎么办？使者还等着回去汇报呢。泱泱大国，不会说连这点小事都不懂吧？最后，有一位退位的老大臣说他有办法。皇帝便将使者请到大殿上，老臣胸有成竹地拿出三根稻草，分别插入三个金人的耳朵里，第一个金人的稻草从另一边耳朵出来了。第二个金人的稻草则从嘴巴里直接掉出来，而第三个金人，稻草进去后掉进了肚子，什么响动也没有。于是，老臣说：第三个金人最有价值！使者默默无言，答案正确。

（资料来源：http：//202. 115. 21. 138/wlxt/ncourse/glxyl/web/wlkt. asp？ acpage = wlkt/dz-ja/detail. asp）

（5）运用反馈。运用反馈就是在沟通过程中注意反问对方是否明白信息的内容并倾听对方的意见。实践证明，很多沟通问题是直接由于误解或理解不准确造成的，如果管理者在沟通过程中使用反馈，则会减少这些问题的发生。有时候一个信息不能在第一次就让人完全理解，重述或者扼要重复一遍才能为人所了解。在传递技术性或者复杂的信息时，可以渐进式地传递，一步一步地阐明信息的精髓。

（6）创造良好的沟通环境。组织结构的设计要考虑适合沟通的需要，以减少信息传递的中间环节，拓宽沟通渠道，保证信息的畅通无阻。领导者要在组织内创造一种相互信任和宽松的组织气氛，鼓励人们开诚布公地与人沟通，下属可以对上级讲真话。在利用正式沟通渠道的同时，开辟高层管理人员至基层管理人员的广大职工的非正式沟通渠道。

2. 提高发送者传递信息的技能

信息发送者传递信息的技能在整个沟通过程中具有至关重要的作用，对沟通效果也有重要影响，因此，必须提高发送者传递信息的技能。其主要内容包括以下四个方面：

（1）正确地编码，即把信息内容进行有效的整理，并编成信息码。

（2）有效地发布信息，即在沟通过程中，要根据情况来发布信息，掌握合适的发布频率。

（3）正确地使用语言和符号，要做到让信息接收者理解、明白信息的意思。

（4）提高信任度，即提高信息接收者对发送者的信任程度，缩短“信任差距”，建立相互信任的氛围。

3. 提高信息接收者接收信息的技能

作为信息接收者要具备较高的接收技能，这也是提高沟通效果的重要环节。

（1）要有较强的信息解码技能，即能准确无误地把所传递的信息译成自己能理解的信息。

（2）要了解沟通者可能使用的媒介，掌握多种媒介沟通技术。

（3）在信息反馈方面，要学会正确地反馈信息，使发送者知晓接收者准确无误地接收到了信息。

（4）提高接收者的知识、语言及符号技能，确保其能正确理解信息的内容。

10.3 冲突的协调

案例

谁是赢家

上海某出口公司共有七个出口部，原来每个出口部都负责出口一种化工产品，如三部出口无机化学品，四部出口有机品。为了增加灵活性，公司领导决定撤销这种分工，每个部门都允许出口任何一类化工产品。这样各部门为了完成任务，产生了冲突。

有时出口四部的传真机收到了客户关于无机化学品的询价，他们就不像过去那样交给三部处理，而留下设法自己办成这笔生意，三部也一样，如果四部有人去询问有关无机品的市场行情，一般得不到回答，两个部门之间还互相探听货源渠道、出口对象，同时抬价收购，压价外销，使公司受到损失，许多成员都失去信心，准备另寻出路，离开公司。

（资料来源：刘志坚，徐北妮．管理学——原理与案例．广州：华南理工大学出版社，2002）

【分析与思考】

（1）这是一种什么类型的冲突？冲突前提是什么？

（2）冲突双方采取的是什么策略？结果如何？

（3）冲突中谁是赢家？

10.3.1 对冲突的认识

从管理学角度看，冲突可以理解为是两个或两个以上的行为主体在特定问题上目标不一致，或看法不相同或意见分歧而产生的相互矛盾、排斥、对抗的一种态势。例如，两个或两个以上的个人感觉到他们的态度、行为或目标的对立，所发生的冲突是人际关系冲突。组织在与其生存环境中的其他一些组织发生关系时，由于目标、利益的不一致而发生的冲突，是组织层次的冲突。

早期的管理理论认为，组织冲突是有害的，会妨碍组织目标的实现。因此，早期的认识是建立在反冲突的基础之上的，致力于消除组织中的冲突现象。后来人们开始认识到冲突是不可消除的，组织应当接纳冲突，使之合理化。现代管理理论认为，在各类组织中，冲突是平常事，是组织与组织之间或组织中的成员在相互交往过程中发生的一种关系。冲突具有正面和反面、建设性和破坏性两种性质。没有冲突的组织将表现得呆滞、对环境变化适应慢和缺乏创新精神，因而绩效也不是最好的。而存在一些冲突，可以促进组织变革，使组织充满活力，因而绩效水平可以大大提高。基于这种认识，管理者的任务不再是防止和消除冲突，而是管理好冲突，减少其不利影响，充分发挥其积极的一面。关键在于如何对冲突进行管理，使其消极作用最小，积极作用最大。

10.3.2 冲突类型及其处理

组织冲突分为建设性冲突和破坏性冲突，对两种不同类型的冲突，应采用两种不同的解决方案。

1. 建设性冲突

建设性冲突对于组织来说，是一种积极的冲突，它支持组织目标的实现，有利于暴露组织活动中的弊端。发生建设性冲突的各方，其主要动机并不是为了自己或某些小团体的利益，而是基于对组织的热爱，为了实现组织目标和维护组织整体利益、整体形象而引发冲突。就冲突的主导方而言，包括：①对组织管理决策失误的不满而引发的对组织内某些成员或部门的严厉批评。②对有损组织利益和形象的言行感到气愤而引发的人事冲突。③对组织的现状不满，在环境变化的压力下强烈要求推进改革。④对领导者的作风提出质疑，以维护领导的公正性。⑤对组织业绩不满，强烈要求改变现状，采取措施，强化激励。⑥对组织内部深层矛盾进行揭露，促进问题的彻底解决。⑦其他非原则问题的冲突等。

在建设性冲突发生过程中，冲突的主动方往往以严厉甚至过激的方式提出问题，希望通过激化矛盾、弄清是非，彻底解决问题；冲突的另一方因此也会作出反应，在交往中采取针对性行动。面对建设性冲突的发生，领导者应着手以下工作：

（1）以平静、客观、严肃的态度分析问题，明确冲突发生的原因、冲突的性质以及冲突各方的态度。

（2）允许冲突各方充分陈述各自的观点、立场、意见以及希望解决冲突的方案。

（3）在正确评价冲突性质和动机的情况下，沟通各方面意见，利用民主、科学的方法辨明是非，寻求有利于组织和各方根本利益的解决方案。

（4）对于明显的是非问题，在弄清事实的基础上得出协调各方行为的结论，对于其他问题，作淡化处理。

（5）对于暂时无法判断的问题及由此引发的冲突，沟通冲突各方的思想，寻求达成原则上的共识。

2. 破坏性冲突

破坏性冲突是有碍组织目标实现和有损组织利益的冲突。破坏性冲突往往由组织内部门之间或成员之间的利害关系引发，是一种消极的利益冲突。

对于破坏性冲突，如果采取回避矛盾、迁就迎合、妥协或强制性的解决问题的态度，不仅冲突不能有效解决，而且会引发新的冲突和矛盾。解决破坏性冲突的正确态度应该是：在维护组织利益和冲突各方正当权益的前提下，化解冲突，调动积极因素，寻求真诚合作、共事的途径。具体来说，这种冲突的协调工作应着手以下问题的处理：

（1）求同存异。心理学研究表明，人与人之间如果能够求得某种“认同”，就会在心理上相互谅解和接受。为此，在解决由于某种分歧发生的矛盾冲突时，应引导冲突各方暂时避开某些分歧点，寻求某些共同点，以便进行换位思考、解决矛盾。其中，共同点的寻找包括引导各方回忆过去和现实交往中的共同点，以此为基础分析分歧点对各方的影响，在寻求对未来交往新的共同点的基础上，探寻各方都可能接受的解决方案。

（2）澄清事实。对于因误解或事实扭曲引起的冲突，宜在各方冷静的状态下澄清事实，明辨是非，只有澄清了事实，才能使各方吸取教训和经验，从根本上解决矛盾冲突。澄清事实主要是从客观上弄清事实真相；真相清楚后，使各方以大局为重，以共同利益为重，取得谅解，以便在新的基础上达成新的共识，形成新的团结。

（3）沟通情感。对于冲突带来的后果，可以在沟通各方情感的基础上，使他们能够相互弥补因过失给对方造成的损失或伤害。根据冲突发生的责任和影响，可以区分各方弥补的方式和要求，其主要方式包括给对方情感造成伤害的情感弥补，使对方利益受损的利益弥补和因主观责任造成影响的责任弥补。

10.3.3 协调组织冲突的策略

协调组织冲突，有六种策略可以选择：

1. 回避

这是解决冲突的最简单的一种方法，即让冲突双方暂时从冲突中退出或抑制冲突。当冲突双方情绪非常激动时，可以采取让双方暂时回避的方法来解决冲突。

2. 强制解决

强制解决即管理者利用职权强行解决冲突。强制解决的优点是，花费时间少，管理者的一个命令就可以解决问题。因此，当你需要对一个事情作出迅速的处理时，或当你的处理方式与其他人赞成与否无关紧要时，可以采取强制的办法。但在强制解决中，往往以牺牲某一方的利益为代价。

3. 妥协

妥协即通过要求冲突各方都作出一定的让步，使问题得到解决。当冲突各方势均力敌时，或当希望就某一问题尽快取得解决办法时，可以采取这种处理方法。

4. 树立更高目标

树立更高目标的作用是，使冲突各方感到紧迫感和压力。当其中任何一方单靠自己的能力不能完成目标时，冲突双方可能会进行合作并作出一定让步，为实现目标而统一起来。

5. 合作

合作即将冲突各方召集到一起，让他们进行开诚布公的讨论，搞清楚分歧在哪里，并商量可能的解决办法。这种方法可以使双方的利益都得到满足，因此从结果来说是最好的选择。

6. 谈判

谈判是两个或两个以上既有冲突又有一致利益的个体，相互公开意见，就某些重大问题进行磋商以求达到可能的协议的行为。谈判的关键在于谈判双方的力量和态度。

本章实训与练习模块

实训目标：通过本章理论知识的实训操练，使学生学会运用沟通理论，掌握沟通技巧，提高学生沟通能力和冲突的协调处理能力。

模块 1：案例分析与思考

【实训目的】

（1）理解沟通在管理中的重要性。

（2）了解沟通障碍克服的相关理论，培养学生正确的沟通技巧。

【实训要求】

（1）学会运用沟通理论，解决沟通障碍问题。

（2）学会运用沟通技巧调动员工的积极性和创造性。

案例一

吉星保险公司

人物：

冷科长——该公司赔偿支付科科长，男，42 岁，工作认真，性格内向。

牛先生——该公司赔偿支付科分析员，男，38 岁，业务能力强，脾气倔强。

中午快下班时，公司老板打来电话向冷科长布置了一项紧急任务，并特别强调要在下午两点前办好。于是冷科长拦住了正收拾东西要去吃饭的牛先生，让他利用中午时间把这项紧急任务突击做好。其实此工作并不复杂，对牛先生这样一个业务熟手来说，用一点时间就可以完成，可是他却拒绝了，理由是：午休是职工应享有的权利，况且自己还有私事要在中午时间去办。两人就这样争执了起来。

冷科长与牛先生的矛盾由来已久。两年前曾传在该科前任科长调离时，牛先生是科长候选人，他也认为凭自己的能力和经验当之无愧。但上级却从别的科室调来冷科长，他完全是该科业务的外行，且性格也不及原科长开朗热情，总是冷冰冰，一副正经而严肃认真的样子。冷科长觉得牛先生由于没当上科长对他充满敌意，而牛先生认为冷科长多半是提防他这样经验丰富的人。

前阶段发生了一件事，更加深了他们彼此间的猜疑隔阂。

事情是牛先生突然得了感冒，病得不轻，医生让他休息。到了第四天，冷科长打去电话问他病情如何，若好些就尽快上班，因为单位人手紧，工作有积压。但牛先生感到自己的病还要继续休息几天。恰巧这天天气好，牛先生出去散步被冷科长遇到，两人从此有了新的误解。

在此后几周，又出了一件事，科里有个高级赔偿分析员的职位出现了空缺。牛先生肯定自己完全可以胜任此职务，便向科长提出了申请，但被冷科长拒绝了，理由是：此职位除了反映一个人的工作能力外，还要反映一个人的高度责任心，而在这方面牛先生表现太一般了。

科里的人都为牛先生打抱不平，让牛先生去找老板反映，但牛先生个性倔强，自己的要求被拒绝感到非常丢人，不想说什么，只是希望科长在这儿待不长，否则就调离，反正不再与他共事了。

现在他们两人的关系越来越僵了。

（资料来源：刘志坚，徐北妮．管理学——原理与案例．广州：华南理工大学出版社，2003）

【分析与思考】

（1）从案例中可以看出，冷科长与牛先生之间没有良好的沟通，你认为造成这种局面的主要原因是什么？

（2）如果你是冷科长，你会如何利用上任之初这个有利时机与包括牛先生在内的下属进行有效的沟通？

（3）面对目前的僵局，冷科长应该怎么做才能扭转局面？

案例二

手书信函是即将消亡的沟通方式吗

邮递员老陈在昆明市邮政局盘龙分局工作了整整18个年头，近年来投递袋中一个鲜明的变化让他欷歔不已。私人信件越来越势单力薄，各种商业信函却春风得意，成为投递信函的绝对主角。“私人手写信件大概只占所有信函的10%。”老陈脸上挂着苦笑，“现在通信手段那么多，还有多少人愿意写信？”

从昆明市邮政局得到的权威数据和上边差不多，私人手写信函的比例为15%～20%。目前，昆明市的商业信函以每年30%以上的速度递增。24岁的公务员小王这样定位自己与朋友的沟通：用邮件写长信，用手机发短信，用电话聆听朋友的声音，“还不够吗？写信？太慢了！”有关专家估计，目前90%以上的30岁以下的年轻人已经摒弃了手书信函。30～45岁的有70%已经与手书信函时代决裂，只有45岁以上的中老年人还习惯于手书信函。

从社会发展的角度看，私人信函的江河日下、沟通方式的多元化无可厚非，但就情感维系而言，不少社会学家与教育工作者的担心并不多余：“越来越多的年轻人现在只会用短信、邮件和电话来联络，这样下去，手书信函真有消亡的危险！”云南大学社会工作系教授钱宁说：“快速和简便容易让交流越来越平面化、简单化，但沟通不仅仅是交流信息，它还有情感的需求。太快太直接容易让我们逐步丧失沟通的艺术感知，而写信一直是培养这些能力的最好途径，比如书法的训练，写作能力的提高。”

很多人向记者强调手书信函的无可替代性：手书是个人笔迹，它张扬着作者的独特性情，即便有一些错字和涂抹也会显得真切可爱，也可以被长期收藏和存留；由于时空的间隔，这种带有作者强烈个人风格的文字能让收信者的幻想无限扩张；等待信函的漫长过程是强烈期盼的催化剂，它会使收信人得到多倍的快乐，这是任何现代化沟通手段都无法比拟的。

“在学会享用高效的联络方式时，我们还是不要忽视写信，尤其是年轻人。”钱宁说，“抽点时间给你的家人、你最好的朋友写封信，这会带给他们更多的惊喜。”

（资料来源：新华网，昆明2003年11月28日电，记者陈鹏）

【分析与思考】

（1）本案例提到了哪些沟通类型？它们各自的优缺点是什么？

（2）你认为手书信函是否是即将消亡的沟通方式？为什么？

案例三

滞后的信息

华林制衣厂是一家老牌制衣企业，在国内外享有盛誉。去年厂长王林福去国外考察回来，宣称获益匪浅。原来，他发现他所去的成功企业的一个共同秘密——网络化。于是，他就寻思着将华林也打造成现代化的网络企业。企业的资金实力雄厚，“全副武装”也还行。更令他满意的是全厂员工相当配合，对他下达的“半年内成为网络行家”的任务均表示已经完成。接下来的日子，王林福在同行中可神气了，毕竟方圆几十公里的厂中能有几家实现网络化的呢，但是最近发生的一件事却令他对网络深恶痛绝。

上个月，销售部接了一笔大生意，与美国一家外贸公司签了100万件牛仔服的订单，为此厂长还为销售部开了庆功宴。但让王林福欲哭无泪的是，生产进行到一半时，整个厂却因为原料供应不及时而被迫停工两天，结果可想而知：美国外贸公司状告华林制衣厂违约，赔偿巨大损失。王林福怎么也想不通，厂子开了几十年，最困难的时候也没发生过这种情况，现在怎么会……负责该种原料的采购员遭到训斥，采购员满腹委屈地说：“我一直都在跟踪网上的物流表和供应商发来的信息，上面显示还有一个星期的料，所以我想就不用那么着急下单了。”王林福冲着他吼道：“电脑的数据是不准的，你要查手工账才行，你又不是刚来，连这都不知道？”员工糊涂了：当初说一切网络化的就是王厂长，为什么现在又说要靠手工呢？王林福也糊涂了：为什么外国厂家能做到，他却做不到？

（资料来源：康青．管理沟通（第2版）．北京：中国人民大学出版社，2009.）

【分析与思考】

（1）案例的问题主要出在谁的身上？为什么？

（2）如果你是王林福，会如何改进？你觉得需要对你的员工进行哪方面的培训？

（3）联系所学的沟通理论，阐述如何正确地在组织内部建立网络沟通方式。

模块2：模拟设计

【设计课目】

剧情戏——经理与员工的沟通

【实训目的】

（1）培养学生分析解决沟通问题的能力。

（2）掌握管理者与员工之间的沟通技巧。

【实训内容】

（1）沟通原理的应用。

（2）表现沟通障碍及其克服的方法。

（3）表现冲突的类型及其处理技巧。

（4）采用情景剧的表演与分析的方式，由“演员”按照选择的剧本进行表演。

（5）学生对各“演员”的表演，特别是沟通方式的合理性进行分析与评价。

【实训要求】

（1）每个同学都要搜集一个案例，案例的要求是：具有较为典型的冲突矛盾，又便于表演剧情，并可供学生讨论。应以公司为单位，在大家搜集案例的基础上，进行优选，确定题材后，责成两人执笔，再集体讨论定稿。

（2）剧本编出后，要对公司成员扮演的角色进行分工，并进行简单排练，然后对剧本进行再加工。

（3）在表演过程中，演员和学生观众要融入情景中，学生观众要为评论剧情做好思想准备。

（4）教师要注意引导剧情的逐步深入，并进行小结与点评。

【实训考核】

教师和学生观众对各公司的情景剧及“演员”的表演打分，并记入积分卡。

模块3：游戏：不要激怒我

【项目简介】

语言和态度是人与人之间沟通时的两大主要方式。面对对抗的时候，有的人说出来的话是火上浇油，而有的人说出来的话却有如灭火器，效果完全不同，下面这个游戏的目的就是要教会大家避免使用那些隐藏有负面意思的甚至含有敌意的词语。

人数：30人

时间：30分钟

场地：不限

用具：卡片和白纸若干

【训练步骤】

（1）将学员分成3人一组，每两组进行一场游戏。告诉他们：他们正处于一场商务场景当中，比如商务谈判、老板对员工进行业绩评估等。

（2）给每个小组一张白纸，让他们在3分钟内列举出尽可能多的会激怒别人的话语，比如“不行”、“这是不可能的”等，每一个小组要注意不使用另外一组事先了解到他们会使用的话语。

（3）让每一个小组写出一个时间为1分钟的剧本，当中要尽可能多地出现那些激怒人的话语。准备时间：10分钟。

（4）告诉大家评分标准：①每个激怒性的话语给1分。②根据每个激怒性词语激怒对方的程度给1～3分不等。③如果表演者能恰到好处地使用这些会激怒对方的词语，没有突兀，生硬之感，另外加5分。

（5）让一个小组表演，另一个小组的学员在纸上写下他们所听到的激怒性词汇。

（6）表演结束后，让表演的小组确认他们所说的那些激怒性词汇，必要时要对其作出解释，然后两个小组对调过来，重复上述的过程。

（7）第二个小组的表演结束之后，大家一起分别给每一个小组打分，给分数最高的那一组颁发“火上浇油奖”。

【训练要点】

（1）有些人很多时候往往在不经意间说出很多伤人的话，即使他们的本意是好的，也往往因为这些话被人误解而达不到应有的目的。

（2）我们在说每一句话之前都应该好好想想这句话听在别人耳朵里会是什么感受，会带来什么后果，这样就可以避免我们无意识地说出激怒性的话语。

（3）实际上，我们洋洋得意的时候往往是我们最容易伤害别人的时候，保持谦虚谨慎的态度，不要像骄傲的孔雀那样，这样才会使我们的人际关系得到改善，使人与人之间的交流更容易一些。

模块4：参观走访

【走访对象】

保险公司或营销公司业务主管

【实训目的】

了解沟通技巧和沟通的障碍及其克服。

【实训内容】

（1）面对陌生人如何沟通。

（2）面对熟悉的人如何让他成为自己的朋友。

（3）面对正常人际关系如何建立业务关系。

（4）当遇到沟通障碍时，如何克服和排除。

【实训组织】

（1）全班分4~6个小组，由组长带队分别行动。

（2）预先与走访对象取得联系，每组联系业务主管或公司领导。

（3）每组专人负责做好走访资料搜集。

【实训要求】

（1）倾心听介绍，认真记录，加强口才锻炼，学会正确沟通。

（2）每人写一篇走访心得体会。

【实训考核】

教师对学生的走访心得进行批阅打分，并选出优秀心得在全班进行交流学习。

模块5：辩论

【题目】

冲突都是由沟通障碍产生的

【实训目的】

（1）了解掌握沟通的基本理论。

（2）培养学生运用冲突的协调克服沟通障碍的能力。

（3）初步学会运用沟通技巧。

【实训内容】

（1）论述沟通基本理论的应用。

（2）论述激励方法在管理中的运用。

（3）探讨冲突的协调技巧。

【方法与要领】

（1）全班分正方与反方（每组5人）若干小组进行组合，并设定辩论场地和辩论议程。

（2）陈述。正方持沟通障碍产生冲突的观点论述冲突的问题。反方以冲突的根源及对管理的影响等理论反驳正方论点。双方运用相关理论或贯穿案例论述，举例说明。

（3）答辩。正反双方在辩论中，既要回答对方的提问，也要向对方提出疑难问题，要求答辩。

（4）陈辞。正反双方各推荐一人进行归纳总结，举例要鲜明生动，既能证明本方观点正确，又能反驳对方观点，在规定时限内发言完毕。

（5）点评。邀请管理方面专家、老师对辩论情况进行讲评。

【成绩测评】

（1）正反双方分别形成书面辩论资料，呈报老师或评委。

（2）综合点评意见，由教师、学生或聘请管理专家组成评委，评判辩论结果。

模块6：讨论题

（1）我们经常会碰到这样的事情：假设员工小王犯了错误，领导知道后，就把小王叫到办公室，第一句话可能会说："小王，你怎么会犯这样低级的错误？你说说看，究竟是怎么回事。"于是，小王可能会解释这件事情的来龙去脉。当小王解释的时候，他可能会推卸自己的责任。于是，领导便会打断小王："你不要解释那么多，我只想知道你为什么会犯这样的错误。"此时，小王没有办法，只得承认是自己的问题，说："开始的时候没有预料到事情会出现这样的结果，自己的工作经验很不够。"听到小王也承认自己错了，领导便会接着说："我早就跟你说过，办事情要三思，你为什么就不听我的呢？"现在，你根据上面的描述，谈谈这位领导在与小王的沟通过程中存在哪些不恰当的地方。

（2）我们会碰到这样两类不同的领导：一类领导讲话特别幽默，善于用具体生动的例子来表达自己的想法；一类领导讲话喜欢有板有眼，不太有激情。但这两类领导都把自己的部门或者公司管理得很有效率。由此，你是否认为领导的讲话技巧其实并不重要？如何看待这两类领导的沟通风格？

（3）一家公司的老总说，他的公司曾经一直为各种会议所困扰，于是明确规定每次内部会议必须在50分钟内结束。有人不禁要问，用简单量化的方式去处理复杂的商业和管理问题，奏效吗？如果50分钟之内没有谈完，问题没有解决，怎么办？那位老总反问："你认为再多50分钟就有好的解决方案吗？"你是否赞成该公司的做法，为什么？

（4）有些高级经理认为他们应该依靠书面信息和计算机报告，因为此类信息比面对面沟通所带来的消息更准确，你同意吗？

【方法与要求】

（1）全班同学或模拟公司分成若干小组，每组6～8人。

（2）各组由模拟公司经理或组长主持，讨论时大家要联系本章理论与实训内容畅所欲言，人人发言。

（3）各组分别指定一人记录，讨论后进行归纳整理，形成集体讨论答案送交老师批阅。

【成果验收】

老师对各组讨论答案批改后，将成绩记入小组积分。

第11章　控　制

◉学习要点

1. 控制概述
2. 控制过程
3. 控制方法

◉学习目标

1. 理解并掌握控制的含义和原则
2. 掌握控制的类型及其在实际生活中的应用
3. 掌握控制的过程
4. 掌握控制的主要方法，以便在管理的工作中加以运用，做好控制工作

◉关 键 词

控制　前馈控制　现场控制　反馈控制　直接控制　间接控制
集中控制　分散控制　分层控制　预算控制　非预算控制

案例

华峰证券营业部的风险控制

2001年4月一个阳光明媚的早晨，华峰证券公司延安西路营业部的陈峰总经理心情却并不轻松。只见他快步走入位于汇隆大厦20楼的办公室，一边打开电脑，一边回想着昨天下午部门经理例会的情景：

会议还没有正式开始，就听见交易部经理赵伟满腹委屈地抱怨现在的工作风险越来越大，责任越来越重了。情况原来是这样的，营业部的机构大户京华投资公司是老客户了，并且对营业部的佣金收入作了很大贡献，可是这个月，上个交易日的下午2：30左右京华投资的负责人打电话过来，说由于暂时需要，希望营业部能够给该资金账户追加资金人民币2 000万，并保证支票已经在路上，下午5：00之前肯定能入营业部账户。但是不知何故，资金迟迟不能到达，直至今天才入账，并且这种现象本月已经是第二次出现了。虽然这类活动都有明确规定不允许证券公司操作，可是在现在的形势下，营业部为了做大交易量、获取更多利润，私下这样做也很常见，而且这些客户多数都是老客户了，得罪不起。可是这样做的确风险很大，万一出了问题可担当不起。陈峰认为是应该想想办法了。

赵伟面临的问题还不止一个，前天有位客户怒气冲冲地来到办公室，说是自己第一次去开户想做股票，却被告知他在三年前已经开户，而且被指定在华峰证券公司，所以不能再开。他是来问个究竟的。赵伟经过调查，调出客户资料查看，原来是挂在华峰证券公司某一机构客户名下的一个个人账户，而且身份证复印件也没有，这下如果客户纠缠下去事情就复杂了。

在机构账户下挂A字头个人账户（机构账户属于法人自由式户，是B字头）是常见的现象，但如果在开户时营业部审核严密，要求对方提供个人账户身份证复印件，则出现问题责任就在对方，营业部可以有所交代。

财务部经理孙晓也怀疑公司里的一些机构客户利用设在这里的账户进行走账，一个账户内多次出现大额资金频繁划转的情况。这类大额资金的频繁划转对于证券公司实施资金的监管职能来说存在一定的风险。可是因为没有一个适当的办法对这种现象进行盘查，而且机构客户都是公司的主要客户，孙晓担心过多的监督会让他们对公司的服务不满而转移仓位。

最让陈峰烦心的还不止这些，上海本地一家上市公司在营业部一笔价值1亿元人民币的国债由于营业部无法提供国债库存情况的资金对账单而被该公司告上法庭。更要命的是，他要立即凑足这笔钱才能填上漏洞平息这场风波。这种三方协议的委托理财方式在业内是常见的做法，一般营业部为了提高收益，在与一方（如某上市公司）签订委托理财协议，比如投资国债协议之后，再进行国债回购融进资金交融给第三方（如某庄家），由第三方进行证券投资。但如果第三方所进行的证券投资存在极大风险，一旦出现崩盘，就算及时平仓也难以收回本金。国债回购到期如果证券公司无足够资金对冲，清算中心就将这些国债冻结并进行拍卖，此时证券公司账户就不能提供国债对账单，将承担法律责任并遭受巨大损失。一旦类似情况出现，谁都会乱了方寸。

华峰证券公司是一家综合类证券公司，主要业务包括经纪业务、自营业务和投资银行业务等，在全国拥有15个营业部。上海延安西路营业部是该公司在上海最大的营业部。陈峰是去年年初担任该营业部总经理的。在其就任期间，面对整个市场的低迷状态，为了使营业部业绩保持领先，陈峰确实下了很多工夫。尽管有些措施是和政策打擦边球，但为了争客户、保收益，陈峰顶着风险也操作了。现在业务上暴露出这么多问题摆在面前，陈峰开始后悔当初没有把监管体系跟上去，觉得是到整顿的时候了。

早在2001年1月31日，中国证监会就发布《证券公司内部控制指引》，其中第12条规定，证券公司必须建立严密有效的风险管理系统。华峰证券公司总部也确实建立了这样的系统，可是在实际的操作当中，各营业部为了各自的利益，往往视制度为走过场，或者太多的人情关系和人为因素在里面使得制度无法落到实处。问题出现了，推卸责任也不是办法。

于是，陈峰决定下午再次召集部门经理开会，专门针对这些问题商讨解决方案。会上陈峰把自己的想法先向大家提了出来，希望各部门能相互配合。经过两个小时的会议，公司决定成立一个风险控制办公室，利用以公司为核心的网络通信系统、营业部及柜台交易结算系统等运作良好的已有系统，整合可能存在风险的五个环节，进行不断完善，起到真正控制风险的作用。考虑到公司交易部直接和客户打交道，问题也最突出，决定就从该部门入手，加强对风险的控制。经过陈峰授权，由赵伟拟订方案，信息部负责协助，这项工作紧锣密鼓地开展起来了。

赵伟和信息部的小钱加上一位来实习的研究生忙碌了一周以后，一个演示系统基本上成型了。他们请陈峰到办公室来就经纪业务风险防范做了一次演示。

“从客户资料开始是我们实施风险控制的第一步。”赵伟边说边开始操作系统，“为防止违规资金进来，必须对开户账号、股东账号特征进行严格审查，尤其是机构投资者，对其所提供的股东账号需提供相应的证件并事先拟好确认函，以防出现了问题全部由我们来背黑锅。另外，我们必须定期对营业部交易系统客户资料信息进行处理，发现存在客户信息不全、身份证号码位数不足、地址为空等相关要素异常的资料时，将报警信息写入报警系统信息表中并马上报警，通知核实客户真实性”。

“这样，以后就不会再出现到你办公室来要讨个公道的人了，就算有那我们也好解释了！”陈峰看来挺满意。

接着，陈峰提出看看交易控制系统，赵伟就进入另一个数据处理模块：“我们事先根据不同的客户特征设立了相应阈值，当某一股东账号成交金额、股数超过该阈值，或者客户账户内资金余额一旦为负且小于设定的额度时，则视为异常成交资料，系统将马上识别并出现报警信号。”

“这样就能由系统来自动控制以前出现的透支情况了。看来由机器管理比用人管理的确更有效，任凭你有什么关系也不能特例。这可是机器在说话，不是我在人为控制了。那么对资金异动情况呢？”

“这我们也想到了，对大额资金存取更要进行严密监控，一旦资金变动数额超过限额，系统也会自动预警。通过实际资金存取凭证核实和部门内部主管人员的审批，防止可能出现的违规现象。”

“那还有没有书面的资料可以参阅呢？如果我想知道我们的状况，不可能每天都盯着这个系统吧？”陈峰有点疑惑。

“当然有了，我们规定根据经纪业务控制功能模块处理结果，对客户信息资料变更的项数、应用频度法再进行分析，对营业部风险状况进行评估，形成定期风险报告制度，对重大问题进行专项报告制度。您一定可以得到需要的信息。”

“另外为保证信息安全性和保密性，我们还通过系统设计的网关进行不同层次风险监控人员身份核实，根据规定用户的权限进行相应的查询和操作，一旦有违规情况出现便会反馈到管理部门及时得到纠正。系统同时提供一个接口，便于采集和监控系统本身出现的问题。我们也相信不同层次的管理人员对信息的要求也不同。当然这是经纪业务子系统的一部分功能，对其他业务类型我们会继续开发相应的控制子系统。”

陈峰非常满意他看到的结果，他盼望着这个系统在今后能派上大用场。

（资料来源：徐波．管理学案例集．上海：上海人民出版社，2005）

这是一个企业建立信息控制系统的案例。华峰证券营业部针对反映实际成效的信息，及时采取风险纠正措施，改进控制方法，提高监控系统功能，以此避免证券交易产生新的风险。这一案例充分说明了企业的生产经营必然存在风险，那么降低风险系数的关键就是管理者如何把握控制标准，落实有效控制过程和控制方法。

11.1 控制概述

11.1.1 控制的含义

所谓控制就是核对或检查实际工作状况，并与预定的计划相比较，发现偏差时予以纠正，以保证计划的实现。它包括以下两个部分：第一，对业务工作的控制，即通过不断检查和纠正工作中的偏差，使工作按照原定计划进行，使任务能够完成；第二，对下属人员的控制，即通过对下属人员工作表现的考核和评估，希望他们尽职尽责，执行任务。有效的控制工作应兼顾上述两个方面。

组织内任何形式的控制，都有一定的前提条件，这些前提条件是否充分，对控制工作能否顺利开展有很大影响，控制前提条件如下：

1. 要有一个科学的、切实可行的计划

控制的任务是保证组织目标与计划的顺利实现，控制工作以预先制定的目标和计划为依据，控制工作的好坏与计划工作紧密相连，组织在行动之前制定出一个科学的、符合实际的行动计划，是控制工作取得成绩的前提。有效控制要以科学的计划为前提。

2. 要有专门的组织机构

控制工作主要是根据各种信息，纠正计划执行中出现的偏差，以确保组织目标的实现。要做到这一点，就要有专门行使控制工作的组织机构，建立、健全与控制工作有关的规章制度，明确由何部门、何人来负责何种控制工作。一个组织如果没有专门的控制机构，而由各部门自行监督、自行控制，那么就难以防止执行部门由于维护自身利益而出现的报告虚假、报喜不报忧等情况或由于忙于贯彻指令，无暇顾及调查研究、分析评价而难以反映真实情况。因此，控制机构与相应规章制度越健全，控制工作就越能取得预期效果。

3. 控制要有反馈渠道

控制工作中的一个重要步骤就是将计划执行后的信息反馈给管理者，以便对预期目标与已达到的目标水平进行比较分析。这种信息反馈速度及准确性如何，直接影响到控制指令的正确性和纠偏措施的准确性。因此，必须设计和维护畅通的信息反馈渠道。设计信息反馈渠道要抓住两点：确定与控制工作有关的人员在信息传递中的任务与责任；事先规定好信息的传递程序、收集方法和时间要求等事项。有了畅通的反馈渠道，控制工作才能有效地进行。

11.1.2 控制的作用

1. 控制是完成计划任务的重要保证

计划是对未来的设想，是组织要实施的行动方案。由于客观条件的制约，任何计划都不可能十全十美。一些意想不到的因素往往会出现在计划的执行过程中，影响计划目标的实现。这种偏差在现实中是常见的现象，必须要靠控制来弥补纠正，才能有效地实现组织的目标，缺乏控制过程的计划是注定要失败的。

2. 控制是提高组织效率的重要手段

这一作用表现为两个方面：一是通过控制，可及时发现组织运行中的失误，并加以改正，降低失误对组织效率的负面影响；二是提高未来管理工作的效率。组织特别是生产型组织要大力推行全面质量管理，使控制过程得到了极大的改善，提升产品和服务的价值，也提高组织工作成果的质量，推动授权和团队工作。

3. 控制是管理创新的推动力

控制是一种动态的、适时的信息反馈过程，它不是简单地对受控者进行管、压、卡，而是一种积极主动的管理实践活动。控制有助于管理者对由于组织环境的变化带来的威胁或机遇及时作出反应，因为控制职能能够帮助管理者找出哪些变化对本公司的产品和服务的影响最大。

11.1.3 控制的类型

控制的类型是多种多样的，从不同的角度可以对控制作出不同的分类。例如，根据控制信息获取的情况，可以将控制分为前馈控制、现场控制和反馈控制；根据主管人员与控制对象的关系，可以分为直接控制、间接控制；根据管理者所采用的控制方式，可以分为集中控制、分散控制、分层控制等。

1. 前馈控制、现场控制和反馈控制

（1）前馈控制。它也称为预先控制或事前预先控制，是一种在某项活动中工作开始之前进行的控制。预先控制的重点是预防，在偏差发生之前就告知管理者，使他们一开始就采取各种预先防范措施，预防或尽可能地减少偏差的出现，从而把偏差带来的损失降到最低限度。例如，对市民进行交通规则和违章驾驶后果的教育，就是一种试图预先控制交通行为的努力。其目的是在开始之前就将问题的隐患排除掉，做到防患于未然。事前控制的实施要求和条件比较高，但效果好，易于实施。

（2）现场控制。它也称为即时控制，是一种在某项活动或工作进行之中同步进行的控制。其特点是在工作进行过程中，一旦发生偏差，马上予以纠正。例如，生产过程中控制工序质量就是现场控制的一个例子。现场控制的目的是及时纠正工作中发生的偏差，改进本次而非下次活动的质量。现场控制需要有实时信息。在偏差刚一发生时就进行调整，比等到结果产生之后再进行纠正造成的损失要小，而且也容易纠正。现场控制是一种主要为基层管理人员所采用的控制方法，主要有监督和指导两项职能。现场控制是控制系统的核心。

案例

广汽丰田“安东”拉绳——卓越品质的守护神

在丰田的生产车间，每个工位上方都有一条与工位等长的细绳，颇引人注目。这就是丰田独创的即时叫停工具——“安东”拉绳。当工人遇到无法解决的异常情况时马上伸手拉动“安东”拉绳，线上的班组长就来处理；如果异常不能在本工位处理完，再次拉动“安东”，整个生产线就会自动停止，直到问题解决。这样可有效阻截不良品流到下一工位，起到确保质量的作用。

（资料来源：新闻资讯）

（3）反馈控制。它也可称为事后控制或事后反馈控制，是一种在某项活动或工作结束之后进行的控制。其特点是在偏差和错误发生之后，再去查明原因，并制定和采取纠正措施。产品质量检验、盘点、检查费用账目等都是事后控制的例子。反馈控制把注意力集中在工作的结果之上，通过对前一阶段工作的总结，对比标准进行测量、比较、分析和评价，发现存在的问题，并以此作为改进下一次工作的依据。虽然反馈控制无法挽回由过去的错误造成的损失，但它可以防止此类错误再次发生，在管理工作中也有重要意义。

预先控制、即时控制和事后控制对管理者来说都有价值。如果所有的控制都可以预先测知，当然最好，但事实上这是不可能的，也是没有必要的。管理者还需要依赖即时控制和事后控制。这三种类型的控制如果能够结合使用，控制的效果会更佳。

2. 直接控制与间接控制

（1）直接控制。直接控制是通过提高主管人员的素质来进行控制工作的一种方法，其控制主体是直接责任者。它通过对主管人员的遴选与培训、完善管理工作成效的考核方法等，使他们能熟练地应用管理技术和方法，以胜任管理工作的职责要求。在一般情况下，计划目标的完成情况，主要取决于直接对这些计划目标负责的管理部门的主管人员。直接控制的指导思想是：合格的主管人员出的差错最少，他能觉察到正在形成的问题，并能及时采取纠正措施。

直接控制在管理过程中有许多优点，主要表现在它不仅在个人委派任务时能有较大的准确性，并使管理者具有较高的素质、较强的管理能力、较优的管理效率，而且能充分发挥管理者的主观能动性，使管理者主动确定他们应负的职责，自觉纠正错误，并加强自我管理能力和主人翁精神。另外，由于提高了管理者的素质和能力，减少了偏差的发生，并强调自我控制，所以能减少控制系统所需的人力和物力。

（2）间接控制。间接控制是指通过建立控制系统对被控制对象进行控制的一种方法。这种控制方法是控制计划执行的结果，即根据计划的标准对比和考核实际结果，追查出现偏差的原因和责任，然后才去进行纠正。在实际工作中，对由于主管人员缺乏经验所造成的管理上的失误和偏差，运用间接控制可有助于这些误差的纠正；同时，间接控制还可帮助主管人员总结吸取经验教训，增加他们的知识和判断能力，提高他们的管理水平。但是，间接控制也有缺点，如对许多偏离计划的误差不能预先估计到或及时发现，以致难以采取有效的纠正措施；尤其是在出现了偏差造成损失之后才采取措施，控制费用的支出较大。所以间接控制只有和直接控制结合使用，才能发挥出较好的作用。

3. 集中控制、分散控制和分层控制

（1）集中控制。集中控制就是在组织中建立一个控制中心，由它对所有的信息进行统一的加工处理，并由这一控制中心发出指令，操纵所有的管理活动。如果组织规模和信息量不大，且控制中心对信息的取得、贮存、加工效率及可靠性都很高时，采用集中控制的方式，有利于实现整体的最优控制，企业中的生产指挥部、中央调度室都是集中控制的例子。但当组织规模庞大、信息量大时，就难以在一个控制中心进行信息存贮和处理。在这种情况下，集中控制会拉长信息传递时间，造成反馈时滞，使组织反应迟缓，延误决策时机，同时一旦中央控制系统发生故障或失误，由于无其他替代系统，风险很大，在这种情况下，宜采用分散控制方式。

（2）分散控制。分散控制是与集中控制相对的一种控制形式，采用分散的方式，由组织各部门分别实施控制。这种控制方式对信息贮存和处理能力的要求相对较低，易于实现，由于反馈环节少，因而时滞短，反应快，控制效率高。在控制时，即使个别控制环节出现了失误或故障，也不会引起整个系统的瘫痪。但采用分散控制也有缺陷，如难以使各分散系统相互协调，难以保证各分散系统的目标与总体目标一致，从而难以使整体优化，严重的甚至会导致失控。

（3）分层控制。分层控制是一种把集中控制和分散控制结合起来的控制方式。它具有两个特点：一是各子系统都具有各自独立的控制能力和控制条件，从而能以子系统的管理实施独自的处理；二是整个管理系统分为若干层次，上一层次的控制机构对下一层次各子系统的活动进行指导性的、间接的控制。在分层控制中，要注意防止滥用直接式控制，并多层次地向下重叠地实施间接的控制。

11.1.4 控制的对象

1. 组织里的人员

员工是组织计划的直接执行者，但是作为人，在工作过程中不可避免地会掺杂个人意识的成分，有可能会违背组织计划的要求，因此，要使员工按照计划的要求去开展工作，就必须对有关人员进行控制。

案例

重庆力帆集团是一家国内知名的民营企业，虽然企业一直保持较稳健的发展速度，但是由于它在发展的初期并没有意识到要实施对人员的有效控制，在日后的管理中不可避免地出现了很多问题。例如1994年，一位最早随老板尹明善创业的员工辞职时带走了一箱子的机密文件，结果给力帆集团造成了很大的经济损失。

（资料来源：文丽颜．华为的管理模式．深圳：海天出版社，2006）

2. 组织的财务

企业是一个经济组织，良好的财务状况是一个企业生存和发展的重要条件，因此，为了维持企业正常的运作，必须进行财务控制。预算是一种常用的财务控制衡量标准，也是一种有效的控制工具。

3. 组织里的作业

所谓作业，就是从劳动力原材料等资源到最终产品和服务的转换过程。组织中的作业质量很大程度上决定了组织提供的产品或者服务质量，而作业控制就是通过对作业过程的控制，来评价并提高作业的效率和效果，从而提高组织提供的产品和服务质量。

4. 信息

现代社会是一个信息社会，信息在组织中的作用越来越重要。但是在数量庞大的信息中，只有部分的信息才是对组织有用的，并且一些不完整、不准确的信息反而会降低组织的效率。所以，在现代社会的组织中，对信息的控制是非常重要的，为此，组织应该建立起一个管理信息系统，使之能够为管理者提供及时、可靠的信息。

5. 组织的绩效

组织绩效是一个综合的指标体系。一般来说，组织很难用一个指标来全面衡量。对企业来说，生产率、产量、市场占有率、员工福利、组织的成长性等都有可能成为衡量指标，关键要看组织的目标取向，也就是说，要根据组织实现目标的实际情况并按照目标所设置的标准来衡量组织绩效。

11.1.5 控制的原则

控制是管理的一项基本职能，也是比较复杂的一项工作。在许多情况下，管理者制定了良好的计划，建立了适当的组织，但由于没有把握住控制这一环节，最后还是不能达到预期的目的，无效的控制会引起计划和组织无效。为了保证对组织活动进行有效的控制，必须遵循以下基本原则：

1. 控制关键点原则

任何控制都不可能面面俱到、事无巨细同等对待。受客观条件和人的精力的限制，管理者不可能控制工作中所有的项目，而应该针对关键的项目。当这些关键项目的偏差超过了一定限度，足以影响目标的实现时才予以控制纠正，这样才能取得事半功倍的效果。事实证明，有效的控制应着重于整个过程中的关键而进行局部的和重点的控制。选择关键点是一种管理艺术，管理者要有丰富的经验和敏锐的洞察力及决策能力。管理人员应根据不同的实际情况，综合考虑各种影响条件，确定关键控制点，从而实施有效的控制。

2. 及时性原则

高效率的控制系统能迅速发现问题并及时采取控制措施。一方面要求及时准确地提供控制所需信息，避免信息的迟滞，使控制失去应有的效果；另一方面要估计可能发生的变化，使采取的措施与已变化了的情况相适应。要尽量减少发现偏差与纠正偏差之间的时间差，要做到及时，较好的办法是采用前馈控制。采取预防性控制措施，一旦出现偏差，就对以后的工作实施情况进行修正，使控制措施针对将来，避免出现时滞问题。

3. 灵活应变原则

有效的控制必须是灵活性很强的控制。在组织活动中，出现意外的情况有时是不可避免的，这就要求在制订计划时，必须考虑各种可能的情况，拟订各种选择方案并留有一定的后备力量，要有弹性和替代方案。一般来说，灵活的计划最有利于灵活的控制。同时控制应当从实际目标出发，采用多种灵活的控制方式和方法，如弹性预算、跟踪控制等，而不能过分依赖正规的控制方式，如预算、监督、检查、报告等。随机应变地采用一些控制的方式、方法，能有效地达到控制的日的。

4. 客观准确原则

控制应该客观准确，控制所提供的信息应该准确无误，以避免由于错误信息的出现而导致管理人员采取错误的行动，这是控制工作的基本要求。因为如果没有对绩效客观准确的评价或衡量，就不能有正确的控制。要客观地控制，第一，要尽量建立客观的计量方法，即尽量把绩效用定量的方法记录并评价；第二，管理者要从组织的角度来观察问题，避免个人偏见和成见。在整个控制过程中最易引起主观因素介入的是绩效衡量阶段，尤其是对人的绩效进行评价更是如此。管理者要特别注意自己的评价工作，防止片面性。

案例

把门锁好

某动物园为新来的袋鼠修建了一个一米高的围栏，可第二天管理人员发现这个小家伙跑出来了。于是他们又把围栏加高到两米，可小袋鼠同样又跑了出来。小袋鼠的邻居长颈鹿对此大惑不解："如果他们把围栏加高到三米，你还能跑出来吗？"小袋鼠说："是的，哪怕他们加高到 8 米、10 米。"长颈鹿不相信，说："别吹牛了，吹牛不上税是吗？"小袋鼠说："不是我吹牛，是因为他们只知道加高围栏，却忘了锁门。"

（资料来源：崔卫国，刘学虎．管理学故事会．北京：中华工商联合出版社，2005）

5. 经济性原则

控制是一项需要投入大量人力、物力的活动，因此要考虑控制的经济性，要把控制所需的费用与控制所产生的效果进行经济上的比较，只有当有利可图时才实施控制，经济性差的控制，尽管控制的手段先进，控制的效果明显，也不是令人满意的控制。遵循控制的经济性原则，也决定了管理者只能选择一些关键问题来实施控制；在控制时要努力降低控制的各种耗费，提高控制效果；改进控制方法和手段，以最少成本查出活动偏离计划的现有或潜在的原因。

6. 例外原则

要实施有效的控制，管理人员就必须学会区分信息的轻重缓急，运用好例外控制原则，即对控制过程中例外的、不寻常的现象和问题，尤其是对特别好的和特别差的要予以充分注意，并对其采取特别的控制措施。主管人员把控制的主要注意力集中在那些超出一般情况的方面，控制工作的效能和效率就能提高。控制关键点原则与例外原则的区别在于前者强调选择控制点，而后者则强调观察在这些点上的异常变化。仅仅关注例外情况是不够的，控制关键点原则和例外原则应结合起来运用，管理者应把更多的注意力集中在对关键点的例外情况的控制上。

7. 控制趋势原则

有些时候，控制现状比较容易，但控制现状所预示的变化趋势则比较困难。要使控制有效，控制变化趋势是非常重要的。一般来说，趋势是多种复杂因素综合作用的结果，是在一段时间内逐渐形成的，并对管理工作成效有着长期的影响。趋势往往容易被现象所掩盖，它不易被察觉，也不易控制和扭转，而且当趋势已经明朗时再进行控制就晚了。所以，有效的控制系统应有预警功能，能在出现某种趋势苗头时迅速采取措施，跟上趋势或将其消灭在萌芽状态。

11.2 控制过程

管理控制是一个由一系列活动所组成的工作过程。在任何情况下，控制过程都是按以下四个基本步骤进行的，即确定控制标准、衡量实际成效、进行偏差分析、采取纠正措施。下面分别阐述各个步骤的主要内容。

11.2.1 确定控制标准

控制是一种管理实践活动过程。要控制就要有标准，离开可比较的标准，就无法实施控制。因此，控制过程的首要步骤就是拟定控制标准。所谓标准，是指评定组织或者个人某一确定活动成效的尺度。控制标准是控制过程中对业绩进行考评和确定是否存在偏差的客观依据，确定标准就是为衡量实际的工作成效提供尺度。因此，建立一套全面而合理的考核标准，是实现控制目标的基础。

1. 标准的类型

标准是作为一种规范而建立起来的度量尺度，它是衡量工作成效的准绳，是测度和比较工作成效的基础。标准有以下五种类型：

（1）实物标准。它包括工作成果标准和工作质量标准。工作成果标准是用来衡量工作完成数量的标准，如货运吨、公里数、单位日产量等。工作质量标准是用来衡量完成的工作合乎质量的要求及规定的标准，如硬度、公差的精确度等。这类实物标准一般适用于作业控制，是控制的基本标准。

（2）货币标准。货币标准包括费用标准、资金标准和收入标准。费用标准是指用来衡量各种经营费用的货币标准，如人工费用、销售费用等。资金标准是以货币来衡量实物项目而引起的，如投资回收率、人均销售收入等。实物标准和货币标准可以用量来测定，也称为有形标准。

（3）计划标准。计划标准以管理者编制的计划质量作为衡量标准，如新产品开发计划、提高销售人员质量的培训计划等。

（4）定性标准。定性标准指有关下属的工作能力、组织的服务质量、组织形象等方面的标准。这些方面一般难以定量化。但是，为了使定性标准易于掌握，有时也应尽可能地采用一些可度量的方法，设法提高标准可考核的程度。

（5）目标标准。把目标作为标准，就是在各级管理机构中建立可考核的目标，作为衡量工作成效的标准。控制以计划为依据，计划又以目标为依据，因此，目标只是控制的间接依据。要用目标直接作为控制的依据，就必须提高其客观的、可以考核的程度，使目标成为有形的目标。

2. 建立标准的方法

任何一项具体工作的衡量标准都应有利于组织目标的实现，对每一次具体工作都应有明确的时间、内容、要求等方面的规定。管理控制标准要求简单明了，尽可能定量和详尽描述。建立标准常用的方法有以下三种：

（1）统计方法。这是以对过去资料的统计分析为基础建立标准的方法。建立统计性标准所使用的数据资料可以是本组织过去的记录，也可以是其他组织的经验。这种方法简单易行，对在某些领域建立标准是有帮助的。这种方法常用于拟定与企业经营活动和经济效益有关的标准。

（2）经验估计法。这是以主管人员过去的经验和判断为基础建立标准的方法。这种方法是确定管理标准的主要方法。统计资料只是一种有用的辅助性数据。在最后决定工作标准时，仍要以过去的管理经验为基础作出判断。根据经验估计建立的标准，虽不可能精确地表示，但也是可以做到切合实际的。

（3）技术测定法。这是以准确的技术参数和实测的数据为基础制定标准的方法。这种方法常用来测定机器的产出和各个工人的产出。用技术测定法建立的标准，精确程度高，科学性强，但方法比较复杂，工作量大，如果普遍采用此法建立标准，则是很不经济的。当一个企业的人工成本超过产品总成本的30%时，就应考虑采用技术测定法建立工作标准的可能性。

案例

京东商城的客户控制标准

在京东商城创始人刘强东看来，做生意就是要不断地放弃一些客户。据测算，如果所有货物都必须送上门的话，每单要多花1.6元，因此，对于那些不愿下楼取包裹甚至不懂得网上下订单的客户，京东决定放弃。今年京东重点抓的就是配送时间和售后服务两大方面的问题：①“211配送”，即在指定的北京、上海、广州、成都等物流中心辐射及自营配送的城市范围内，上午10点前提交的现货订单，当日送达；夜里11点前提交的现货订单在第二天下午2点前送达。②“售后100分”，是指顾客退回的商品确定是商品质量问题的，从京东的售后服务部接到用户的返修品并确认属于质量故障算起，承诺在100分钟之内给予解决，要么给顾客换货、补发，要么给顾客全额退款。

（资料来源：新浪尚品）

11.2.2 衡量实际成效

衡量成效就是按照标准衡量工作实绩达到标准的程度。当工作实绩低于或超过标准时，就说明工作出现偏差。这一步骤包括两方面内容：搜集反映实际成效的信息；比较实际成效与标准，找出差距。

1. 搜集反映实际成效的信息

（1）获取信息的方法。

获取信息的方法主要有三种：一是实地观察。实地观察实际作业情况是一种最简单、最普遍的测度方法。实地观察直接目睹到的资料是其他测度方法无可替代的，只有亲临工作现场才能获知翔实的工作进展情况。二是口头报告。口头报告的内容主要是说明工作的现状或成果，使上级了解真实情况。口头报告具有实地观察和口头传递信息的双重性质，能够获得比实地观察更广泛、更完整的信息。三是书面报告。在各种组织中，尤其是大型组织，控制所需的信息主要是由书面报告提供的。书面报告是实地观察和口头报告的补充和正式记录，它的内容和详细程度应与标准相吻合，要求信息过详或过简，都不利于控制信息的获取。

（2）控制对信息的要求。

控制是否有效取决于能否及时获得有用的信息。具体讲，控制对信息有以下三项要求：一是及时。及时对一个有效的控制系统是相当重要的。一项重要、有重大关系的信息如果太迟获得，致使管理者无法及时采取措施，等于毫无价值。二是可靠。控制信息必须是如实反映实际情况的。有效的控制需要可靠的判断。三是有效。信息要发挥作用，还必须是有效的。所谓有效是指信息实际反映受控对象的程度。信息反映受控对象的程度越高，信息越有效。

2. 工作成效的比较

取得实际工作成果信息之后，就可以把它和标准进行比较，以确定工作成效是否符合规定的标准。这种比较可能揭示出某些需要加以注意的偏差。在一般情况下，管理者只是将下属的工作成效与既定标准作一个大概比较，对符合标准或非常接近标准的成绩，往往不再理会。只有在发现有严重偏差时，才对有关资料进行深入分析研究，找出问题的所在和原因，决定是否采取行动予以纠正。例如，采购的100件物品中，可能有5件有出入，那么这5件就是例外，需要管理者予以注意。运用例外原则的目的在于节省管理者的时间和精力，提高工作效率。对控制工作来讲，只有发生了重大偏差特别是关键控制点发生偏差时才应向上级报告。

工作成效的比较应该定期进行，以便及时发现那些已经发生或预期发生的偏差。工作成效比较的周期视工作性质而定。有些工作如质量检验、生产进度、成本核算等，需要频繁地将实际工作情况和标准作比较。以质量检验为例，如果间隔很长时间才对产品质量进行抽检，则大部分产品可能要报废或返工。但是有些工作，如技术开发、职工培训、公共关系等，就不宜过于频繁地比较。另外，对不同类别的人员，如有经验者和无经验者、工程技术人员和普通工人，比较的周期也应该有所不同。

案例

签了字的订单不能说明一切

有一办公设备制造商主要依据销售额的成果数字来对其10位地区销售员实施控制，他经常喜欢说的一句话就是："签了字的订单将告诉我们谁最能干。"公司有位负责南部地区销售工作的销售员是一位上了年纪、即将退休的人，他的销售业绩一直不错。可在他退休由别人接替以后，才发现他那片的新客户发展得极差。这位即将退休的销售员一直只是拜访老客户，而且就是在这些老客户中，他对服务方面出现的抱怨也是敷衍了事。接替者在经过了几年艰苦的努力之后，才使该地区恢复到应该达到的状态。出现这种令人不满意状态的原因，就是该公司只依靠简单的销售额衡量销售员的业绩，而忽视了较不明显但对长期销售影响重大的其他因素。

（资料来源：崔卫国，刘学虎．管理学故事会．北京：中华工商联合出版社，2005）

11.2.3 进行偏差分析

如果比较之后发现偏差，就应意识到实际工作没有按计划有效运行。这时就需要对偏差进行分析。偏差分析的内容包括：

1. 分析偏差的类型

偏差可分为正偏差和负偏差。正偏差是指实际业绩超过了计划要求，即实际执行结果优于控制标准。出现顺差表明被控对象取得良好的绩效，应及时总结经验，肯定成绩。但顺差太大应引起注意，这可能是因为原定的目标或标准不合理，应对其进行检查，必要时可予以修正。负偏差是指实际业绩未达到计划要求，即实际执行效果劣于控制标准。这表明被控对象业绩不好，必须迅速、准确地查明原因，从而为采取纠正措施提供依据。

2. 分析偏差的原因

对上述两种偏差都要进行原因分析。造成偏差的原因可能是在组织内部，也可能是在组织外部；可能是可控的，也可能是不可控的。有关人员必须对此进行认真、深入的分析。造成偏差的原因一般有三类：一是组织外部环境发生重大变化，影响到组织计划规定的目标难以实现；二是在执行任务过程中工作人员由于工作失误而造成的偏差，如工作不认真、没有责任心、能力不够等；三是原有计划不合理及不完善所导致的偏差，如计划目标过低或过高、计划内容不全面等。必须对这三类不同性质的偏差作出准确的判断，搞清楚偏差产生的原因是采取相应措施的基础。

11.2.4 采取纠正措施

进行偏差分析的目的是采取正确的纠正措施，以保证计划的顺利进行和组织目标的实现。管理者要在深入分析产生偏差原因的基础上，根据不同偏差，不同的原因，采取不同的措施。纠正偏差的具体方法因问题的不同及形成偏差的原因不同而异，但最基本的原则应是"对症下药"。一般来说，纠正措施可从以下三方面考虑：

1. 改进工作方法

达不到原定的控制标准，工作方法不当是主要原因之一。要加强对员工的培训，不断提高组织成员的技术水平和管理素质。还要重申规章制度，明确责任和激励措施，从而改进工作方法，以满足实现组织目标的需要。

2. 改进组织和领导工作

控制与组织、领导职能是相互影响的。组织方面的问题主要有两种：一是计划制定好之后，组织实施方面的工作没有做好；二是控制工作本身的组织体系不完善，不能对已产生的偏差及时加以跟踪与分析。在这两种情况下，都应改进组织工作，如调整组织机构，调整责、权、利关系等。另外，偏差也可能是由于执行人员能力不足或积极性不高而导致的，需要通过改进领导方式和提高领导艺术来纠正偏差。

3. 调整或修正原有计划或标准

偏差较大，有可能是由于原来计划安排不当，也可能是由于内、外部环境的变化导致的。不论是哪一种情况，都要对原有计划加以适当的调整。但是，这种调整不能偏离组织总的发展目标，因为调整的目的归根结底是为了实现组织目标。

管理者可以通过重新制订计划或修改目标来纠正偏差，也可以通过重新委派人员或明确职责和职权来纠正偏差，还可以通过改善领导和激励的方法来纠正偏差。因此，纠正偏差是控制职能与其他管理职能的结合点。

案例

拉上那道窗帘

美国管理界有一个经典案例：杰克逊纪念大厦外墙受到腐蚀，政府采取了很多措施，花了不少钱但情况仍无改善。政府非常担心，派专家组调查。调查结果为，墙壁每日被冲洗，导致受酸蚀损害严重。为什么要每日冲洗呢？因为大厦每天被大量的鸟粪弄脏。为什么有那么多的鸟粪呢？因为大厦周围聚集了很多的燕子。为什么燕子喜欢聚在这里？因为大厦上有燕子最喜欢吃的蜘蛛。为什么这里的蜘蛛多呢？因为墙上有蜘蛛最喜欢吃的飞虫。为什么这里的飞虫多呢？因为飞虫在这里繁殖得快。为什么？因为这里的尘埃最适于飞虫繁殖。为什么？其实这里的尘埃也无特别之处，只是配合了从窗子照射进来的充足阳光，特别刺激飞虫的繁殖欲。大量飞虫聚集在此超常繁殖，于是给蜘蛛提供了超常的美餐；蜘蛛超常聚集又引来燕子聚集流连；燕子吃饱了就近在大厦上方便。解决问题的结论就是——拉上窗帘。

（资料来源：崔卫国，刘学虎．管理学故事会．北京：中华工商联合出版社，2005）

11.3 控制方法

控制方法，是指控制过程所使用的具体控制技术和手段。应用于控制的方法是多种多样的，各有其特点。就一般意义的管理控制来说，主要有预算控制方法和非预算控制方法两类。

11.3.1 预算控制方法

预算是广泛运用的一种控制方法。预算为评价经济效益、控制经济活动过程提供了标准。

1. 预算的概念与作用

预算是以财务项目（如收入和费用）或非财务项目（如生产量和销售量）来表明组织的预期成果，它是用数字编制的反映组织在未来某一个时期的综合计划。预算是政府部门和企业使用最广泛的控制手段。预算可以称作是“数字化”的计划，它通过财务形式把计划分解落实到组织的各层次和各部门中去，使主管人员能清楚地了解哪些资金由谁来使用、计划将涉及哪些部门和人员、费用多少、收入多少，以及实物的投入量和产出量等。

预算控制是通过编制预算，然后以编制的预算为基础，来执行和控制组织的各项活动，并比较预算与实际的差异，分析差异的原因，然后对差异进行处理。预算的编制和控制过程是密切相关的。通过编制预算，可以明确组织及其各部门的目标，协调各部门的工作，评定各部门的工作业绩，控制组织日常的活动。因此，预算从战略和全局的角度上保障了组织计划顺利执行。

2. 预算的种类

预算的种类很多，概括地可以分为以下五种：

（1）收支预算。这是指组织在预算期内以货币单位表示的收入和经营费用支出的计划预算，收入预算必须尽可能准确地估计各项收入的数量和时间，并努力提高其实现的可靠性。由于各个组织的费用支出项目往往比组织的收入项目多而且复杂，因此在支出预算中，应尽可能地考虑各种可能产生的费用开支。

（2）实物量预算。这是一种以实物单位来表示的预算，是货币量收支预算的重要补充。较为常用的实物量预算的单位包括直接工时数、台时数、原材料数量、面积、重量、体积等。对于大多数企业来说，都需要对原材料的供应量、产品的产出量、劳动力需要量、劳动工时等编制实物量预算，以便对企业生产过程进行有效控制。

（3）资本支出预算。资本支出预算概括了专门用于厂房、机器、设备、库存和其他一些类目的资本支出。由于资本通常是企业最有限制性的因素之一，而且这类预算数额大、回收周期长，因此需要慎重考虑，单独列支，并将它与组织的长期计划工作密切结合起来。

（4）负债预算。这是指考虑一定时期的资产、债务和资本等账户的情况，设计筹资方式、途径和数量以及还款时间、方式和能力，防止出现“资不抵债”的情况，保持财务收支的平衡。从某种意义上说，这种预算是组织中最重要的一种控制。

（5）总预算。通过编制预算汇总表，可以进行公司的全面业绩控制。把各部门的预算集中起来，反映了公司的各项计划，从中可以看到销售额、成本、利润、资本的运用、投资利润率及其相互关系。总预算可以向最高管理层反映出各个部门为了实现公司总的奋斗目标而运行的具体情况。

3. 预算方法

（1）弹性预算。弹性预算就是在编制费用预算时，考虑到计划期业务量可能发生的变动，编制一套能适应多种业务量的预算，以便分别反映各业务量所对应的费用水平。由于这种预算是随着业务量的变化作机动调整，本身具有弹性，故称为弹性预算。编制弹性预算时，把所有的费用分为固定费用和变动费用两部分。固定费用在相关范围内不随业务量变动而变动，变动费用随业务量变动而变动。因此，在编制弹性预算时，只需要按业务量的变动调整费用总额即可，不需要重新编制整个预算。

（2）滚动预算。滚动预算又称永续预算。其特点是：预算在其执行过程中自动延伸，当原预算中有一个季度的预算已经执行了，只剩下三个季度的预算时，就把下一个季度的预算补上，经常保持一年的预算，或者是每完成一个月的预算，就再增加一个月的预算，使预算期永远保持 12 个月。

编制滚动预算的优点是根据预算的执行情况，调整下一个阶段的预算，使预算更加切合实际和可行，并且使预算期限保持一年，使企业保持一个稳定的短期目标，以免等预算执行完再编制新的预算。根据滚动预算的编制原理，企业可以把长远规划与短期目标结合起来，并根据短期目标的完成情况来调整长期规划，使企业的各项活动能够及时反馈，及时发现差异，及时处理。

（3）零基预算。零基预算是以零为基础编制的预算，其原理是：把组织的计划分为由目标、业务和所需要的资源等所组成的几个“分计划”，然后从零开始计算每个分计划的费用。由于每个分计划的预期费用都是以零为基础开始重新计划的，因而避免了预算控制中只注意从整体出发，连同新计划及其费用一起来考察现有的计划及其费用。但是，这种方法一般仅应用于一些辅助性业务领域而不适用于实际生产企业。这是因为在实际生产性企业中，例如，销售、人事、计划、财务和研究与发展等方面的大多数计划，对各项费用的安排都拥有一定的自主权。

4. 预算控制的步骤

实施预算控制的步骤一般包括：

（1）编制预算，即从确定预算编制方针开始，到编制部门预算和综合预算为止的阶段。

（2）执行预算，即预算的执行过程，就是根据预算，及时或定期地检查预算的执行情况，观察其实际发生额是否限制在预算范围之内，估计预算执行之后可能达到的预算收入。在执行预算过程中，还要对预算目标和预算项目实行事前控制和支付前审核，促使预算执行部门和责任者有效地管理预算。

（3）预算差异分析，即针对预算项目的费用支出，从发生额与预算限制额进行对比分析，及时发现差异，并采取相应的措施。

（4）对预算控制的结果进行分析总结，评价和考核预算控制的绩效。

5. 预算工作的注意要点

预算在管理控制中具有使用广泛、便于从宏观上掌握全局等优点。但它也有过繁过细、缺乏灵活性的缺点。因此，用预算进行控制时，应注意预算的编制不能太硬性，应避免过于详细、烦琐，在细节上不要规定过死，应留有余地，以便管理人员在实际控制协调时有一定的灵活性。在某些细节上过分重视预算的优先，有时反而会损害经济组织的整个目标，或者造成效能低下。为了避免预算的这种弊病，可以采用一种可变的预算。在企业中，可变预算的依据是对费用项目进行分析，以此确定哪些费用项目随着企业产出的变化而变化，哪些费用项目不随着企业产出的变化而变化，更好地发挥预算在管理控制中的有效作用。

案例

淘宝商城涨价的危机

2011年9月11日，广州海珠区一位在淘宝商城开店的服装饰品类卖家谢先生称，他的公司资产约30万元，申请入驻淘宝商城花费近10万元。若按照淘宝新的规定，需向淘宝商城交纳的保证金和服务年费将由现在的1.6万元猛增至16万元，开店成本瞬间增长10倍。在越秀区同样做服装生意的80后叶先生前几天刚刚辞退了6名员工。叶先生几个月前听到传言说淘宝商城会涨年费，“公司的流动资金不过三四万元，光网店的开支每天就至少要1 000元。如果早一点知道消息，我就不会进这么多货”，叶先生盘算着，交不起年费和保证金只好歇业，公司也准备注销。“基本上赔了整个家底，还欠着亲戚的债”，叶先生称淘宝的新规斩断了他的退路，但是9月20日，淘宝官网回应了谣言，称不存在这种情况，于是叶先生才放心地备货20万元。

（资料来源：华商网）

11.3.2 非预算控制方法

有许多控制方法与预算没有直接关系，但也是非常有效的控制方法，下面是四种常用的非预算控制方法。

1. 现场视察法

现场视察法是最古老的控制方法。它的特点和长处是直接直观而不离不隔。不同层次的管理者都能用现场视察的控制手段，有针对性地解决各自面临的管理问题。从基层工作中的设备运转、劳动纪律、生产进度、成员士气，到中、高层工作中的现场视察下属报告的属实度，形势变化对原计划构成的挑战，组织目标、政策的落实情况等，现场视察无不能发挥其效用。因为现场视察贴近实际，可以采集到及时、可靠、深入的信息，控制容易奏效。运用现场视察法，需要注意避免两种情况：一是员工为某些原因驱动，制造假象应付管理者；二是员工把视察当作对他们工作的干涉、不信任。但只要管理者深入实际而不是走马观花，实事求是而不是好大喜功，体察下情而不是无端指责，解决问题而不是搞形式主义，那么，现场视察可能存在的负面影响是可以抑制和避免的。

现场视察还有若干间接的益处。如管理者通过现场视察，可以发现下属中的优秀人才；可以从倾听下属合理化建议中获得启发；可以对员工起激励作用；可以借此营造和谐的组织氛围；可以体察民情解决民瘼等，从而有利于组织计划更好地完成。

案例

山西阳煤集团的走动式管理

阳煤集团通过对工作现场每个岗位、每个人、每个地点、每件事进行严密闭合的控制调节，实现精细管理的目标，把过去对干部深入基层、深入现场、深入群众、转变作风等一般性号召变为精细化的现场走动式管理。

（1）制定走动式管理的标准体系。一是走动式管理次数的具体要求。二是班次或时段，按照巡查不空岗的要求，合理安排巡查班次。三是时间跨度。四是管理内容。五是区域范围。六是发现问题解决问题的定量指标。七是奖罚标准。

（2）建立调控考核体系。主要由五个环节构成，一是登记环节，各级干部走动前都要按照管辖范围和责任体系，在各自调度站或醒目处设置悬挂走动式看板，并在A卡上登记所到的具体地点。查找出的问题，严格执行巡查每班两汇报制度。二是处置环节。在走动式管理过程中，各级领导干部要坚持带着问题下，发现问题查，解决问题上的原则，能现场解决的问题，要在现场及时解决，不能解决的，要及时反馈，并通过碰头会、分析会，以及巡查问题反馈通知单，及时进行解决，找出原因，分清责任，严格奖惩，形成闭合。三是旬分析调控环节。每旬由责任部门在认真收集各单位、各系统走动式管理情况的基础上，对走动式管理的进展情况进行综合分析，写出通报，提出整改意见。四是月考核环节，每月由组织、人事部门对各级干部的走动式管理情况进行汇总，并报考核办，进行严格考核，考核要做到公开、公平、公正。五是讲评环节，各单位每月要定期召开走动式管理讲评例会，由主要领导对各级干部的走动式管理进行简要讲评、奖优罚劣，安排部署下一步走动式管理工作的重点。

（3）设置图表管理系统。为实现走动式管理的记载齐全、内容翔实、讲评有据、管理精细，特设置五种走动式管理图表，并要逐日、逐月、逐旬填报。一是区域图，即岗位分布覆盖图，具体明确管辖范围及岗位所处位置。二是责任体系图，即体现管理结构及职责分工情况统计表，具体解决谁管谁的问题，管理到什么程度的问题，形成细化、量化的逐级管理责任体系。三是走动式管理A卡，即每次走动式管理的效果和总体评价表，走动管理的管理者与现场作业的工人，要实现双向监督、互动互签、相互制约。四是登记表，即走动式管理的详情登记表，具体掌握各级干部每次所到的时间、地点、所查问题隐患、分析过程、处理结果。五是网络图，即实现管理层级的清晰化、公开化，具体标明各级干部到达走动巡查的地点、岗位。

走动式管理，促使所有的管理干部，都能尽职尽责，实现动、静结合，将60%精力放在现场走动管理上，40%的精力用于分析问题，思考现状，研究对策，提出思路，最大限度地实现零缺陷、零漏洞、零空白的全过程、全天候流程控制。

（资料来源：http：//www. 795. com. cn/wz/48116. html）

2. 专题报告分析法

专题报告分析法是有效控制特定范围内问题的方法。它主要针对复杂的、例外的、潜在的问题，展开调查研究，以简明扼要的报告，分析计划执行中存在的问题及原因、已经采取的措施及效果、预计发生的问题，为管理者提供控制的信息和对策。在许多组织中，管理者把此项工作指派和委托给由训练有素的专业人员组成的参谋小组。小组成员因为具备专门知识和敏锐的发现问题能力，他们提出的专题报告，也就能适时地、突出重点地为改进组织活动，提高组织绩效，发挥巨大作用。

控制可以指向组织的常规工作，也可以作用于组织活动的关键领域、关键事件、关键环节，后者又往往构成主要矛盾的主要方面。因此，控制必须突出重点、抓住重点。专题报告正是满足了控制的这一要求，显示出自己的方法、性能、活力。

3. 统计资料分析法

统计资料是反映受控系统历史活动状况的原始记录，也可以用来推测事物的变化趋势。它基本上用表格和图形两种形式，为管理者提供控制组织运行的依据。人们不容易从表格上看出数据的趋向和关系，而比较容易理解曲线图形显示的统计数据的分析，因为图形具有形象直观性。统计资料要有效地为管理控制服务，除了应当适应管理者的情况外，还应注意保证它的及时性和科学性，如保证它定期地以某种规范形式呈报到管理层，这样，有助于管理者对变动趋势采取相应的控制手段。

4. 审计法

审计法是一种常用的控制方法。审计的形式有很多，但用于控制过程的主要有三种：外部审计、内部审计和管理审计。

（1）外部审计。

外部审计通常是由一个独立的公共会计事务所来进行的。这种审计的主要目的是测定企业的财务记录是否真实地反映了企业的财务状况，验证这些记录是否准确，测定其是否一贯地实施了既定的会计程序。同时，外界也希望从外部审计报告中了解企业的信用情况、经营状况和偿债能力，防止信用危机，维护投资者的利益。外部审计对于控制过程的作用是间接的：它主要是针对企业的财务记录，不包括计划、政策和作业以及一些非财务部门。

（2）内部审计。

内部审计是由企业组织内部的特殊人员负责进行的。同外部审计一样，内部审计也验证企业财务记录，并测定这些记录是否符合预计的要求。但内部审计的目的是为内部控制提供依据和手段，它力图测定其他控制的效能，因此内部审计可以被看作是对其他控制形式的总控制。

有效的内部审计主要起到了三方面作用：第一，内部审计提供了一种测定的程序和方法，来检查企业在实现其目标、遵循既定政策方面是否成功；第二，内部审计可以对企业政策、计划的可行性和有效性、控制方式等方面提出改进建议和措施；第三，内部审计使高层管理人员对企业的经营管理状况、收支状况和信用状况有一个清晰的了解和全面的认识。现在，内部审计作为一种控制手段，在很多企业中已得到了推广和利用。一般来说，内部审计的主要范围是企业的财务部门，但并不局限于这些部门。近年来，很多企业的内部审计已经进入到企业的非财务部门，接近到管理审计的范畴。

（3）管理审计。

管理审计的对象和范围比财务审计要广泛得多，所谓管理审计是检查一个单位或部门管理工作的好坏，评价人力、物力和财力的组织及利用的有效性。其目的在于通过改进管理工作来提高经济效益。管理审计不是仅仅在一两个容易测量的活动领域内进行比较和控制，而是着眼于整个组织的管理绩效评价。因此，管理审计既是一项有效的综合控制方法，又可以为组织改进管理系统的结构、工作程序和工作效果提供重要的指导。

本章实训与练习模块

实训目标：通过对本章理论知识的实训操练，学生理解掌握有关控制理论，在今后的管理工作中能加以运用，提高他们的控制能力。

模块1：案例分析与思考

【实训目的】

通过案例分析，了解控制的基本过程，培养学生掌握控制方法与技能。

【实训要求】

（1）理论联系实际，仔细分析案例，认真思考解决案例问题。

（2）以管理者的身份为西湖公司完善一份纠正偏差的措施和健全控制系统的具体实施方案。

案例一

陈雷厂长的目标与控制

陈雷担任某厂厂长已一年多了，他刚看到了工厂今年实现目标情况的统计资料，厂里各方面工作的进展出乎他的意料之外。记得他任厂长后的第一件事就是亲自制定了工厂一系列工作的目标，例如：为了减少浪费，降低成本，他规定在一年内要把原材料成本降低10%～15%，把运输费用降低5%，他把这些具体目标都告诉了下属的有关方面的负责人。现在年终统计资料表明，生产车间原材料的浪费比去年更加严重，其浪费率竟占总额的16%；运输费用也根本没有降低。

他找来了有关方面的负责人询问原因。负责生产的副厂长说："我曾对下面的人强调过要注意减少浪费，我原以为下面的人会按我的要求去做的。"而运输方面的负责人则说："运输费用降不下来很正常，我已经想了很多办法，但汽油费等还在涨，我想，明年的运输费可能要上升3%～4%。"

陈雷了解了原因，并在进行进一步的分析之后，又把这两个负责人召集起来布置第二年的目标：生产部门一定要把原材料成本降低10%，运输部门即使是运输费用要提高，也绝不能超过今年的标准。

【分析与思考】

(1) 陈雷的控制有什么问题？哪些控制工作做得不恰当？为什么？

(2) 你认为这个厂明年的目标能实现吗？为什么？

案例二

西湖公司的控制系统

西湖公司是由李先生靠3 000元创建起来的一家化妆品公司。开始是经营指甲油，后来逐步发展成为颇具规模的化妆品公司，资产已达6 000万元。李先生于1984年发现自己患癌症后，对公司的发展采取了两个重要措施：①制定公司要向科学医疗卫生方面发展的目标。②高薪聘请雷先生接替自己的职位，担任董事长。

雷先生上任后，采取了一系列措施，推行李先生为公司制定的进入医疗卫生行业的计划：在特殊医疗卫生业方面开辟一个新项目，同时开设一个凭处方配药的药店，并开辟上述两个新部门所需产品的货源、运输渠道。与此同时，他在全公司内建立了一条严格的控制措施：要求各部门制定出每月的预算报告，每个部门在每月初都要对本部门的问题提出切实的解决方案，每月定期举行一次由各部门经理和顾客代表参加的管理会议，各部门经理在会上提出本部门当月的主要工作目标和经济往来数目。同时他特别注意资产回收率、销售边际及生产成本等经济动向和人事、财务收入及降低成本费用方面的工作。

由于实行了上述措施，该公司获得了巨大的成功。到20世纪90年代末期，年销售量提高了24%，到1999年达到20亿元。然而，自2000年以来，该公司出现了有史以来第一次收入下降、产品滞销、价格下跌的现象。主要原因有：①化妆品市场的销售量已达到饱和状态。②该公司制造的高级香水一直未打开市场，销售情况没有预测的那样乐观。③国外公司挤占了本国市场。④公司在国际市场上出现了不少问题，推销员的冒进，得罪经销商，公司形象没有很好地树立等。

雷先生也意识到公司存在的问题，准备采取有力措施，以改变公司目前的处境。他计划要对国际市场方面进行总结和调整，公司开始研制新产品。他相信用了大量资金研制的医疗卫生工业品不久可以进入市场。

（资料来源：杨明刚．实用管理学——知识·技能·案例与实训．上海：华东理工大学出版社，2001，稍有改动）

【分析与思考】

（1）雷先生在西湖公司采取了哪些控制方法？

（2）假设西湖公司原来没有严格的控制系统，雷先生在短期内推行这么多控制措施，其他管理人员会有什么反应？

（3）就西湖公司目前状况而言，如何健全新的控制系统？

案例三

重庆开县井喷事故的启示

2003年12月23日，重庆开县川东气矿发生特大井喷事故，导致234人死亡，900多人受伤。是什么原因导致这一幕悲剧发生的呢？

是缺乏监管体系吗？不是。国家负责安全生产工作的国家安全监督管理局已经在全国30个省、市、区，包括新疆生产建设兵团，都成立了安全生产监督管理机构，约60%的地市、40%的县市也都建立了安全生产监督管理机构。

是设备陈旧吗？不是。据称，中国的井控技术在世界范围内属于一流，而发生事故的四川石油管理局则是中国井控技术的领先者；发生事故的川东钻井公司无论技术还是设备，都是一流的。作为天然气大省的四川，不仅生产天然气的技术水平和设备水平很高，而且在井控技术上也有全国最好的设备和专家。海湾战争后前往科威特油井灭火的中国救援队，队员主要就是由四川派出的。

既不缺乏规则，也不缺乏监管体系，技术设备又是一流的，却造成了伤亡两百多条人命的特大安全事故，为什么？应该说，安全事故是在任何国家都会发生的，为什么我们的伤亡率要比其他国家高那么多呢？这次井喷事故又给我们什么样的启示呢？

1. 某些管理者只是把“以人为本”的口号挂在嘴上。

胡锦涛总书记说：“群众利益无小事。”当各级领导、各个企业真正能把群众利益放在重要位置时，就没有什么“小事”了。

2. 事故前预防机制缺失，管理环节断链。

看了关于重庆井喷事故的报道，了解到油井的工作人员还是很尽力的：一个当班的班长，当时仍在坚持操作，试图关闭闸门；井队队长吴斌往井台上冲了三次，也没有成功，跪在地上大喊，但已回天无力，只好组织员工撤退。钻井队队员除了两位通知群众的队员牺牲外，没有伤亡，但吴斌的眼睛却受了重伤。工作人员的英雄行为没能挽救众多群众的生命。

从管理角度来讲，我们可以总结一下事故前的预防机制的缺失，细节的不到位。

(1) 对天然气这种高危行业，管理部门是否进行了事先的安全和环保评估？或者，即使是评估了，管理部门是否执行到位？据专家介绍，这种天然气井附近，生产部门应划出一个至少500米的安全距离，在1公里的范围之内不应有常住居民，而据《中国新闻周刊》记者调查：在矿井周围30米内便有六七户人家，而周围1公里的范围内，则是村舍林立，鸡犬相闻，大约有数百户。

(2) 管理部门没有对周边群众进行安全防范方面的教育和逃生培训。不少村民在撤离之后，想起家里的猪没有喂，竟然越过封锁线回家去看看。这次事故中伤亡最惨重的高桥镇的干部和村民都说：“没有任何人曾经向他们宣传过井喷可能造成的危害以及事故发生后如何自救。”

(3) 管理部门缺乏必要的沟通。石油管理部门除了办理征地手续、收税外，很少与当地直接打交道。

(4) 通信设施的缺乏。晓阳村6组组长谬代宜事后说：“要是有个高音喇叭，就不会死那么多人了。”难道从来就没有人考虑过“万一”吗？

3. 事故后处理措施不当。

如果说事前预防机制有缺失，若当事人能在事故中采取正确的措施，损失也不至于这么惨重。从专家们对事故调查的结果中，我们可以看到事故中的一些细小环节的失误：

(1) 起钻时泥浆液的密度不够，造成压力失衡。

(2) 项驱没有及时抢接或抢接失败，导致井喷无法控制。

(3) 没有及时点火，导致硫化氢飘逸，有毒气体四散，当然这涉及管理体制问题，点燃井口不是基层的工人能决定的。

(4) 矿井出事后，井队首先把情况报告给上级——川东钻探公司，而地方政府部门没有及时得到消息，贻误了救援良机。高桥镇的干部周厚轩说："如果矿井把情况第一时间报告给我们，就会节约很多时间，就有可能挽回一些人的生命。"

思想意识上的轻视、疏忽，没有把群众利益当大事，事前准备和事后抢救中的小节上的疏漏，导致了这场惨剧的发生。国家安全生产监督管理局副局长王德学先生，三年中参与调查了多起重大生产事故，针对重庆开县井喷事故，他曾感慨地说："几乎每一起重大事故都是可以避免的。"

(资料来源：汪中求．细节决定成败．北京：新华出版社，2004)

【分析与思考】

(1) 从控制的过程分析，川东气矿有哪些失误？

(2) 你是否同意篇末王副局长的观点？为什么？

模块 2：模拟设计

【设计课目】

编制生产作业控制方案

【实训目的】

(1) 增强学生对生产计划与控制的感性认识。

(2) 培养学生编制生产作业控制方案的初步能力。

(3) 初步掌握控制的主要方法。

【实训内容】

(1) 确定方案控制标准，衡量实际成效。

(2) 进行偏差分析，明确采取纠正措施的方法。

(3) 运用和确定控制方法。

(4) 对大型企业或集团进行调研，了解该企业的生产作业控制情况。

(5) 运用所掌握的控制方面的知识，结合企业的实际情况，模拟编制一份生产作业控制方案。

【实训要求】

(1) 掌握教材有关控制的理论知识。

(2) 尽量搜集编制该企业控制方案方面的资料信息。

(3) 在编制控制方案时，要把握制订控制方案的要领。

(4) 运用所掌握的理论知识，对走访企业所制定的生产作业控制方案进行分析评价。

【实训考核】

(1) 每个模拟公司要上交一份企业生产作业控制方案和所搜集的资料。

(2) 教师对各模拟公司的控制方案进行评估打分。

模块3：游戏：盲人三角形

【项目简介】

蒙着眼睛做游戏，一个团队还能合作顺利吗？本游戏正是使学生在蒙着眼睛的状态下，互助合作，达成共识，完成低难度活动，以此测试每个学生的控制能力。

人数：45人

时间：45分钟

场地：不限

用具：3条30米长的纺织绳，每人一个眼罩

【训练步骤】

活动前先发给每人一个眼罩，请所有学生戴上后，由教师将绳索整捆任意放置于活动场地的任一位置后，开始说明规则：

（1）请学生设法找到绳索，并将之排列成一个正三角形（边长、角度相等），三角形顶端需朝向训练员指定的方向。

（2）过程中，手不可以离开绳索，确定完成时，请全体蹲下（或将绳索平放在地上）。

（3）如果要增加挑战性，可以限定在执行过程中不可说话。

将学生分成3组，用眼罩将所有学生的眼睛蒙上，在蒙上前先观察一下四周的环境，然后，将双手举在胸前，像保险杆似的保护自己，避免与他人相撞。目标是整个团队能在30分钟之内找到一条很长的绳子，并将它拉成正三角形，且顶点必须对着指定的方向。完成时每个人都须握住绳子，哪组先完成任务就算胜利。

（4）由教师带领学生讨论下列问题：

①在共同任务中，是如何确定自己的方向的？三角形的方向如何确认和控制？

②在实际的工作中，你是如何协调个人目标与团队目标的一致性的？如何理清与定位个人目标和团队目标？

③当三角形被放下时，是否每个人都明确地知道自己与团队的位置、方向，或者你是存有疑问，还是没有意见，以大家的看法为主？在你的工作团队中，是否也有类似的情形？

④执行或讨论的过程中有没有人对众人的意见、想法做归纳、整合？如果有，你觉得这个角色有哪些功能？通常团队中有没有人扮演这个角色？

⑤当伙伴的意见无人整合，共识未达成时，你的感觉是什么？团队有哪些状况？

⑥蒙着眼的过程中，最让你困扰的是什么（如不安全感、不确定性等）？实际的生活体验是否有类似的情形？

【训练要点】

（1）这是一个很有意思的游戏，其实所有的人都是盲目地去找绳子，而不知道自己的位置，直到有一组出现了领导者，巧妙地将组里的人分成3组，找到三角形的3个点，基本上构成三角形后再去拉绳子，很快团队就取得了胜利，而有的团队因为大家还没有被组织起来，直到一小时后也未能做好。

（2）盲人三角形给了我们如何在信息不充分的条件下寻找出路的最好启示。耗用时间最长、最混乱、所有人最焦虑的时候是在首领选出、方案确定之前，当领导人产生、有序的组织开始实施的时候，基本上是快乐地协作配合、坚定地走向成功了。从整个过程来看，绝大

部分的争执、烦躁、迷惘都是在探索期，这种感受实在令人难受。然而，这是一个做任何事都必须经历的、绝对无法逾越的阶段。探索期是最黑暗的，黑暗过后不正是黎明的曙光吗？相信学生们能像排列盲人三角形一样，凭着智慧、团结、韧性，顺利度过公司发展过程中的探索期，一起走向光明。

（3）教师要注意蒙眼者的安全，确保地面没有任何障碍物。

模块4：参观走访

【走访对象】

中小型生产企业或超市

【实训目的】

了解其质量保证体系或库存管理的控制方法，提高学生对建立企业管理控制系统的整体认识。通过分析，具备初步的控制技术方法的运用能力。

【实训内容】

学习了解质量保证体系的具体组成或库存管理办法的具体运作过程，运用相关控制技术和方法加以分析，并能找出具体的关键控制点。

【实训组织】

共分两组，一组走访中小型生产企业，另一组走访超市。

【实训考核】

每人写出一份关于质量保证体系或库存管理办法的（说明）报告（600 ~ 800 字）。

模块5：辩论

【题目】

控制的过程就是实施目标管理

【实训目的】

（1）了解掌握控制的基本理论。

（2）培养学生提高运用控制过程的能力。

（3）学会运用控制方法和技能。

【实训内容】

（1）论述控制的基本理论在管理中的应用。

（2）论述控制过程对管理产生的作用。

（3）探讨控制的方法和技能。

【方法与要领】

（1）全班分成正方与反方若干小组（每组 5 人）进行组合，并设定辩论场地和辩论议程。

（2）陈述。正方从支持的立场论述控制工作，贯穿目标管理这条主线。反方以建立有效控制系统理论等论述实施有效控制反驳正方。双方运用相关理论或贯穿案例论述，举例说明。

（3）答辩。正反双方在辩论中，既要回答对方的提问，也要向对方提出疑难问题，要求答辩。

（4）陈辞。正反双方各推荐一人进行归纳总结，举例要鲜明生动，既能证明本方观点正确，又能反驳对方观点，在规定时限内发言完毕。

（5）点评。邀请管理方面专家、老师对辩论情况进行讲评。

【成绩测评】

（1）正反双方形成书面辩论资料，呈报评委或老师。

（2）综合点评意见，由教师、学生或邀请企业领导组成评委组，评定辩论结果。

模块6：讨论题

【讨论问题】

（1）参照有效的控制系统，你认为现在大学对学生的管理控制存在什么问题？如何改进控制方法？

（2）目前，越来越多的企业安装了电子监控系统，目的是管理者可以更好地直接地进行管理和监控，提高公司的成效。但员工认为，管理者通过“电子警察”对他们所有的行动进行监视并通过“遥控”来威胁他们，不仅侵犯了员工的隐私权，同时也破坏了管理者和员工之间的信任关系。你同意员工的看法吗？为什么？

【方法与要求】

（1）全班同学或模拟公司分成若干小组，每组6～8人。

（2）各组由模拟公司经理或组长主持，讨论时大家要联系本章理论与实训内容畅所欲言，人人发言。

（3）各组分别指定一人记录，讨论后进行归纳整理，形成集体讨论答案（约1 000字）送交老师批阅。

【成果验收】

老师对各组讨论答案批改后，将成绩记入小组积分。

第12章　管理创新

◉学习要点

1. 管理创新的动因
2. 管理创新的内容
3. 管理创新的程序
4. 管理创新能力的开发

◉学习目标

1. 了解创新的含义、特征及在管理中的作用
2. 深刻理解并掌握管理创新的动因
3. 了解管理创新的主体和程序
4. 深刻理解并掌握管理创新的内容及企业管理创新能力开发的途径
5. 提高创新能力

◉关 键 词

创新　制度创新　技术创新　管理创新

案例

海尔三十年　精彩中国造

从一个传统制造企业转变成一个开放的互联平台，从以自我为中心发展到以开放的姿态集合各方优质资源协同创新，历经三十年风雨的海尔，始终以超前的思维引领行业前行，在不断壮大自身的同时，推动着中国制造业的发展。现在，海尔这种高效率的配送服务已经在全国实现覆盖。促成这一高效服务的因素，除了与阿里巴巴合作建设的平台起到中枢统率作用外，活跃在平台上的9万家小微服务体也扮演了重要角色。员工以车辆为创业载体，以小群体为单位，在平台体系中通过主动抢“单”，快速完成家电配送、安装、维修于一体的工作任务。

按照用户的最终评价获得相应的报酬，海尔日日顺物流服务平台的工作热情被有力激发。他们借助信息化技术手段，在大件家电配送中为消费者提供优质的服务。走遍全国都一样——这就是海尔在物流体系中交出的成绩单，它是跳出自我管控、加强协同合作的结果。过去，海尔员工在工作中要等任务听命令，主观能动性不强。进入互联网时代，这种以企业自身为中心的架构格局，难以更加精准地满足用户的个性化需求。为此，海尔把开放共赢作为企业经营理念，搭建了一个由利益相关各方集合在一起的互惠平台，实现共同发展。

目前，海尔开始把在内地上市的青岛海尔公司打造成一个用户交互的平台，从过去主要卖家电产品转到提供智慧家庭生活解决方案上来；把在香港上市的海尔电器公司转型为一个价值交互的平台，以物联网和物流服务为核心，在给用户提供服务的过程中创造增值价值。

在这两个大的平台上，海尔的信息互动平台、研发资源合作平台、协同创新平台也穿插其中，千万余人的用户粉丝，超过10万家的科研、原材料和营销伙伴，都活跃在这个平台上。

经过三十年的发展，海尔已经形成了一个平台化的企业，这个平台不是企业自身多么大，而是它给每一个构成要素提供了一个机制、一个空间、一种流程，把每一个组成部分变成一个无限大的企业，真正实现了大企业做小、小企业做大。

（资料来源：青岛电视台《海尔三十年　精彩中国造》）

创新是民族进步的灵魂，也是社会发展的源泉和动力。综观世界历史，任何国家的繁荣都不是继承来的，而是来自创造和创新。现代管理是在新的科学技术迅猛发展和社会进步、人们的观念变革日新月异的条件下的管理。它要求管理者比以往任何时候都更需要有强烈的创新意识，时时把握内外环境变化的趋势，创造性地进行管理。管理的实质在于创新，管理创新是组织生存和发展的根基。

12.1　管理创新的动因

12.1.1　创新的含义和特征

1. 创新的含义

从一般意义上来说，创新是淘汰旧的东西，创造新的东西，它是一切事物向前发展的根本动力。最早从管理角度提出创新这一概念的是经济学家熊彼特。他认为创新包括五种情况：①引入一种新产品或提供一种产品新的质量。②采用一种新的生产方法。③开辟一个新市场。④获得一种原料或半成品的新供给来源。⑤实行一种新的组织形式。在熊彼特看来，创新是指企业家对生产要素的组合。

随着信息时代和知识经济的发展，创新的速度加快和范围扩大，创新这一概念的内涵也在不断地丰富。从管理的层面上看，创新是指形成创造性思想并将其转变为某种有用的产品、服务或生产方式、作业方法的过程。以企业为例，创新就是企业在生产、技术、经营、管理等各个环节，不断地创造、应用进步的思想、科学的方法、先进的技术，将过时的、落后的东西取而代之，以达到更高目标的一切创造性活动。

2. 创新的特征

（1）首创性。创新从事的是开拓性的工作。创新的关键在一个“新”字，是以新思想、新观念和新成果为组织输入活力的活动，因而其成果必然是新颖的。

（2）风险性。创新带有较大的风险性，是由于创新的过程涉及许多相关环节和影响因素，从而使得其创新结果存在一定程度的不确定性。

（3）高收益性。在经济活动中高收益往往与高风险并存。尽管创新的成功率较低，但成功之后获得的利润却很丰厚，这就促使企业不断投入创新。

（4）先进性。创新所要解决的课题，都是前人所没有解决的，或是在已有成就的基础上的发展，所以高于现有的成就。

（5）时机性。创新者在进行创新决策时，必须根据市场的发展趋势和社会的技术水平进行方向选择，并识别该方向的创新所处的阶段，选准切入点。

（6）适用性。创新并非越新奇越好，而是以适用为基本准则。能够真正促使企业发展和进步的创新，这才是真正意义上的创新。

3. 创新是管理核心要求

管理活动必须有创新相伴而随，因为管理活动每时每刻都处在变化着的内外环境中，必须以创新来适应和迎接这些变化。而且管理活动又是最富于综合性的社会活动，受到国内外政治、经济、文化、社会等各种因素的影响，而这些因素在管理活动中的交汇，就需要管理者的创新举措来加以回应。再者，管理历来都是管理者施展才华、发挥创造性的舞台。管理是一门艺术，在这个领域中，必须不断地进行创新，才可能获得生存的价值。如果缺乏创新，平庸地去模仿那些成功管理者的做法，就难以取得成功。可以说在管理工作中，创新无处不在，事事都可创新。创新本身并没有某种特有的表现形式，它总是在管理环节的所有活动中表现自身的存在与价值。组织管理的成功就在于创新。

管理创新就是指创造一种新型的、有更高效率的资源整合范式，它可以是指有效整合各种资源以达到组织目标的全过程管理，也可以是指某一方面的细节管理。在管理的每一个环节中和每一项职能中都存在着创新的问题。它贯穿于整个管理过程，使管理随着技术、市场等环境的变化而变化，也要求整个组织及其成员是创新型的，把创新作为其活动的主旋律。创新是一个国家兴旺发达的不竭动力，也是一个企业赢得竞争胜利，保持竞争优势的可靠保证。因此，创新管理是未来组织生存和发展的根基。

12.1.2 管理创新的动因

创新随着人们的实践活动的展开而越来越受重视，越来越强化。管理创新受内部动因及外部动因的驱使。

1. 管理创新的外部动因

管理创新有着多方面的外部动因，这些外部动因影响、激励着创新主体的内部动因，共同发挥作用。对某个具体的组织来说，创新的外部动因有以下四方面：

（1）社会文化环境的变迁。人们的价值观念、兴趣、行为方式、社会群体，随着时间的延续，都在变化之中，这要求社会组织的行为必须随之作相应调整，以适应这些变化。如果墨守成规，故步自封，就会落伍，甚至被淘汰。

（2）经济的发展变化。经济的发展最直接地影响着人们的生活方式、消费选择，呼唤着消费者对各种新产品、新服务、新时尚、新款式、新功能的追求。这极大地促使人们发挥创新的才智，发展生产力以满足上述丰富多彩的企盼。因此，也就需要不断进行管理创新，来推动生产力的发展。

（3）自然条件约束。人们越来越重视自然条件的挑战，自然资源日益短缺，运营成本日趋提高，环境污染日益严重，政府对自然资源的干预、对生态环境的治理不断加强，这些对企业都形成巨大压力，迫使企业进行管理创新，以适应严峻的形势。

（4）科学技术的发展。一方面，科学技术的进步为人类开辟了更广阔的新天地。作为管理主体，管理者有责任通过不断创新，来引导和加速科学技术的进步。另一方面，科技的进步对管理主体形成强有力的挑战：大部分产品的生命周期有明显缩短的趋势；技术与信息贸易的比重增大；劳动密集型产业面临更大的压力，我国劳动力费用低廉的优势将逐步减弱；流通方式向更加现代化的方向演进；对社会组织的领导结构和人员素质提出了更高的要求。

2. 管理创新的内部动因

创新的内部动因是指创新主体内在的激发创新的因素，如需求、成就感等。如果没有它们，创新主体就失去了力量源泉，也很难取得创造性成果。管理创新的内部动因包括以下三个方面：

（1）人的心理活动需求。创新心理需求是由创新主体对成就、自我价值、社会责任、企业的责任等的追求而产生的，而这些本身也是创新行为的动因。由生理需要、安全需要、社会交往需要、尊重的需要、自我价值实现的需要分别产生的具体欲望都是无穷无尽的，这成为人们不断追求创新的永不衰竭的动力源。

（2）实现自我价值的愿望。创新主体对成就的追求、对自我价值实现的向往、对社会责任的道义渴望，更强化了他们创新的冲动，成为他们追求创新的动力。创新一旦成功可以提升创新主体自身的价值，其也可以从中获得成就感，得到一种自我满足。自我价值的实现伴生的是对社会、对组织强烈的责任感，这会在创新主体的思想上产生强大的激励力量，促使其付出不懈的努力去从事创新活动。

（3）经济因素。创新主体对收入报酬的追求和需要往往也是创新行为的动因之一，不然就不必有专利保护、专利转让费的获取了。

上述种种都要求我们重视管理创新，通过创新，迎接挑战。

12.1.3 管理创新的主体

创新主体是创新过程的参与者和创新活动的承担者。创新活动都是由创新主体来进行的。他自始至终参与创新，并有意识、有目的地将创新付诸实施。以企业组织来说，创新主体主要由企业家、企业内有创新精神的管理者和员工这三部分人员所组成，并且各自在创新中扮演着不同的角色，承担着不同的职责和功能。

1. 创新型企业家

创新型企业家是指锐意进取、敢于承担风险的企业的生产组织者和经营者。由于企业家在整个企业发展中所处的特殊地位和管理支配力，他们或亲自提出创意付诸实施，或对管理创新活动产生重大影响。特别是在决策方面，创新主体在创新过程中的每个阶段都要根据创新的进展状况和情况的变化，通过认真仔细的评估，慎重、果断、适时地作出相应的决策。决策主体是进行创新的主导者，他必须了解和掌握与创新方案和创新行为相关的信息，才能作出科学的决策。因此，创新型企业家是管理创新的领军人物，是管理创新成败的关键。企业要想不断创新，首先必须有锐意进取的创新型企业家。

企业家之所以能成为创新的决策主体，最重要的是与其所具有的品格，即企业家精神分不开的。企业家精神主要表现在以下四个方面：

（1）创新意识。企业家不满足于现状和维持旧秩序，而是不断地追求发展变化，认为发展变化是正常的和具有活力的表现，敢于破旧立新。这种创新意识推动企业家在技术创新活动中果断决策，不断采用新的科研成果，不断开发新的服务领域。

（2）实干精神。企业家不仅是战略家，而且更是实干家，具有吃苦耐劳的精神，有能力把创新决策方案落实到创新实践中去，所以不具备实干精神的人就不具备掌管企业的资格。

（3）机会意识。企业家有很强的机会意识，重视寻找和利用各种机会，重视与顾客、技术专家、市场营销人员的联系，从他们身上获取市场信息、技术信息，以便从中领悟到创新的启示。更重要的是，企业家善于对捕捉到的创新机会进行风险估算，往往能在情况不完全明朗时作出决策，不至于失去创新的机会。

（4）奉献精神。企业经营的动机是追求利润和积累财富，而企业家并不是以追求利润为唯一的目标，他们既具有一种服务于社会、造福于民众的奉献精神，又追求自我价值的实现。

2. 有创新精神的管理者

有创新精神的管理者是指组织中那些富有想象力、有胆识、敢冒个人风险来促成新事物出现的中层和基层管理者。这些管理者在专业分工条件下对自己职责范围里的事务、人员、资源进行管理。其管理领域如人事、财务、生产、营销等均存在大量的创新空间。由于他们处于决策层与基层的中间结合部，具有实际管理经验和业务专长，并处在个人事业发展的中间阶段，思维活跃，对个人价值实现的愿望强烈，因而在创新上常常具有献身精神，并表现出果敢、勇于冒险、进取的品德。从这个意义上说，管理者无疑是一个充满创新活力的创新群体，是管理创新的中坚力量。但是，管理者的创新行为既要受到自身权限的约束，又要受到上级行为的影响。管理者的新构想只有在得到上级认可和支持的情况下，才有可能在各自的领域内进行创新，成为创新的主体。因此，有远见的领导者充分重视这些管理者的作用，积极促使其成为创新的主体，应该像重视技术和产品一样，注意发掘或培养他们的创新能力。例如，福特汽车公司管理人员创造出的“生产流水线”这一生产流程方面的重大创新，极大地扩张了生产规模，降低了生产成本，成为自工业革命以来足以同其他重大科技发明创造相提并论的一项管理创新。可见，管理创新的成功给企业带来的收益与技术创新一样是不可估量的。

3. 有创新精神的员工

管理创新活动的源泉在于全体员工的积极性、智慧和创造力的发挥。因此，组织领导者要创造出鼓励创新的氛围，领先全体员工，开展管理创新活动，这样才能不断涌现出新的创意，管理创新活动的推行也更容易得到支持。这里之所以强调有创新精神的员工，是因为创新是具有风险性的，需要有知识、智力和胆识才能产生创新意义。但是，就单个员工来说，很难成为创新主体，因为员工在企业中属于操作层，其行为要受到上级主管和各种规章制度的严格约束，一切善意的创新设想也必须在这种控制和约束下进行，否则就有可能受到“违反规定”的惩罚，危及自身利益。因此，与企业家和管理者相比较而言，员工的创新行为对于自身来讲是最具有风险性的。虽然单个员工成为创新主体非常困难，但是作为一个群体的员工却往往能成为管理创新的主体。一方面，小组工作、同事间协调、信息水平传递等，使员工有了更多的机会接触企业管理的实际问题；另一方面，作为群体的员工，能够产生大量的创意，具有被提炼、综合、实施的价值。当这些创意得到企业家认可并付诸实施时，这些员工们就成为真正的管理创新主体，他们在每日的工作过程中就可以亲身实践。例如，日本企业通过全员性地参与管理创新，如合理化建议制度、零缺点运动、质量管理小组等，创造出许多广为流传的管理创新成果，像著名的全面质量管理、即时生产体制等，为企业创造了大量财富。

此外，管理专家和研究机构也是管理创新的辅助力量。在复杂、多变和激烈竞争的环境中，单凭企业家个人或几个管理人员的知识、智慧和经验是不够的，还需要借助一些专门的管理专家、参谋机构的理论和智慧，依靠他们来分析收集信息，制订创新方案，并帮助企业家付诸实施，这种利用“外脑”的方式对管理创新是非常重要的。有资料表明，国外一些企业的重大创新成果很多是由专家组成的“智囊团”和研究机构搞出来的。因此，管理创新也要充分发挥这部分力量的作用。

通过上述分析不难发现，企业管理的最高决策层、中间管理层、作业管理层和外部的管理专家都可能成为管理创新的主体，管理创新通常是群体运行的过程，管理创新的主体绝不仅仅限于企业家。企业家在管理创新中扮演着极为重要的角色，是管理创新的主要推动力。这与他所处的管理职位和拥有的管理职权是密切相关的。当企业家成为创新主体时，创新过程的进展应当更为容易，而其他人员若要成为创新的主体则困难得多，这既与企业家的管理风格有关，更与企业的创新机制、创新环境有关。

12.2 管理创新的内容

管理创新是指创造一种新型的、有更高效率的资源整合的范式，它既可以是指反映有效整合资源以达到组织目标的全过程管理，也可以是指某个具体方面的细节管理。管理创新的内容主要包括制度创新、技术创新和管理方式创新。

12.2.1 制度创新

制度创新是指引入新的制度（组织的结构与运行规范）安排，大的如整个国家的经济体制，小的如具体企业的组织形态、运行机制。从一定意义上说，制度创新是指为确保创新顺利进行而对现行制度的改革。制度创新的范围很广，从宏观层面来看，制度创新包括政府职能转变、科研体制改革以及保护知识产权的法律制度等；从微观层面来看，企业制度创新主要包括产权制度、经营制度、管理制度和组织制度等方面内容。以下仅从微观经济的角度来分析。

企业制度主要包括产权制度、经营制度、管理制度和组织制度，它涉及保证企业正常运行、低耗高效以及为调动职工积极性而设计的一整套制度。只有先进的企业制度安排，才能调动各种人员的积极性，推动技术创新和管理创新的发展。

1. 产权制度创新

产权制度是决定企业其他制度的根本性制度，它规定着企业生产要素的所有者对企业的权利、利益和责任。产权制度的创新是由企业的性质、规模、社会地位等因素决定的。在知识经济中，有形的生产资料已经不再是企业的主导资源，知识和掌握知识的人才是企业的主导资源。一个社会要想促进发明和创新，就必须让潜在的发明家和创新家觉得这样做是值得的。因此，为了提高人们对创新的积极性，非常可行的方法是在法律上确定人们对新技术知识的拥有权，这就是知识产权制度。而专利制度是知识产权中最主要的，也是最早形成的。在产权制度创新中，知识、技术、才能应该获得应有的产权，并且在产权结构中所占的比重将越来越大。可以说，人类因不断技术创新所获得的技术进步，在很大程度上归之于产权激励机制的不断完善，产权激励是技术创新激励的根本。

2. 经营制度创新

经营制度是有关经营权的归属及行使条件、范围、限制等方面的基本规范。它表明企业的经营方式，确定谁是经营者，谁来掌握企业生产资料的占有权、使用权、处置权，谁来确定经营方向、经营内容和经营形式，谁来保证生产资料的完整性和保值增值，谁来对生产资料所有者负责、如何负责等。经营制度创新就是要寻求促使企业各种资源能够最有效利用的方法。

3. 管理制度创新

管理制度是行使经营权，组织企业日常经营活动的各种具体规则。管理制度的内容有分配制度、奖惩制度、招聘制度、作息制度、考核制度、劳动保护制度等。就分配制度来说，分配制度涉及如何正确地衡量成员对组织的贡献，并在此基础上如何提供足以维持和鼓励这种贡献的报酬。分配制度兼具激励和约束两种功能。如何在按劳分配的同时兼顾要素投入分配，以及如何通过分配制度对经营管理者进行激励和约束，是一个重要的问题。目前，管理制度创新趋向于更人性化的管理。

4. 组织制度创新

前面在第7章已经介绍过组织变革的趋势：一是扁平化。随着对信息技术的运用，信息可以在企业管理的高层和基层之间直接沟通，这将大大扩展管理者的管理幅度，减少中间的层次，提高管理效率，使传统的金字塔式的结构趋于扁平化。二是专业化。为了提高企业的优势和自主创新的能力，把一些服务性、辅助性部门甚至生产部门剥离出去，而资源主要集中于优势产品或新产品的研究开发上，同时增强与其他企业之间的协作力度，企业因而变得越来越专业化。三是柔性化。消费者的个性化需求使得市场需求呈现出小批量、多样化的特点，这就要求企业组织能够随时根据任务需要组合生产单位。在这种新形势下，许多新型组织形式应运而生，如虚拟组织、战略联盟等。“学习型组织”也是组织创新之一。这种组织能促使成员自我学习、自我发展和自我控制，能不断地根据环境变化作出有效反应，拥有较强的适应与变革能力。

12.2.2 技术创新

伴随经济全球化的迅猛推进，为了提高经济竞争力，绝大多数国家或地区将加大科技投入。它们普遍采用财税、金融等各类工具诱导资源更多地投入到研究开发、高新技术企业发展、人力资本投资等领域上来。那些在经济增长方面取得较大成功的国家，无一不将技术创新置于极端重要的地位，技术创新已成为现代经济增长的关键。

技术创新就是新颖性构思从研究开发一直到市场价值实现的全过程活动。就企业而言，技术创新是指企业应用创新的知识和技术、新工艺，采用新的生产方式和经营管理模式，提高产品质量，开发生产新的产品，提供新的服务，占据市场并实现市场价值。它主要表现在要素创新、要素组合方式的创新以及产品创新三个方面。

1. 要素创新

企业的运营过程实质是对资源要素进行合理配置，其资源要素包括材料、设备、人员等。故要素创新包括材料创新、设备创新、人力资源创新。材料创新是指开辟新的材料来源，开发和利用成本更低的替代性材料，提高材料的质量，改进材料的性能。设备创新是指将先进的科学技术成果用于革新设备，采用全新的装备，代替原来的设备。人力资源管理的创新是指不断从外部吸纳高素质的人力资源，对企业现有的人员进行培训提高。

2. 要素组合方式的创新

要素组合方式包括了生产工艺与生产过程的组合。工艺创新主要指创造出新的加工方法和工艺条件。生产过程的组合创新是指企业研究和采用更合理的空间布局与时间组合，以提高劳动生产率，缩短生产周期。改革开放以来，国内企业比较重视引进先进的管理方法和技术，如全面质量管理等。近年来，物料资源规划、制造资源规划、企业资源规划、计算机集成制造系统、计算机辅助技术等都得到一定程度的应用，并结合企业实际情况创造了许多管理方法。企业引进或创新的管理方法和技术能否得到持续、有效的运用，又对企业制度创新进程的相互适宜性提出了新的挑战。

3. 产品创新

产品创新是指企业推出第一次上市的新产品，或对原有产品进行了原理、结构、功能、成本等方面较大改进的一系列创新活动。像英特尔芯片、IBM 个人计算机、微软 Windows 系统、诺基亚手机、索尼摄像机、施乐复印机等都是人类杰出的产品创新。它们给创新者带来显赫的竞争地位以及对路的产品品种。产品创新主要包括结构创新、效用创新和产品外围创新。结构创新是指通过改进使产品结构更合理、性能更高、使用更安全、操作更方便、更具有市场竞争力。效用创新则是指通过了解用户的偏好，以此为依据改进原有产品，开发新产品，使产品能给用户带来更多满足，更受用户欢迎和喜爱。产品外围创新是指随着产品而提供给顾客的一切有关的服务与信息，一般包括产品的商标、说明、包装、付款、安装、保养与维修及产品担保等。

12.2.3 管理方式创新

管理方式创新是指一种更有效而尚未被企业采用的新的管理模式或方法的引入，是组织创新在企业经营层次上的辐射，是企业把新的管理要素（如新的管理办法、新的管理手段、新的管理模式等）或要素组合引入企业管理系统的创新活动。它通过对企业的各种生产要素（人力、物力、技术）和各项职能（包括生产、市场等）在质和量上作出新的变化或组合，以创造出一种新的、更有效的资源整合模式。这种模式既可以是有效整合资源以达到企业目标和责任的、新的全过程式管理，也可以是具体资源整合及新的目标制定等方面的细节管理。管理方式创新主要包括：

1. 管理方法的创新

它是指企业在生产经营过程中引入一种新的方法。如引入网络计划技术、零库存管理方法、全面质量管理、统计分析方法、预测决策技术、项目评价方法等。

2. 管理工具的创新

从电话、传真到个人电脑再到互联网，每一种管理工具的引入都大规模地提高了生产效率。其中值得一提的是互联网的引入，它使高效互动的信息沟通成为可能，从而使企业在这个迅速变化的环境里形成了自己的快速反应能力。

3. 管理模式的创新

管理模式的创新是指企业针对管理的某一个或某几个职能方面的模式（如生产管理模式、财务管理模式、人力资源管理模式、营销管理模式等）所作的综合性创新。

4. 管理文化的创新

管理活动是人的有意识的活动，必然受人们价值观念、伦理道德、社会习俗等的影响。管理活动与不同的文化相结合，形成不同的管理哲学和管理风格。在全球化的背景下，企业在管理文化上取长补短，相互融合是必然的趋势。例如，美国通过对日本管理模式的研究和反思，企业经营观念正在不断变化之中，如重视企业的社会效益、人力资源的开发和员工队伍的稳定等。日本也在检讨原有管理模式的不足，正在强化人事竞争机制，摒弃论资排辈，强调异质化、活力化、效率化经营等。因此，在保持本土文化的基础上兼收并蓄，不断创新，建立既有自己特色又充分吸纳人类先进文化成果的管理模式，也是管理方式创新的一个重要方面。

12.2.4 三种创新的关系

制度创新、管理方式创新和技术创新三者是相辅相成的关系。

首先，制度创新是技术创新和管理方式创新的动力和基础，制度创新应该先行于技术创新和管理方式创新，为创新的主体提供一种将个人利益与企业目标相结合的制度安排，使组织的各个利益相关者如所有者、管理人员、技术人员和普通员工等能在这种安排下得到应有的利益，从而拥有追求技术创新和管理方式创新的动力。

其次，管理方式创新是技术创新和制度创新的组织保障，只有科学有效的管理才能保证制度创新的目标得以实现，使企业的激励约束制度发挥作用，从而才能发挥员工技术创新的积极性。

最后，技术创新是制度创新和管理方式创新的技术支持基础。先进的制度和管理只有在先进的技术支持下才能实现，例如，计算机的普及运用使原来难以实施的制度和管理方法得以产生和运用。现在，有许多大企业拥有自己的局域网，公司的员工可以通过上网进行沟通，了解公司的最新动态；在网上，下级可以向上级提出意见和建议，上级可以向下级发布公告。借助电子技术，企业对员工生产业绩的衡量能够更加准确、快速，这就使管理更加有效。

另外，新产品的产生需要企业有新的管理手段和新制度。制度创新、技术创新和管理方式创新三者多是交替进行的，以追求创新带来的超额利润，促进企业持续发展。

12.3 管理创新的程序

创新活动是一个充满创意与风险的过程。仅仅有好的构思，不能保证就能成为成功的创新者，判别在于创新过程的组织成效。绝大多数创新失败都是因为创新过程不合理。在美国，80%以上的创新失败都是由于创新过程组织不当造成的。而且，单靠一次创新难以创造持久的竞争优势，持续创新才是提高企业核心竞争力的关键。要形成这样的局面，组织必须建立起良好的创新程序和创新机制。创新的过程可以划分为五个阶段，即信息处理、战略构思、资源投入、实施、学习和再创新。

12.3.1 信息处理阶段

创新的第一个阶段是信息处理阶段，包括检测创新、变革潜在的信息。这可以是长期的技术发展趋势可能带来的机会，也可以是来自市场变化的机会。这些机会还可能是立法的压力或竞争活动的结果。寻找机会要注意发现和利用旧秩序内部的不协调现象，不协调就是创新的契机。就系统外部而言，有可能成为创新契机的变化主要有技术的变化、人口的变化、宏观经济环境的变化、文化与价值观念的转变等。大多数创新结果来自几种作用力的相互作用，一些来自通过创新推动变革的需求，而有的则来自新机会的推动。在给定信息的范围内，建立充分发展的机制来识别、处理和选择混乱环境的信息，这对成功的创新管理是极其重要的。

12.3.2 战略阶段

创新生来就有风险，即使再强大的公司也不可能不冒一点风险。市场和技术机会的选择必须与公司整体经营战略相匹配，这有益于增强公司已有的技术和营销能力。它的目的是解决创新观念的投入。它需要三种投入：第一种投入是有关企业所能得到的技术和市场机会的信息流。第二种投入是关注公司的现有技术基础——公司特有的技术能力，即公司产品或服务以及公司如何有效生产或分配，并确保公司现在所掌握的技术与公司希望进行的计划变革之间的良好匹配。但这不是说公司不应该进入新的能力领域。第三种投入是所有业务间的匹配，要尽可能将创新和所有业务绩效的提高相联系。在这个阶段，将所有的业务战略和创新战略紧密结合是至关重要的。同样，许多研究表明，产品创新的失败经常是因为公司投入生产与自己能力基础不匹配的产品。

12.3.3 资源投入阶段

这个阶段包含将新的和现在的知识组合起来为创新提供基础性方案。创新的思想可能源于市场研究的积累，也可能源于竞争者活动或内外部研发而产生的理念。创新就是有意或无意地将创意从各种理念的集合转到有形的现实。这个阶段的创新活动主要取决于新思想的属性。如果新思想只是对现有设计的逐渐修正，那么在发明阶段就只具有较小的活动空间。相反，如果这个思想包含了所有的新思想，那么就存在较大的创新空间。

每个人都有创造性地解决问题的潜能。同时，每个人所希望的创造模式都不同。因此，在这个阶段中，重要的是创造条件，使个体的创造性潜能保持活跃，并对有效创新作出贡献。在组织内部广泛宣传变革与创新的必要性，采取一些有效的方法，让每个人和每个团队都能够感受到变革与创新的必要，接受挑战，至关重要。

这个阶段的另一个问题是，必须保证支持创新行为的环境条件与公司的实力状况保持平衡。随着创新思想的发展，花费时间去作可行性研究是必不可少的。研发的有效管理需要清晰的战略方向、有效的沟通以及不同群体间作用的整合。并不是所有的公司都有能力投资研发。对许多小型公司而言，如何寻找使用他人的成熟技术的途径或者引进外部技术形成内部核心技术，是创新的关键点和难点。这就需要有一个外部技术资源网络，以及拥有能够有效使用获取到的外部技术的能力。

12.3.4 实施阶段

实施阶段是创新管理流程的核心。该阶段的投入要素是明晰的战略思想和为实现该思想的初步技术准备。该阶段的输出是已发展的创新和准备好的市场，为最终产品投放市场做好准备。

这个阶段需要大量时间、成本的投入，同时需要一系列着眼于解决问题的反馈路线，这可用来处理技术和市场领域中预期的或突发性的问题。在实际运作中，要求技术和市场双方是互动的，这有助于实现有效创新管理。产品开发涉及许多职能，需要密切配合，但是这些职能经常被人为地分开，会带来许多问题。例如，设计和营销场所之间的距离会导致设计不合适，不能满足顾客的实际需要，或者超越了实际需要。同样，设计部门与制造部门缺乏沟通也经常导致新设计无法被顺利生产出来。这些原因会致使创新失败。

本阶段还存在着市场创新的问题。不论目标市场是普通消费者，还是新工艺的内部用户，其基本的要求是一致的：只有目标市场接纳创新时，整体的创新过程才能得以完成。市场创新也是一个收集信息、解决问题、最终将产品投放市场的过程。该过程的重心在于收集顾客需求信息。营销的关键在于对新产品的市场反应进行预测，并将这些信息融入产品设计和营销过程中去。购买者行为是一个复杂的主题，简单地通过广告等使人们知道新产品的存在是远远不够的。企业需要采取其他方式来推进消费者对新产品的认知程度，从而实现新产品的准确定位和产品创新。

12.3.5 学习和再创新阶段

管理创新的成果之一是为下一轮创新循环提供新的动力。如果前一轮的产品或工艺创新失败，这将使公司得以积累有价值的信息，从而找到改进的方向。再创新是建立在原有成功创新基础之上的，企业可以通过修正和重新定义产品特性而展开再创新。研究表明，如果基础设施足够“强大”的话，公司有可能在原来创新的基础上展开长期持续的再创新。

这个阶段的要求是企业必须经常对项目进行总结和审核，具有从已完成的项目中学习的愿望。企业要实现有效学习，就必须有决心从成功和失败中获取宝贵经验教训，并将这些经验融入下一个项目中。学习可以从技术方面着手，例如，了解新产品开发过程或产品特性。这种学习有助于增强组织的技术能力。但是，学习更需要围绕有效创新管理所需要的能力和规程来进行。正确地把握好创新过程的基本步骤和方法，可以避免在下一轮的创新过程中出现不必要的失误。重视总结创新过程的经验教训，有利于形成良好的创新机制，提高创新的成功率。

以上划分的各阶段，只是大概地反映了人们创新的思维过程。在实践中，这些阶段并非是截然分割的、刻板的法定模式。作为成功的管理者，理解上述创新的过程不仅有助于其充分发挥自身的创造性，也有助于激励他人的创新能力。

12.4 管理创新能力的开发

管理创新能够让组织保持活力、具有竞争优势。一个组织是否具有创新能力取决于多个方面，如创新资源的投入、组织成员的个人创造力、组织的创造环境以及激发创造力的技术的运用等。管理创新能力开发也应该从以下六方面着手。

12.4.1 投入创新资源

管理创新的首要条件是资源的投入。巧妇难为无米之炊，没有资源的投入，空有一腔热血，是无法完成组织的创新的。从管理的角度分析，创新资源的投入既包括人力、物力、财力的物质性投入，也包括政策、制度等非物质性投入。

1. 物质性投入

为了在明天的竞争中取得优势，就必须先在今天投入必不可少的资源。据了解，格力电器连续18年居中国空调行业销售第一，连续8年全球第一。目前拥有国内外专利8 000多项，其中发明专利2 000多项，仅2012年格力电器就申请专利2 400多项，平均每天有7项专利问世。这些成绩都得力于格力电器一直坚持走自主创新发展之路。格力重视对技术研发的投入，仅2012年投入就超过40亿元，成为中国家电行业投入最高的企业。像格力电器一样加大科技研发投入的企业越来越多，如华为、联想、海尔、小米等，在2012年，我国全社会科技研发经费投入已超过1万亿元。当然，加大创新资源的投入未必就一定能够为企业带来更多的创新成果，但若不加大资源的投入，则创新成果的增加必定非常缓慢，甚至不进反退。

2. 非物质性投入

政府能不能为创新营造良好的环境？能不能在区域内形成创新的空间？从各个国家的创新实践来看，从实际出发制定的各项政策、制度已经成为创新的先决条件。例如，为了促进技术创新，我国政府先后制定和实施了国家科技进步奖（1984）、专利法和专利制度（1985）、科技开发贷款（1990）、科学技术进步法（1993）、中国21世纪议程（1994）等一系列有代表性的创新政策，大力营造创新环境。时至今日，我国的技术创新已经从过去的少数企业行为发展为全社会多层次创新的局面，一个以政府、企业、大学、研究机构、资本市场相结合的创新体系越来越显示出它的作用和活力。

由于创新活动是创新主体及相关的社会组织的行为，政府政策的职能只是保证这些活动的顺利开展。创新过程的政策投入，并不是要干预创新行为主体的自主权，而是一种外部的政策因素，是为创新活动创造良好的运行条件。

12.4.2 激发创新精神

创新是一种对新思想、新变化、风险乃至失败都抱欢迎态度的组织行为方式，这种行为方式必须渗透于组织各层面才能发挥作用。在许多组织的发展历程中，就是因为创新精神成为其主流价值，才取得巨大的成功。在推崇创新的组织中，以下几个方面表现尤为突出：一是价值观从从众转变成标新立异；二是经验已经相对地贬值，而继续学习的能力被日益重视；三是人们不再热衷稳定的工作，而是追求快速的、有活力的工作；四是强调快速反应，而不是深思熟虑；五是在创新型的公司中，人才的价值直线上升，而资本的价值不断下跌。

每一个人都具有创造力，但并非每一个人的创造力都能表现出来，人的创造力会受到阻碍。创造力受阻是由一系列主客观原因造成的。排除这些因素的干扰和影响，人的创造力才会表现出来。激发创新精神必须克服阻碍创造力发挥的主要心理障碍：从众心理和思维定式。从众心理是指人会自觉不自觉地向社会上占统治地位的观点看齐，这些观点已经进入人的经验之中。经验是宝贵的，但也可能成为束缚手脚的框框。思维定式是指习惯于从固定的角度看待事物。思维定式容易使思路闭塞和思想僵化。新观念、新构想产生的关键在于从一个全新的角度去思考问题。只有摆脱习惯看法，从新的角度来探索问题，才会有所创新。因此也可以说，创造力是一种能以全新的眼光观察客观事物的能力。

12.4.3 建立创新机制

组织环境是个人创造力能否得到发挥的决定性因素。组织环境对于创造力强的人会产生支持、中立或破坏的作用。要想取得重大的创新成果，就要激发起所有组织成员潜在的创造力。而要实现这一目的，就要建立一个开放的、充满生机与活力的组织环境。因此，管理者有责任培育一个能使创造力得到发挥的良好环境。良好的环境由以下要素构成：

1. 鼓励学习

创新要求在整个组织中有一个学习的气氛。对组织中的所有成员来说，学习是一个连续不断的过程，学习不仅可以使人增加创新所需的知识和经验，而且可以减少变革的阻力。

2. 内部竞争

内部竞争就是把市场机制引入组织内部，各个部门可以争相承接项目，或竞相开发新产品，谁抢先成功，谁就得到实际的利益。国外有些企业甚至鼓励下级进行其他部门正在进行的新产品发展计划。

3. 沟通信息

鼓励开放、自由的信息沟通。开放式的信息沟通，是指部门之间、个人之间、部门与个人之间的信息公开，组织成员之间可以自由地交流意见或进行讨论，这是开发创造力的重要条件。在其他条件不变的情况下，组织中的沟通越频繁，创造力就越发展，组织成效也就越大。

4. 容忍失败

鼓励创新者试验新的构想，即使不能成功，失败不仅是可以容忍的，而且还应受到赞扬。创新者必须经历无数的试验，遭受多次失败，才能获得成功。当然，这里讲的失败是指尽力尝试后的失败，而不是因不负责任、玩忽职守导致的失败。

5. 支持创新者

创新者是组织发展的开路先锋，管理者要对其给予全力支持。没有管理者的支持，就不会有创新者，而没有创新者，也就不会有创新。管理者应允许有创造才华的人在他认为最能发挥才能的环境里工作，并为他们提供各种方便。国外有些企业甚至故意把规章制度设计得有些漏洞，使创新者有空子可钻，搞到所需的资源，把事情办成。

6. 建立有效的激励机制

激励的方式多种多样，可以在不同的时间和空间，围绕不同层次的需求，对取得创新成果的组织成员采取全方位的激励措施，推动创新的进展。

12.4.4 构建创新组织

真正有长期竞争力的企业，应该建立既支持突变式变革，又容纳稳定性和渐进性变革的组织。因此，那些极力提倡创新的企业，应高度重视针对特定技术、市场环境中所存在的机会及约束，寻求支撑创新的有效结构与流程，关注从创新设想到成功市场化运作的平衡展开，这就需要高质量的过程管理与合理的组织架构予以保证。组织创新与管理过程创新是技术创新成功的重要保证，如设立扁平式组织和网络式组织，选择适宜的组织构架，以提高企业创新的规范与效率。

提高创新能力的重要途径，就是建立学习型组织，促进企业的个体知识向组织知识转化。在这样的组织里，员工不是通过对其所持有的特别技能的控制来实现其目标，而是强调自我超越，强调不断学习新知识，与他人分享新知识，从而使知识得到最大化利用。学习型组织能够保证不同知识面的交叉，及时了解外部环境的变化而调整自身的知识结构，根据外部市场和环境的变化，不断激活储存在组织的“知识记忆”，从而推动技术创新的持续进行。成功的创新公司就是在弘扬创新与维系效率、鼓励个人创造与建立组织规程中，不断寻求企业的平衡。

12.4.5 创新思维方法

管理创新是对一个系统状态的改变，并没有现成的、通用的方法。创造力指解决问题的独创能力。创新需要灵活的思维方法。创新者需要具备纵向、横向和逆向思维的能力。

1. 纵向思维法

纵向思维法是一种从上到下直线式的思维方法，它只从某一点出发，并在一定时期内只从基本方面系统地进行工作。因此，纵向思维者考虑某些范围确定的问题会比较执着与深入，能帮助管理者发现解决问题的方案。例如，爱迪生在研究白炽灯灯丝的过程中，坚持采用纵向思考方法。他对不同材料进行了几十次实验后，终于在球状真空玻璃皿中发现高电阻的钨丝。如果没有对自己觉得有希望的方向执着追求的决心，他可能会放弃白炽灯的研究。关键是要弄清哪些方式值得进行这种密集性的探索。对于一个在有希望的方式与无希望的死胡同之间进行判断的管理者来说，纵向思维方法是有益处的。

2. 横向思维法

横向思维者从一处或几处着手，进而向不同的方向横向移动。他们是广阔的思维者，不在解决问题时孤注一掷。由于对每一问题都应考虑好一个以上的解决问题的方案，管理者能从纵向思维转移到有创造性的横向思维。对那些需要坚定不移追求其组织目标的管理者来说，尽管横向思维有些困难，但也应花时间学会运用这种思维方法。

3. 逆向思维法

逆向思维是一种反常规、反传统的思维。顺向思维是一种从众心理的反映，容易导致人们形成思维定式，阻碍着人们创造力的发挥。这时如果转换一个思路，用逆向法来考虑，就可能突破这些框框，取得出乎意料的成功。逆向思维法由于是逆常规、逆传统的，因而它具有与一般思维不同的特点：

（1）突破性。这种方法的成果往往是冲破观念和常规的产物，常带有质变或部分质变的性质，因而往往能取得突破性成就。

（2）新奇性。由于思维的逆向性，改革的幅度较大，因而必然是新奇、新颖的。

（3）实效性。逆向思维针对性很强，因此具有比较好的实用效果。

（4）普遍性。逆向思考法应用范围广，几乎适用于一切领域。

案例

从多方面着手激励创新

诺基亚研发部门领导人努佛在加入公司前是知名的学者，他把自己现在的工作职责视为“解除员工想法上的限制，以寻找下一个热卖产品”——有些像鼓励学生思考的教授。

“没有任何一个想法不值得一听，”他这么告诉员工，虽然让公司推出了一些不叫座的产品，但也孕育了创新产品。

推出机身无天线的手机，便是一个很好的例子。1996 年，一名工程师提出了把手机的天线移至机体内的想法，当时这个想法立刻遭到反对，有些高阶主管认为，当消费者看不到天线时，他们会以为手机的传输能力不够强。但是努佛却全力支持，不断在公司内进行推销，甚至指导这位工程师如何向提出质疑者解说。这个原本有可能胎死腹中的创意，在 1998 年手机成品上市时，成为诺基亚史上最赚钱的产品之一，并且引起竞争对手纷纷模仿。

此外，如果项目风险不大，需要资源也不多，公司会完全授权给项目负责人，其在不需要经过高阶主管的允许下，可以自主在产品中添加新功能。

（资料来源：樊丽丽．趣味管理案例集．北京：中国经济出版社，2005）

12.4.6 捕捉创新机会

管理创新的机会在哪里，是每一个创新者都要解决的问题。在捕捉创新机会时，系统地分析环境有利于寻找创新的机会。捕捉创新机会的切入点有：

1．从意外情况中捕捉创新机会

意外情况一般是指意外的成功或失败。开发利用意外情况会提供创新机会，不仅意外的成功是一种机会，意外的失败也是如此。吸油面纸的发明就是意外成功的结果。原来在制作金箔的过程中，需要用纸张层层夹住金箔。制造商却在此过程中意外发现了纸张吸收油脂的能力，开发出以亚麻和纸浆制造的吸油纸，成为美容业的宠儿。

2．从实际和设想的不一致中捕捉创新机会

实际与设想之间的不一致也是创新机会的一个先兆。对于能看到并能利用实际与设想的不一致的人来说，就存在着创新的机会。金融大鳄索罗斯就说过，理想和现实之间的差距就是机会，部分生产厂家和商店往往从自己的角度去考虑顾客的需要，因而当顾客不购买他们提供的产品或服务时，他们往往以抱怨代替了思考和分析，从而逐步远离了顾客。而真正聪明的经营者通常从不一致中得到新的启示。

3．从过程的需要中捕捉创新机会

所谓过程的需要，是指现存的工作过程存在某些缺陷，需要完善。根据新的知识，重新对现有的过程进行设计，使已有的过程臻于完善，就是一种创新活动。1993 年底，雅虎创办人杨致远和朋友在斯坦福大学准备博士论文期间，意识到互联网信息浩如烟云，如果能系统地把信息分门别类整理，对他们的学术研究大有帮助，因此他们编写了互联网目录分类网页，并命名为雅虎。雅虎很快便成为网络第一搜索引擎。

4．从行业和市场结构的变化中捕捉创新机会

行业和市场结构的变化，也是重大的创新机会。在 20 世纪初，汽车本来是有钱人的奢侈品。然而，随着汽车工业的发展，定位于高收入者的市场就过于狭隘。此时，年轻的福特看到了市场结构的变化，他认为汽车将走进普通百姓的家庭，于是设计了一款 T 型汽车，其价格仅相当于当时市面上最便宜的汽车的 1/5。这种汽车一经面世，便受到了消费者的热烈欢迎。

5．从人口状况的变化中捕捉创新机会

人口状况的变化是所有的外部变化中最明确的变化，包括人口数量、人口构成、年龄结构、就业状况、教育状况和收入等的变化，而且，其结果是可以预见的。从人口状况的变化中可以捕捉到很多创新的机会。人口状况的变动会引起社会许多方面作出响应，并导致许多产业和公司的兴衰更替。在变化面前，企业只有认真对待，并作出一定的尝试和创新，才能避免坐以待毙的局面。

6．从观念和认识的变化中捕捉创新机会

随着收入的不断提高，人们的消费观念也在持续地变化。这种变化主要从重视生活水平的提高向重视生活质量的提高转变，从追求物质消费向追求精神消费和服务消费转变，从满足基本生存需求向追求人的全面发展转变。人们将更注重名牌消费，环保、节能、精神文化产品将成为消费的热点，智能化、健康化、方便化、个性化、绿色化将成为人们的消费时尚。因此，对于创新者来说，从中可以捕捉到许多的创新机会。

7．从新知识、新技术中捕捉创新机会

以新知识、新技术为基础的创新往往具有划时代的意义，一旦取得成功，其社会影响和市场潜力极大。但也必须看到，这类创新应用于技术和市场需经过较长时间，还需要科学、技术和管理的综合运用。基于新知识、新技术的创新风险极大，因而进行这类创新要求企业家具有高度的冒险精神。为了降低这类创新的失败率，企业家在创新时应仔细分析一切必备的因素，制订一个较为周全的方案，并进行严密的管理，这样可以大大地降低风险。

本章实训与练习模块

实训目标：通过对本章理论知识的实训操练，使学生具有强烈的创新意识和创新精神；培养他们的创新思维，学会管理创新能力的开发，掌握创新方法并能够运用于实践之中，来提高创新能力。

模块1：案例分析与思考

【实训目的】

了解管理创新的动因，掌握管理创新的内容，培养学生捕捉创新机会和学会开发管理创新能力。

【实训要求】

（1）联系案例，认真分析与思考。

（2）将案例用理论观点论述，每人撰写一份心得体会。

（3）全班组织交流，评选优秀心得。

案例一

组合资源、不断创新的索尼公司

索尼公司是世界上生产视频设备的最大厂商，长期以来，它一直是日本文、理科大学毕业生就业的首选目标企业。索尼之所以能够聚集人气，是因为它在电子产品方面能够形成自己独特的竞争能力，反映在以下四个方面：

（1）及时调整发展战略。每当环境发生急剧的变化或企业发展面临新的转折点时，索尼公司的最高管理层就会拿出应变措施，制定新的发展战略，为企业的发展指明方向。盛田在20世纪60年代初期访问荷兰的飞利浦公司，他对荷兰这么一个小小的农业国能够出现一个世界著名的电子企业飞利浦震动很大，从此，盛田把世界市场作为公司的市场。80年代初期，索尼公司出现了首次减少收益的情况，为了打破公司内部沉闷的气氛，公司推出了录像机最强、磁产品最强、消费品的强化、生产销售决策程序重组等重点方针。80年代末，随着索尼国际化的发展，1998年，盛田及时提出了新的发展战略，即“全球地方化战略”，从根本上改变公司的思维定式，根据全球经济一体化的变化制定自己的发展战略。90年代初，在新的形势下，盛田又提出了AV & CCC（Computer、Communication、Component）的发展战略，展示了索尼公司面向21世纪的新目标。进入21世纪，随着互联网的发展，索尼公司紧紧抓住消费者需求这个主题，不断调整自己的战略。索尼公司宣布将实行向“个人宽带网解决方案公司”全面转型，其目的是进一步加深与全球用户的互动关系，并为全球用户提供在宽带网上享用丰富的产品与服务。

（2）技术引进。原公司总经理盛田说过，在技术进步这么快的今天，一个企业要全揽某一方面的技术是不可能的，要尽可能利用各种关系，引进自己所需的技术。在这种思想指导下，根据公司的发展需要，索尼公司不断引进新的技术。如与IBM联盟生产计算机用磁带；与飞利浦联盟共同开发CD光盘；与微软、苹果公司合作共同开发软件等。

（3）重视独创性。索尼公司在引进技术、开发新产品之际，非常注重培养自己的核心技术。每当出现新的技术，只要与自己的研究、生产活动相关，就马上抓住机会，迅速应用到自己公司产品中来。有些技术在欧美刚刚出了实验室，索尼就开始考虑购买其专利，实现商品化，新产品不断打破日本或世界纪录，成为日本或世界首创的产品。在索尼发展史上，仅仅在20世纪50年代至60年代，就成功开发了5个日本首创、16个世界首创的产品。研究员江崎还由于在半导体隧桥技术方面的突破，获得诺贝尔奖。

（4）致力于学习型组织的建立。为了及时收集最新技术信息和知识，使公司的技术始终保持领先地位，索尼公司内部举行各种技术学术交流活动，参加的成员从公司董事长到一般技术员，也有子公司和分公司的人员，或邀请学者参加，其目的是加强相关技术的交流，促进组织学习。通过各种不同人员的知识碰撞，产生新的知识和灵感，有利于组织的研究开发。通过举办各种各样的交流会和演讲会，索尼公司已成为一个真正的跨部门、跨专业的学习型组织。

【分析与思考】

（1）索尼公司在短短的30年里发展为国际化大企业，依赖的基础和动力是什么？公司在创新方面表现出什么特点？有哪些积极的创新机制？

（2）在信息时代，公司要保持未来的高速发展，应如何看待创新技术的引进和原创问题？

案例二

联想集团的创新之道

全球著名的市场调研公司IDC和Gartner发布的行业数据显示，在2013年第二季度，联想全球市场份额达16.7%，超越惠普成为全球PC行业第一。这是中国企业在全球竞争市场上首次夺冠，联想创造了全球PC市场上的新传奇。追溯联想的成功，创新成为制胜PC+的关键。

将创新视为企业发展DNA的联想，自创立之初便将其列为公司发展的头等要事，经过近30年的构建和发展，联想已经形成了完整的一整套创新体系和机制，并由此形成雄厚的研发实力。

1. 雄厚的研发实力

为了保障能够不断创造出全球领先的产品与技术，联想在全球范围内构建起以中国北京、美国罗利和日本横滨三地为支点的全球创新三角研发体系。在分工方面，三大研发体系各有侧重，发挥所长：北京拥有PC+领域各专业的研发人才，拥有业界领先的消费产品设计研发能力；罗利拥有业界最佳PC架构设计人才和领先的研发质量管理流程；横滨拥有全球顶尖的笔记本研发团队。这不仅把遍布全球各地的人才优势充分地发挥、整合起来，进行协同创新，还能够保证24小时不间断地为用户需求进行创新服务。

同时，联想的二级研发体系也保障了高效的创新研发。联想划分了公司级研发和事业部级研发两个层次。公司级研发聚焦于最前沿的产业和技术热点，为中长期发展构建竞争力，抢占技术发展的制高点；事业部级研发着眼于把创新成果快速市场化，以满足当前和未来短期的客户需求。

联想对于研发的投入也是逐年递增，2013 年研发投入已经超过 5 亿美元；拥有 5 000 名优秀工程师、设计师和技术专家，MIDH 研发团队已超过 1 100 人；此外，联想还拥有 11 000 余项全球公认专利，其中中国业务产生的专利超过 7 000 项，海外业务产生的专利超过 4 000 项。

2. 独有的内部创新机制

在公司内部，联想建立起一套独具特色的创新机制，促进联想研发技术和产品的实现。

一是“CEO”创新研讨会。这是一个头脑风暴平台，由总裁兼 CEO 杨元庆亲自主持，以设备创新、服务创新和设计创新为主题，每月召开一次。这个平台旨在通过技术趋势与用户需求的深入分析，研讨公司未来产品及服务的创新机会。研讨会的参会人包括多个职能部门负责人，研发、各产品事业部、中国区等相关部门，在产品创意阶段，能够更好地倾听不同的声音和想法。同时，在创新的实施阶段，由于早期思想的统一，助力了公司各个价值链环节的打通，有效提升了创新转化的效率。

二是“LENOVO TECHNOLOGY OUTLOOK”（联想技术展望）。这是由联想 CTO 牵头，以研究院技术方面负责人为主要参与人员的研讨平台，每年进行一次，主要讨论公司未来三至五年的技术方向。

三是“MOUNTAIN VIEW”这是一个联想研究院内部的创新平台。在这个平台上，联想首席技术官贺志强不仅要和各技术口负责人做各种技术研讨，还要和各业务部负责人讨论各种技术细节，共同挖掘产品更深层次的应用，YOGA 平板的转轴设计、Horizon 的多种实用场景以及端到端的创新思路都是在这个平台上讨论产生。

四是“大片模式”。联想研究院借鉴了好莱坞大片拍摄手法，把创新的产生和孵化过程分为剧本准备阶段和拍摄阶段。在剧本准备阶段，首先要把事情想透，找到事情的关键点，随后进入拍摄阶段，找合适的供应商伙伴来提供关键技术和零部件，并且要匹配合适的研发团队，实现跨部门、跨平台协同作战。

五是“创意管理”。这是一种自下而上的创新机制，是联想激励员工研发创新的重要措施。YOGA 平板的研发正是“创意管理”的产物之一。最初，几位移动事业部研发人员围绕平板电脑的研发进行探讨，他们想让平板电脑更具特色，还想让平板电脑的电池容量更大。几番探讨后，YOGA 平板由此诞生。

3. 不断加强的垂直整合创新能力

为了进一步提升公司的核心竞争力，联想不断加强垂直整合能力，优化业务模式。通过贴近客户的前端，联想准确了解客户的需求，然后通过垂直整合的后端，快速开发出产品并推向市场，满足客户的需求。无论在 PC 还是 PC + 阶段，联想与战略合作伙伴保持着紧密的合作关系，这将确保没有任何零部件会成为公司创新和制造的瓶颈。

除此之外，联想还将继续加强自主生产制造的能力，已经建成投产的有：中国的北京、上海、厦门、深圳、成都和惠阳工厂，美国 USFC 工厂、巴西 CCE 和 ITU 工厂、印度工厂和墨西哥 Monterrey 工厂以及刚刚落成开业的移动互联（武汉）产业基地，这将进一步完善联想的制造布局，确保突破性的创新成果毫不打折地转变成高品质的出厂产品。

4. 创新的企业文化

联想致力成为一家真正的创新型公司，它要求每位员工都要转变观念，形成创新的企业文化。这就要每位员工都养成创新的思维模式，对做的每一件事都进行大胆的重新思考。这就意味着每位员工要像企业家那样善于思考，像创业者那样敢于冒险，像发明家那样勇于实践，这些都有助于识别机会，把握机会，推动公司走得更远。

为了进一步强化员工的创新意识，联想在原有的4P文化基础上，即Plan——想清楚再承诺，Perform——承诺就要兑现，Prioritize——公司利益至上，Practice——每一年、每一天我们都在进步，增加了一个“Pioneer”——敢为天下先。

5. 屡获全球创新大奖

联想屡获创新大奖，创新实力得到全球业界广泛认可。2010年，联想连续两次入选由《商业周刊》（*Bloomberg Business Week*）评选的“2010年全球50强创新公司”榜单；2012年1月13日，在国际消费电子展（CES展）奖项评选中，联想共斩获16项大奖；2013年CES展上，联想的创新产品获得了50项CES创新大奖，联想还首次被全球知名媒体Mobilegeeks评为“CES年度最具创新企业”；2013年3月，联想荣获亚洲著名财经杂志《财资》的“国际企业界别最具潜力中国企业”，并且被纳为恒生指数成分股，彰显联想在全球科技市场的领导地位；同年4月，有设计界奥斯卡之称的“红点奖”，授予联想创新设计团队“年度设计团队”的大奖，而之前获得该奖项的都是保时捷、Bose、宝马这样极具设计创新基因的公司。

（资料来源：腾讯科技）

【分析与思考】

（1）联想集团是如何培养员工的创新意识和提升员工的创新能力的？

（2）根据联想集团的创新之道，你如何理解联想集团总裁杨元庆所说“创新是全方位的”这句话？

（3）联想集团创新之道给我们什么启示？

模块2：模拟设计

【设计课目】

模拟分析企业管理创新的内容和程序

【实训目的】

（1）增强学生对企业改革创新的感性认识。

（2）培养和提高学生对管理创新内容的分析能力。

（3）培养学生按创新程序办事的能力。

【实训内容】

（1）正确理解管理创新的动因。

（2）分析制度创新、技术创新和管理方式创新的内容及关系。

（3）运用管理创新程序对照企业现状。

（4）以模拟公司为单位，到改革成功或失败的企业进行调查，或系统搜集企业的改革资料。

（5）写出简要的模拟分析报告，并以班组为单位进行交流。

【实训要求】

（1）以模拟公司为单位拟定调查提纲，调查的内容主要包括企业创新的特点和核心要求、企业创新的动因、管理创新的主体、制度创新、技术创新和管理方式创新的情况。

（2）要求学生自行联系企业进行调查。

（3）个人的调查分析报告必须按照调查提纲的脉络和要求撰写，并且要结合企业的实际情况。

【实训考核】

（1）每人提交一份简要的调查分析报告。

（2）教师根据学生的调查报告和在班上交流的情况评定成绩。

（3）培养学生分析与识别企业类型的能力。

（4）培养学生分析与初步认识现代企业制度的能力。

模块3：游戏：智拼菱形

【项目简介】

通过玩这个游戏可以拓展思路，培养学生的创新精神并改进工作方法，此外还可以起到活跃气氛和激发学生兴趣的目的。

人数：20 人

时间：5 分钟

场地：教室

用具：火柴若干

【训练步骤】

（1）发给每个学生 8 根火柴，要求他们在最短的时间内用这 8 根火柴拼出一个菱形，要求菱形的每个边只能由一根火柴构成。最先拼出的人可举手向教师示意。

（2）教师在旁观察每个人的方法是否相同，最后选出最快且合乎要求的学生。

【训练要点】

（1）答案其实很简单，用 8 根火柴拼成一个菱形的方法就是分别用它们拼成“一个◇”，数一数它们的笔画，正好是横平竖直的 8 画，而这 8 画正好可以由那 8 根火柴代替。

（2）教师应该统计出做对者的数量，一般来说，能做出来的人不多。至于原因，大概都是没有想到“一个”也可以表示出来，这样自然就不知道剩下的 4 根火柴放哪里了。而那些做出来的人，可能有两种，一种人平时就表现得很灵活，一件事情可以从好几个角度分析，一个问题可以用好几种方法解决；另一种人就是所谓的“直心眼”的人，这种人对别人的话很信任，不会加进自己的想法，别人说一就是一。所以他们听了教师的话就不会多想，简简单单地就把题做出来了。

（3）对于其他的人，当时头脑灵活一点的话是可以做出来的。他们应该这样想，菱形只有四个边，又不许每边使两根火柴，那么一定还有别的什么地方需要火柴。这时只要稍微把题想一遍，就会发现窍门所在了。

模块4：参观走访

【走访对象】

珠江三角洲创新企业或企业管理创新的部门

【实训目的】

（1）了解企业管理创新的内容、特点，进一步加深理解管理创新的含义、原则等。

（2）探索管理创新的步骤、策略与技巧。

（3）培养和锻炼学生的创新思维能力以及运作技术和方法。

【实训内容】

（1）总结该企业管理创新涉及哪几个方面内容。

（2）思考管理创新的特点、模式、方式是什么。

（3）分析该企业管理创新的策略与具体创新方法有哪些。

（4）分析该企业管理创新的思维方法有什么优点，如何应用。

（5）对该企业参观走访后得到什么启示。

【实训组织】

（1）全班分成4~6个小组，以座谈会或深度面访形式，调查某一企业管理创新活动。

（2）参加人员认真做好记录，有条件的可录音、录像获取资料，以供全班使用。

【实训考核】

每位学生撰写一篇参观走访报告或心得体会，教师批阅评分后记入积分卡，优良者可在全班交流学习。

模块5：辩论

【题目】

思维创新是管理创新的首要前提

【实训目的】

（1）了解掌握管理创新的动因和内容。

（2）培养学生正确运用管理创新程序的思维，提高开发创新能力。

【实训内容】

（1）论述管理创新基本理论的应用。

（2）论述管理创新程序的应用。

（3）论述思维创新的内容与特点的应用。

（4）探讨如何开发管理创新能力。

【方法与要领】

（1）全班分正方与反方（每组5人）若干小组进行组合，并设定辩论场地和辩论议程。

（2）陈述。正方坚持只有思维创新才能实现管理创新之立场论述。反方以管理创新（动因、内容、程序、能力的开发等）理论反驳正方。双方运用相关理论或贯穿案例论述，举例说明。

（3）答辩。正反双方在辩论中，既要回答对方的提问，也要向对方提出疑难问题，要求答辩。

（4）陈辞。正反双方各推荐一人进行归纳总结，举例要鲜明生动，既能证明本方观点正确，又能反驳对方观点，在规定时限内发言完毕。

（5）点评。邀请管理方面专家、老师对辩论情况进行讲评。

【成绩测评】

（1）正反双方分别形成书面辩论资料，上报评委或老师。

（2）综合点评意见，由教师、学生或聘请企业管理者组成评委组，评判辩论结果。

模块 6：讨论题

（1）华为董事长任正非先生说：“创新不是推翻前任的管理，另搞一套，而是在全面继承的基础上不断优化。从事新产品开发不一定是创新，在老产品上不断改进不一定不是创新。”你同意他的观点吗？为什么？

（2）以学生所熟悉的企业为例，谈谈应如何加快从要素驱动、投资规模驱动发展为主向以“创新驱动发展为王”的转变。

【方法与要求】

（1）全班同学或模拟公司分成若干小组，每组 6 ~ 8 人。

（2）各组由模拟公司经理或组长主持，讨论时大家要联系本章理论与实训内容畅所欲言，人人发言。

（3）各组分别指定一人记录，讨论后进行归纳整理，形成集体讨论答案（约 1 000 字）送交老师批阅。

【成果验收】

老师对各组讨论答案批改后，将成绩记入小组积分。

参考文献

1. 杨明刚．实用管理学——知识·技能·案例与实训．上海：华东理工大学出版社，2001

2. 徐波．管理学案例集．上海：上海人民出版社，2003

3. 刘志坚，徐北妮．管理学——原理与案例．广州：华南理工大学出版社，2003

4. 苏照新．管理学教程．广州：暨南大学出版社，2005

5. 崔卫国，刘学虎．管理学故事会．北京：中华工商联合出版社，2005

6. 单凤儒．管理学基础实训教程．北京：高等教育出版社，2005

7. 杜立辉，冉斌．团队圆舞曲——魔鬼训练营．深圳：海天出版社，2005

8. 樊丽丽．趣味管理案例集锦．北京：中国经济出版社，2005

9. 孙健敏．管理中的激励．北京：企业管理出版社，2004

10. 陈龙海，陈赣峰．企业管理培训案例全书．深圳：海天出版社，2005

11. 蔡茂生，黄秋文．管理学基础．广州：广东高等教育出版社，2004

12. 周志春，孙玮林．管理学．杭州：浙江大学出版社，2004

13. 魏江，严进．管理沟通：成功管理的基石．北京：机械工业出版社，2006

14. 文丽颜．华为的管理模式．深圳：海天出版社，2006

15. 陈世艳，徐银富．管理学实训教程．广州：暨南大学出版社，2006

16. 陈世艳，徐银富．管理学教程（第二版）．广州：暨南大学出版社，2009

17. 王建民．企业管理创新理论与实务．北京：中国人民大学出版社，2003

18. 李旭穗，杨俊．管理学基础项目化教程．武汉：武汉大学出版社，2012

19. 习近平谈治国理政．北京：外文出版社，2014

20. 中国管理整合网，http：//www.69169.cn/default.asp

21. 中国企业博客网，http：//www.smesun.com/

22. 中华企业管理网，http：//www.wiseman.com.cn/

23. ［美］斯蒂芬·P. 罗宾斯．管理学（第4版）．黄卫伟等译．北京：中国人民大学出版社，1997

$[\sigma]_H$——蜗轮材料的许用接触应力，见表10-5、表10-6，MPa。

表10-4 工作情况系数 K_A

工作类型	Ⅰ	Ⅱ	Ⅲ
载荷性质	均匀、无冲击	不均匀、小冲击	不均匀、大冲击
每小时启动次数	<25	25~50	>50
启动载荷	小	较大	大
K_A	1	1.15	1.2

表10-5 灰铸铁或强度极限 $\sigma_b \geqslant 300$MPa 的青铜蜗轮的许用接触应力 $[\sigma]_H$ MPa

配对材料		滑动速度/m·s⁻¹					
蜗杆	蜗轮	0.25	0.5	1	2	3	4
20、20Cr渗碳淬火 45钢表面淬火	HT150	166	150	127	95	—	—
	HT200	202	182	154	115	—	—
	ZCuAl10Fe3	190	180	173	163	154	149
45钢调质	HT150	139	125	106	79	—	—
	HT200	168	152	128	96	—	—

表10-6 抗拉强度极限 $\sigma_b < 300$MPa 的青铜蜗轮的许用接触应力 $[\sigma]_H$ MPa

蜗轮材料	铸造方法	蜗杆齿面硬度	
		≤45HRC	>45HRC
ZCuSn10Pb1	砂型铸造	150	180
	金属型铸造	220	268
ZCuSn5Pb5Zn5	砂型铸造	113	135
	金属型铸造	128	140
	离心铸造	158	183

10.3.2.2 蜗轮轮齿齿根弯曲疲劳强度计算

蜗轮轮齿因弯曲强度不足而失效的情况，多发生在蜗轮齿数较多或开式传动中，因此，对闭式蜗杆传动通常只作弯曲强度的校核计算，而且这种计算是必须进行的。因为校核蜗轮轮齿的弯曲强度不只是为了判别其弯曲断裂的可能性，对那些承受重载的动力蜗杆副，蜗轮轮齿的弯曲变形量还会直接影响到蜗杆副的运动平稳性精度。

蜗轮轮齿齿根弯曲疲劳的近似校核式和设计式分别为：

$$m^2 d_1 \geqslant \frac{1.53 K_A T_2}{z_2 \cos\gamma [\sigma]_F} Y_{Fa} \tag{10-8}$$

$$\sigma_F = \frac{1.53 K_A T_2}{d_1 d_2 m \cos\gamma} Y_{Fa} \leqslant [\sigma]_F \tag{10-9}$$

式中 Y_{Fa}——齿形系数，按蜗轮当量齿数 $z_v = z_2/\cos^3\gamma$ 查表10-7，设计时若导程角 γ 尚未确定，可根据蜗杆头数作如下估取：当 $z_1 = 1$ 时，$\gamma = 3° \sim 8°$，当 $z_1 = 2$

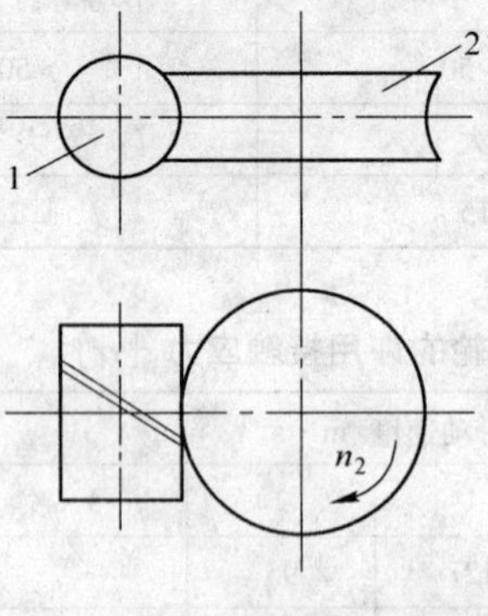

图 10-10 例 10-1 的图

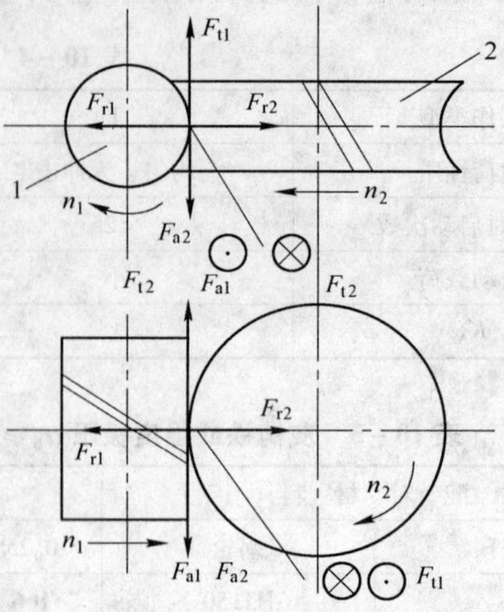

图 10-11 例 10-1 图解

10.3.2 蜗杆传动强度的计算

蜗杆传动的强度计算主要为蜗轮轮齿的齿面接触疲劳强度计算和轮齿的弯曲疲劳强度计算。在这两种计算中，蜗轮轮齿都是薄弱环节。对于闭式传动，传动尺寸主要取决于齿面的接触疲劳强度以防止齿面的点蚀和胶合，但必须校核轮齿的弯曲疲劳强度。对于开式传动，传动尺寸主要取决于轮齿的弯曲疲劳强度，无需进行齿面接触疲劳强度计算。

10.3.2.1 蜗轮轮齿齿面接触疲劳强度计算

蜗轮轮齿齿面接触疲劳强度计算与齿轮类似，仍以 $\sigma_H = Z_E\sqrt{\frac{F_n}{b}\left(\frac{1}{\rho_1}+\frac{1}{\rho_2}\right)}$ 为基础，按蜗杆传动在节点处的啮合条件来计算蜗轮齿面的接触应力，其接触疲劳强度校核公式为：

$$\sigma_H = 500\sqrt{\frac{K_H T_2}{m^2 d_1 z_2^2}} \leqslant [\sigma]_H \tag{10-6}$$

设计公式为

$$m^2 d_1 \geqslant \left[\frac{500}{z_2[\sigma]_H}\right]^2 K_H T_2 \tag{10-7}$$

式中 d_1——蜗杆的分度圆直径，mm；

T_2——作用在蜗轮轴上的转矩，N·mm；

K_H——载荷系数，$K_H = K_A K_\beta K_V$（K_A 是工作情况系数，可按表 10-4 选取。K_β 是载荷分布系数。如果载荷是稳定的，蜗轮轮齿由于材料较软将很快地完成跑合，从而使载荷集中现象得到消除，这时可取 $K_\beta = 1$。如果载荷是变化的，则由于蜗杆的变形不固定，就不可能用跑合的方法使载荷分布均匀，这时可取 $K_\beta = 1.1 \sim 1.3$，刚度大的蜗杆取小值，反之取大值。K_V 是动载荷系数，由于蜗杆传动比齿轮传动平稳，所以动载荷系数较小，当 $v_2 \leqslant 3\text{m/s}$ 时，$K_V = 1 \sim 1.1$，当 $v_2 > 3\text{m/s}$ 时，$K_V = 1.1 \sim 1.2$）；